近十年
高句丽碑志研究新收获

祝立业　主编

中国社会科学出版社

图书在版编目(CIP)数据

近十年高句丽碑志研究新收获/祝立业主编.—北京:中国社会科学出版社,
2016.5

ISBN 978 - 7 - 5161 - 8342 - 7

Ⅰ.①近… Ⅱ.①祝… Ⅲ.①高句丽—碑文—研究—中国
Ⅳ.①K877.424

中国版本图书馆 CIP 数据核字(2016)第 126700 号

出 版 人	赵剑英	
责任编辑	安　芳	
责任校对	石春梅	
责任印制	李寡寡	

出　　版	中国社会科学出版社	
社　　址	北京鼓楼西大街甲 158 号	
邮　　编	100720	
网　　址	http://www.csspw.cn	
发 行 部	010 - 84083685	
门 市 部	010 - 84029450	
经　　销	新华书店及其他书店	

印刷装订	三河市君旺印务有限公司	
版　　次	2016 年 5 月第 1 版	
印　　次	2016 年 5 月第 1 次印刷	

开　　本	710×1000　1/16	
印　　张	21.5	
字　　数	375 千字	
定　　价	78.00 元	

泉男产墓志拓片（张福有提供）

泉男生墓志拓片（张福有提供）

泉毖墓志照片（张福有提供）

高慈墓志拓片（赵振华提供）

高质墓志拓片（赵振华提供）

高饶苗墓志盖（张彦提供）

高饶苗墓志拓片（张彦提供）

泉府君夫人高氏墓志盖（王其祎提供）

泉府君高氏墓志拓片（王其祎提供）

《南单德墓志》拓片［唐大历十一年（776）］（王其祎提供）

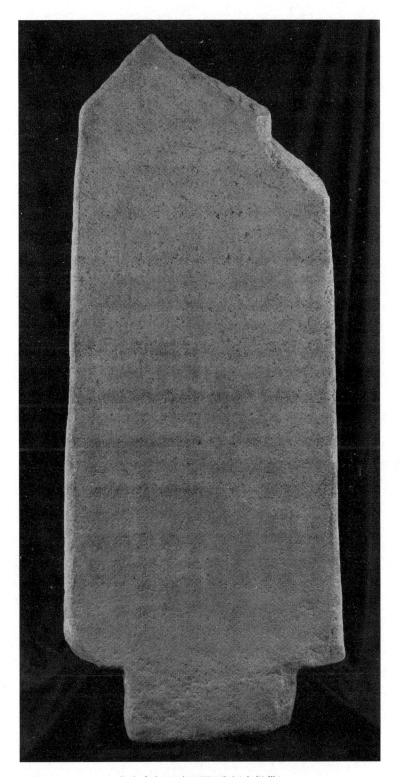

集安高句丽碑正面(张福有提供)

目　录

高句丽遗（移）民墓志研究

集安麻线高句丽碑研究

综合研究

高句丽遗（稿）民墓志研究

有关泉男生降唐的问题

——读《泉男生墓志铭》和《泉献诚墓志铭》

牛致功[*]

泉男生，高丽人，唐高宗时与其子泉献诚降唐，因助唐军对高丽作战有功，被高宗授使持节辽东大都督，上柱国，玄菟郡开国公，食邑二千户。泉献诚也被高宗和武则天所重用，实际上他们父子都成了唐的重要官员，死后都葬在洛阳芒（邙）山。

泉男生、泉献诚父子，在唐和高丽的关系中有重要作用，有关文献都有记载。近读其父子的《墓志铭》，发现有关文献有不少缺漏或失误之处。笔者撰写此文，就是要把泉氏父子的《墓志铭》和有关文献结合起来，更全面地说明他们父子在唐和高丽的关系中所发挥的作用。

泉男生降唐

泉男生是高丽西部大人泉盖苏文之子。贞观十六年（642），泉盖苏文杀高丽王建武，又杀其政敌百余人，另立建武弟大阳子高藏为高丽王，自立为莫离支。所谓莫离支，"犹中国兵部尚书兼中书令职也"。^① 实际上就是宰相。既然高丽王为其所立，自己又有宰相的实权，不言而喻，他就是高丽实际的执政者了。

乾封元年（666），泉盖苏文死，其子泉男生代为莫离支。接任莫离支后，泉男生很想有所建树。于是，他"出巡诸城，使其弟男建、男产

---

* 牛致功：陕西师范大学历史系教授。

① 《旧唐书》卷一九九上《高丽传》，中华书局标点本，第5322页。

知留后事"。有人乘此机会离间其兄弟关系，一面对其二弟道："男生恶二弟之逼，意欲除之，不如先为计。"一面又对男生说："二弟恐兄还夺其权，欲拒兄不纳。"泉男生暗中派人回平壤了解情况，"二弟收掩，得之，乃以王命召男生。男生惧，不敢归；男建自为莫离支，发兵讨之"①。面对这种形势，泉男生采取何种对策呢？两《唐书·高丽传》和《资治通鉴》的有关部分，都载他派其子泉献诚"诣阙求救"。其实，事实发展的过程相当曲折。

《泉献诚墓志铭》载，面对泉男建、泉男产的反对，泉男生急需有所对策时，"时祸起仓卒，议者犹豫。或劝以出斗，谋无的从"。泉献诚"屈指料敌，必将不可。乃劝襄公（泉男生）投国内故都城，安辑酋庶"。他劝其父道："今发使朝汉，具陈诚款。国家闻大人之来，必欣然启纳。因请兵马，合而讨之。此万全决胜之计也。"泉男生认为"献诚之言甚可择"，于是，立即派遣首领冉有等入唐表达其心意。唐高宗对泉男生派人入唐非常满意，遂"手敕慰喻，便以襄公（泉男生）为东道主人，兼授大总管"。看来，泉献诚对泉男生降唐发挥了重要作用。正因如此，有人对此事评价道："公（泉献诚）图去就之计，审是非之策，不逾晷刻，便料安危。故能西引汉兵，东扫辽浿。襄公（泉男生）之保家传国，实公之力也。"②

这里首先应弄清一个问题。有关文献记载，泉男生为了向唐表达其意，派遣其子泉献诚"诣阙求救"。《泉献诚墓志铭》则载为"遣道领冉有等入朝"。二者有无正误的区别呢？《泉男生墓志铭》可以解决这个问题。

《泉男生墓志铭》载，泉男生派人到唐求援共有三次，第一次，"仍遣大兄（首领）弗德等，奉表入朝，陈其事迹。属有离叛，德遂稽留"。看来，这一次未达目的。第二次，"更遣大兄冉有重申诚效"。这一次求援成功。第三次，"乾封元年，公又遣子献诚入朝，帝有嘉焉③。《泉献诚墓志铭》也说明，泉献诚在冉有入唐求援成功后，"寻授（受）襄公命，诣京师谢恩"④。显而易见，冉有入唐在先，其使命是求援；泉献诚

---

① 《资治通鉴》卷二○一乾封元年五月，中华书局标点本，第6347页。
② 《全唐文补遗》第七辑，三秦出版社2000年版，第21页。
③ 《全唐文补遗》第一辑，三秦出版社1994年版，第62页。
④ 《全唐文补遗》第七辑，三秦出版社2000年版，第21页。

入唐在后，其任务是谢恩。二者不可混为一谈。

泉男生与唐联络成功，唐高宗遂以李勣为辽东道行军大总管，又以庞同善、契苾何力为辽东道行军副大总管安抚大使，同时，泉男生、泉献诚又充当向导，共同向高丽进发。总章元年（668）九月，最后围攻平壤。高丽王高藏遣泉男产率首领 98 人投降。泉男建仍然闭门拒守，结果战败自杀未遂，被唐军俘虏。

总章元年十二月，李勣献俘含元殿（大明宫正殿），高宗"诏以高藏政不由己，授司平太常伯；男产先降，授司宰少卿；男建配流黔州；男生以向导有功，授右卫大将军，封卞国公，特进如故"①。这一部分内容，有关文献都记载相同。但关于泉男建拒不投降，至死不屈，又自杀未遂，高宗只给以"配流黔州"的处分，似乎不太正常。笔者近读《泉男生墓志铭》，始知手足之情影响朝廷。泉男生与李勣等"凯入京都，策勋饮至，献捷之日，男建将诛，公（泉男生）内切天伦，请重阍而蔡蔡叔。上感皇睠，就轻典而流共工。友悌之极，朝野斯尚"②。这就是说，泉男建"将诛"而被改为"配流黔州"，是泉男生不忘兄弟之情而从中发挥作用的结果。

战争结束后，不仅泉男生被授以唐的官爵，泉献诚也有所殊荣。他"诣京师谢恩"时，"天子待之以殊礼，拜右武卫将军，赐紫袍金带，并御马二匹"。开耀二年（682），"袭封卞国公，食邑三千户"③。后又屡任要职。总而言之，泉男生由高丽的莫离支最后成为唐王朝"特进、兼使辽东大都督、右卫大将军、检校右羽林军仍仗内供奉、上柱国、卞国公，赠并、益二州大都督，谥曰襄"④。泉献诚不仅助唐对高丽作战，而且还参与平定李氏反对武则天的战争。不言而喻，他们父子都由高丽的官员转而成为唐的官员了。

泉男生之死

关于泉男生之死，有关文献记载简略而且有误。《旧唐书·高丽传》：

---

① 《旧唐书》卷一九九上《高丽传》，中华书局标点本，第 5327 页。
② 《全唐文补遗》第一辑，三秦出版社 1994 年版，第 63 页。
③ 《全唐文补遗》第七辑，三秦出版社 2000 年版，第 21 页。
④ 同上书，第 20 页。

"男生以仪凤初卒于长安",这是绝对错误的。

唐军帮助泉男生、泉献诚取得胜利后,唐高宗"以高藏政非己出,赦以为司平太常伯、员外同正"。司平太常伯就是工部尚书。此时,他已不是高丽王了。总章元年(668),唐分高丽"五部百七十六城、六十九万余户,为九都督府、四十二州、百县,置安东都护府于平壤以统之,擢其酋帅有功者为都督、刺史、县令,与华人参理"①。

仪凤二年(677),唐高宗又命高藏回到辽东,"以工部尚书高藏为辽东州都督,封朝鲜王,遣归辽东,安辑高丽余众;高丽先在诸州者,皆遣与藏俱归"。同时"仍移安东都护府于新城以统之"。② 新城即今辽宁抚顺市北高尔山。高藏到了辽东,与靺鞨勾结,阴谋反唐。结果被高宗召回,配流邛州(今四川邛崃),死后被运回长安树碑安葬。

高藏被唐军俘虏,只是唐在军事上的胜利。长期为高丽王的高藏,必然还有一定的社会基础,他勾结靺鞨,阴谋反唐,必然得到相当一部分人支持。否则,高藏为什么在阴谋反唐失败后,唐又"分徙其人,散向河南、陇右诸州,其贫弱者留在安东城傍"③。分徙到河南、陇右诸州者,必然是有力量有可能反唐者,也就是高藏反唐的社会基础。否则,为什么仅将"其贫弱者留在安东城傍"呢!况且,还有一部分人散入靺鞨与突厥。这一切说明,高藏到了辽东,想利用一些人的反唐情绪,勾结靺鞨,确曾想发动反唐战争,但他没有得逞。

因为"高丽新平,余寇尚多"④,也因为"以高丽余众反叛,移安东都护府于辽东城(今辽宁辽阳)"⑤,又移至新城,高藏才被封为朝鲜王,又回到辽东。唐派高藏回到辽东的目的非常明确,就是要利用他曾是高丽王的身份,去缓和高丽人的反唐情绪,稳定其社会秩序。然而,事与愿违,高藏不仅没有为唐所用,反而要利用高丽人反唐。这就迫使唐朝廷不得不另找合适的代理人,这人既易为高丽人所接受,又能为唐所控制。这样合适的人选有谁充任,有关文献都没有记载。

《泉男生墓志铭》:"仪凤二年,奉敕存抚辽东,改置州县。求瘝恤

---

① 《资治通鉴》卷二〇一总章元年十月,中华书局标点本,第6356页。
② 《资治通鉴》卷二〇二仪凤二年二月,中华书局标点本,第6382—6383页。
③ 《旧唐书》卷一九九上《高丽传》,中华书局标点本,第5328页。
④ 《资治通鉴》卷二〇一总章二年八月,中华书局标点本,第6359页。
⑤ 《资治通鉴》卷二〇二仪凤元年二月《考异》,中华书局标点本,第6378页。

隐，襁负如归；划野疏疆，莫州知正。"① 这段记载正补充了文献的不足。
从时间上说，高藏和泉男生去辽东都是在仪凤二年（677），但高藏去辽
东是在仪凤二年二月，泉男生去辽东必然在其后，否则，他去的任务只是
安抚百姓，整顿行政区划，收拢人心，还有什么意义呢！他只能是针对唐
派高藏去辽东的失败而到辽东的。正因如此，他才一直住在辽东。既然在
仪凤二年泉男生去了辽东，当然他不可能在仪凤初卒于长安。仪凤的年号
只用了三年半，仪凤初，无疑只能是仪凤元年。如果泉男生于仪凤元年死
于长安，怎么会在仪凤二年又去辽东呢！由此可见，泉男生死亡的时间和
地点都值得惑疑。

泉男生究竟死于何时何地？《泉男生墓志铭》载："以仪凤四年正月
廿九日，遭疾薨于安东府之官舍，春秋卅有六。"这里非常具体地说明了
他死亡的时间和地点。同时，又记载："以调露元年十二月廿六日壬申，
窆于洛阳邙山之原，礼也。"② 把他葬于"洛阳邙山之原，礼也"，对泉男
生来说，当然是一种荣耀。洛阳是东都，邙山之原是许多唐的官员安葬之
处，唐把泉男生的灵柩从辽东运到这里，自然意味着这是一种隆重的安
葬。如果他死在长安，长安是首都，把其灵柩从长安运到洛阳，就不一定
是隆重的安葬了。

泉男生于仪凤四年（679）正月二十九日死，当年六月，高宗将仪凤
的年号改为调露，他于调露元年十二月二十六日安葬。这就是说，他从死
到安葬是在同一年内的年初到年底。毋庸置疑，他的《墓志铭》是在这
期间撰写刻制的。当时的人对当时的事是不会弄错的，特别是泉男生死亡
的时间和地点。《泉男生墓志铭》于洛阳出土，更证明其记载是正确的。
再者，泉献诚也于"仪凤四年，丁父忧，哀毁过礼。中使借问，道路相
属"③。这一切说明，《泉男生墓志铭》有力地纠正了有关文献对于泉男生
死亡时间和地点的误载。

泉献诚与武则天

唐高宗在位期间，武则天即已逐步走上政治舞台。高宗死后，她随心

---

① 《全唐文补遗》第一辑，三秦出版社 1994 年版，第 63 页。
② 同上。
③ 《全唐文补遗》第七辑，三秦出版社 2000 年版，第 21 页。

所欲，废立中宗、睿宗。最后改唐为周，自己当了皇帝。面对这样的政治动荡，朝廷官员也采取了不同的对策。有人顺水推舟，随波逐流；有人坚持传统观念，反对以周代唐。泉献诚属前者。

垂拱四年（688），武则天要做皇帝的野心暴露无遗，在传统观念支配下，李氏宗室当然不会熟视无睹。于是李氏诸王如绛州刺史韩王元嘉（高祖子）、青州刺史霍王元轨（高祖子）、邢州刺史鲁王灵夔（高祖子）、豫州刺史越王贞（太宗子），还有霍王元轨子江都王绪、越王贞子琅邪王冲等，密谋起兵，反对武则天。

武则天当然不会坐以待毙，在琅邪王冲首先发难后，武则天即命左金吾将军丘神勣统兵前往镇压。由于缺乏周密的计划，诸王未能互相配合，琅邪王冲起兵七日而败。越王贞闻知其子起兵后，也于豫州（今河南汝南）起兵。这时，武则天曾命泉献诚率部前往镇压。

泉献诚对预州越王贞作战，虽不见有关文献有所记载，但《泉献诚墓志铭》却有这样的内容。垂拱"四年九月，奉勅充龙水道大总管，讨豫州反叛，赐彩一百段，御马一匹。寻属贼平，遂止"①。垂拱四年（688）九月，正是越王贞于豫州起兵反对武则天的时候。武则天命左豹韬大将军魏崇裕为中军大总管，岑长倩为后军大总管，统兵十万，进军豫州。由于双方力量悬殊，越王贞很快兵败自杀。因此，泉献诚虽然受命前往，但未成行战争就结束了。这时，正是武则天和李氏宗室也就是武则天和传统势力进行激烈斗争的时候，泉献诚站在了武则天一边。

在激烈的政治斗争中，因为泉献诚支持了武则天，所以，武则天对泉献诚也颇为赏识。天授元年，"以右卫大将军泉献诚为左卫大将军。太后出金宝，命选南北牙善射者五人赌之，献诚第一，以让右玉钤卫大将军薛咄摩，咄摩复让献诚。献诚乃奏言：'陛下令选善射者，今多非汉官，窃恐四夷轻汉，请停此射。'太后善而从之"②。武则天选五个善射者进行比赛，泉献诚成绩最佳，荣获第一。但他不敢接受，让与薛咄摩，薛咄摩是薛延陀人，也不轻易受此殊荣，复又让给泉献诚。泉献诚虽然射功超人，令人瞩目，但他心里清楚，自己是高丽降唐的将军，如果优胜的善射者多非汉人，必然影响汉人习射的情绪。所以，他不愿锋芒毕露，遭人嫉妒。

---

① 《全唐文补遗》第七辑，三秦出版社 2000 年版，第 21 页。

② 《资治通鉴》卷二〇四天授元年十月，中华书局标点本，第 6470 页。

薛咄摩的处境和他类同，大概也是这种想法，所以，也婉言谢绝这一荣誉。泉献诚建议停止这一活动正是这种原因。武则天接受了他的建议，正说明他的看法符合实际。这一问题，既说明了泉献诚忠于武则天，也说明泉献诚要和汉官们和谐相处，避免成为众矢之的。实际上，这是泉献诚在激烈的政治动荡中保全自己的手段。

　　尽管泉献诚对武则天忠心耿耿，谨慎小心，避免陷入政治旋涡之中，但他还是被借助政治风浪横行霸道的人迫害致死了。

　　关于泉献诚之死，文献记载非常简略。所记是："时酷吏来俊臣尝求货于献诚，献诚拒而不答，遂为俊臣所构，诬其谋反，缢杀之。"① 较详细载此事的是《泉献诚墓志铭》：天授二年（691）二月，"奉敕充检校天枢子来使，兼于玄武北门押运大仪铜等事。未毕，会逆贼来俊臣秉弄刑狱，恃摇威势，乃密于公处求金帛宝物。公恶以贿交，杜而不许。因诬陷他罪，卒以非命，春秋卅二"②。两相比较，后者说明，因为泉献诚于玄武北门押运大仪铜等事，手中掌握相当的物质财富。因此，来俊臣乘机对他进行索贿。同时，又说明泉献诚恶以行贿相交，故而拒绝来俊臣的要求。如果把二者结合起来，足以说明，武则天所重用的酷吏来俊臣等人，不仅无情地迫害武则天的政敌，而且又为了满足自己的私欲，不放弃任何机会对别人敲诈勒索金帛宝物。难怪他最后被武则天处死后，"国人无少长皆恶之，竞剐其肉，斯须尽矣"③。这就是说，在当时的情况下，泉献诚拒不逆来顺受，恶与酷吏相交，难免遭灭顶之灾了。

　　由于来俊臣肆无忌惮地陷害他人，甚至连武氏诸王及太平公主（武则天之女），还有中宗、睿宗等，他都想强加罪名，无情陷害。这样一来，他必然成为众矢之的。因为武则天决不会不相信武氏诸王及太平公主。于是来俊臣走到了末日。

　　来俊臣等酷吏被处死后，为负冤得罪者翻案之风渐起。凤阁舍下韦嗣立上疏道："自垂拱以来，罪无轻重，一皆昭洗，死者追复官爵，生者听还乡里。如此，则天下知昔之枉滥，非陛下之意，皆狱吏之辜，幽明欢欣，感通和气。"④ 武则天虽然没有明确表示接受这个建议，但也没有否

---

① 《旧唐书》卷一九九上《高丽传》，中华书局标点本，第5328页。
② 《全唐文补遗》第七辑，三秦出版社2000年版，第21页。
③ 《旧唐书》卷一八六上《来俊臣传》，中华书局标点本，第4840页。
④ 《资治通鉴》卷二〇六圣历二年十月，中华书局标点本，第6543页。

认这个意见是正确的。实际上这是默认韦嗣立的建议是必要的，但又不愿立即实行。毕竟来俊臣是她重用的爪牙。

事实证明，武则天接受了韦嗣立的建议。久视元年（700）八月，也就是韦嗣立建议为负冤者翻案的次年，她就为泉献诚平反了。她下制曰："故左卫大将军、右羽林卫上下、上柱国、卞国公泉献诚，望高藩服，宠被周行。情款深至，器怀温厚。擢居亲近，委以禁兵。诬构奄兴，冤刑莫究。岁月遄迈，状迹申明。言念过往，良深悼惜。褒崇靡及，宜在追荣。窀穸未周，当须改卜。式加褥礼，以慰营魂。可赠右羽林卫大将军，赐物一百段，葬日量□缦幕手力。"同时，"粤以大足元年岁次辛丑二月甲辰朔十七日庚申，葬于芒（邙）山之旧茔，礼也"①。在这里，武则天承认泉献诚是负冤得罪所以赠右羽林卫大将军，赐物一百段。同时，以礼改葬邙山之旧茔，也就是与泉男生同葬一地了。

总而言之，武则天重用了泉献诚，又误信酷吏，杀害了泉献诚。在来俊臣的阴谋暴行彻底暴露后，武则天又为泉献诚平反，并赠右羽林卫大将军，赐物一百段。虽然这是雨后送伞，无济于事，但在当时的历史条件下，也算是无以复加的幸运了。

（原载《碑林辑刊》2005 年第 11 辑）

---

① 《全唐文补遗》第七辑，三秦出版社 2000 年版，第 22 页。

洛阳、西安出土北魏与唐高句丽人
墓志及泉氏墓地

张福有　赵振华[*]

高句丽，西汉建昭二年（前37）建于汉玄菟郡高句丽县境内。唐总章元年（668），国亡，共存续705年。高句丽建国时，其都城在今之辽宁桓仁，历40年。汉新元始元年（3），第二位王琉璃明王在其二十二年，迁都国内地方（今吉林集安），历425年。东晋元嘉四年（427），第20位王长寿王在其十五年，移都平壤，历158年。隋开皇六年（586），第25位王平原王在其二十八年，移都平壤附近之长安城，历82年。[①]

高句丽亡后，唐朝在平壤设安东都护府，以薛仁贵为督护，总兵镇之。泉男建窘急自刺，未死，与宝藏王等被擒至唐之京师长安，唐高宗命先以宝藏王等献于太宗李世民之昭陵和太庙。及宝藏王死后，将其葬于长安灞东突厥可汗颉利墓东。泉男生在助唐平高句丽时被封为特进，后又授右卫大将军，封卞国公，特进如故。因此，其墓志盖铭为："大唐故特进泉君墓志。"太大兄泉男产因奉宝藏王命率大小首领98人持帛幡先降，授司宰少卿。泉男建被配流黔州。[②] 泉男生、泉男产、泉献诚、泉毖，死后均葬于洛阳邙山之原。[③]

---

* 张福有：吉林省社会科学院研究员；赵振华：洛阳古代艺术馆研究员。

① 金富轼撰，孙文范等校勘：《三国史记》卷一三、卷一八、卷一九，吉林文史出版社2003年版，第178、225、241页。

② 《旧唐书》卷六七、卷一九九上，中华书局1975年版，第2487、5327页。《新唐书》卷二二〇，中华书局1975年版，第6193—6194页。

③ 郭培育、郭培智主编：《洛阳出土石刻时地记》，大象出版社2005年版，第154、194、192、255页。

一　近代洛阳出土的北魏墓志

葬于永平四年（511）的北魏宗室《太尉府参军元侔墓志》，1926 年"阴历七月，洛阳城北四十里陈凹村出土"①，现藏辽宁省博物馆，已残。② 完整的拓本见于多种著录。志云："父镇远将军光州刺史讳悝字纯陀。夫人叱罗氏，仪曹尚书、使持节、散骑常侍、安东将军、都督兖州诸军事、兖州刺史、带方静公兴之长女也。"③ 则志主元侔之母亲为高句丽人，可见当时宗主国与边疆地方封国、属国的上层以联姻作为联盟交好的重要方式。北魏是我国多民族统一国家形成的重要时期，民族杂处，文化渗透，政治联姻与自然形成的婚姻造就了民族融合，促进民族间的和平相处。

北魏时期，高句丽诸王多次接受北魏朝廷册封，高句丽先后数十次派遣使节来到都城洛阳纳贡，政治交流频繁。近代洛阳出土的几方北魏"乐浪遂城"和"乐梁遂城"人墓志，志主是贵族，他们或任北魏政权高官，或为皇室子弟爱妻，身份重要，地位特殊。这几方地下出土的墓志，是研究北魏与高句丽关系的重要史料。因学界未予足够的重视，此列表简单汇录有关资料，供研究者参考。

（一）墓志研究概况表示

下列墓志简表按年排列。首题为照录墓志之首题，尺寸（厘米），葬年录自墓志。为求简洁，略去干支。

王氏墓志

首题	魏黄钺大将军太傅大司马安定靖王第二子给事君夫人王氏之墓志
字数	20 行，满行 18 字，楷书
尺寸	长 56 厘米，宽 64 厘米
出土	"民国十四年阴历正月廿八日，洛阳城北徐家沟村东北岭上出土。无冢。"（《洛阳出土石刻时地记》第 15 页）

---

① 郭培育、郭培智主编：《洛阳出土石刻时地记》，大象出版社 2005 年版，第 15 页。
② 王绵厚、王海萍主编：《辽宁省博物馆藏碑志精粹》，文物出版社、日本中教出版株式会社 2000 年版，第 54 页。
③ 朱亮主编：《洛阳出土北魏墓志选编》，科学出版社 2001 年版，第 248 页。

续表

葬年	永平二年（509）十一月二十三日迁窆于瀍水之东
现藏	西安碑林
目录	《六朝墓志检要》，第71页；《北京图书馆藏墓志拓片目录》，第8页；罗振玉《蒿里遗文目录补遗》，第366页；罗振玉《墓志征存目录》卷一，第399页
拓本	《汉魏南北朝墓志集释》第四册，图版三三《北京图书馆藏中国历代石刻拓本汇编》第3册，第128页。《鸳鸯七志斋藏石》图版二八《洛阳出土北魏墓志选编》，第246页
录文	《汉魏南北朝墓志汇编》，第56页；《洛阳出土北魏墓志选编》，第22页
论跋	罗振玉《安定靖王第二子给事君夫人王氏墓志跋》，《雪堂类稿》，丙《金石跋尾》，第170页

王祯墓志

首题	魏故恒州治中晋阳男王君墓志铭
字数	19行，满行18字，楷书
尺寸	长51厘米，宽53厘米
出土	"民国十八年，洛阳城东北西山岭头村之东三里，护驾庄村南出土。"（《洛阳出土石刻时地记》，第18页）
葬年	延昌四年（515）三月九日迁措于芒阜
现藏	西安碑林
目录	《六朝墓志检要》，第89页；《北京图书馆藏墓志拓片目录》，第10页；《北京大学图书馆藏历代石刻拓本草目》（二），第212页
拓本	《汉魏南北朝墓志集释》第五册，图版四三《北京图书馆藏中国历代石刻拓本汇编》第4册，第24页。《鸳鸯七志斋藏石》图版三七《洛阳出土北魏墓志选编》，第264页
录文	《汉魏南北朝墓志汇编》，第80页；《洛阳出土北魏墓志选编》，第35页
论跋	

王基墓志

首题	魏故处士王君墓志铭
字数	21行，满行24字，楷书
尺寸	长54厘米，宽54厘米
出土	"民国十六年，洛阳城东北东山岭头村南三里出土，无冢。东西山岭头村人掘得之。"（《洛阳出土石刻时地记》，第25页）
葬年	正光四年（523）十月廿日窆于洛阳城北首阳之山
现藏	西安碑林

续表

目录	《六朝墓志检要》，第126页；《北京图书馆藏墓志拓片目录》，第15页；罗振玉《蒿里遗文目录续编》，第376页；罗振玉《墓志征存目录》卷一，第402页
拓本	《汉魏南北朝墓志集释》第五册，图版五一《北京图书馆藏中国历代石刻拓本汇编》第4册，第151页。《鸳鸯七志斋藏石》图版六三
录文	《汉魏南北朝墓志汇编》，第138页；《洛阳出土北魏墓志选编》，第68页
论跋	

王舒墓志

首题	魏故王君墓志铭
字数	7行，满行9字，楷书
尺寸	长36.8厘米，宽36.8厘米，砖质
出土	洛阳
葬年	永安三年（530）九月十二日葬于北芒之阳
现藏	
目录	《六朝墓志检要》，第186页 罗振玉《蒿里遗文目录三之上》，第325页
拓本	《汉魏南北朝墓志集释》第六册，图版五八七
录文	《汉魏南北朝墓志汇编》，第272页 《洛阳出土北魏墓志选编》，第156页
论跋	赵万里：《汉魏南北朝墓志集释》第二册，《王舒专志》，第115页

　　《王氏墓志》是一块出土时地明确，流传有绪的北魏墓志。已往，社会上流传《大魏扬列大将军太傅大司马安乐王第三子给事君夫人韩氏墓志》拓本，记韩氏为"遂城人也"。此志出土时地不见于《洛阳出土石刻时地记》，亦不见于各家的伪刻记录。录文见于《汉魏南北朝墓志汇编》①，拓本已著录。②对照阅读二志，即可辨别出此志以《王氏墓志》为蓝本，改换人名年号，略作删节，刻石伪造。

---

① 赵超：《汉魏南北朝墓志汇编》，天津古籍出版社1992年版，第71页。
② 北京图书馆金石组编：《北京图书馆藏中国历代石刻拓本汇编》第4册，中州古籍出版社1989年版，第14页。

（二）资料简目

1. 赵万里：《汉魏南北朝墓志集释》，科学出版社 1956 年版。

2. 王壮弘、马成名：《六朝墓志检要》，上海书画出版社 1985 年版。

3. 北京图书馆金石组编：《北京图书馆藏中国历代石刻拓本汇编》，中州古籍出版社 1989 年版。

4. 徐自强主编：《北京图书馆藏墓志拓片目录》，中华书局 1990 年版。

5. 赵超：《汉魏南北朝墓志汇编》，天津古籍出版社 1992 年版。

6. 孙贯文遗作：《北京大学图书馆藏历代石刻拓本草目》（二）、《考古学辑刊》8，科学出版社 1994 年版。

7. 赵力光编：《鸳鸯七志斋藏石》，三秦出版社 1995 年版。

8. 朱亮主编：《洛阳出土北魏墓志选编》，科学出版社 2001 年版。

9. 罗振玉撰述：《雪堂类稿》、戊《长物簿录》、《蒿里遗文目录补遗》、《蒿里遗文目录续编》、《墓志征存目录》，辽宁教育出版社 2003 年版。

10. 郭培育、郭培智主编：《洛阳出土石刻时地记》，大象出版社 2005 年版。

二　近代洛阳、西安出土的唐代墓志

高句丽泉氏的碑碣，在宋代即引起金石学者的注意。赵明诚《金石录》卷六记载："《唐卫尉正卿泉君碑》，长子隐奉撰叙，仲子伯逸正书；苏晋撰铭；彭杲正书。开元十五年三月。"① （泉君名实，盖苏文之孙也）该书卷二六记载："右《唐泉君碑》。泉君者，高句丽盖苏文之孙，泉男生之子也。高宗时，与男生同归朝，仕为卫尉卿。案《唐书》及《元和姓纂》皆云'名献诚'，今此碑乃云'讳实'。字行于代，而阙其字不书。又《姓纂》云'献诚生玄隐'，而《碑》但云'名隐'而已。献诚出于夷虏，事迹无足考究，录之以见史传名字异同耳。"② 陈思《宝刻丛编》

---

① （宋）赵明诚：《金石录》卷六，金文明校证，上海书画出版社 1985 年版，第 104 页。

② （宋）赵明诚：《金石录》卷二六，第 474 页。

记此碑为《唐右卫大将军泉府君碑》①。泉献诚墓志出土于洛阳，此碑当蠹于墓前，惜碑文未见著录。罗振玉云："一碑一志，相去百年，先后出土，亦一奇也。"②

（一）墓志的发现与收藏

20 世纪初，洛阳邙山大行盗掘古墓之风，在出土的数千方墓志中，有唐代高句丽、百济人墓志 10 种，即高句丽人泉男生、泉男产、泉献诚、泉毖、高震、高玄、高慈墓志，百济人扶余隆、黑齿常之、黑齿俊墓志。20 世纪末，洛阳出土了高句丽人高足酉、高氏（高震女儿）墓志，洛阳西南的鲁山县出土了百济人难元庆墓志。1993 年，西安市出土了高句丽人似先义逸墓志。墓志中同姓者或有血缘关系：泉男生、泉男产为兄弟，泉男生、泉献诚是父子，泉献诚、泉毖是祖孙。高震、高氏是父女。黑齿常之、黑齿俊是父子。这里主要谈高句丽人墓志。

洛阳等地出土唐代高句丽墓志是研究唐代东北亚历史不可多得的地下石刻文献资料，80 年来研究有续，视角、程度各有所长，研究成果比较零散。搜集研究最早的学者是近代学术大师罗振玉，光绪末年，罗氏备官学部，唐春卿尚书主部事，以所注《新唐书》稿与罗氏相商榷。当时唐氏正为《东夷传》作注，因《隋书》《唐书》皆言高句丽官制凡十二级，《册府元龟》虽言十三等，而其所书官名则仍是十二。唐以为十三等"三"字必为"二"字之伪，罗却不同意遽改，以为须得善本才能定从违。因无书可考校，当以唐代石刻文字为资材。1921 年以后，罗氏得中州石刻墨本甚多，遂留心于此。

罗氏于 20 世纪初将历年收集的 1000 多种墓志拓片亲手移录勘定，分地域编纂印行，为学术界提供一批整理过的地下出土新史料，影响很大。《芒洛冢墓遗文》各编共辑自汉迄金各朝墓志等 620 种，其中《芒洛冢墓遗文四编》卷三著录《扶余隆墓志》，《芒洛冢墓遗文四编补遗》著录《泉男生墓志》，为唐代鸭绿江南岸人墓志资料见于著录之始。

《泉男生墓志》《扶余隆墓志》出土后由洛阳运到省政府所在地开封，

---

① （宋）陈思：《宝刻丛编》卷四，《唐右卫大将军泉府君碑》，丛书集成初编本，中华书局 1985 年版，第 89、90 页。

② 罗振玉撰述：《雪堂类稿》，甲《笔记汇刊》，《石交录》，辽宁教育出版社 2003 年版，第 250 页。

藏于河南金石编纂处，后转河南图书馆收藏。1925 年，河南图书馆馆长何日章将馆藏《泉男生墓志》等拓本邮寄予罗振玉，嘱为考订，罗氏报以跋文 8 篇，刊于何编《河南图书馆藏石跋》①，《唐右卫大将军卞国公泉男生墓志跋》在焉。罗氏所撰唐代高句丽、百济人墓志跋 7 种，散见于《松翁近稿》《丙寅稿》《丁戊稿》《后丁戊稿》等著作，为家刻本，印制精良，印数较少，较难觅得。近年新出《雪堂类稿》② 颇易检寻。1937 年，罗氏在旅顺寓居时检寻出有关"东夷"人物的墓志 7 种：泉男生、扶余隆、高慈、泉献诚、泉男产、泉毖、高震，其中高慈墓志为其家藏。高姓为高句丽王裔；泉姓为高丽酋长盖苏文的后代；扶余隆则是百济王子。唐灭高句丽、百济，遗裔入唐，封官授爵，死葬北邙。"泉男产志实有十三等之班次，语与《册府元龟》同，足释往者尚书之疑。"罗氏以这几方洛阳出土的唐代墓志"多为学者所未知，因录为一编，旧有跋尾者增损录后，其无跋尾者补加考证，颜之曰：《唐代海东藩阀志存》"于1937 年刊印，向学术界提供了系统的研究历史的原始材料和研究成果。是书正文首列墓志名称，次言志石高广尺寸，行、字数，书体等，再次照录墓志全文，末为考证，颇便读者。③ 罗振玉说《高震墓志》，"此志二十年前出洛阳，今藏予家"④，后来以《泉献诚墓志跋》⑤ 补考武则天于洛阳定鼎门内造天枢事。罗氏对朝鲜半岛古刻亦十分关注："既为吴兴刘翰怡少府重校定《海东金石苑》，并取后出诸石为《续编》矣"，他的朋友"编朝鲜史官末松君保和"赠予新罗新出土石刻拓本多种⑥，罗氏整理为《三韩冢墓遗文目录》，入《雪堂丛刻》。又见于《雪堂类稿》⑦。

　　清末民初，洛阳出土墓志流散四方，由公私收藏。1923 年，《泉男产

　　① 何日章编：《河南图书馆藏石跋·叙》，河南官印刷局印，民国乙丑年（1925）十月。
　　② 罗振玉撰述：《雪堂类稿》，丙《金石跋尾》，辽宁教育出版社 2003 年版。
　　③ 赵振华：《罗振玉与洛阳文物研究》，《洛阳考古四十年——1992 年洛阳考古学术研讨会论文集》，科学出版社 1996 年版，第 384 页。
　　④ 罗振玉：《唐代海东藩阀志存》，丁丑（1937 年）仲冬校印，第 15 页。
　　⑤ 罗振玉：《贞松老人遗稿》甲集，《后丁戊稿》。
　　⑥ 罗振玉撰述：《雪堂类稿》，甲《笔记汇刊》，《石交录·新获三韩石刻》《石交录·予辑刊刘喜海〈海东金石苑〉八卷》，第 276 页、第 375 页。
　　⑦ 罗振玉撰述：《雪堂类稿》，戊《长物簿录》（一），《海东冢墓文存目录·篙里遗文二之四》，第 319 页。

墓志》出土未久，即由北京大学研究所国学门购得。①

　　20世纪30年代收藏2方百济人墓志的是民国元老李根源（1879—1965），他行武出身，但中国传统文化的根底很深。李根源一生尤好金石碑刻，写了很多题跋。1925年旧历正月，李根源自天津赴开封，旅居二月余。期间与河南图书馆馆长何日章共同编纂《河南图书馆藏石目》，于当年印行。该书著录229石，中以洛阳出土的墓志、石刻为大宗，现保存于开封市博物馆。1922年，洛阳出土了泉男生墓志，墓志书丹者欧阳通是书法家欧阳询之子，父子齐名，时称小欧阳。李氏在《泉男生墓志铭》下写道："民国十一年十一月在洛阳出土，为陶北溟所得，转卖日人，已捆载登车矣。张省长凤台截回，出资千元，交馆收存。"② 记述了墓志初出土时遭遇的险恶。他在整理细目时，不断观摹泉志，并于墓志左侧花纹边刻隶书一行："民国十四年二月腾冲李根源观题" 以为纪念。

　　1931年日寇侵占上海，次年一月国民政府临时迁都洛阳。四月，召开"国难会议"，李根源应邀赴会。时北邙山正盗掘唐墓葬群，出土很多墓志。李根源以银洋2000元购得唐志93石，用火车运抵苏州，建"'曲石精庐藏九十三唐志室'以藏弆之，室额为章太炎先生所书"③。他在《王之涣墓志》跋中写道："今春小游洛下，得北邙唐志九十三方，以黑齿常之、王之涣两志值最高。……今其墓被毁，可谓不幸之至。然其志石得落余手而保存之，知其生平事迹而表章之，亦不幸中之幸矣。"④ 关于黑齿常之、黑齿俊父子的墓葬，作了如下的记录："按黑齿父子两志，民国十八年十月在邙山下同处出土，隧椁深广，骨体犹存。躯干一长一短，长者近九尺。同时出汉玉、金银铜器、陶瓦器甚多，被北京古董商购去，惟志石索价昂，且难载运出境，竟留待余得之。"⑤ 后来李氏自编《曲石唐志目》⑥ 予以著录。新中国成立之初，李根源将苏州寓所所藏书画与金石文物，全部捐赠苏州市文物保管委员会，现存南京博物院。1986年，李希泌将这批墓志拓本编次为《曲石

---

　　① 《国立北京大学研究所国学门重要纪事·C：考古学教研室》，"国立"北京大学《国学季刊》第一卷第三号，民国十二年（1923）7月，第550页。

　　② 李根源、何日章编：《河南图书馆藏石目》，1925年印行，第13页。

　　③ 李希泌编：《曲石精庐藏唐墓志》，齐鲁书社1986年版，"前言"。

　　④ 李根源：《景邃堂题跋·王之涣志》，曲石精庐藏版，1932年。

　　⑤ 李根源：《景邃堂题跋》卷三，《黑齿俊志》，第23、24页。

　　⑥ 李根源：《景邃堂题跋》卷三，《曲石唐志目》，第23页。

精庐藏唐墓志》，由齐鲁书社出版，以广流传，书中附《章太炎先生四跋》，黑齿常之志、黑齿俊志跋极精短。2003 年，袁道俊将南京博物院藏有关墓志编著为《唐代墓志》由上海人民美术出版社出版，《黑齿常之墓志》和《黑齿俊墓志》收入其中。

　　20 世纪 30 年代，民国元老张钫（1886—1966）收藏了唐代高句丽人《高玄墓志》，他是河南新安县铁门镇人。清末以来洛阳邙山出土的唐墓志石却弃置于田间村头，不为世人所重。1928—1931 年，他请郭玉堂等人收购了 1000 多块，陆续运到铁门。1932—1935 年，张钫在自家花园内建造了一座具有豫西地方特色的砖券窑院。将收集的墓志分排整齐地嵌在 15 孔窑洞 3 个天井和 1 道走廊的里外墙壁上，章太炎题榜"千唐志斋"也镶砌在廊外墙醒目处。1935 年，郭玉堂编《千唐志斋藏石目录》由上海西泠印社印行，此时《高玄墓志》尚未出土。洛阳市文物工作队藏郭玉堂编稿本《千唐志斋藏石目录三集》第三页记载《高玄墓志》出土情况云：民国"二十五年十月，后李村出土。三彩凤壶一、盘子一、束腰人一对、十大件一全份，其余小器二十件、马上人十件。"1949 年后，张钫编《千石斋藏志目录》，著录其目。① 后李村在今洛阳市孟津县邙山上。

　　孟津县刘坡村人郭玉堂（1888—1957），字翰臣，居号"十石经斋"，铺号"墨景堂"，所藏金石碑刻拓本为中州第一，曾受聘为北平图书馆名誉调查员、故宫博物院考古采访员。民国年间，洛阳地下每有发现，郭玉堂即亲赴现场调查，从不缺席。对墓志、石刻出土时间、地点、经过或亲自验证，或访自乡老，每有所得，辄笔记不辍。足迹所至，遍及河洛，并将部分成果公之于世。所著全文，由其后人编辑成《洛阳出土石刻时地记》于 2005 年 4 月出版。是书明确记载了泉男生、泉男产、泉献诚、泉毖、高玄墓志的出土时间地点与伴出器物等，成为今人探寻墓域的依据。

　　唐代高句丽人墓志多数是 20 世纪初在洛阳邙山盗掘出来的，出土时地，基本可信。依照墓志本身所记葬地，一些还难于确定相当于当代的地域；墓志所在乡里地名，亦有初步研究②；这些墓志多由公家收藏，保存

---

　　①　张钫编：《千石斋藏志目录》，北京万顺德印刷局石印，1953 年，第 12 页。
　　②　赵振华、何汉儒：《唐代洛阳乡里方位初探》，《洛阳出土墓志研究文集》，朝华出版社 2002 年版，第 45—117 页。

完好，如泉男生墓志、扶余隆墓志，旧藏河南开封博物馆，1999 年调河南博物院（郑州），泉男生墓志在一楼石刻陈列馆展出。也有个别墓志，经私人收藏，辗转流徙，目前尚不知其下落。1993 年，西安市东郊灞桥镇务庄村出土了似先义逸墓志。

上述新中国成立前洛阳出土的墓志已经简略的梳理①，这里只缕述有关原始资料条目，不作考证阐述评价。囿于见闻，虽仅限于搜集国内的材料，仍不够完备。以此已经简化的资料汇编，聊供学术研究参考之资。关于韩国的研究成果，可参阅拜根兴《七世纪中叶唐与新罗关系研究》② 书后的"参考文献"。

（二）墓志研究概况表示

下列墓志简表略依族姓分类，按葬年排列。首题照录墓志。尺寸（厘米），多来自拓本。葬年葬地录自墓志，为求简洁，略去干支。

泉男生墓志

首题	大唐故特进行右卫大将军兼检校右羽林军仗内供奉上柱国卞国公赠并州大都督泉君墓志铭
作者	中书侍郎兼检校相王府司马王德真撰 朝议大夫行司勋郎中上骑都尉渤海县开国男欧阳通书
字数	46 行，满行 47 字，楷书
尺寸	长 88.5 厘米，宽 88.5 厘米
出土	"民国十一年，洛东北山岭头村发现。"（稿本民国《洛阳县志》第 25 册，第 44 页） "民国十一年正月廿五日，洛阳城东北廿二里东山岭头村南凹向阳处有三个土冢，当地群众称为三女冢。泉男生墓志出土于中间冢内。并出陶器不精。墓志出土后曾归陶北溟，陶北溟欲转售日本，张凤台以千元截回。石藏开封博物馆。"（《洛阳出土石刻时地记》，第 154 页）
葬年	调露元年（679）十二月廿六日窆于洛阳邙山之原
现藏	河南博物院（郑州）河南古代石刻艺术陈列

---

① 赵振华、赵水森：《洛阳地下墓志的发现流徙与收藏著录研究》，《洛阳新出土墓志释录》，北京图书馆出版社 2004 年版，第 3 页。

② 拜根兴：《七世纪中叶唐与新罗关系研究》，中国社会科学出版社 2003 年版。

续表

目录	《河南图书馆藏石目》，第 13 页 赵惜时《本馆庋藏之物品（续）·（七）历代石刻》，《河南博物馆刊》第四集民国二十五年十月，第 13 页 稿本民国《洛阳县志》第 25 册，第 44 页 《北京大学图书馆藏历代石刻拓本草目》油印本三册，第 183 页 《北京图书馆藏墓志拓片目录》，第 137 页 《洛阳出土墓志目录》，第 159 页 罗振玉《墓志征存目录一》，第 267 页 罗振玉《墓志征存目录》卷二，第 454 页 《洛阳出土石刻时地记》，第 154 页
拓本	柳翼谋《泉男生墓志跋》，《史地学报》三卷三期 1924 年 7 月图二 《河南金石志图·石图》第 75 页盖，第 76 页志 许平石《唐泉男生墓志跋》，《河南博物馆馆刊》第十集 1937 年 6 月图一 《北京图书馆藏中国历代石刻拓本汇编》第 16 册，第 120 页 《隋唐五代墓志汇编·洛阳卷》第 6 册，第 50 页
录文	《芒洛冢墓遗文四编补遗》，第 20 页 《唐代海东藩阀志存》，第 1 页 《唐代墓志汇编》，第 667 页 《全唐文补遗》一辑，第 61 页
论跋	罗振玉《唐右卫大将军卞国公泉男生墓志跋》，《河南图书馆藏石跋》，第 6 页 罗振玉《雪堂类稿》，丙《金石跋尾》，《蒿里遗文·唐右卫大将军卞国公泉男生墓志跋》，第 221 页 《唐代海东藩阀志存》，第 5 页 柳翼谋《泉男生墓志跋》，《史地学报》第三卷第三期，1924 年 7 月 许平石《唐泉男生墓志跋》，《河南博物馆馆刊》第十集，1937 年 6 月

泉献诚墓志

首题	大周故左卫大将军右羽林卫上下上柱国卞国公赠右羽林卫大将军泉君墓志铭
作者	朝议大夫行文昌膳部员外郎护军梁惟忠撰
字数	41 行，满行 41 字，楷书
尺寸	高三尺一寸五分，广三尺一寸（《唐代海东藩阀志存》，第 17 页）
出土	"民国十五年八月，洛阳城东北廿二里东山岭头村南凹出土。此地有三个土冢，当地民众称之谓三女冢。泉献诚墓志出土于东冢内。"（《洛阳出土石刻时地记》，第 192 页）
葬年	大足元年（701）二月十七日葬于邙山之旧茔
现藏	
目录	《洛阳出土石刻时地记》，第 192 页 罗振玉《蒿里遗文目录续编》，第 380 页 罗振玉《墓志征存目录》卷二，第 467 页

续表

拓本	
录文	《唐代海东藩阀志存》，第 17 页 《唐代墓志汇编》，第 984 页 《全唐文补遗》第七辑，第 20 页
论跋	罗振玉《雪堂类稿》，甲《笔记汇刊》，《石交录·泉献诚志》，第 211 页 罗振玉《雪堂类稿》，丙《金石跋尾》，《蒿里遗文·泉献诚墓志跋》，第 232 页；《又》，第 233 页 《唐代海东藩阀志存》，第 21 页

泉男产墓志

首题	大周故金紫光禄大夫行营缮大匠上护军辽阳郡开国公泉君墓志铭
字数	28 行，满行 29 字，楷书
尺寸	长 74 厘米，宽 74 厘米
葬年	长安二年（703）四月廿三日葬于洛阳县平阴乡某所
出土	"民国十二年，刘家坡村发见。"（稿本民国《洛阳县志》第 25 册，第 66 页） "民国十二年四月三日，洛阳城东北十五里刘家坡村西名日豹子家内出土今家高八米，周长百米，圆形夯打刘家坡村，系玉堂之家，幼年常登临此家。"（《洛阳出土石刻时地记》，第 194 页）
现藏	北京大学
目录	稿本民国《洛阳县志》第 25 册，第 66 页 《北京大学图书馆藏历代石刻拓本草目》油印本，第四册，第 268 页 《洛阳出土墓志目录》，第 209 页 罗振玉《墓志征存目录一》，第 273 页 罗振玉《墓志征存目录》卷二，第 468 页 《洛阳出土石刻时地记》，第 194 页
拓本	《北京图书馆藏中国历代石刻拓本汇编》第 19 册，第 39 页 《隋唐五代墓志汇编·洛阳卷》第 7 册，第 204 页 《洛阳出土历代墓志辑绳》，第 411 页
录文	《唐代海东藩阀志存》，第 23 页 《唐代墓志汇编》，第 995 页 《全唐文补遗》第五辑，第 261 页
论跋	《唐代海东藩阀志存》，第 25 页

泉毖墓志

首题	唐故宣德郎骁骑尉淄川县开国子泉君志铭
作者	父光禄大夫卫尉卿上柱国卞国公隐撰文
字数	25 行，满行 25 字，楷书
尺寸	长 60 厘米，宽 60 厘米

续表

出土	"民国十五年五月三日，洛阳东北廿五里山岭头村南出土。有土冢，名曰三女冢。所出陶器次之。"（《洛阳出土石刻时地记》，第255页）
葬年	开元廿一年（733）十月十六日迁措于河南府洛阳县之邙山旧茔
现藏	洛阳古代艺术馆
目录	《洛阳出土墓志目录》，第277页 《洛阳出土石刻时地记》，第255页 罗振玉《蒿里遗文目录续编》，第381页 罗振玉《墓志征存目录》卷二，第489页
拓本	《隋唐五代墓志汇编·洛阳卷》第10册，第71页 《洛阳出土历代墓志辑绳》，第506页
录文	《唐代海东藩阀志存》，第27页 《唐代墓志汇编》，第1417页 《全唐文补遗》第四辑，第22页
论跋	罗振玉《雪堂类稿》，丙《金石跋尾》，《蒿里遗文·泉毖墓志跋》，第251页 《唐代海东藩阀志存》，第30页

高玄墓志

首题	大周故冠军大将军行左豹韬卫翊府中郎将高府君墓志铭
字数	27行，满行28字，楷书
尺寸	长59厘米，宽59厘米
出土	"民国二十五年，后李村发见，并出三彩、瓦器，有壶一、盘一、束腰人二、马上人十件。"（稿本民国《洛阳县志》，第25册，第54页） "民国廿五年十月，洛阳城北十里后李村出土，并出三彩器多而精，其中有三彩凤凰壶一件、盘子一件、武士俑二件，大件共十六件。其余小者廿件，骑马人廿件，带座花鼓人一件。"（《洛阳出土石刻时地记》172页）
葬年	天授二年（691）十月十八日迁窆于北邙之原
现藏	洛阳市新安县铁门镇千唐志斋
目录	稿本民国《洛阳县志》第25册，第54页 《千石斋藏志目录》，第12页 《洛阳出土墓志目录》，第179页 《洛阳出土石刻时地记》，第172页
拓本	《千唐志斋藏志》上册，第397页 《隋唐五代墓志汇编·洛阳卷》第6册，第214页
录文	《唐代墓志续编》，第317页 《全唐文补遗》第二辑，第318页
论跋	

高足西墓志

首题	大周故镇军大将军高君墓志铭
字数	32 行，满行 34 字，楷书
尺寸	长 88.5 厘米，宽 88.5 厘米
出土	1990 年 4 月，伊川县平等乡楼子沟村北 0.5 公里
葬年	万岁通天二年（697）正月八日葬于洛州伊阙县新城之原
收藏	伊川县文管会
目录	《洛阳出土墓志目录》，第 192 页
拓本	《隋唐五代墓志汇编·洛阳卷》第 7 册，第 84 页 《洛阳新获墓志》，第 40 页
论跋	《洛阳新获墓志》，第 219 页 《唐代墓志续编》，第 348 页 《全唐文补遗》第五辑，第 229 页
论跋	《洛阳新获墓志》，第 220 页 拜根兴《高句丽遗民高足酉墓志铭考释》，［韩］《中国史研究》2001 年总第 12 辑；西安碑林博物馆编《碑林集刊》总第 9 辑

高慈墓志

首题	大周故壮武将军行左豹韬卫郎将赠左玉钤卫将军高公墓志铭
字数	37 行，满行 36 字，楷书
尺寸	长 74 厘米，宽 74 厘米
出土	1917 年
葬年	圣历三年（700）腊月十七日窆于洛州合宫县平乐乡之原
现藏	罗振玉
目录	《洛阳出土墓志目录》，第 207 页 罗振玉《墓志征存目录一》，第 272 页 罗振玉《墓志征存目录》卷二，第 466 页
拓本	《北京图书馆藏中国历代石刻拓本汇编》第 18 册，第 178 页 《隋唐五代墓志汇编·洛阳卷》第 7 册，第 169 页
录文	《芒洛冢墓遗文四编》卷四，第 18 页 《唐代海东藩阀志存》，第 12 页 《唐代墓志汇编》，第 959 页 《全唐文补遗》第三辑，第 513 页
论跋	罗振玉《雪堂类稿》，丙《金石跋尾》，《蒿里遗文·伪周左豹韬卫郎将高慈墓志跋》，第 240 页 《唐代海东藩阀志存》，第 15 页

高氏墓志

首题	宣义郎唐守唐州慈丘县令邵公故夫人高氏墓志
字数	20 行，满行 20 字，楷书
尺寸	长 34.5 厘米，宽 34.5 厘米
葬年	大历七年（772）三月廿一日权窆于伊阙县吴村土门之东南原新茔
出土	1990 年出土于伊川县白元乡土门村
现藏	伊川县文管会
目录	《洛阳出土墓志目录》，第 330 页
拓本	《洛阳新获墓志》，第 81 页
录文	《洛阳新获墓志》，第 258 页 《全唐文补遗》第六辑，第 458 页
论跋	《洛阳新获墓志》，第 258 页

高震墓志

首题	唐开府仪同三司工部尚书特进右金吾卫大将军安东都护郯国公上柱国高公墓志铭
作者	献书待制杨憼撰
字数	21 行，满行 22 字，楷书
尺寸	长 50 厘米，宽 50 厘米
葬年	1926 年，洛阳
出土	大历十三年（778）十一月廿四日祔葬于洛之北邙之阳新茔
现藏	
目录	罗振玉《蒿里遗文目录续编》，第 382 页 罗振玉《墓志征存目录》卷二，第 509 页
拓本	上海博物馆等
录文	《唐代海东藩阀志存》，第 29 页 《唐代墓志汇编》，第 1814 页 《全唐文补遗》第六辑，第 100 页
论跋	罗振玉《雪堂类稿》，丙《金石跋尾》，《蒿里遗文·安东都护郯国公高震墓志跋》，第 265 页 《唐代海东藩阀志存》，第 30 页

似先义逸墓志

首题	唐故银青光禄大夫行内侍省内常侍员外置同正员兼掖庭局令致仕上柱国汝南郡开国公食邑二千户赐紫金鱼袋似先府君墓志铭
作者	朝散大夫守秘书少监上柱国晋阳县开国伯食邑七百户王式撰 前漳州军事判官将仕郎试太子通事舍人张模书并篆额 宣节校尉前守左领军卫长上镌 玉册官李君郢刻字
字数	40 行，满行 39 字，行书
尺寸	长 88 厘米，宽 88 厘米
出土	1993 年，西安市东郊灞桥区务庄乡
葬年	大中四年（850）十一月十六日葬于京城之东万年县丰润乡之原
现藏	西安碑林
目录	《新中国出土墓志·陕西卷》（贰），上册 261 页
拓本	《全唐文补遗》七辑 125 页
录文	《新中国出土墓志·陕西卷》（贰），下册 214 页

此外，山西太原天龙寺的《勿部将军功德记碑》建于唐景龙元年。唐勿部将军夫人"乐浪郡夫人黑齿氏，即大将军燕公之中女也"①。清代学者钱大昕、王昶认为黑齿氏即《旧唐书》有传之燕国公黑齿常之之女②。洛阳龙门石窟有"新罗像龛"，位于西山观澜亭旧址和珍珠泉偏南，从龛形和题记看，当为唐高宗和武则天时期新罗僧徒开凿的。③ 近年有学者在陕西的碑刻墓志上新发现了一批高句丽人、新罗人的活动遗迹。④ 拜根兴著《七世纪中叶唐与新罗关系研究》，分绪论、上篇、下篇、附篇及附表，共五部分，其中主体部分三篇共计十二章。上篇"七世纪中叶唐朝与新罗的关系"，分列五章；下篇"从唐朝赴朝鲜半岛将军的行迹看七世纪中叶的罗唐关系"，分列四章。附篇共三章，第一章"朝鲜半岛古代

---

① 《全唐文》卷二八二，《大唐（阙）部将军功德记》第二册，上海古籍出版社 1990 年版，第 1266 页上栏。

② （清）王昶：《金石萃编》卷六八，《大唐口部将军功德记》，中国书店 1985 年，据 1921 年扫叶山房本影印，第四页。

③ 龙门文物保管所、北京大学考古系编：《中国石窟·龙门石窟Ⅱ》，（东京）平凡社，1988 年。温玉成：《中国石窟与文化艺术》，上海人民美术出版社 1993 年版，第 312 页。宫大中：《龙门石窟艺术》，人民美术出版社 2002 年版，第 360 页。

④ 金宪墉、李健超：《陕西新发现的高句丽人、新罗人遗迹》，《考古与文物》1999 年第 6 期，第 59 页。

史关联的金石文的现状”，第二章“激荡 50 年——高句丽与唐关系研究”，第三章“高句丽遗民高足酉墓志铭考释”。此书除了详加征引传统文献外，还善于运用出土石刻资料，又广泛地参考了近人的研究成果，尤其是韩国学者的论著。

（三）唐代高句丽泉氏墓志录文

1. 泉男生墓志

（盖）大唐故特进泉君墓志大唐故特进行右卫大将军兼检校右羽林军仗内供奉上柱国卞国公赠并州大都督泉君墓志铭并序

中书侍郎兼检校相王府司马王德真撰

朝议大夫行司勋郎中上骑都尉渤海县开国男欧阳通书。

若夫虹光韫石，即任土而辉山；蟾照涵波，亦因川而媚水。洎乎排朱阁，登紫盖，腾辉自远，逾十乘于华轩；表价增高，裂五城于奥壤。况复珠躔角氏，垂景宿之精芒；碧海之界，感名山之气色。举踵柔顺之境，溢筋君子之源，抱俎豆而窥律吕，怀锦绣而登廊庙。移根蟠蛰，申大厦之隆材；转职加庭，奉元戎之切寄。与夫随珠荐椟，楚璧缄绳，岂同年而语矣！于卞国公斯见之焉。公姓泉，讳男生，字元德，辽东郡平壤城人也。原夫远系，本出于泉，既托神以隤祉，遂因生以命族。其犹凤产丹穴，发奇文于九苞；鹤起青田，禀灵姿于千载。是以空桑诞懿，虚竹随波，并降乾精，式标人杰。遂使洪源控引，态掩金枢，曾堂延裹，势临琼槛。曾祖子游，祖太祚，并任莫离支；父盖金，任太大对卢。乃祖乃父，良冶良弓，并执兵钤，咸专国柄。桂娄盛业，赫然凌替之资；蓬山高视，确乎伊霍之任。公贻厥传庆，弈帻乃王公之孙；宴翼联华，沛邹为荀令之子。在髫无弄，处丱不群。乘卫玠之车，涂光玉粹；缀陶谦之帛，里映珠韬。襟抱散朗，标置宏博；广峻不疵于物议，通介无滞于时机。书剑双传，提蔗与截蒲俱妙；琴棋两玩，雁行与鹤剡同倾。体仁成勇，静迅雷于诞据；抱信由衷，乱惊波于禹凿。天经不匮，教乃由生，王道无私，忠为令德。澄陂万顷，游者不测其浅深；缭垣九仞，谈者未窥其庭宇。年始九岁，即授先人，父任为郎。正吐入榛之辩，天工其代，方升结艾之荣。年十五，授中里小兄，十八授中里大兄，年廿三改任中里位头大兄，廿四兼授将军。余官如故，廿八任莫离支兼授三军大将军，卅二加太莫离支，总录军国。

阿衡元首，绍先畴之业；士识归心，执危邦之权。人无驳议，于时萝图御寓，楮矢骞期。公照花照蕣，内有难除之草；为干为桢，外有将颠之树。遂使桃海之滨，隳八条于礼让；萧墙之内，落四羽于干戈。公情思内款，事乖中执，方欲出抚边甿，外巡荒甸，按嵎夷之旧壤，请義仲之新官。二弟产、建，一朝凶悖，能忍无亲，称兵内拒。金环幼子，忽就鲸鲵，玉膳长筵，俄辞顾复。公以共气星分，既饮泪而飞檄；同盟雨集，遂衔胆而提戈。将屠平壤，用擒元恶。始达乌骨之郊，且破瑟坚之垒，明其为贼，鼓行而进。仍遣大兄弗德等奉表入朝，陈其事迹。属有离叛，德遂稽留。公乃反旆辽东，移军海北；驰心丹凤之阙，饬躬玄兔之城。更遣大兄冉有，重申诚效。旷林积怨，先寻阕伯之戈；洪池近游，岂贪虞叔之剑。皇帝照彼青丘，亮其丹恳，览建、产之罪，发雷霆之威。丸山未铭，得来表其先觉；梁水无孳，仲谋忧其必亡。乾封元年，公又遣子献诚入朝，帝有嘉焉。遥拜公特进，太大兄如故。平壤道行军大总管兼使持节安抚大使领本蕃兵，共大总管契苾何力等，相知经略。公率国内等六城十余万户，书籍辕门；又有术底等三城，希风共款，蕞尔危矣，日穷月蹙。二年奉敕，追公入朝。总章元年，授使持节辽东大都督、上柱国、玄兔郡开国公，食邑二千户，余官如故。小貊未夷，方倾巢燕之幕；大君有命，还归盖马之营。其年秋奉敕，共司空英国公李勣相知经略。风驱电激，直临平壤之城；前哥后舞，遥振崇墉之堞。公以罚罪吊人，悯其涂地，潜机密构，济此膏原。遂与僧信诚等内外相应。赵城拔帜，岂劳韩信之师；邺扇抽关，自结袁谭之将。其王高藏及男建等咸从俘虏，巢山潜海，共入隄封；五部三韩，并为臣妾。遂能立义断恩，同郑伯之得俊；反祸成福，类箕子之畴庸。其年与英公李勣等凯入京都，策勋饮至。献捷之日，男建将诛，公内切天伦，请重阍而蔡蔡叔，上感皇眷，就轻典而流共工。友悌之极，朝野斯尚。其年蒙授右卫大将军，进封卞国公，食邑三千户，特进，勋官如故，兼检校右羽林军，仍令仗内供奉。降礼承优，登坛引拜，桓珪辑中黄之瑞，羽林光太紫之星。陪奉辇辂，便繁左右，恩宠之隆，无所与让，肾肠之寄，莫可为俦。仪凤二年，奉敕存抚辽东，改置州县，求瘼恤隐，襁负如归；划野疏疆，奠川知正。以仪凤四年正月廿九日遘疾，薨于安东府之官舍，春秋卌有六。震辰伤薾，台衡怨笛，四郡由之而罢市，九种因之以辍耕。诏曰："懋功流赏，宠命洽于生前；缛礼赠终，哀荣贲于身后。式甄忠义，岂隔存亡。特进、行右卫大将军、上柱国、卞国公泉男生，五部猷豪，三韩英杰，机神颖悟，识具沉远，秘算发于钤谋，宏材申于武艺。僻居荒服，思效款诚。去危就安，允叶变通之道；以顺图逆，克清辽浿之滨。美绩遐著，崇章荐委。入典北军，承宴私于紫禁；出临东堵，光镇抚于青丘。仁化折风，溘先危露，兴言永逝，震悼良深。宜增连率之班，载穆追崇之典。可赠使持节大都督，并、汾、箕、岚四州诸军事，并州刺史，余官并如故。所司备礼册命，赠绢布七百段，米粟七百石，凶事葬事所须，并宜官给，务从优厚。赐东园秘器，差京官四品一人，摄鸿胪少卿监护，仪仗鼓吹，送至墓所往还。五品一人持节赍玺书吊祭。三日不视事。灵枢到日，仍令五品已上赴宅。宠赠之厚，存殁增华，哀送之盛，古今斯绝。考功累行，谥曰襄公。"以调露元年十二月廿六日壬申窆于洛阳邙山之原，礼也。哀子卫尉寺卿献诚，凤奉庭训，早纡朝毂。拜前拜后，周鲁之宠既隆；知死知生，吊赠之恩弥缛。茹荼吹棘，践霜移露，痛迭微之显倾，哀负趋之潜度，毁魏坟之旧漆，落汉台之后素。刊翠琬而传芳，就黄垆而永固。其词曰：三岳神府，十洲仙庭；谷王产杰，山祇孕灵。吁谟国纬，骉弈人经；锦衣绣服，议罪详刑。其一。伊人间出，承家叠祉；矫矫凤雏，昂昂骥子。韫智川积，怀仁岳峙；州牧荐刀，桥翁授履。其二。消灌务扰，邹卢寄深；文枢执柄，武辖操铃。荆树鹗起，卢川雁沉；既伤反袂，且恨移衾。其三。肃影麟洲，输诚凤阙；朝命光宠，天威吊伐。殄寇瞻星，行师计月；夷舞归献，凯哥还谒。其四。弯弧对泣，叫阍祈帝；遽徙秋荼，复开春棣。锵玉高秋，衔珠近卫；宝剑舒莲，香车桂。其五。轻轩出抚，重锦晨游；抑扬楼穴，堤封亶洲。赡威仰惠，望景思柔；始褕来轴，俄慌去辀。其六。敛革勤王，闻辇悼宸；九原容卫，三河兵士。南望少室，北临太史；海就泉通，山随墓起。其七。霜露年积，春秋日居；坟圆月满，野旷风疏。幽壤勒颂，贞珉瘗书；千龄暐晔，一代丘墟。其八。

2. 泉献诚墓志

大周故左卫大将军右羽林卫上下上柱国卞国公赠右羽林卫大将军泉君墓志铭并序

朝议大夫行文昌膳部员外郎护军梁惟忠撰

君讳献诚，字献诚，其先高勾骊国人也。夫其长澜广派，则河之孙；

烛后光前，乃日之子。柯叶森郁，世为蕃相。曾祖大祚，本国任莫离支捉兵马；气压三韩，声雄五部。祖盖金，本国任太大对庐捉兵马；父承子袭，秉权耀宠。父男生，本国任太大莫离支，率众归唐；唐任特进兼使持节、辽东大都督、右卫大将军、检校右羽林军，仍仗内供奉、上柱国、卞国公，赠并益二州大都督，谥曰襄。智识明果，机情朗秀。属孱王在国，不弟阋墙，有男建男产，同恶相济，建蓄捷菑之祸，产包共叔之谋。襄公觌此乱阶，不俟终日；以为国之兴也，则君子在位；国之亡也，则贤人去之。避危邦而不居，通上京而请谒；昆邪之率众降汉，即拜列侯；由余之去国归秦，先优客礼。公即襄公嫡子也，生于小貊之乡，早有大成之用，地荣门宠，一国罕俦。九岁在本蕃，即拜先人之职。敬上接下，辽右称之，美风仪，工骑射，宏宇瑰量，幽渊不测。初襄公按部于外，公亦从焉。洎建、产等凶邪，公甫年十六，时祸起仓卒，议者犹豫，或劝以出斗，谋无的从。公屈指料敌，必将不可，乃劝襄公投国内故都城，安辑耆庶。谓襄公曰："今发使朝汉，具陈诚款，国家闻大人之来，必欣然启纳，因请兵马，合而讨之，此万全决胜计也。"襄公然之，谓诸夷长曰："献诚之言甚可择。"即日遣首领冉有等入朝。唐高宗手敕慰喻，便以襄公为东道主人，兼授大总管。公图去就之计，审是非之策，不逾晷刻，便料安危。故能西引汉兵，东扫辽碛。襄公之保家傅国，实公之力也。寻授襄公，命诣京师谢恩。天子待之以殊礼，拜右武卫将军，赐紫袍金带，并御马二匹。衔珠佩玉，方均许褚之荣；锡绶班金，更等呼韩之赐。顷之，迁卫尉正卿。门树勋绩，职惟河海。仪凤四年，丁父忧，哀毁过礼，中使借问，道路相属。祖母以公绝浆泣血，益增悸念，每勉强不从，则为之辍食。公由是稍加饮啜，以喻慈颜。爱养之深，不独李虔之祖母；孝感之极，岂止程曾之顺孙。调露元年九月，有制夺礼，充定襄军讨叛大使。金革无避，非公所能辞也。使还录功，授上柱国。开耀二年，袭封卞国公，食邑三千户，崇建侯之勋，传赏地之业。永淳元年，丁祖母忧，以嫡去职。光宅元年十月，制授云麾将军，守右卫大将军，员外置同正员，勋封并如故。又奉其月廿九日敕，令右羽林卫上下。心膂大臣，爪牙深寄，汪濊德泽，绸缪恩奖。垂拱二年三月，奉敕充神武军大总管，部领诸色兵，西入寇境。公妙闲风角，深达鸟情，山川起伏之形，原野孤虚之势，莫不暗符钤决，洞合胸襟。次回满川，贼徒大去，善战不阵，斯之谓欤！四年九月，奉敕充龙水道大总管，讨豫州反叛，赐彩一百段，御马一匹。寻属贼平，遂止。天授元年九月，制授左卫大将军，员外置同正员，余并如故。二年二月，奉敕充检校天枢子来使，兼于玄武北门押运大仪铜等事。未毕，会逆贼来俊臣秉弄刑狱，恃摇威势，乃密于公处求金帛宝物。公恶以贿交，杜而不许。因诬隐他罪，卒以非命，春秋卅二。呜呼！孙秀利石崇之财，苻氏及王家之患。遽而皇明烛曜，天波藻濯，雪幽冤以非罪，申涣汗于褒崇。汉帝之恨诛晁错，非无太息；晋皇之追赠马敦，式加荣宠。久视元年八月，乃下制曰："故左卫大将军、右羽林卫上下、上柱国、卞国公泉献诚，望高藩服，宠被周行，情款深至，器怀温厚。擢居亲近，委以禁兵，诬构奋兴，冤刑莫究。岁月遄迈，状迹申明，言念过往，良深悼惜。褒崇靡及，宜在追荣。窀穸未周，当须改卜，式加缛礼，以慰营魂。可赠右羽林卫大将军，赐物一百段，葬日量□，缦幕手力。其男武骑尉、柳城县开国男玄隐，可游击将军、行左玉钤卫右司阶、员外置同正员，勋封并如故。"赏延于世，眭孟之子为郎；殁而垂声，随武之魂可作。有子玄隐、玄逸、玄静，践霜濡露，崩襟殒神。惧今昨递迁，陵谷颓易，乃祐故域，建新坟。箫挽之声哀以闻，古来不独今逆昔；陌上飞旌空靡靡，郭门吊客何纷纷。粤以大足元年岁次辛丑二月甲辰朔十七日庚申葬于芒山之旧茔，礼也。臕臕郊原，近接布金之埒；苍苍松柏，由来积石之封。其词曰：

滨海之东兮昔有朱蒙，济河建国兮世业崇崇；崇崇世业，扶木枝叶。枝叶伊何，谅曰泉氏；上传下嗣，孕灵诞祉。皇考有属，危邦不履；粤自蕃臣，来朝天子。削彼左衽，游此中国；赫赫朝章，明明睿德。餐教沐化，扶仁抱则；列簴撞钟，轩游鼎食。公之象贤，秉历操坚；识综机兆，理措冥先。仓卒之际，谟谋在旃；辞戎祸却，还汉功宣。河海之位，爪牙之寄；出入光晖，频繁宠赐。凛凛风骨，邕邕礼义；忠孝传门，山河赏地。居上则恶，用明乃煎；浸润之渐，诚哉必然。苟曰身殁，能以仁全；光光显赠，实慰平津。洛阳阡陌，芒山丘陇；愊忆长辞，充穷奠奉。悲世世兮尘灭，见年年兮树拱；是故思厚葬之所由，莫不知送终之为重。

3. 泉男产墓志

大周故金紫光禄大夫行营缮大匠上护军辽阳郡开国公泉君墓志铭并序
君讳男产，辽东朝鲜人也。昔者东明感气，逾瀌川而启国；朱蒙孕日，临浿水而开都。威渐扶索之津，力制蟠桃之俗。虽星辰海岳，莫系于要荒；而俎豆诗书，有通于声教。承家命氏，君其后也。乃高乃曾，继中里之显位，惟祖惟祢，传对卢之大名。君斧囊象贤，金册余庆，生而敏惠，勿则过人。年始志学，本国王教小兄位；年十八，教大兄位。十三等之班次，再举而升；二千里之城池，未冠能理。至于乌拙使者，翳属仙人，虽则分掌机权，固以高惟雄骑。年廿一，加中里大活，廿三迁位头大兄，累迁中军主活。卅为太大莫离支。官以地迁，宠非王署。折风插羽，荣绝句骊之乡；骨籍施金，宠殊玄菟之域。属唐封远暨，汉城不守，貊弓入献，楛矢来王。君以总章元年，袭我冠带，乃授司宰少卿，仍加金紫光禄大夫，员外置同正员。昔王满怀燕，裁得外臣之要；遂成通汉，但闻缣帛之荣。君独锵玉于薰街，腰金于棘署。晨趋北阙，间簪笔于夔龙；夕宿南邻，杂笙歌于近韵。象胥之籍，时莫先之。圣历二年，授上护军。万岁天授三年，封辽阳郡开国公，又迁营缮监大匠，员外置同正员。坐辟朱门，遂封青土；列旌旃于荣戟，期带厉于山河。奄宅嵎夷，遂荒徐服。鸣呼！蚕支启胙，藩屏未勤，鲲壑摧鳞，迁舟遽远。年六十三，大足元年叁月廿七日遘疾薨于私第，以某年四月廿三日葬于洛阳县平阴乡某所。邙山有阡，长没钟仪之恨；辽水无极，讵闻庄舄之吟。故国途遥，輤车何日。鹤飞自远，令威之城郭永乖；马鬣空存，滕公之居室长掩。虽黄肠题凑，与天壤而无穷；而玄石纪勋，变陵谷而犹识。其词曰：

于廓灵海，百川注焉；东明之裔，实为朝鲜。威胡制貊，通徐拒燕；凭险负固，厥古莫迁。爰逮有唐，化涵东户；宾延溟渤，绥怀水浒。蓝夷会同，桂娄董溥；惟彼道长，袭我龟组。遂荣薰街，爰分棘列；甲第朝启，承明旦谒。勋懋象胥，宠均龙禼；遽开青社，山河罔绝。辽阳何许，故国伤心；钟仪永恨，庄舄悲吟。旌旃荣戟，佩玉腰金；鼓钟忧眩，逾忆长林。留秦独思，济洹为咎；声明长毕，佳城永久。托体邙山，游魂辽阜；勒铭幽石，庶传不朽。通直郎襄城县开国子泉光富年十八，长安二年四月廿三日葬于洛阳县界。

4. 泉毖墓志

唐故宣德郎骁骑尉淄川县开国子泉君志铭
父光禄大夫卫尉卿上柱国卞国公隐撰文
夫温良恭俭，人之本也；诗书传易，教之宗也。其有总百行之懿德，禀两仪之正性，吐纳和气，佩服礼经，体仁义以立身，蕴忠贞而行已。造次不逾于规矩，颠沛必蹈于矜庄。盖古人之所难，匪唯今之所易，兼而有者，其在兹乎？讳毖，字孟坚，京兆万年人也。曾祖特进、卞国襄公男生；祖左卫大将军、卞国庄公献诚；父光禄大夫、卫尉卿、卞国公隐。并继代承家，荣章叠祉。惟子克茂贻厥，早著声芬。年甫二岁，受封淄川县开国男，寻进封淄川子，食邑四百户；又授骁骑尉，以荫补太庙斋郎。属有事于后土，授宣德郎，寻蒙放选。即开府、仪同三司、朝鲜王高藏之外孙，太子詹事、太原公王暐之子婿。岂徒门承鼎口，兼亦姻娅蝉联；雅度禀乎天姿，诗礼闻于庭训。加以强学请益，休誉日新，韬铃遁甲之书，风角鸟情之术，莫不研幽洞奥，精迹探微。方将步天衢以高骧，登太阶而论道。何知百龄倏忽，五福之验无微；一代英灵，九泉之悲俄及。粤以开元十七年岁次己巳九月四日终于京兆府兴宁里之私第，春秋二十有二。以开元廿一年岁次癸酉十月甲午朔十六日己酉迁措于河南府洛阳县之邙山旧茔，礼也。高坟崛岰，望二室于云端；茂柏萧森，俯三川于掌内。将恐风移郁岛，海变桑田；式昭贞士之名，用表藤公之室。乃为铭曰：

　　　天之苍苍兮其色正耶？人之悠悠兮其能久耶？蠢兹万类兮生老病死，悟彼百龄兮今也已矣。生于气兮立于空，倏而见兮忽而终，何赋命之飘索，知造化之无穷。重曰：梁木其坏兮太山其颓，哲人一去兮不复再来！幽扃永閟兮邙山之隈，万古千秋兮呜呼哀哉！

（四）论著简目

　　80 年来，关于上述墓志的著录与研究，除了罗振玉的《唐代海东藩阀志存》是专著外，余皆散见旁出于各类著述、杂志。孙贯文的《北京大学图书馆藏历代石刻拓本草目》油印本著录了泉男生、扶余隆、泉男产墓志，新中国成立前的著录、研究资料示列简目。近十余年其遗作在《考古学辑刊》第 7—14 集陆续刊出，尚未出齐，其中第 14 集有前两件墓志。①

　　① 孙贯文：《北京大学图书馆藏历代石刻拓本草目》（八），《考古学辑刊》14，文物出版社 2004 年版，第 538、544 页。

　　此将资料依目录、拓本、录文、论跋、墓域等几部分大致分类，以便检寻，《墓志研究概况表示》节中已写明白的书目、论跋，此从略。20 世纪 70 年代以来，时有韩国、日本的学者、研究所等个人和机构来洛阳寻找上述墓志主人的墓地。洛阳的有关学者亦予以探寻讨论，有的至今尚难确指。或以为邙山之上有一个埋葬历代"亡国之君兆域"，或撰专文，或于他文中涉及论述，此另列墓域类，以供参考。

　　1. 目录类

　　李根源、何日章编：《河南图书馆藏石目》，1925 年印行。

　　李根源：《景邃堂题跋》卷三，《曲石唐志目》，曲石精庐藏版，1932 年。

　　赵惜时：《本馆庋藏之物品（续）·（七）历代石刻》，《河南博物馆刊》第四集，民国二十五年（1936）10 月。

　　（民国）雷福祥、孙诒鼎纂修：《洛阳县志》稿本，民国三十五年（1946），现藏洛阳市档案局。

　　张钫编：《千石斋藏志目录》，1953 年 6 月，北京万顺德印刷局石印。

　　孙贯文编：《北京大学图书馆藏历代石刻拓本草目》，北京大学油印本。

　　徐自强主编：《北京图书馆藏墓志拓片目录》，中华书局 1990 年版。

　　余扶危、张剑主编：《洛阳出土墓志目录》，朝华出版社 2001 年版。

　　罗振玉撰述：《雪堂类稿》，戊《长物簿录》，《墓志征存目录一·蒿里遗文二之一》，《蒿里遗文目录续编》，《墓志征存目录》，辽宁教育出版社 2003 年版。

　　郭培育、郭培智主编：《洛阳出土石刻时地记》，大象出版社 2005 年版。

　　2. 拓本类

　　关百益编：《河南金石志图》，民国二十二年（1933），河南通志馆出版。

　　武志远、郭建邦编：《千唐志斋藏志》，文物出版社 1984 年版。

　　李希泌编：《曲石精庐藏唐墓志》，齐鲁书社 1986 年版。

　　北京图书馆金石组编：《北京图书馆藏中国历代石刻拓本汇编》，中州古籍出版社 1989 年版。

　　洛阳古代艺术馆编：《隋唐五代墓志汇编·洛阳卷》，天津古籍出版社 1991 年版。

洛阳市文物工作编：《洛阳出土历代墓志辑绳》，中国社会科学出版社 1991 年版。

郝本性、李秀萍主编：《新中国出土墓志·河南卷》（壹），文物出版社 1994 年版。

洛阳市第二文物工作队编：《洛阳新获墓志》，文物出版社 1996 年版。

袁道俊编著：《唐代墓志》，上海人民美术出版社 2003 年版。

吴钢主编：《新中国出土墓志·陕西卷》（贰），文物出版社 2003 年版。

3. 录文类

周绍良主编：《唐代墓志汇编》，上海古籍出版社 1992 年版。

陕西省古籍整理办公室编：《全唐文补遗》第一辑—第七辑，三秦出版社 1994—2000 年版。

周绍良、赵超主编：《唐代墓志汇编续集》，上海古籍出版社 2001 年版。

4. 论跋类

何日章编：《河南图书馆藏石跋》，河南官印刷局印，民国乙丑年（1925）。

罗振玉：《唐代海东藩阀志存》，丁丑（1937 年）仲冬校印，家刻本。

杜文玉：《唐代泉氏家族研究》，《渭南师院学报》2002 年第 3 期。

赵超：《唐代墓志中所见的高句丽与百济人士》，《揖芬集——张政烺先生九十华诞纪念文集》，社会科学文献出版社 2002 年版。

罗振玉撰述：《雪堂类稿》，丙《金石跋尾》，《蒿里遗文》，辽宁教育出版社 2003 年版。

5. 墓域类

张剑：《百济王扶余义慈墓位置考》，《河洛春秋》1996 年第 4 期。

吴建华：《吴越国王钱俶墓志考释》，《中原文物》1998 年第 2 期。

李献奇：《北宋钱景诚、钱文楚墓志摭谈》，《中原文物》1998 年 2 期。

陈长安：《唐代洛阳的百济人》，《洛阳出土墓志研究文集》，朝华出版社 2002 年版。

三　实地调查概况及学术意义

为了弄清高句丽第 28 位王宝藏王和泉男生、泉男产、泉献诚、泉毖的埋葬地，张福有于 2005 年 4 月 10 日至 6 月 10 日，先后 4 次到洛阳、郑州、西安等地考察，收获颇丰。

（一）实地调查概况

2005 年 4 月 10—13 日，张福有到洛阳考察。在赵振华、赵跟喜、刘莲香的支持、协助下，查得泉男生、泉男产、泉毖的墓志拓片，摄得高玄的墓志。上邙山寻找泉氏墓地，未果。

4 月 27—30 日，张福有到郑州，在河南省、郑州市有关部门的大力支持下，查访、拍摄了泉男生墓志与墓志盖。

5 月 9—15 日，张福有到西安，调查高句丽第 28 位王宝藏王的埋葬地。在陕西省有关部门和李书磊、李龙仓、张建林、王小蒙等同志以及在陕西博物馆、西安碑林博物馆、长安县博物馆的支持、协助下，与陕西省考古研究所张在明研究员、西北大学李健超教授一道做详细考察。弄清了高句丽第 28 位王宝藏王的墓地在西安灞河区新筑街道办事处所属高寨村，文献记载葬于突厥可汗颉利墓之东侧。现在这两座墓均已无存。意外得知高寨村附近的灞桥镇务庄村出土了高句丽人似先义逸墓志。

2005 年 5 月 18 日，赵振华购得刚印行之新书《洛阳出土石刻时地记》，检阅得知泉男生、泉献诚、泉毖墓志同出于洛阳市孟津县东山岭头村。明确的记录为进一步寻找墓地提供了依据。张福有遂于 6 月 6 日至 10 日，再下洛阳，与赵振华一道，同求究竟。在洛阳市和孟津县有关部门的大力支持下，与赵鲜赤、张清波、张亚锋同志一起，找到泉男生、泉男产、泉献诚、泉毖的墓冢，弄清了高玄的墓葬所在地等一系列相关问题。孟津县东山岭头村，地处洛阳市之东北 22 里，村南凹向阳处有 3 个土冢，当地群众称为"三女冢"，中间一冢，即是泉男生之墓。墓志出土于 1922 年正月二十五日，并出陶器，不精。泉献诚墓志，1926 年八月出土于泉男生墓东边之冢。泉毖墓志，1926 年五月三日，出土于泉男生墓西边之冢，所出陶器，次之。同时，还找到泉男产的墓地，也在洛阳北邙，具体位置在洛阳城东北15里的刘家坡村之西，即"豹子冢"①。在洛阳古代艺术馆有关同志的支持下，拍摄了泉毖墓志。

泉男生墓志，由王德真撰文，欧阳通书丹。欧阳通是唐代大书家欧阳询之子，父子齐名。《旧唐书》载：欧阳询"初学王羲之书，后更渐变其体，笔力险劲，为一时之绝。人得其尺牍文字，咸以为楷范焉。高丽甚重其书，尝遣使求之"②。欧阳通的书法石刻存世的还有《道因法师碑》，被视为代表作。泉男生墓志，"书法精整，峭劲雄绝，二千余言，一气挥洒，比《道因法师碑》更胜一筹，而志又晚碑十七年，可谓年益老而书法益峻，可称晚年之杰作，故更加珍贵。志石有盖，盝顶形，盖题篆书'大唐故特进泉君墓志'九字。斜面和侧面均刻有缠枝花卉，斜面夹刻有十六只腾跃的猛狮，四侧面也夹刻有猛狮卅二只，刻工精巧，线条流畅，充分显示了唐代的雕刻艺术水平"③。

泉男生墓志出土后为陶北溟所得，转卖给日本人，已梱载登车。这时，河南省长张凤台得知此事，出资千元，截回此墓志，交馆收存。张凤台于光绪三十四年（1908）被清廷委派为长白府设治总办，遂任长白府。在任上曾考好太王碑，记入《长白征存录》。张氏深知好太王碑、泉男生墓志的史料价值，才有如此功德无量之举。

（二）泉氏等人墓葬情况

泉男生、泉献诚、泉毖和泉男产这4座墓，虽因盗挖而遭破坏，但所幸墓冢至今仍保留下来。除泉献诚墓志目前不明所在外，其他无损。

洛阳市孟津县东山岭头村南的泉氏墓群，南距连云港—霍尔果斯高速公路约500米，北距乡间公路约120米，东距传说"石崇墓"约1000米，西距欣然奶业公司约500米。3座墓呈东西向"一"字排列，现总长80余米，墓与墓的间距约20米，3座墓的南侧有16株高大的泡桐树，北侧有28株高大的泡桐树。3座墓，均成丘状。

1. 泉男生墓

即位于中间的土冢，东西向13米，南北向16米，高约7米，冢南侧

---

① 郭培育、郭培智主编：《洛阳出土石刻时地记》，大象出版社2005年版，第154、194、192、255页。

② 《旧唐书》卷一八九上《儒学传上·欧阳询传》，第4947页。

③ 郭培育、郭培智主编：《洛阳出土石刻时地记》，大象出版社2005年版，第155页。

底边中心点东经112°33′374″，北纬34°46′637″。该墓已被破坏，从墓葬表面及部分破损的断面看，系以黄色黏土夯筑而成，呈覆斗形。墓中出陶器。冢上长满酸枣树，其西北角上部，有1株较大的椿树。冢南侧分布有较多的灰色残碎砖、瓦，多残。砖复原后，长约32厘米、宽16厘米、厚6.5厘米。多数一面饰粗绳纹，另一面不见纹饰。灰瓦，均素面，内侧带布纹。

2. 泉献诚墓

泉男生墓的东侧，是其子泉献诚的墓冢，东西向16米，南北向15米，高约6米，冢南侧底边中心点东经112°33′393″，北纬34°46′630″。以黄色黏土夯筑而成，冢成丘状，顶部略圆，其上多生酸枣树。东侧有较大的泡桐树，冢周未发现砖、瓦等构件。

3. 泉毖墓

泉男生墓的西侧，是泉男生曾孙、泉献诚之孙泉毖的墓冢，东西向11米，南北向12米，高约4米，冢南侧底边中心点东经112°33′340″，北纬34°46′656″。以黄色黏土夯筑而成，冢成丘状。墓中出陶器。冢顶现状略平稍凹，其上长满荆树、枸树，酸枣树较少。冢周亦未发现砖、瓦等构件。

4. 泉男产墓

泉男生之弟泉男产的墓葬，在洛阳城东北15里的刘家坡村，当地称其为"豹子冢"。东西向14米，南北向15米，高约6米，冢南侧底边中心点东经112°31′679″，北纬34°44′765″。冢上长有低矮的灌木，冢东侧可见2个盗洞。该墓系以黄色黏土夯筑而成，冢成丘状。冢南侧有灰色砖、瓦残块，砖表面未见绳纹。西侧麦地中，散见少量灰色残瓦，有的可见抹光。

5. 高玄墓域

随泉男生入唐的高玄之墓，在今洛阳市郊"塔陵苑"的周寨村附近，旧属"后李村"。该地地势高而平，传说唐后主李煜和唐代著名诗人王昌龄之墓即葬于此地。此处的墓葬现已不存。高玄墓中出唐三彩器，多而精。"塔陵苑"附近高平处，东经112°25′800″，北纬34°44′992″。该处北距连—霍高速公路入口处500米，南侧不远是北魏孝文帝长陵。

（三）结论

泉氏4人是唐王朝的达官显贵，《旧唐书》《新唐书》和出土墓志均有记载。"生于苏杭，葬于北邙"的丧葬观念流行千年，为各色人等所崇奉。泉男生、泉献诚、泉毖的墓地在洛阳北邙东山岭头村，志称"旧茔"，堪为定论，不容置疑。泉男产的墓地，在洛阳北邙的刘坡村。由此，得出以下几点结论：

第一，文献中关于高句丽人被迁至中原内地的记载是可信的。

《旧唐书》载：高宗总章元年"九月癸巳，司空、英国公勣破高丽，拔平壤城，擒其王高藏及其大臣男建等以归。境内尽降，其城一百七十，户六十九万七千，以其地为安东都护府，分置四十二州"。总章二年"五月庚子，移高丽户二万八千二百，车一千八十乘，牛三千三百头，马二千九百匹，驼六十头，将入内地，莱、营二州般次发遣，量配于江、淮以南及山南、并、凉以西诸州空闲处安置"①。

开元三年（715），突厥"十姓部落左厢五咄六啜、右厢五弩失毕五俟斤及子婿高丽莫离支高文简、足夹跌都督足夹跌思泰等各率其众，相继来降，前后总万余帐。制令居河南之旧地"②。即开元之前，已有久迁此地者。

对此，过去仅见文献记载。现在从在河南、陕西等地不断发现高句丽人的墓葬来看，这些文献记载是可信的，是确有其事的。

第二，泉氏墓地在洛阳，集安五盔坟不是泉氏墓地。

《集安高句丽王陵》一书写道："五盔坟一带的大型封土壁画墓修建之精美，已超过了平壤附近的同时期所有墓葬，当然也包括了王陵。在此期间敢于如此僭越王权擅造陵墓者可能是'别都'的最高首领，或者就是高句丽历史上著名的泉氏家族"③。这个疑虑，现在可以释然。吉林集安禹山墓区的"五盔坟"，修建确实精美，确实超过平壤附近同时期所有墓葬。但并非"僭越王权"，实际就是王陵，是从平壤回葬于故国祖茔的王陵。五盔坟 2 号墓有浅灰色绳纹瓦，与禹山 2110 号墓当为中川王陵上的瓦相近。3 号、4 号、5 号墓有深灰色抹光瓦，与唐昭陵、西安灞东高寨村唐墓的抹光瓦一致。对此将另文详述，于斯不赘。搞清了高句丽泉氏墓地在洛阳北邙，可证集安的"五盔坟"不是"泉氏家族"墓地。"五盔

①　《旧唐书》卷五《高宗本纪第五》，第 192 页。
②　《旧唐书》卷一九四上《突厥传上》，第 5172 页。
③　吉林省文物考古研究所、集安市博物馆：《集安高句丽王陵》，文物出版社 2004 年版，第 368 页。

坟"不是泉男生等人的墓葬,从抹光瓦和壁画的年代看,更不会是其祖上的墓葬。这也是研究这批墓志的一个重要学术意义之所在。

第三,从泉氏3座墓的排列状况看,符合中原墓葬排列"左昭右穆"制度。

东山岭头村这个泉氏墓群,泉男生辈分最高,居其中。泉男生墓左为其子泉献诚之墓,墓右为其曾孙泉毖之墓。这3座墓的排列情况,是根据墓志出土情况确定的,详细记载于《洛阳出土石刻时地记》一书中,是可信的。而这一排列方式,正合中原墓葬排列"左昭右穆"制度。"先王之葬居中,以昭穆为左右"①。泉毖的墓志铭,是由其父泉隐撰文的。这说明,泉毖死在其父之前。泉隐死后葬于何处,文献中未见记载,洛阳邙山目前还未发现其墓。

第四,泉献诚、泉毖和高玄、高足酉等归葬、迁葬邙山之旧茔,说明高句丽贵族有回葬之习俗。

邙山古称"北山""北邙",为崤山支脉,东西绵亘190余公里,海拔高度近300米,自古为洛阳北部的天然屏障和军事战略要地。邙山水土深厚,古时树木森列,苍翠如云,依河面洛,东都壮气俯然观之,为古人心目中的风水宝地、理想的安眠之处。古书所说邙山指的是洛阳与黄河之间宽约16公里,东西长约30公里的黄土丘陵。自东汉始,皇家陵园建于其上,达官显贵争相陪葬其间。曹魏、西晋、北魏乃至后代沿袭不衰,故形成中国古代最负盛名的墓地。有唐近300年,上自王侯将相,下至平民百姓,或籍贯河南,或寓宦于东都,多葬于邙山。亦有非本乡贯者,又不在此就职者,身后或"卜葬""迁窆""迁神"或"祔葬""合葬"于北邙。尤为奇者,本或卒于关陇、或终乎江淮、或身死岭南、或命亡幽燕,其家人却一路艰辛,千里迢迢,将其"安神"于邙山之阳。

据墓志记载,泉男生以仪凤四年(679)正月二十九日遭疾薨于安东府之官舍,高宗诏令追赠高官,赙赠粟帛、东园秘器。其子泉献诚千里扶丧,将灵柩护送到洛阳泉氏私邸后,朝廷派员赴宅吊祭,主持隆重办理丧事,于调露元年(679)十二月二十六日窆于洛阳邙山之原。"宠赠之厚,存殁增华;哀送之盛,古今斯绝"。泉男生病卒于安东,为什么不就近安葬故土,而归葬

①　(清)阮元校刻:《十三经注疏》四,《周礼注疏》卷二二,《春官宗伯第三·家人》,中华书局1980年版,第786页。

东都呢？唐王朝为了安定国家周边秩序，巩固统治，实行的是将归附、擒获的异族酋长安置于两京，赐予宅第，封官授爵，连带其子孙亦不再放还故土的政策。泉男生虽为高句丽人，却是任凭唐王朝调遣的大唐高级武官。其时高句丽政权已灭亡，包括泉氏在内的高句丽贵族，已被迁往中原内地，其主要人物享有较高的待遇。当时高宗驻跸洛阳近二年，便令其葬于东都。正如墓志所言，朝廷悉心安排了殡葬泉男生遗体事宜。故其子嗣不可能将泉男生就地埋葬于安东，这便是泉氏葬于洛阳的原因。

泉献诚于天授二年（691）二月遭酷吏来俊臣诬陷谋反而缢杀之，草葬了事。久视元年（700）八月，武后下制平反昭雪，赠官赙物改葬。于大足元年（701）二月十七日"葬于芒山之旧茔，礼也。""旧茔"，指泉男生所葬的茔域。

泉毖以开元十七年（729）九月四日终于京兆府兴宁里（今陕西咸阳）之私第，以开元廿一年十月十六日"迁措于河南府洛阳县之邙山旧茔，礼也。"因玄宗定居西京长安，泉毖等亦以功臣之后，徙居京师做官。又因祖茔在洛阳，故数年后回迁，聚族而葬。

唐朝军队进攻高句丽时，泉男产率先投降。高句丽灭亡后，泉男产与被俘获者共同被遣送京师长安。高宗坐含元殿受俘，任命其为司宰少卿。大概在武后称制时期，随之东迁洛阳，于大足元年三月二十七日遘疾薨于私第，以其年四月二十三日"葬于洛阳县平阴乡某所"，邙山之上。

武则天率百官称帝称制于东都约20年，使得其时的朝廷群僚如高玄、高足酉等死后多迁葬于洛阳。高玄，随泉男生投唐，大破平壤，最以先锋，于天授元年十月廿六"终于神都合宫私第，天授二年十月十八迁窆于北邙之原，礼也。"高足酉在"天册万岁元年（695）卒于荆州官舍"，万岁通天二年正月初八"葬于洛阳伊阙县新城之原，礼也。"高句丽第28位王高藏的孙子高震，死后依礼祔葬于洛阳北邙之新茔。高震之女高氏，死后亦依礼葬于洛阳新茔。

自泉男生被葬于洛阳邙山之原开始，其茔便被视作"旧茔"。其子泉献诚归葬于此。并分别在其墓志铭中写上"礼也"。《周礼》云："四闾为族，使之相葬"①。在坚持"相葬"的同时，还坚持了回葬的习俗。泉男

---

① （清）阮元校刻：《十三经注疏》四，《周礼注疏》卷一〇，《地官司徒第二·大司徒》，第707页。

生的曾孙泉毖虽死于今陕西咸阳，亦回葬于洛阳泉氏旧茔。之所以如此，恰合《礼记》之"反葬"，即返葬。"君子曰：'乐，乐其所自生，礼不忘其本'"①。概为叶落归根之意。

　　所有这些归葬、迁葬，均依礼而行。而且经过唐朝皇帝的"敕令"而"准式例葬"②。这已经成为一种定式例制。

　　第五，洛阳泉氏墓葬符合当时高句丽封土墓的形式，又吸收了中原夯土筑墓的方法。

　　泉男生、泉男产、泉献诚和泉毖的墓，均为封土墓，用黄色黏土夯制而成。这种筑法，与高句丽当时墓葬形式已由积石墓演进为封土墓是一致的，同时，也吸收了中原以黄土夯打堆筑墓冢的做法。泉男生、泉毖墓中出陶器，与中原、高句丽墓随葬遗物一致。高玄墓中出唐三彩器，符合唐王朝的丧葬制度。

　　第六，重要墓葬用砖瓦，说明其身份高贵。

　　泉男生、泉男产的墓周有砖、瓦，说明其身份不一般。砖、瓦的形制、饰纹，与唐代皇陵和高句丽王陵砖、瓦的形制、饰纹一致，说明其时代和文化归属、内涵的一致。就洛阳的考古发掘资料而言，砖室唐墓数量很少。2005 年 5 月，洛阳市文物二队在洛阳新区关林市场西侧的田野中清理了两座并行排列的唐代大型壁画墓。两座墓的主人是女皇武则天的儿子、唐睿宗李旦即位前任安国相王时的孺人，一位是"晋昌唐氏"，一位是"清河崔氏"，二墓年代相同。唐氏卒于长寿二年（693），葬于神龙二年（706）。两座墓的墓室砖砌，所用绳纹砖与泉男生墓冢旁的小砖相同。

　　　　　　　　　　　　　　　　（原载《东北史地》2005 年第 4 期）

---

① （清）阮元校刻：《十三经注疏》六，《礼记注疏》卷七，《檀弓第三·上》，第 1281 页。

② 《高慈墓志》，罗振玉《唐代海东藩阀志存》，丁丑（1937 年）仲冬校印，篆刻本，第 14 页。

在唐高句丽遗民遗物、遗迹的现状及其分布

拜根兴[*]

关于在唐高句丽遗民，自金石学家罗振玉之后，学界已经积累了一定的研究成果。然而，全面探讨高句丽遗民关联问题的论著并不多见。此前笔者曾撰写《高句丽百济遗民关联问题研究的现状与展望》一文，评述中外学者已有的研究。随着高句丽遗民墓志及相关遗迹遗物的不断发现，探讨遗民遗物遗迹的现状及地理分布势在必行，本文即在已有研究的基础上，通过实地考察和文献比较，对高句丽遗民遗迹遗物现状、分布、收藏地点，以及对整体研究的意义等问题予以探讨，以就教于诸师友方家！

一 遗迹

经过一千三百余年的风霜沧桑，地面存留的高句丽遗民遗迹已经很难看到，但爬梳史料及实地考察，并参照考古发掘等资料，检讨现有研究，可以探明西安、洛阳所在一些遗迹的来龙去脉。

1. 北宋人张礼记载的"高丽曲"

最早记载唐长安城南高丽曲的是北宋人张礼。《游城南记》一书，记载长安城南有高丽曲，即高句丽遗民聚居之处。但张礼只是简单指出高丽曲名称，并没有说明高丽曲的具体位置。20 世纪 90 年代，韩国学者卞麟锡频繁来往于西安，考察西安周围新罗人遗迹，对张礼所载"高丽曲"也颇感兴趣。通过采访西安高校相关研究者，以及当地民间史学

---

* 拜根兴：陕西师范大学历史文化学院教授。

爱好者，认定今西安市户县的宋村（原名高力渠），就是张礼记载的高丽曲。① 2006 年 8 月初，笔者陪同韩国高句丽研究会两位学者赴所谓的高丽曲考察，了解到许多东西，进而产生和卞麟锡教授不同的看法。对此，笔者在评介卞氏上述著作的论文中已有论说②，故在此不赘。至于高丽曲的具体位置究竟在哪里？张礼其人游历城南当时，距离 7 世纪中后期 200 余年已经过去，远离今天更是 1300 余年，时间的沧桑掩埋了一切。如果无结论，完全没有必要非要确定一个。

2. 西安东郊高句丽末代王高藏墓地

668 年九月，高句丽灭亡。高句丽末代王高藏辗转来到洛阳、长安。唐高宗"以高藏政非己出，赦以为司平太常伯、员外同正"。仪凤二年（677），唐朝封高藏为辽东州都督、朝鲜郡王，令其赴辽东"安辑高丽余众。高丽先在诸州者，皆遣与藏俱归"③。就是说，唐朝想通过高藏，平息高句丽灭亡后辽东地域的混乱局面，改变此前直接介入朝鲜半岛事务之策略。然而，到达辽东后的高藏竟联合鞑鞨人反叛，唐朝随即流放高藏至剑南道邛州。高藏死后，唐朝"赠卫尉卿，葬颉利墓左，树碑立阡"④。关于颉利墓的位置，《新唐书》卷二二〇载："颉利死，赠归义王，谥曰荒，诏国人葬之，从其礼，火尸，起冢灞东。"很明显，高藏墓也应在灞水以东，但具体位置并不知晓。2005 年 5 月 9—15 日，《东北史地》杂志社社长张福有研究员一行来到西安，会同陕西省考古研究所、西北大学文博学院、西安碑林博物馆的专家学者，前往西安东郊实地考察，找寻高句丽末代王高藏葬地。2006 年 8 月 9 日，笔者陪同韩国学者赴西安市东郊踏访。经过查阅比证文献资料，结合西安东郊灞河流向及两岸遗存，灞原、灞东地理环境，访问当地知晓考古发掘及 20 世纪 90 年代以后盗墓事件的村民，参考上述张福有研究员的观点，初步认定西安灞桥区新筑街道办事处所属高寨村冢墓遗迹，应当就是高句丽末代王高藏葬地。另外，2006 年碑林博物馆在西安东郊征集到颉利可汗儿子阿史那婆罗门墓志，

① ［韩］卞麟锡：《唐长安的新罗史迹》，韩国亚细亚文化出版社 2000 年版，第 83 页。

② 拜根兴：《〈唐代长安的新罗史迹〉评介》，《唐研究》总第 13 卷，北京大学出版社 2007 年版。

③ 《资治通鉴》卷二〇二，唐高宗仪凤二年（677）。

④ 《旧唐书》卷一九九上载曰："高藏以永淳初卒，赠卫尉卿，诏送至京师，于颉利墓左赐以葬地，兼为树碑。"

对于探讨高藏冢墓所在亦有帮助。①

　　3. 章怀太子墓出土的《客使图》壁画

　　唐乾陵是唐高宗李治与女皇武则天的合葬陵。陵墓东南方有 17 座陪葬墓，现已发掘的有永泰公主墓（1960 年）、懿德太子墓（1972 年）、章怀太子墓（1972 年）、李谨行墓（1975 年）等。其中章怀太子墓出土的壁画《客使图》，在考古、历史学界产生了巨大影响。关于壁画中头插羽毛、表情严肃、毕恭毕敬的使者所属国别，学界观点纷纭。总体来说有以下四种观点：中国学者王维坤、王世平，韩国学者金元龙、文明大等，认为是新罗使者，韩国学者金理那、卢泰暾、卞麟锡则认为是高句丽使者，日本学者西谷正认为是渤海使者，中国学者王仁波认为是日本使者②。考察上述研究，后两种看法明显论据不足，此不赘言，而到底是新罗使者，还是高句丽使者？笔者认同新罗使者的观点。但既然还有那么多专家主张是高句丽使者，一些论据的合理性亦值得参考，而且该问题的争论还在继续，并没有一个确定的结论，故不妨也将此壁画作为高句丽灭亡后，高句丽遗民活动的一个重要事件来看待③。

　　4. 洛阳孟津县高句丽遗民泉氏墓地

　　洛阳北邙山周围，遍布历代高官大族墓地，唐代的墓葬更是多不胜数。20 世纪 20 年代以来，高句丽遗民泉男生、泉献诚、泉毖、泉男产、高玄、高慈、高震墓先后被盗掘，墓志流入民间。1937 年，金石学家罗振玉《唐代海东藩阀志存》一书面世，影响深远。1943 年，洛阳孟津人郭玉堂出版《洛阳出土石刻时地记》一书上半部，但有关唐代石刻关联信息人们并不知晓。2005 年，郭玉堂的后人根据郭玉堂原稿，并补充资料，出版《洛阳出土石刻时地记》全本，为学界整体了解洛阳出土石刻墓志的时间地点提供了可能。而高句丽遗民泉氏墓地所在，一直是笔者关

　　①　张福有、赵振华：《洛阳、西安出土北魏与唐高句丽人墓志及泉氏墓地》，《东北史地》2005 年第 4 期；《墓志见证大唐开明》，《西安日报》2006 年 8 月 16 日。

　　②　王维坤：《唐章怀太子墓壁画"客使图"辨析》，《考古》1996 年第 1 期；〔韩〕卢泰暾：《礼宾图所见的高句丽》，汉城大学校出版部 2003 年版。

　　③　金理那认为：壁画《礼宾图》中插羽毛的使者，反映的是高句丽灭亡以后事实当是没有问题的。依据学界熟知的图画资料，其为高句丽使者的可能性仍然很大。高句丽灭亡后，辽东地域有高句丽遗民集团，移居唐京师长安的朝鲜郡王，高句丽是京都护府或都督府属下的藩国，因而壁画中的人物应该是高句丽使者。〔韩〕金理那：《唐画中所见鸟羽冠饰高句丽人》，《李基白先生古稀纪念》，《韩国史学论丛》（上），1997 年。

心的问题。

2007 年 7 月 17 日中午，笔者在洛阳学者赵振华、王化昆先生陪同下，前往洛阳孟津，找寻高句丽遗民泉男生父子兄弟的墓地。汽车穿过洛阳市区驶向孟津，沿途路过后沟、玉冢，到达孟津县送庄乡东山岭头村南一华里处。这里是北邙山的最高处，泉男生、泉献诚、泉毖祖孙三人的墓地就在路南五十米的邙山之阳。走近三座墓冢，泉毖墓在边，接着是泉男生墓、泉献诚墓，三座墓间隔十米左右。岁月的流逝，现已不能准确了解墓冢的原来高度，墓冢上有苍翠稠密的灌木、绿油油的杂草，周边玉米、红薯长势喜人。关于泉男生父子投诚唐朝，以及泉氏父子入唐后的生活，1921 年泉氏墓志出土之后才见有专门论考，这就是柳诒徵写的跋文，罗振玉《唐代海东藩阀志存》等。20 世纪 90 年代以后关于这方面的文章逐渐多了起来。现在知道的有赵超、杜文玉、牛致功、拜根兴、张福有、赵振华、姜清波等人所作研究，而实地考察者寥寥可数。

泉男产墓地位于洛阳东北十五公里处的刘坡村，上述郭玉堂的老家就在这里，据说郭玉堂小时候常常和伙伴们在墓冢上玩耍。① 当地人称泉男产墓为"豹子冢"，不知何意。通向墓冢没有路，漫步田埂，在距大路约一百余米处到达泉男产墓旁。墓冢有三米多高，周长不过二三十米，冢呈不规则圆形，上面长有枝叶茂盛的树木，煞是好看。墓冢较泉男生祖孙的墓冢明显大不少。泉氏兄弟为什么不葬在一起？一般认为两人此前政见相异，入唐后所受礼遇有别，故难能葬在一起，但实际情形到底如何，无从知晓。泉氏兄弟入唐，为唐朝的繁荣做出了一定的贡献。现在韩国学界对高句丽、百济遗民关联问题非常重视，洛阳当地对此却关注不多。另外，前些年还听说泉男建的墓志也出现了，但具体情况不明。泉男建入唐后被流放到岭南，死后是否迁葬北邙不得而知。期待有更多的高句丽遗民关联墓志铭面世，为 7 世纪中叶一些重大事件找寻更加翔实的证据。

5. 西安、洛阳所在的高句丽遗民住宅

依据宋人宋敏求《长安志》、元代人骆天骧《长安志图》，以及清人徐松《唐两京城坊考》诸书记载，唐京师长安、东都洛阳城中的高句丽

---

① 《洛阳出土石刻时地记》第 194 页载曰："民国十二年四月三日，洛阳城东北十五里刘家坡村西名曰豹子冢内出土。今冢高八米，周长百米，圆形夯打。刘家坡村系玉堂之家，幼年常登临此冢。"

遗民上层及遗民后裔作为唐朝官僚，均有唐皇帝赐予的宅第。综合今人史念海、李健超、陈景富、马驰等学者的研究，对证入唐高句丽上层人物在长安、洛阳宅第所在，可以得出其长安住宅的具体方位：

泉男生宅第在京师长安兴宁坊，《册府元龟》卷97载曰："高宗咸亨元年六月，帝御冷泉宫亭子，召许敬宗、泉男生及东西台三品举酒作乐。乃赐男生兴宁坊之田第。"兴宁坊位于今西安兴庆路与长乐路交叉处东南。

泉献诚、泉毖宅第在洛阳定鼎门街周边的尊贤坊、集贤坊。

王毛仲宅第有两处，分别在东都洛阳承义坊，京师长安兴宁坊十字街西南（今西安康复路和长乐路交叉处西北）。

高德宅第在东都洛阳道政里。

高仙芝宅第有两处，分别在京师长安的宜阳坊（今西安雁塔路与友谊路交叉处西北，陕西测绘局东北）、永安坊（今西安吉祥路与太白路交叉处东南一带）。

综上所述，高句丽遗民遗迹主要分布在唐朝京师长安、东都洛阳两地，而长安作为唐朝都城，高句丽灭亡之后十数年间，仍然是唐朝政治文化中心，高句丽遗民上层及一般人聚集长安。7世纪80年代之后，随着武周王朝的建立，洛阳地位飙升，加之遗民身份所限，洛阳成为他们重要的活动场地。当然，有些人在长安、洛阳均有住宅。如此，长安、洛阳高句丽遗民遗迹当是可以认定的。

二　遗物

高句丽遗民的遗物，除《洛阳出土石刻时地记》一书提到随墓志出土的一些三彩陶器之外，学界知道的只有墓志而已。下面仅对墓志出土地点、现状及相关问题试作考察。

1. 在洛阳北邙一带发现的墓志

在北邙山发现的墓志，分布于唐代洛阳平乐乡（平乐原）、梓泽乡、清风乡（清风里）、平阴乡等。赵振华、何汉儒《唐代洛阳乡里方位初探》一文中对当时洛阳乡里位置多有论述[①]，对了解高句丽遗民遗物分布

[①]　赵振华、何汉儒：《唐代洛阳乡里方位初探》，赵振华主编《洛阳出土墓志研究论文集》，朝华出版社2002年版。

颇多帮助。

（1）泉男生墓志及墓碑

泉男生 665 年归附唐朝。依据泉氏墓志，仪凤二年（677），他受命"存抚辽东，改置州县。求瘼恤隐，襁负如归；划野疏疆，奠州知正"。牛致功师认为高句丽王高藏仪凤二年（677）二月到达辽东，但很快就阴谋发动反叛，并被预先发现平息。而泉男生受命进入辽东，一定是在高藏发动叛乱之后，此看法很正确。两年之后，即唐仪凤四年（679）正月二十九日，泉男生死于安东都护府官邸，同年十二月二十六日，被葬于洛阳邙山之原。

1922 年 1 月 20 日，泉氏墓志发现于洛阳东北三十里的东山岭头村（今洛阳市孟津县的东山岭头村）。志石首题为"大唐故特进行右卫大将军兼检校右羽林军仗内供奉上柱国卞国公赠并州大都督泉君墓志铭并序"。志石现藏于郑州市河南博物院，志石长、宽均为 91 厘米，志文共46 行，行满 47 字。墓志盖长、宽均为 67 厘米，题为"大唐故特进泉君墓志"，篆体。墓志为王德真撰写，欧阳通正书。

关于泉男生墓志，罗振玉所撰《唐海东藩阀志存》一书中，得出墓志"可补前史者八事"[①]。另外，南宋陈思道人《宝刻丛编》卷 4 京西北路洛阳县条下记载有"唐右卫大将军泉府君碑，唐刘应道撰，王知敬书，年月缺"。显然，泉男生碑宋代仍可看到。碑文撰者刘应道，草、隶书名重当时，又是围棋高手；曾"奉敕兼职国史事"，"仪凤、调露之际，笔削于史官，专其事者，府君及甥侄（指刘景先、李仁实）三人而已"[②]。就是说，作为唐史馆主要撰修者，泉男生死后，碑文撰作理所当然就落到刘应道等人身上。刘应道调露二年（680）夏患病死亡，泉男生上一年十二月下葬，"泉男生碑文"应该是刘氏最后所留文字之一。也就是说，此碑撰写时间应在仪凤四年（此年六月改年号为调露元年，679 年）下半年到调露二年（680）六月刘应道死亡之前。王知敬其人，《宝刻丛编》题其官名为"膳部员外郎值宏文馆"，亦应是当时著名文人官僚。

（2）泉献诚墓志及墓碑

泉献诚墓志，1937 年出土于洛阳东北三十里的东山岭头村。志石首

---

① 罗振玉：《唐代海东藩阀志存》，石刻史料新编本，台湾新文丰出版公司 1987 年版。
② 《全唐文补遗》第三辑，三秦出版社 1996 年版，第 65 页。

题"大周故左卫大将军右羽林卫上下上柱国卞国公赠左羽林卫大将军泉君墓志铭并序",未见有墓志盖出土。志文共41行,行满41字;志文中有武则天新制字,如国、年、月、日等字。志文撰者梁惟忠,时为"朝议大夫行文昌膳部员外郎护军"。

　　除此之外,宋代还可看到泉献诚碑。赵明诚《金石录》卷六目录条有:"唐卫尉正卿泉君碑,长子隐奉敕撰,仲子伯逸等正书,苏晋撰铭,彭杲正书,开元十五年三月";卷二六具体论述云:"唐卫尉正卿泉君碑:右泉君碑,泉君者,高丽苏文之孙,男生之子也。高宗时与男生同归朝,仕为卫尉卿。按:《唐书》及《元和姓纂》皆云名献诚,今此碑乃云讳寔,字行于代而阙,其字不书。又《姓纂》云:献诚生玄隐,而碑但云名隐而已。献诚出于夷虏,事迹无足考究,录之,以见史传所载名字异同也。"南宋陈思道人编撰《宝刻丛编》卷四,记载当时可以看到的碑石,其中京西北路洛阳县条下云:"唐赠羽林大将军泉君碑:按《通志》,泉君碑有二,皆在西京,一云后魏大将军赠并州大都督泉府君碑,无撰书人名氏年月,一云左右卫大将军卫尉正卿卞国公赠羽林大将军泉君碑。与此官同,长子隐叙,苏晋铭、彭杲书,仲子靖题额,开元十五年(727)二月立。泉君者,高丽盖苏文之孙,泉男生之子也。高宗时,与男生同归朝仕,至卫尉卿。"上引史料中提到"后魏大将军赠并州大都督泉府君碑,无撰书人名氏年月",也就是说,后魏曾有姓泉的大将军,死后赠并州大将军,因无史料说明,无从知晓。为什么到开元中期才为泉献诚墓立碑,韩国学者尹龙九认为,此与开元年间(713—741)重新使用番将的社会风气有关,此可作为一家之言。① 笔者以为这与其后代的意向关系很大。另外,铭词撰写者苏晋,先天年间(712)累迁至中书舍人,并担当户部侍郎,开元中加银青光禄大夫官职。

　　麟德二年(665)泉男生走保国内城寻求唐朝支持之时,时年16岁的泉献诚曾前往长安打通关系。有关泉献诚事迹,罗振玉亦有论考。另外,墓志提到泉献诚的祖母,"仪凤四年丁父忧,哀毁过礼,中使借问,道路相属。祖母以公绝粒泣血,益增悸念,每勉强不从,则为之辍食,公由是稍加饮啜"。至于其祖母是否为盖苏文正妻,不得而知。她是随泉男

---

　　① [韩]尹龙九:《中国出土的一些韩国古代遗民资料探讨》,《韩国古代史研究》2003年总第32辑。

生走保国内城，还是高句丽灭亡之后被接到唐境？这些问题均有待于进一步探讨。

泉献诚之死和武则天临朝称制奉行酷吏政治有关。久视元年（700）八月，武则天下制为泉献诚平反赠官，并授予其子泉玄逸等官爵，大足元年（701）二月葬泉献诚于邙山之旧墓，即与其父泉男生埋在一处。

（3）泉男产墓志

泉男产墓志铭，1923年4月3日出土于洛阳东北二十里的刘家坡村，拓片长宽均为75厘米，志文共41行，行42字；墓志盖题曰"大周故泉府君墓志"，篆书。志石首题"大周故金紫光禄大夫行营缮大匠上护军辽阳郡开国公泉君墓志铭并序"。同样，因是武周时期撰写的墓志，故其中多有武则天新制字。

泉男产668年归款唐朝。入唐前，"年十八，教大兄位，十三等之班次，再举而升；二千里之城池，未冠能理。至于乌拙、使者、翳属、仙人，虽则分掌机权，故以高惟旌骑。年廿一，加中裹大活，廿三加位头大兄，累迁中军主活。卅为太大莫离支"。志文中提到高句丽十三等官爵，文献史料中对此言未能详，罗振玉据泉男产所历官职，以及泉男生、泉献诚、高慈等墓志，考释出高句丽十三等官爵的具体名目为：太大对卢、大对卢、太大莫离支、大莫离支、莫离支、中里位头大兄、中里大活、中里大兄、中里小兄、乌拙、使者、翳属、仙人等。泉男产总章元年（668）入唐，先是被授予司宰少卿，加金紫光禄大夫，员外置同正员。圣历二年（699）授予上护军，天授三年（692）进封辽阳郡开国公，又迁营缮监大匠，员外置同正员。和泉男生父子、高性文父子、高玄等人相比，其入唐后没有率兵出征经历，此是否和他在高句丽的经历有关？另外，泉男产墓志称其为"辽东朝鲜人"，其兄泉男生墓志称作"辽东郡平壤城人"，而其侄泉献诚则记为"其先高句丽国人也"。由于墓志撰写时间的不同，其表述也互有详略差异，此本无关乎大碍，只是从泉献诚墓志表述"其先"未言自身，其孙泉毖墓志称其为"京兆万年人"看，高句丽遗民随着时间的推移，原有民族的认同已渐趋褪色，逐渐融入唐朝开放包容的大潮流之中。

墓志撰者泉光富，为泉男产之子，题其官职为"通直郎襄城县开国子"。长安二年（702）泉光富年18岁，其出生时间当为683年，而此时泉男产入唐已15个年头，年龄也44岁了。故此，笔者在其他论文中曾推证泉男产入唐后可能和唐人结婚，进而才有泉光富的出生。

（4）泉毖墓志

泉毖墓志，1926 年 5 月 3 日出土于洛阳孟津东山岭头村，志石长60.5 厘米，宽 59.6 厘米，厚 13 厘米。志文共 25 行，行满 25 字，楷体，未见有志盖出土，志石现藏于洛阳古代艺术博物馆。志石首题"唐故宣德郎骁骑尉淄川县开国子泉君墓志铭"，撰者为泉毖之父，也就是泉献诚长子泉隐，泉隐袭泉献诚官爵，时为"光禄大夫卫尉卿上柱国卞国公"。另外，泉毖开元十七年（729）九月四日死于京兆长安兴宁里自宅，时年22 岁，其生年当是景龙二年（708）；开元二十一年（733）十月十六日埋葬于河南府洛阳县邙山旧墓。

依据墓志，泉毖两岁就受封淄川县开国男，不久进封淄川子，食邑四百户；又授骁骑尉，以荫补太庙斋郎及宣德郎。后为"开府仪同三司朝鲜王高藏之外孙，太子詹事太原公王暕之子婿"，即泉毖和高句丽末代王高藏之外孙王暕的女儿成亲。从此可以看出，高藏的女儿嫁与王姓人家，而当时高句丽姓氏中几乎看不到王氏，当然，不排除高藏的女儿出嫁与长期生活在辽东王姓汉人。无论如何，泉毖和王姓人家女儿成婚，开始了泉氏家族在唐第四代的生活历程。

泉隐为儿子泉毖所作墓志，其铭词委婉凄惨，体现出白发人送黑发人的悲哀。如"天之苍苍兮其色正耶？人之悠悠兮其能久也？蠢兹万类兮生老病死，悟彼百龄兮今世也已矣！生于气兮立于空，倏而见兮忽而终，何赋命之飘索，知造化之无穷"。只是上引史料中有些话语明显有点太过，让人很难想象是父亲给儿子写的铭词，如"梁木其坏兮太山其颓，哲人一去兮不复再来！幽扃永闢兮邙山之隈，万古千秋兮呜呼哀哉！"当然，如果是按墓志撰写已有的格式（或程序"书仪"）理解的话，也许还能说得过去。

另外，泉隐其人，在其父泉献诚墓志中称作"泉玄隐"，上述赵明诚《金石录》中也提到泉隐。另外，泉隐还有两个弟弟：泉玄逸、泉玄静。现在知道的泉氏入唐后的第三代人，就是上述三位及泉男产之子泉光富；第四代者为泉毖。

（5）高玄墓志

高玄墓志，1936 年 10 月出土于洛阳城北十里后李村。与墓志同时出土的还有多件精美的唐三彩，其中有三彩凤凰壶一件，盘子一件，武士俑二件，其他大件三彩共十六件，其余小者二十件，骑马俑二十件，带座花鼓人一件。① 志石长宽均为 59 厘米，正书。志文共 28 行，行满 28 字。志文撰者为谁未见提及，故无从知晓。武周时期所撰墓志之故，其中多有武则天新制字。志石现收藏于洛阳新安县铁门镇千唐志斋。

依据高玄墓志，高玄字贵主，辽东三韩人。高句丽末期追随泉男生，以二十四五岁的美好年华，一同归附唐朝，随即定居唐京长安。其曾祖名宝，祖父名方，父亲名廉，均在高句丽任官。因在围攻平壤城战斗中身先士卒，战后被授予宜城府果毅都尉总管。高玄在唐先后担当云麾将军（683），神武军统领（686），右玉钤卫中郎将（687），新平道右三军总管（689），左豹韬卫行中郎将（690）。天授元年（690）十月二十六日因病亡于神都洛阳合宫县私第，时年 49 岁。天授二年（691）十月十八日葬于洛阳北邙之原。值得注意的是，高玄永昌元年（689）"奉敕差令诸州简高丽兵士，其年七月，又奉敕简洛州兵士，便充新平道左三军总管征行"。赵超认为此"既说明了在武后时期也有'简'各州士兵的传统，又表明各州的高句丽士兵可能是单独集中编队的，而且在他们中间保持着高句丽的语言与习惯。否则，不会专门指派一个高句丽将军去'简'高丽兵士"②，此解释很有说服力，另一方面，高句丽灭亡已经二十余年，对于归款的高句丽兵士，频繁的行营出征换防调动，驻守边方州县的第一代高句丽兵士可能已不堪战阵，高玄的"简"很可能是对高句丽兵士关联问题的全面调查，不然的话不可能在墓志中特别提及。诏敕高玄前往，也可看出武周政权对高玄的信任。

关于高玄墓志，除过上述赵超，以及张福有、赵振华氏的论文之外，毛汉光《唐代墓志铭汇编附考》中亦有论考③，韩国宋基豪《高句丽遗民高玄墓志铭》一文，则以注释方式对志文重点解释。④

（6）高慈墓志

高慈墓志，1917 年出土于洛阳北邙，曾经由金石专家罗振玉收藏，

① 郭培育、郭培智编：《洛阳出土石刻时地记》，大象出版社 2005 年版，第 172 页。

② 赵超：《唐代墓志中所见的高句丽与百济人士》，《揖芬集——张政烺先生九十华诞纪念文集》，社会科学文献出版社 2002 年版。

③ 毛汉光：《唐代墓志铭汇编附考》第 11 册，台湾新文丰出版公司 1991 年版。

④ ［韩］宋基豪：《高句丽遗民高玄墓志铭》，《汉城大学校博物馆年报》1998 年总第 10 辑。

并收入《唐代海东藩阀志存》一书，今不知志石收藏何处。拓片长宽各
73.8 厘米，正书；志文共 37 行，满行 36 字。首题"大周故壮武将军行
左豹韬卫郎将赠左玉钤卫将军高公墓志铭并序"。

　　高慈先祖，墓志载云："至后汉末，高丽与燕慕容战，大败，国几将
灭。廿代祖密当提戈独入，斩首尤多，因破燕军，重存本国，赐封为王。
三让不受，因赐姓高，食邑三千户。仍赐金文铁券曰：'宜令高密子孙，
代代封侯。自非乌头白、鸭渌竭，承袭不绝。'自高丽初立，至国破已
来，七百八年，卅余代，代为公侯，将相不绝。忠为令德，勇乃义基。建
社分茅，因生祚土，无隔遐裔，有道斯行。"对此，罗振玉引《三国史
记》卷 17 烽上王二年（293）记载，说明慕容廆出兵高句丽在西晋建立
之后，而非墓志所载的后汉末，此为其一。墓志载高慈的"先祖随朱蒙
王平海东诸夷，建高丽国，已后代为公侯宰相"。罗氏认为这是当时墓志
的通病，即夸大事实，给祖先脸上贴金，罗氏看法正确。另外，从《三
国史记》载"高奴子"名称，可以证明高慈先祖当时并未有姓氏，亦可
验证罗氏的说法，此为其二。罗氏推证高密就是高奴子，应该说是一种靠
得住的看法，此为其三。

　　同时，墓志中有高句丽王赐姓、封邑、赐金文铁券的记载，显示出高
慈家族在历代高句丽政权中的崇高地位。排除一般墓志撰写中常见的弊
病，追溯为国捐躯英雄的身世，墓志作者频繁引用所谓皇帝制书、诏书，
进而彰显死者高尚品德，这样，其中出现夸大、拔高溢美当在所难免。

　　高慈与其父高性文一起，在对契丹叛军的战斗中坚守城池，因孤立无
援最终城破被俘，万岁通天二年（697）五月二十三日被杀于磨米城南，
时年 33 岁。圣历三年（700）腊月十七日，葬于洛州合宫县平乐乡之原。

　　（7）高性文墓志

　　高性文墓志，近年出土于洛阳孟津县。2006 年三秦出版社出版《全
唐文补遗》"千唐志斋新藏专辑"中首次公布录文，随后《河洛春秋》
2007 年第 3 期刊出王化昆氏《〈武周高质墓志〉考略》论文，文中附有
墓志拓片。志文 44 行，行满 45 字。志文首题"大周故镇军大将军行左金
吾卫大将军赠幽州都督上柱国柳城郡开国公高公（质）墓志铭并序"。闵
赓三也有介绍文字发表。[①] 墓志撰者朝散大夫行凤阁舍人韦承庆，书丹者

①　［韩］闵庚三：《新出土的高句丽遗民高质墓志》，《新罗史学报》2007 年总第 9 辑。

为前右监门卫长上弘农刘从一，刻石者则有三人，分别是宜州美原县人姚处环，以及常智琮、刘郎仁二人。关于韦承庆其人，《旧唐书》卷88《韦思谦传附》有韦承庆传，《唐代墓志汇编续集》有中书舍人郑愔撰写的韦承庆墓志。韦承庆曾兼修国史，参与武则天实录的撰写，是武周时期著名的文人官僚。

假定高氏父子归款唐朝时间为平壤城陷落之前（668年九月前），就可推算出高性文时年43岁，高慈年仅4岁。依据墓志"遂率兄弟归款圣朝"记载，高性文当时虽为"三品位头大兄兼大将军"，却能利用职务之便，乘隙率兄弟及年幼的儿子，或许还有家眷归款唐朝。为什么如此？高句丽政权分崩离析，使它的臣民，甚至连最基本的支持者都感到心灰意冷，与其坐以待毙，倒不如选择投诚唐朝。墓志强调高氏"预见高丽必亡"，率兄弟等归款，凸显高性文属于高句丽统治集团中比较清楚利害的人物之一。另外，墓志中的一些记载可能有所隐瞒：高性文家族是否属于泉男生阵营？是否受到另一阵营莫须有的指责？当时高句丽内部倾轧激烈，果真高性文与泉男生关系密切的话，当泉男生走保国内城，留在平壤或其他地域的亲信受到排挤，他们乘隙出逃归款唐朝，应该说也是很自然的事情。总之，泉男生兄弟受到只是反对渊盖苏文家门长期集权，并且希望早日终止战争人士，或者说所谓的"不纯势力"① 的左右煽动，加剧了双方矛盾，最终只能以高句丽灭亡收场。高性文家族此一时期归款唐朝，反映了灭亡前夜的高句丽国芸芸众生求生的一个侧面。

特别值得一提的是，高性文墓志铭中出现长达三段皇帝诏敕，表彰高氏为唐朝捐躯之壮举，这在高句丽遗民墓志中并不多见。

（8）高震墓志

高震墓志1926年出土于洛阳，志文共21行，行满22字，首题"唐开府仪同三司工部尚书特进右金吾卫大将军安东都护郊国公上柱国高公墓志铭并序"；撰者为献书侍制杨憼，此人事迹未见记载。墓志盖早佚，墓志现藏于何处，自罗振玉之后未见有其他资料涉及。

高震乃高句丽末代王高藏之孙。据墓志载，高震父亲高连曾被授予云

---

① ［韩］金瑛河：《高句丽内讧的国际背景——以唐朝阶段性政策变化为中心》，《韩国史研究》2000年总第110辑。

麾将军，左豹韬大将军安东都护，高震应是承袭了其父的官爵。另外，《新唐书》《资治通鉴》等书均提到高德武、高宝元两人，即"垂拱中，以藏孙宝元为朝鲜郡王。圣历初，进左鹰扬卫大将军，再封忠诚国王，使统安东旧部，不行。明年，以藏子德武为安东都督，后稍自国"①。他们均为高藏后裔，只是不知道高宝元与高连、高德武两人是何关系？从年龄上看，高宝元应该比高震大得多。高震大历八年（773）五月二十七日死于洛阳教业里私第，终年73岁，以此推算，其当生于武周长安元年（701），而此时高宝元大概已是近20岁或者20余岁的青年了。一定是高德武系后来无人承继，故年龄较小的高连才受到唐廷注意，这就有对高连安东都督的任命。无论如何，大历年间高震应是高句丽王族的代表人物。

墓志提到高藏的官职为"开府仪同三司工部尚书朝鲜郡王柳城郡开国公"，与文献记载相同。除此之外，高震何时被封为郯国公，文献资料缺载，墓志载曰："公乃扶余贵种，辰韩令族。怀化启土，继代称王，嗣为国宝，食邑千室。公竭丹恳以辅主，力斗战以册勋，雄冠等彝，气遏獯司。封五级，自子男以建公侯；官品九阶，越游击而升开府。"可见，高震并非一味继承祖荫，而且也通过自己的努力建立功名。

墓志还提供了如下信息：高震夫人真定侯氏大历三年（768）死于博陵郡（定州），高震之子朝请大夫深泽令高叔秀，"扶母兄以发博陵，就严孝而迁洛邑，涉雪千里，衔哀九冬"，即高震至少有两个儿子，至于有否女儿，未见墓志文记载。高震夫妇大历十三年（778）十一月二十四日被埋葬于洛阳北邙山之南新墓。

（9）高钦德墓志

高钦德墓志，出土于河南洛阳。志石长宽均为54.5厘米，共26行，行满27字，志文首行题曰"唐右武卫将军高府君墓志铭并序"。志文撰者为高钦德孙女婿东海徐察。志石现藏南京博物院。

墓志称高钦德"字应休，渤海人也"，此应与上述高震墓志题为渤海人属同一类型。高钦德曾祖名高湲，建安州都督，祖高怀袭爵建安州都督，父高千，唐左玉钤卫中郎将，高钦德为其次子。高钦德开元二十一年（733）九月十九日死于柳城郡公舍，时年57岁，以此推算，其生年应为唐仪凤二年（677）。

---

① 《新唐书》卷二二〇《东夷传·高句丽》。

关于建安州，唐太宗征伐高句丽班师诏云："克其元菟、横山、菱牟、磨米、辽东、白岩、卑沙、麦谷、银山、后黄等合一十城。凡获户六万，口十有八万。覆其新城，驻跸建安。合三大阵，前后斩首四万余级，降其大将二人，裨将及官人酋帅子弟三千五百，兵士十万人，并给程粮，放还本土……"① 其中提到太宗曾驻跸建安，也就是说，贞观十九年（645）前，高句丽统辖的辽东地区已有建安行政设置了。高句丽灭亡后，唐朝"分高丽五部、百七十六城、六十九万余户，为九都督府，四十二州，新城州、辽城州、哥勿州、卫乐州、舍利州、居素州、越喜州、去旦州、建安州、凡有九都督府"② 。其中也有建安州。另据高钦德之子高远望墓志，"曾祖怀，唐云麾将军、建安州都督。祖千，唐左玉钤卫中郎、袭爵建安州都督。父钦德，袭建（安）州都督、皇右武卫将军、幽州副节度知平卢军事"。就是说，高钦德的祖父高怀始归化唐朝。如此，高钦德曾祖高湲担当建安州都督，应该是高句丽的官职。③

依据墓志，高钦德的父亲高千为国捐躯，获赠一子官职，高钦德因之被授予陶城府果毅。随后历任折冲、郎将、中郎将、将军，最终担当"右武卫将军、幽州副节度知平卢军事"。高钦德有两位夫人，即王氏、程氏，被封为郡君。高钦德天宝庚戌年被安葬于洛阳县清风里北邙洪原，但天宝十五年（742—756）中没有"庚戌"，疑墓志"庚戌"或为"庚寅"之误。

（10）高望远墓志

高远望墓志见于《全唐文补遗》第 8 辑，三秦出版社 2005 年版，未见其他金石墓志总集收录。因《全唐文补遗》编撰体例所限，现在不知道此墓志何时何地出土，收藏于何处亦不知晓。志文撰写者仍是东海徐察，即高远望的女婿。

墓志称高氏先祖"殷人也。时主荒湎，攻惟暴政。崇信奸回，贼虐

① 《全唐文》卷七《唐太宗班师诏》。
② 《资治通鉴》卷二〇一，唐高宗总章二年（669）。
③ 程尼娜认为"高句丽人高钦德卒于唐玄宗开元二十一年，其曾祖高湲可能是安东都护府建立初期，被任命的建安都督，高湲死后，由其子高怀袭任建安州都督"。但从时间上推算，程氏推定高湲担当建安州都督的时间似乎有点晚。程尼娜：《唐代安东都护府研究》，《社会科学辑刊》2005 年第 6 期。

谏辅。比干以忠谏而死，故其子去国，因家于辽东焉。贞耿冠乎曩时，遗
烈光乎史籍，即君始祖也。其地逼乌丸、鲜卑，接夫余、肃慎。东征西
讨，其邑里或迁于河北，勃海高氏则其宗盟，或留于漠南"。显然，其中
攀附的痕迹明显，而其父高钦德墓志中就没有如此记述。

高远望为高钦德的长子，先后担当唐净蕃府果毅，兼保塞军副使；平
州卢龙、幽州清化二府折冲都尉、兼安东镇副使，赐紫金鱼袋；河南慕善
府折冲，依旧充副使；郏郿府折冲，依前充副使。最终官拜安东大都护府
副都护兼松漠使，赐紫金鱼袋、上柱国。开元二十八年（740）五月二十
八日死于燕郡公舍，享年44岁。

墓志提到高远望有季弟高崇节，此与其父高钦德墓志所及相合，由此
可推正高钦德应该有三个儿子或者更多。高远望有子高岩、高嵩，没有提
及女儿，但志文撰者恰是其女婿东海徐察，说明高远望至少有一个女儿。
天宝四年（745）十月十三日葬高远望于洛阳县清风乡北邙首原。或许北
邙首原与上述高钦德葬地"北邙洪原"是一个地方的不同称呼，不然，
父子葬于同在清风乡的两地，显然和当时的葬俗有偏差。

（11）高德墓志

高德墓志铭，出土于洛阳市西北瀍河。志文首题"唐右龙武军翊府
中郎高府君墓志铭并序"，志石长宽均为45.5厘米，行书，现藏于洛阳新
安县铁门镇千唐志斋。志文撰者不明。

依据墓志记载，高德字符光，其先渤海人也，高渐离之后裔。晋室南
渡之后，"府君先代，避难辽阳，因为辽阳□族。洎隋原鹿走，唐祚龙
兴……府君祖宗，恋恩归本，属乎仗内，侍卫紫宸。乃祖乃父，有孝有
忠，勤劳王家，多历年所"。以此推断，高德的祖父可能是高句丽灭亡前
归附唐朝，并作为唐宫廷侍卫，担当重任。高德本人在玄宗即位前讨平内
乱中建立功勋，故其即位后授予高德平州白杨镇将，又辗转富州龙交、岐
州杜阳两府果毅，陕州万岁，绛州长平、正平，怀州怀仁，同州洪泉五府
折冲；调入京城担当右武卫翊府郎将，右龙武军翊府中郎将，赐紫金鱼
带、长上、上柱国，内带弓箭，成为皇帝的贴身侍卫。墓志提供了唐朝府
兵七个军府的名称，可验证文献史料之记载。

高德天宝元年（742）二月□九日死于东京道政里私第，享年67岁。
以此推算，高德应出生于唐高宗仪凤元年（676）。天宝元年（742）四月
二十三日葬于河南梓泽乡之原。墓志没有言明高德儿子的名字，只知道他

当时担当怀州怀仁府别将。

（12）王景曜墓志①

王景曜，正史中略有提及，新旧《唐书》记作王景耀，只是未载他作为高句丽后裔参与唐玄宗政变。志文首题"唐故右威卫将军上柱国王公墓志铭并序"；志石长宽均为59厘米，志文共29行，行满28字，正书。现藏于洛阳新安铁门镇千唐志斋。

墓志载曰："公讳景曜，字明远，其先太原人，昔当晋末，鹅出于地，公之远祖，避难海东。洎乎唐初，龙飞在天，公之父焉，投化归本……公之族代播迁，亦其类也。圣主嘉之，赐第京兆，今为京兆人也。"从东晋末到唐朝王景曜家族"投化归本"，也已过了二百多年，王氏家族早已高句丽化了。"海东"在唐代是对朝鲜半岛的泛称。墓志载王景曜开元二十二年（734）去世，享年55岁，推知其生于高宗永隆元年（680）；次年，"承诏葬之礼"，与夫人合葬河南平乐原。又据志文"公之父焉，投化归本"来看，王景曜很可能是在其父王排须入唐后出生；而王景曜之父"投化归本"的时间，当是在唐太宗父子征灭高句丽的过程中。

墓志对志主的仕途记载过于简略，其受封官爵的具体原因不详。但作为一名驭手，如果没有特殊功勋，升迁如此神速难以想象。诛杀韦后当时因兵力不足，唐玄宗曾"召钟绍京领总监丁匠刀锯百人至"，如此，王景曜以驭手身份参与当是可能的。另外，王毛仲与王景曜均为高句丽遗民后裔，从史料记载可知，两人关系密切，玄宗发动第二次政变的"前一日，因毛仲取内闲马三百"，相信王景曜此时也不会坐视旁观，其"加中郎，超右威卫将军"，也许就是对参与政变立功的封赏。

关于王景曜被贬为党州别驾，《旧唐书》卷一〇六《王毛仲传》有记载，王毛仲被贬杀，与其平日过从甚密的将官均被贬职外调，其中王景曜被贬党州员外别驾，与志载相符。据此，志文所曰"倾缘亲累"系指坐毛仲案而受株连。然据墓志所载，贬官不久，他被"特追复旧官，依旧仗内"。

（13）李怀墓志

李怀其人，史料缺载。墓志文首题"大唐故云麾将军行左龙武军翊

---

① 姜清波：《在唐三韩人研究》，暨南大学，博士学位论文，2005年。

府中郎将赵郡李公（怀）墓志铭并序"，志石长 54.5 厘米，宽 53 厘米，共 30 行，行满 30 字，正书。撰者为处士弘农杨坦，未见有其他事迹传世。

李怀祖上"昔晋氏乘干，辽川尘起。帝欲亲伐，实要□□。公十二叶祖敏为河内太守，预其选也。克灭之后，遂留柘（拓）镇，俗赖其利，因为辽东人……"后曾担当隋朝襄平郡太守。唐太宗亲征高句丽，曾询访晋尚书令李公后裔，墓主李怀的曾祖李敬被征招，"尽室公行，爰至长安"，但其到达长安不久即死亡。可见，李怀的祖先应该是高句丽化的汉人。

唐中宗去世，韦氏专权，李怀作为李隆基的侍从，在平定韦氏乱中担当角色，后唐玄宗授其"游击将军行右卫扶风郡积善府左果毅，仍留长上。开元年间加封宣威将军，改左威卫河南□汭府折冲。俄加壮武将军授左领军卫翊府右郎将……加忠武将军授左龙武军翊府中郎将"。天宝四年（745）二月二十九日李怀死于东京道政坊私第，时年 68 岁，以年龄推算，李怀的生年当是唐高宗仪凤三年（678）。天宝四年（745）四月二十二日，李怀及其夫人合葬于洛阳县平乐乡。

（14）豆善富墓志

豆善富墓志，出土于河南洛阳，现藏河南开封博物馆。志文首题"大唐故忠武将军摄右金吾卫郎将上柱国豆府君墓志并序"。志石共 26 行，行满 25 字，长 45 厘米，宽 44 厘米。墓志盖题"大唐故豆府君墓志铭"，篆书，共 3 行，行 3 字，周边刻图案纹，长 28 厘米，宽 26 厘米。因墓志未书撰写人名称，故不得而知。

墓志载云："君讳善富，字晖，其先扶风平陵人也。十八世祖统，汉雁门太守，避族文武之难，亡于朔野，子孙世居焉。至后魏南迁，赐纥豆陵氏。六世祖步蕃，西魏将，镇河曲，为北齐神武所破，遂出奔辽海，后裔因家焉，为豆氏□。皇唐征有辽之不庭，兵戈次玄菟之野。君考夫卒慕远祖融河外纳款，遂斩九夷列城之将，稽桑旌门，扶邑落涂炭之人，归诚□魏阙，天书大降，荣宠一门，昆季五人，衣朱拖紫，□犁木二州□□诸军事，敕紫金鱼。"从上述墓志可知，豆善富原籍扶风郡，后北迁朔野，北魏时赐姓为纥豆陵氏；在西魏与北齐的交战过程中，其六代祖因战败逃亡高句丽，随后就以"豆"为氏。唐朝征伐高句丽战中，豆善富的父亲夫卒纳款献城，避免了生灵涂炭，兄弟五人均被委以重任。很明显，豆善富家族入唐前也已高句丽化了。

开元二十九年（741）八月七日，豆善富死于洛都皇城右卫率府之官舍，享年 58 岁。八月十八日，葬于河南县梓泽乡邙山之原。

2. 分布于洛阳周围地区

（1）高足酉墓志

高足酉墓志，1990 年出土于洛阳伊川县平等乡楼子沟村北 0.5 公里处。志石长宽均为 88.5 厘米，厚 17 厘米；志文每行满 34 字，共 33 行，正书，共 1019 字；志石首题"大周故镇军大将军高君墓志铭并序"。因墓志制于武周中期，故志文中有十二个武则天所造新字。志文中未见撰写书丹者名字，故无从知道。

关于高足酉墓志，郭引强、李献奇编《洛阳新获墓志》中有录文及释文，拜根兴《高句丽遗民高足酉墓志铭考释》，韩国李文基《高句丽遗民高足酉墓志的检讨》① 有专论，张福有、赵振华以及赵超、耿铁华等人论文中亦有涉及。

对于高足酉的出身问题，上述拜根兴据墓志中"族本殷家，因生代囗。世居玄菟，独擅殊宠"，认为高足酉出身于"高句丽富裕家族"。李文基认为高足酉属于高句丽末期比较远支的王族系统出身。赵超则排列入唐的四支高句丽高姓，认为"高姓的四个支系，高藏一支当然是正宗主支，其他三家可能是一般高姓贵族"。耿铁华探究"族本殷家"中的"殷"，指出应当为殷商。②

另外，高足酉参与了武则天神都洛阳天枢的建造活动，但同样参与建造天枢，高足酉和上述泉献诚的结局则截然相反。为什么如此？这是应当仔细探讨的问题。笔者以为，这可能和泉献诚所处地位及影响相关联，而高足酉就没有如此的忧虑和负担。另外，可能还和当时武则天为打击不同政见者，实行陷恶的酷吏政治有关。还有，单从年龄看，除过同龄的高性文之外，高足酉在泉献诚之后，应该是居于在唐高句丽遗民高官之首。天枢建成之后，高足酉成为在唐高句丽遗民，以及唐廷都能认可的人物，他被任命为"高丽蕃长"，并且封"渔阳郡开国公，食邑两千户"，当是很自然的事情。然而，他毕竟年龄太大，故不久即死于征伐南方少数民族叛

① ［韩］李文基：《高句丽遗民高足酉墓志的检讨》，《历史教育论集》2001 年总第 26 辑。
② 耿铁华：《高句丽民族起源与民族融合》，《社会科学辑刊》2006 年第 1 期。

乱的征程中。

天册万岁元年（695），高足酉死于荆州官舍，享年 70 岁。万岁通天二年（697）正月八日被葬于洛州伊阙县新城原。

（2）高震女儿高氏墓志

高氏墓志，1990 年出土于洛阳伊川县白元乡土门村，现藏于伊川县文管会。志文首题"宣武郎唐守唐州慈丘县令邵公故夫人高氏墓志并序"。志石长宽均 34.5 厘米，厚 9 厘米，共 20 行，行满 20 字，共 375 字。墓志盖长宽与志同，呈盝顶形状，顶阴刻篆书"大唐故高夫人墓志铭"三行九字；顶四边阴线刻龟背纹，四刹刻卷云纹。① 关于高氏墓志，上述李献奇、郭引强《洛阳新获墓志》中有释文，张福有、赵振华论文中也有涉及。

据墓志铭载，高氏曾祖皇朝鲜王，祖讳连皇封朝鲜郡王，父震定州别驾。就是说，高氏夫人是上述安东都护高震的女儿。另外，墓志称高震为定州别驾，而高震夫人就是死于定州，此墓志提供了新的资料。志文称高氏为高震的第四个女儿，大历七年（772）二月二十八日死于洛阳履信里，享年 42 岁；对比高震墓志，其女儿高氏较高震去世还要早一年。高氏的夫君姓邵名陕，从墓志看，邵陕此时的官职为慈丘县令，而且好像做县令时间还不短。邵氏夫妇生有五个儿子，其中有称邵太福、邵太初、邵太虚者，他们的年龄似乎都不太大。

高氏兄弟姐妹应是现在知道的高句丽王室后裔的最后几人。

3. 分布于西安周围地区

（1）高木卢墓志

高木卢墓志，出土于陕西西安东郊郭家滩。志石、志盖拓片均长 44 厘米，宽 45 厘米，正书；志盖题为"大唐故高君之墓志铭"，篆书。志文首行题"唐故陪戎副尉直仆寺高府君墓志铭并序"。志石现藏西安碑林博物馆。

墓志称高木卢"讳木卢，渤海脩人"。在东齐居住七百余年，"后遇田和篡夺，分居荒裔。君之远祖，避难海隅。暨我皇唐，大敷淳化。君乃越溟渤，归桑梓。遂骧首云路，侧迹天庭。枢典六闲，职司三物。嘱中宗孝和皇帝廓清宇宙，扫祓萧墙，君当奋袂提戈，御卫宸极，故得名登简册，位列珪璋"。

---

① 李献奇、郭引强：《洛阳新获墓志》，文物出版社 1996 年版，第 340 页。

就是说，高木卢的祖先生活在山东地域七百年，后因故避难到沿海地区（应该是辽东半岛或者朝鲜半岛）。唐朝建立后，高氏渡过渤海回到家乡。很明显，已经高句丽化或者就是高句丽人高木卢来到了唐朝。

墓志记载开元十八年（730）七月二十七日高木卢去世，享年81岁。以此推算，高木卢生年当是贞观二十三年（649），那么，其入唐时间应当在高句丽灭亡前后。另外，高木卢担当从九品下的陪戎副尉，在中宗平定内乱过程中立功，因而被授予官职。以时间推证，高木卢此时已经年近60岁了。晚年退职的高木卢崇奉道家，直到去世为止。高木卢的儿子高履生，担当左领军卫京兆府□□府折冲都尉仗内供奉借绯上下上柱国，也属于较低级武官。

高木卢墓志见于《隋唐五代墓志汇编》《唐代墓志汇编续集》《全唐文补遗》等书，对于高氏的高句丽遗民身份，未见有人提及。

（2）其他

葬于西安周边地区的还有李仁德、义逸似先两人，他们出自高句丽当没有问题，但据其墓志所载，其进入中原时间当在隋唐之前，故不在我们讨论之列。

综上所述，十七方高句丽遗民墓志可分三种情况：其一，高句丽灭亡前后入唐的第一代、二代高句丽遗民墓志，即泉氏家族人士、高性文父子、高足酉、高玄、高木卢等人。其二，高句丽遗民第三代之后人士墓志铭，如高震、高震女儿、高钦德父子等。其三，高句丽化的汉人在高句丽灭亡前后回到中原人士后裔墓志铭，如李怀、王景曜、豆善富等。还有一种情况，即唐朝之前进入中原的高句丽人后裔墓志铭，著名者如李仁德、似先义逸等，由于不在论述之列，文中从略。同时，墓志出土于西安、洛阳两地，收藏于河南郑州、洛阳及其邻近各县博物馆，西安碑林博物馆、南京博物院等处，为研究者探讨唐代民族史、东北地方史、古代东北亚关系史提供了重要的史料。

（原载《中国历史地理论丛》2009 年第 1 期）

唐高质、高慈父子墓志研究

赵振华　闵庚三[*]

新安县千唐志斋博物馆近年征集了洛阳出土的历代墓志 600 余方，墓志录文以《全唐文补遗·千唐志斋新藏专辑》之名义由三秦出版社印行，学术价值极高，颇获学界赞誉。[①] 其中的"辽东朝鲜人"高质墓志[②]亦十分引人注目，据千唐志斋博物馆原馆长赵跟喜先生说，该志青石质，88厘米见方，楷书 44 行，满行 44 字，四侧面刻花草禽兽。20 世纪末，征集于洛阳市孟津县七里村。

就已知唐代高姓高句丽人墓志而言，20 世纪前期，洛阳邙山出土有高玄［天授二年（691）][③]、高慈［圣历三年（700）][④]、高震［大历十三年（778）][⑤] 墓志。20 世纪末又出土了高足酉［万岁通天二年（697）][⑥]、高氏［大历七年（772）][⑦] 墓志，其中高震、高氏为父女。高

---

　* 赵振华：洛阳师范学院河洛文化研究中心研究员；闵庚三：韩国白石文化大学教授。

　① 陈尚君：《唐代石刻文献的重要收获》——评《全唐文补遗·千唐志斋新藏专辑》，《碑林集刊》第十二辑，陕西人民美术出版社 2006 年版，第 328 页。

　② 陕西省古籍整理办公室编：《全唐文补遗·千唐志斋新藏专辑》，三秦出版社 2006 年版，第 79 页。

　③ 武志远、郭建邦编：《千唐志斋藏志》上册，文物出版社 1984 年版，第 397 页。洛阳古代艺术馆编：《隋唐五代墓志汇编·洛阳卷》第六册，天津古籍出版社 1991 年版，第 214 页。

　④ 北京图书馆金石组编：《北京图书馆藏中国历代石刻拓本汇编》第十八册，中州古籍出版社 1989 年版，第 178 页。《隋唐五代墓志汇编·洛阳卷》第七册，第 169 页。

　⑤ 未见拓本。录文著录于罗振玉《唐代海东藩阀志存》，丁丑（1937 年）仲冬校印，家刻本，第 29 页；周绍良主编《唐代墓志汇编》，上海古籍出版社 1992 年版，第 1814 页；《全唐文补遗》第六辑，三秦出版社 1999 年版，第 100 页。

　⑥ 《隋唐五代墓志汇编·洛阳卷》第七册，第 84 页。李献奇、郭引强：《洛阳新获墓志》，文物出版社 1996 年版，第 40 页。

　⑦ 《洛阳新获墓志》，第 81 页。

质、高慈是父子，同日遇难于战阵为国捐躯，由朝廷同日礼葬于都城洛阳。

《高慈墓志》出土于 1917 年，长宽各 74 厘米，楷书 37 行，满行 36字。为金石学者罗振玉收藏，并收入《唐代海东藩阀志存》。录文见于多种著录。[①] 目前所见有罗氏早年的论跋。[②] 也有学者在相关文章中给予简要论述[③]，二志对于研究高句丽史与唐史颇具参考价值，今研读而就有关问题略加阐论。

一　墓志原文

（一）《高质墓志》

大周故镇军大将军行左金吾卫大将军赠幽州都督上柱国柳城郡开国公高公墓志铭并序

夫策名事主，持身奉国，维风俗者称文吏，捍封疆者为武臣。仰规三古之上，俯观千载之下，书于竹帛者，其可胜道哉！至于铁石其心，冰霜其操，犯白刃而无惧，殒苍璧而如归，今古悠悠，一二而已。其能致斯美者，抑惟高大将乎！公讳质，字性文，辽东朝鲜人也。青丘日域，崒曾构而凌霄；沧海谷王，廓长源而绕地。白狼余祉，箕子之苗裔寔繁；玄鳖殊祥，河孙之派流弥远。十九代祖密，后汉末以破燕军存本国有功，封为王，三让不受。因赐姓高氏，食邑三千户。仍赐金文铁券曰："宜令高密子孙，代代承袭。自非乌头白，鸭渌竭，承袭不绝。"曾祖崱，本蕃三品，位头大兄。祖式，二品莫离支，独知国政及兵马事。父量，三品栅城都督，位头大兄兼大相。并材望雄杰，匡翊本藩，声芬畅远，播闻中国。公资灵穟穴，渐润蓬津；英姿磊落而挺生，伟干萧森而郁起。年登弱冠，志蕴雄图；学剑可敌于万人，弯弧有工于七札。在藩任三品，位头大兄兼大将军。属褵起辽宾，衅萌韩壤，妖星夕坠，毒雾晨蒸。公在乱不居，见

　　① 罗振玉：《芒洛冢墓遗文四编》卷四，民国刻本，第 18 页。《唐代海东藩阀志存》，第 12 页。《唐代墓志汇编》，第 959 页。《全唐文补遗》第三辑，三秦出版社 1996 年版，第 513 页。

　　② 《唐代海东藩阀志存》，第 15 页。罗振玉撰述《雪堂类稿》，丙《金石跋尾》，《篙里遗文·伪周左豹韬卫郎将高慈墓志跋》，辽宁教育出版社 2003 年版，第 240 页。

　　③ 赵超：《唐代墓志中所见的高句丽与百济人士》，《揖芬集——张政烺先生九十华诞纪念文集》，社会科学文献出版社 2002 年版，第 485 页。

几而作。矫然择木，望北林而有归；翔矣抟扶，指南溟而独运。乃携率昆季，归款圣朝。并沐隆恩，俱沾美秩。总章二年四月六日，制授明威将军、行右卫翊府左郎将。其年又加云麾将军、行左武威卫翊府中郎将。八屯兰锜，严鹖珥以司阶；五校钩沉，肃虎贲而侍阙。咸亨元年，奉敕差逻娑、凉州，镇守燕山、定襄道行。亟总军麾，荐持戎律。攻城野战，陷敌摧坚。累效殊功，爰加懋赏。永隆二年，制除左威卫将军，又奉敕单于道行。文明年中，充银胜道安抚副使。光宅元年，制封柳城县开国子，食邑四百户。天授元年，迁冠军大将军、行左鹰扬卫将军，进封柳城县开国公，食邑二千户。公以鹰扬鹗视之威，受豹略龙韬之任，历践衔珠之位，频驱浴铁之兵。故得上简天心，高升国爵。继而林胡作梗，榆塞惊尘，鸱镝起于边亭，毂骑横于朔野。大君当宁，按龙剑而发雷霆；骁将凿门，拥虹旗而聚云雨。制命公为泸河道讨击大使，仍充清边东军总管。公肃承玄旨，电发星驱，径度苍波，选徒征骑。虽貔虎叶志，摆甲者争驰；而蜂薰盈途，提戈者未集。公以二千余兵，击数万之众。七擒有效，三捷居多。万岁通天二年正月，制除左玉铃卫大将军、左羽林军上下。公抚巡士众，推以赤心。宣布威恩，得其死力。解衣推食，悍厘感惠而守陴；挟纩投醪，童孺衔欢而拒敌。上闻旒扆，特降恩徽。有敕称之曰："高性文既能脱衣，招携远藩，宜内出衣一副，并赐物一百段。又性文下高丽妇女三人，固守城隍，与贼苦战，各赐衣服一具，并赍物卅段。"但凶狂日炽，救援不臻。众寡力殊，安危势倍。城孤地绝，兵尽矢穷。日夜攻围，卒从陷没。为虏所执，词色懔然。不屈凶威，遂被屠害。以万岁通天二年五月廿三日，薨于磨米城，春秋七十有二。三军感之恸哭，百姓哀之涕零。凶讯驰闻，圣情流恻。乃下制曰："将军死绥，著乎前典；元帅免胄，闻诸往册。故清边东道总管、左玉铃卫大将军员外置同正员、左羽林卫上下、上柱国、柳城县开国公高性文，蓬丘徙构，毬穴分源。携五族而称宾，按八屯而奉职。恩荣每被，严慎克彰。属蜂仟挺妖，龙铃启秘。亲禀绛宫之箓，远逾沧海之津。执锐戎场，摧锋虏阵。傍军阙援，前旅挫威；遂亏斩首之功，奄致糜躯之祸。异李陵之受辱，同温序之抗诚。言念遗忠，有怀深悼；舍生勤事，实惜良图。隆礼饰终，谅惟通范；宜加宠章之赠，式慰泉壤之魂。可赠镇军□将军、行左金吾卫大将军、幽州都督，勋如故。"又有敕曰："高性文父子忠鲠身亡，特令编入史册。奉敕赠物二百段、米粟二百石。缘葬所须，并令优厚供给。"惟公风格峻整，宇量宏深，孝实因心，仁以成性。道符含一，静心术而凝贞；智在无双，动神机而适变。风猷宣于外域，声问达于中区。去栖幕之危巢，遥归大厦；腾渐磐之逸翮，孤庚曾云。时不利而数有奇，功未成而身奄丧。凌风劲草，终委翳于严霜；负雪寒松，竟摧残于晚岁。滔滔阌水，俄迁下濑之舟；寂寂空营，犹识将军之树。粤以圣历三年腊月十七日，安厝于洛州合宫县平乐乡之原，礼也。有子右玉钤卫大将军鞠仁，凤承家庆，早袭朝荣，负酷崩心，衔冤断骨。逾考叔之纯孝，等大连之善丧。三兆可占，既焚荆而卜地；九原有托，爰树槚而开茔。白日佳城，是谓滕公之室；黄泉阒户，宜藏赵掾之铭。其词曰：

箕子八条，奄有清辽。河孙五族，遂荒蟠木。藉庆绵基，生贤憬服。质耀琼铣，操凌松竹。宏器凤成，雄图早蓄。其一。远去夷峒，来宾帝庭。跃鳞紫水，奋羽青冥。升朝就日，列将仪星。入参武帐，出抚戎亭。七萃频举，三边载宁。其二。孽胡干纪，不臣天子。圣略侮亡，爰戒戎士。将扫蛇荐，先资鹗视。大总三军，长驱万里。转毂树塞，运舟蓬水。其三。甫届夷陬，师徒未鸠。暂依城垒，且据咽喉。蜂群易合，貔旅难周。既类三板，殊无百楼。□婴睥睨，俄陷仇雠。其四。贾勇临阵，捐生接刃。力屈志雄。身危节峻。冤深戮序，酷逾焚信。壮气无歇，高风独振。生死忠贞，古今昭晋。其五。光驰白驹，地卜青乌。画轓容与，飞旐萦纡。泉深隧阒，野旷坟孤。天上魂往，人间事殊。金书玉字兮垂芳烈，万代千年兮长不渝。其六。

朝议大夫行凤阁舍人韦承庆撰
前右监门卫长上弘农刘从一书
宜州美原县人姚处瓘镌　常智琮同镌　刘郎仁同镌
圣历三年岁次庚子腊月辛巳朔十七日丁酉葬

（二）《高慈墓志》

大周故壮武将军行左豹韬卫郎将赠左玉钤卫将军高公墓志铭并序

夫总旅卫军，陷阵降城者号良将；有一无二，糜躯殒首者谓忠臣。详诸结刻已还，弦刿之后，实不双济，名军两兼。缅寻东观之书，遐披南史之笔，文才接踵，武士磨肩。其于资父事君，轻身重义，植操于忠贞之表，定志于吉凶之分，雷霆震而不变，风雨晦而未已，在于将军矣！公讳慈，字智捷，朝鲜人也。先祖随朱蒙王平海东诸夷，建高丽国，已后代为公侯宰相。至后汉末，高丽与燕慕容战大败，国几将灭。廿代祖密当提戈独入，斩首尤多，因破燕军，重存本国。赐封为王，三让不受，因赐姓高，食邑三千户。仍赐金文铁券曰："宜令高密子孙，代代封侯，自非乌头白，鸭渌竭，承袭不绝。"自高丽初立，至国破已来，七百八年，卅余代，代为公侯，将相不绝。忠为令德，勇乃义基，建社分茅，因生祚土，无隔遐裔，有道斯行。况乎地蕴三韩，人承八教，见危授命，转败为功。国赖其存，享七百之绵祚，家嗣其业，纂卅之遥基。源流契郭朴之占，封崇符毕万之筮。御侮传诸翼子，带砺施于谋孙，此谓立功，斯为不朽。曾祖式，本蕃任二品莫离支；独知国政，位极枢要，职典机权，邦国是均，尊显莫二。祖量，本蕃任三品栅城都督，位头大兄兼大相；少禀弓冶，长承基构，为方镇之领袖，实属城之准的。父文，本蕃任三品，位头大兄兼将军；预见高丽之必亡，遂率兄弟，归款圣朝。奉总章二年四月六日制，授明威将军、行右威卫翊府左郎将。其年十一月廿四日奉制，授云麾将军、行左威卫翊府中郎将。永隆二年四月廿九日除左威卫将军。舟侨遂去，知虢公之禄殃；宫奇族行，见虞邦之不腊。庇身可封之域，鹍弁司阶；革面解愠之朝，虎贲陪辇。禁戎五校，卫尉八屯，长剑陆离，琱弧宛转。奉光宅元年十一月廿九日制，封柳城县开国子，食邑四百户。累奉恩制，加授柳城郡开国公，食邑二千户。桓子之狄臣千室，比此为轻；武安之拔鄢三都，方兹岂重。公少以父勋，回授上柱国，又授右武卫长上，寻授游击将军，依旧长上；又泛加宁远将军，依旧长上；又奉恩制，泛加定远将军，长上如故。万岁通天元年五月奉敕，差父充泸河道讨击大使，公奉敕从行。缘破契丹功，授壮武将军、行左豹韬卫翊府郎将。忝迹中权，立功外域；既等耿恭之寄，旋沾来歙之荣。寻以寇贼凭陵，昼夜攻逼，地孤援阔，粮尽矢殚。视死犹生，志气弥励。父子俱陷，不屈贼庭。以万岁通天二年五月廿三日终于磨米城南，春秋卅有三。圣上哀悼，伤恸于怀。制曰："故左金吾卫大将军、幽州都督高性文男智捷，随父临戎，殒身赴难。忠孝兼极，至性高于二连；义勇俱申，遗烈存于九死。永言丧没，震悼良深，宜加褒赠，式慰泉壤。可左玉玉铃卫将军。"又奉敕曰："高性文父子，忠鲠身亡，令编入史。"又奉敕令，准式例葬。粤以圣历三年腊月十七日窆于洛州合宫县平乐乡之原，礼也。公忠孝成性，仁智立身，克嗣家风，凤标国望。虽次房之见获苟宇，宜僚之被胁楚胜，形则可销，志不可夺。精诚贯日，哀响闻天；爰加死事之荣，载编良史之册。有子崇德，奉制袭父左豹韬卫翊府郎将。年登小学，才类大成，孝自因心，哀便毁貌。始择牛亭之地，爰开马鬣之封；将营白鹤之坟，先访青乌之兆。将恐舟壑潜运，陵谷贸迁，虽归东岱之魂，终纪南山之石。其铭曰：

蓬丘趾峻，辽海源长；种落五族，襟带一方。气芭淳粹，人号贞良；戎昭致果，胤嗣承芳。其一。卓矣显祖，猗哉若人；横戈靖难，拔剑清尘。见义能勇，有让必仁；丹青信誓，砺带书绅。其二。蠢尔犬羊，扇兹凶慝；王子出师，既成我服。杨飔沧溟，搋戈蟊贼；子孝臣忠，自家形国。其三。积善无禄，辅德有违；蒭狗一致，美恶同依。白狼援绝，黄龙戍稀；李陵长往，温序思归。谅日月之更谢，寄琬琰于泉扉。其四。

二　古代朝鲜、高句丽与高质祖源

墓志所谓"辽东朝鲜人"，辽东是相对于中原而言指古代东北的方位地望。据文献记载，箕子朝鲜是先秦时期东北地方政权，代之而起的卫氏朝鲜是汉代地方政权。汉武帝元封二年（前109）灭朝鲜，分其地为真番、临屯、乐浪、玄菟四郡。汉元帝建昭二年（前37），朱蒙（又作邹牟、东明等）王率部众从北夫余进入汉玄菟郡内建立高句丽国。以建新政权于古朝鲜故地而如是说，因古代文人于行文时往往喜好以古称名今地。《史记》正义引《括地志》云："高骊治平壤城，本汉乐浪郡王险城，即古朝鲜也。"[1] 若唐代泉男生墓志云："公姓泉，讳男生，字元德，辽东郡平壤城人也。"[2] 男生弟泉男产墓志云："君讳男产，辽东朝鲜人也。"[3] 男生子泉献诚墓志云："君讳献诚，字献诚，其先高勾骊国人也。"[4] 三志作于不同年代先后入葬，所述文异而义同。

（一）高质家族源头
高质墓志的"白狼余祉，箕子之苗裔寔繁；玄鼋殊祥，河孙之派流弥远"，前句述箕子世封朝鲜，后句说朱蒙缵绍丕疆，以之引出高质家族的源头。

---

①《史记》卷六《秦始皇本纪》，中华书局1959年版，第24页。

②《隋唐五代墓志汇编·洛阳卷》第六册，第50页。

③《隋唐五代墓志汇编·洛阳卷》第七册，第204页。

④《唐代海东藩阀志存》，第17页。《唐代墓志汇编》，第984页。

　　先说前句，隋大业三年（607），炀帝巡视东突厥，于启民可汗帐见到高句丽使者时，裴矩因奏状曰："高丽之地，本孤竹国也。周代以之封于箕子，汉世分为三郡，晋氏亦统辽东。"① 位于冀东至辽西的孤竹国诞生于商朝初年，见于殷墟甲骨文和商代金文。② 春秋时期孤竹国为齐桓公所灭，后纳入燕国的疆土。而箕子及其族人的始封邑在山东，商末迁东北，起初居于辽西，以白狼山一带为栖息地。后来继续东迁而入朝鲜半岛北部建立地方政权。

　　白狼，山水地名。白狼山，今称大阳山，位于辽宁省朝阳地区喀喇沁左翼蒙古族自治县，是辽西地区的第二高峰，战略要塞。白狼河即今大凌河。据《汉书·地理志》记述，白狼县亦因山而名。③ 西汉的白狼城在白狼山西，白狼河西岸，位于朝阳市西南大凌河上游丘陵地区的喀喇沁左翼蒙古族自治县的黄道营子。此地隋唐时期归营州管辖。"营州，今理柳城县。殷时为孤竹国地……秦并天下，属辽西郡。二汉及晋皆因之。慕容皝……改柳城为龙城，遂迁都龙城……后魏置营州……大唐复为营州，或为柳城郡。领县一：柳城有……龙山、鲜卑山、青山、石门山、白狼山、白狼水。"④ 隋唐的柳城，在今朝阳市双塔区旧城区内。以上典籍的片段说明箕子以一度定居"白狼"的因缘而墓志以为开基之始。

　　再释后句，蕴含着河神外孙朱蒙开国的神话。玄鳖即元鳖、大鳖，祥瑞长寿的水生物，别名"河伯从事"⑤。"河孙"，河伯外孙的简称。《魏书·高句丽传》云："高句丽者，出于夫余，自言先祖朱蒙。朱蒙母河伯女，为夫余王闭于室中，为日所照，引身避之，日影又逐。既而有孕，生一卵，大如五升……其母以物裹之，置于暖处，有一男破壳而出。及其长也，字之曰朱蒙，其俗言'朱蒙'者，善射也。"成人后受到夫余之臣的

---

　　① 《隋书》卷六七《裴矩传》，中华书局1973年版，第1581页。

　　② 彭邦炯：《从商的竹国论及商代北疆诸氏》："商代竹氏地望可从甲骨文、考古材料、文献记载三个方面得到证明：确实在今日河北东北部到长城外的辽宁西部、内蒙古东南一隅的范围内；而卢龙则是该国族的中心区或首邑所在，喀左等地则可能是当时竹国范围内的重要城邑了。"《甲骨文与殷商史》第三辑，上海古籍出版社1991年版，第384页。

　　③ 《汉书》卷二八下《地理志》第八下，中华书局1962年版，第1624页。

　　④ （唐）杜佑撰：《通典》一七八《州郡八》，岳麓书社1995年版，第2473页。

　　⑤ （晋）崔豹：《古今注》卷中《鱼虫第五》："鳖名河伯从事。"文渊阁《四库全书》原文电子版，济南开发区汇文科技开发中心编制，武汉大学出版社1997年版，第316盘，第3479号，第1册，第24页。

迫害，其母使远适四方，朱蒙乃弃夫余，东南走。"中道遇一大水，欲济无梁，夫余人追之甚急。朱蒙告水曰：'我是日子，河伯外孙，今日逃走，追兵垂及，如何得济？'于是鱼鳖并浮，为之成桥，朱蒙得渡，鱼鳖乃解，追骑不得渡。朱蒙遂至普述水，遇见三人，其一人着麻衣，一人着纳衣，一人着水藻衣，与朱蒙至纥升骨城，遂居焉，号曰高句丽，因以为氏焉。"① 至今保存于吉林集安的高句丽《广开土境平安好太王纪功碑》（414年）亦如是记载："惟昔始祖，邹牟王之创基也。出自北夫余，天帝之子。母河伯女郎。剖卵降世，生而有圣德。□□□□□。命驾巡幸南下。路由夫余奄利大水，王临津言曰：'我是皇天之子，母河伯女郎，邹牟王。为我连葭浮龟。'应声即为连葭浮龟。然后造渡。于沸流谷忽本西，城山上而建都焉。"当地发现的与好太王碑年代接近的墨书《高句丽大兄冉牟墓志》亦追述本族开国之君为"河伯之孙，日月之子，邹牟圣王，元出北夫余"②，为学界所熟知。后句与《泉献诚墓志》所谓"夫其长澜广派，则河之孙；烛后光前，乃日之子"同辞；与唐百济人《扶余隆墓志》铭所谓"海隅开族，河孙效祥，崇基峻峙，远派灵长"③ 相似。高句丽自立国后王祚绵长。

于是后来唐人在行文时将"日子""河孙"作为高句丽的专用代词了。若《成俭墓志》叙其出身平民，太宗"时河孙作孽，啸群凶而举斧；天子凝威，命将军而授钺"④。俭正值青年，应征入伍，随军出讨，勇立战勋。《大周司卫少卿樊文墓志》叙其于高宗朝随军东发："弱冠便有壮志，徇节于辽阳道行，横铁骑而取河孙，耀霜戈而摧日子。桂娄廓其凶裬，禨穴卷其祅氛。以功擢授昭州恭诚县令。"⑤

高慈墓志的"地蕴三韩，人承八教"，三韩即马韩、辰韩和弁韩，见《后汉书·东夷传·三韩传》和《三国志·魏书·东夷传附韩传》。前句并不确切，高句丽与三韩的关系，只是汉晋时期国界南北接壤，冲突碰撞而已。八教即八条，"昔武王封箕子于朝鲜，箕子教以礼义田蚕，又制八

① 《魏书》卷一〇〇《高句丽传》，中华书局1974年版，第2213、2214页。
② 耿铁华：《中国高句丽史》，吉林人民出版社2002年版，第86、87页。
③ 《隋唐五代墓志汇编·洛阳卷》第六册，第87页。
④ 同上书，第98页。
⑤ 《隋唐五代墓志汇编·洛阳卷》第七册，第202页。

条之教"①。《三国志·东夷传》云："昔箕子既适朝鲜，作八条之教以教之，无门户之闭而民不为盗。"② 惜内容不具见。这也是《高质墓志》铭"箕子八条，奄有清辽"的由来。

（二）营州白狼山、白狼水、白狼城与高句丽的关系

白狼位于辽西，处汉胡之间，中古时期是中原通往辽东要道的一个军事重镇，常受中央王朝控辖却屡爆胡（夷）汉争夺的重大战事。因靠近高句丽，颇受其影响。唐太宗《命将征高丽诏》云："凡此诸军，万里齐举，顿天罗于海浦，横地网于辽阳。朕然后经涂白狼之右，亲巡元菟之城，执鼗鼓而戒六军，载太常而麾八阵。"③ 由皇帝颁布的诏书影响至巨，于是，骚人墨客往往借用典故而著于诗文，影响及于墓志，或出土于昭代。尉迟敬德、郑广（仁泰）、姬温等曾率军随太宗东征，《大唐故开府仪同三司鄂国公尉迟敬德墓志》云："属辰韩负险，独阻声教，凭丸都而举斧，恃浿水而含沙。太宗爰命六军，亲纡万乘，观兵玄菟，问罪白狼。"④《大唐故右武卫大将军郑广墓志》云："辰服稽诛，偷安缇鎏，帝赫斯怒，亲总龙韬，敕公检校右领军将军，仍押左飞骑仗，又领右五马军总管。开营偃月，掩玄兔以屠城；挥刃浮星，逾白狼而静祲。"⑤《唐守昭陵令护军姬温墓志》云："于时三韩蚁聚，惊涛阻于白狼；九种鸥张，凝氛晦于玄菟。兴师薄伐，命将龚行，擢君为左二军兵曹。"⑥ 墓志记述东征以很有地理意义的辽西营州白狼城与辽东高句丽玄菟城为两个中心叙述。

（三）前燕慕容皝伐高句丽之战

高慈墓志叙其前人在箕子所建国家生活繁息，"先祖随朱蒙王平海东诸夷，建高丽国，已后代为公侯宰相"，可谓股肱心膂开国元勋，家族历

---

①　《后汉书》卷八五《东夷传》，中华书局 1965 年版，第 2817 页。

②　《三国志·魏书》卷三〇《东夷传》，中华书局 1959 年版，第 848 页。

③　《全唐文》卷七，《命将征高丽诏》第一册，上海古籍出版社 1990 年版，第 32 页中栏。

④　吴钢主编：《隋唐五代墓志汇编·陕西卷》第三册，天津古籍出版社 1991 年版，第 50 页。《唐代墓志汇编》，第 29 页。

⑤　王仁波主编：《隋唐五代墓志汇编·陕西卷》第一册，天津古籍出版社 1991 年版，第 36 页。《唐代墓志汇编》，第 406 页。

⑥　《隋唐五代墓志汇编·陕西卷》第一册，第 57 页。

史和朱蒙王一样久远。高质、高慈墓志分别云："十九代祖密，后汉末以破燕军存本国有功""至后汉末，高丽与燕墓（慕）容战大败，国几将灭。廿代祖密当提戈独人，斩首尤多，因破燕军，重存本国。"所记关于高句丽与慕容燕战事的时间有误。检史籍，危及高句丽几近灭国的人物有三。一是东汉末辽东太守公孙康。高句丽国王高伯固"数寇辽东，又受亡胡五百余家。建安中，公孙康出军击之，破其国，焚烧邑落"①。二是曹魏幽州刺史毌丘俭。"正始中，俭以高句骊数侵叛，督诸军步骑万人出玄菟，从诸道讨之。句骊王宫将步骑二万人，进军沸流水上，大战梁口，宫连破走。俭遂束马县车，以登丸都，屠句骊所都，斩获首虏以千数……六年，复征之……刻石纪功，刊丸都之山，铭不耐之城"②。清光绪三十年（1904），吉林集安发现《毌丘俭纪功碑》证其事，碑藏辽宁省博物馆。③三是燕王慕容皝。"咸康七年，皝迁都龙城。率劲卒四万，入自南陕，以伐宇文、高句丽，又使翰及子垂为前锋，遣长史王寓等勒众万五千，从北置而进。高句丽王钊谓皝军之从北路也，乃遣其弟武统精锐五万距北置，躬率弱卒以防南陕。翰与钊战于木底，大败之，乘胜遂入丸都，钊单马而遁。皝掘钊父利墓，载其尸并其母妻珍宝，掠男女五万余口，焚其宫室，毁丸都而归"④。墓志所谓后汉末破燕军是撰志者笔误。十六国时期北方割据政权前燕与高句丽东西毗邻怨仇颇深时有战事，墓志所述为前燕大胜高句丽的占土地毁都城掘美川王陵掳王高钊母妻之战，阻止其觊觎辽东的扩张之念。据《三国史记》，战争发生于故国原王十二年（342）冬十一月。

三　家族人事

两方墓志揭示了高氏先祖、十九代祖的勋绩，奠定了家族在高句丽王国不可动摇的世代贵族地位。

---

① 《三国志·魏书》卷三〇《东夷传附高句丽传》，第845页。

② 《三国志·魏书》卷二八《毌丘俭传》，第762页。

③ 王绵厚、王海萍主编：《辽宁省博物馆藏碑志精粹》，文物出版社、日本中教出版株式会社2000年版，第44页。

④ 《晋书》卷一〇九《慕容皝载记》，中华书局1974年版，第2822页。

（一）赐予王姓特颁铁券

高慈先祖追随朱蒙王立开国之勋，代为公侯宰相。

廿代祖密率军奋战抵御入侵，前燕退兵，献保国之力，"赐封为王，三让不受，因赐姓高"。屡辞王爵而受姓，如此谦执敬慎是因与国王不同姓而拒受，明显受了意义深远的汉家异姓不封王故事的影响。[①]

两方墓志均扼要记录了故国原王特别赐予高密的金文铁券一道，誓以永存："宜令高密子孙，代代封侯。自非乌头白、鸭渌竭，承袭不绝。"勒字嵌金的铁券乃高句丽模仿中央朝廷赐予为国建立殊功杰勋的臣僚世代享有特权的契约凭信，或授予爵位，或许以免死，子孙传承，永宝用之。"乌头"是乌鸟头，"鸭渌"即流经高句丽的鸭绿江。券文以乌鸟头白，鸭渌水涸这种不可能实现的事情比喻国王恩赐高密家族"代代封侯"的誓词永不更改。

（二）莫离支

高质的曾祖、祖、父及其本人于本国居高位，或二品莫离支，或三品头大兄。具体职务有中央高官三品大将军、三品大相，有地方大员三品都督，可见各王遵循铁券誓言使贵族高密家族世代显赫子孙繁昌。

高句丽官制若职官名称等序次，诸史记述既不完备又有歧异，于是近代洛阳出土的三方泉氏墓志和高慈墓志的有关记载为学者注意。自罗振玉首倡整理研究唐代海东藩阀墓志，确认其官有十三等之班次[②]以来，学界多所涉及，研究深入。就莫离支的执掌与员额而言，《泉男生墓志》云："曾祖子游，祖太祚，并任莫离支；父盖金，任太大对卢。乃祖乃父，良冶良弓，并执兵钤，咸专国柄。"男生"廿八任莫离支兼授三军大将军，卅二加太莫离支，总录军国"。《泉献诚墓志》云："曾祖大祚，本国任莫离支捉兵马；……祖盖金，本国任太大对庐捉兵马；……父男生，本国任太大莫离支，率众归唐。"《泉男产墓志》记男产"卅为太大莫离支"。泉男生之曾祖、祖及其本人、兄弟任是职。《泉献诚墓志》还说："柯叶森

---

① 《史记》卷九《吕太后本纪》："太后称制，议欲立诸吕为王，问右丞相王陵。王陵曰：'高帝刑白马盟曰"非刘氏而王，天下共击之"。今王吕氏，非约也。'太后不说。"第400页。

② 《唐代海东藩阀志存·序》，第1页。

郁，世为蕃相……父承子袭，秉权耀宠。"墓志材料说明莫离支官职世袭文武并任，相当于中央朝廷的宰相且掌管国家军队。当然泉氏一家之数代是先后当莫离支而并非同时担任。《三国史记》记载宝臧王三年（644），盖苏文（盖金）任莫离支。二十五年（666），"盖苏文死，长子男生代为莫离支，初知国政。"后兄弟反目，是年六月"男生脱身奔唐，秋八月，王以男建为莫离支兼知内外兵马事"①。可见同一家族人物世袭此官而先后任职。同时还有王室和其他贵族居此要职，宝臧王六年（647），宝臧王第二子任武为莫离支②；高质先人也任莫离支等要职。则莫离支位高权大而如唐朝廷宰相位有定员。

高质墓志记述的先人中仅其祖高式为"二品莫离支，独知国政及兵马事"。即高慈墓志的"曾祖式，本蕃任二品莫离支；独知国政，位极枢要，职典机权，邦国是均，尊显莫二"。合而观之显然对莫离支的执掌与地位的描述较之他志更为明确，与《旧唐书·高丽传》所谓"莫离支，犹中国兵部尚书兼中书令职也"③的职责相仿。于是，一般学者认为莫离支是高句丽后期掌管内外军国大事的最高官，大（太）莫离支是一种加衔。④

（三）栅城

墓志记载高量为三品显职栅城都督府之镇守，其下辖诸小城："为方镇之领袖，实属城之准的"，足见栅城的大城地位。

名城历史悠久。北魏世祖太武帝封高琏（长寿王）为高句丽王，时国域四至："辽东南一千余里，东至栅城，南至小海，北至旧夫余，民户参倍于前魏时。其地东西二千里，南北一千余里"⑤，栅城是其东疆。《三国史记·高句丽本纪·太祖大王》云，太祖大王四十六年（98）"春三月，王东巡栅城。至栅城西罽山，获白鹿。及至栅城，与群臣宴饮。赐栅城守吏物段有差。遂纪功于岩，乃还。冬十月，王至自栅城。五十年秋八

---

① 金富轼撰，孙文范校勘：《三国史记》卷二一，吉林文史出版社 2003 年版，第 256 页。《三国史记》卷二二，第 269 页。

② 《三国史记》卷二二，第 265 页。

③ 《旧唐书》卷一九九上《东夷传·高丽传》，中华书局 1975 年版，第 5322 页。

④ 耿铁华：《中国高句丽史》，吉林人民出版社 2002 年版，第 352 页。

⑤ 《魏书》卷一〇〇《高句丽传》，第 2215 页。

月，遣使安抚栅城"。《三国史记·高句丽本纪·山上王》云，二十一年（217）"秋八月，汉平州人夏瑶以百姓一千余家来投，王纳之，安置栅城"①，颇具规模。高句丽故土后来为海东盛国渤海所有，"地有五京、十五府、六十二州……东京，曰龙原府，亦曰栅城府，领庆、盐、穆、贺四州"②，栅城地位益显重要。"至于栅城的故址为今何地，学界亦众说纷纭，其中就有朝鲜钟城说、庆兴及镜城说、俄国双城子说、我国珲春城墙砬子城说、珲春八连城说、珲春温特赫部城说、珲春萨其城说、延吉一带的三城（城子山山城、兴安古城和河龙古城）说等。"③ 一般认为栅城即吉林珲春的萨其城，是一座山城。已往或将高句丽栅城名义理解为"置城"，或以为用木栅围筑的城，似乎多虑。

（四）家族世系　高质子嗣

高质先祖辅佐朱蒙王同声共气创立高句丽，开国勋臣为后裔争取到很高的政治地位，随历运推移而确保家族年世久远。高句丽自朱蒙王开邦至宝藏王亡国（前37—后668），历28代，705年。正如高慈墓志所言："自高丽初立，至国破已来，七百八年，卅余代，代为公侯，将相不绝。"墓志还说："国赖其存，享七百之绵祚，家嗣其业，篡卅之遥基。"是700年间家族繁衍了30代。据墓志仅知其连续的6代血亲：

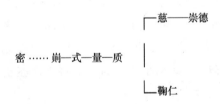

万岁通天二年高氏父子殉国时质72岁、慈33岁。质子高鞠仁于圣历三年（700）葬父于东京时为右玉钤卫大将军，官阶颇高，是承袭父亲生前的官职，与高慈年貌相若或小一些，不见于文献记载。与参与安史之乱横死于上元二年（761）的高句丽人高鞠仁非一人，须区分之。后者是

---

① 《三国史记》卷一五，第191页。《三国史记》卷一六，第205页。
② 《新唐书》卷二一九《北狄传·渤海传》，中华书局1975年版，第6182页。
③ 刘子敏：《高句丽疆域沿革考辨》，《社会科学战线》2001年第4期。

蕃、羯等外族聚居的河北藩镇中参与安史之乱，于史朝义兄弟夺权的内讧中以滥杀胡人而知名的一位城傍兵将领。① 文献或作高鞠仁、高久仁，字异而音同，为史思明子朝兴衙将。②《新唐书》亦作高久仁。③

　　武则天为表崇前烈抚喻后来，特敕依照以往高句丽国实行的若金文铁券所书官职世袭制度，犒锡高质子孙。高崇德在父亲阵亡后虽年方入学而"奉制袭父左豹韬卫翊府郎将"，是定居中原的第三代高句丽人，已经融入社会完全中原化。

四　高质仕唐

　　宝臧王于二年（643）、十四年（655），与百济连兵攻打新罗拔城掠地，新罗王先后遣使求援于唐。于是太宗、高宗连年遣将调兵东征，明显削弱了诸国的实力。高句丽作为战场人财物损失更大，宝臧王十三年（654），民间开始流传高氏政权将亡的谣言："于马岭上见神人，曰'汝君臣奢侈，败亡无日。'"④宝臧王二十七年（668）春，高句丽战事正紧，侍御史贾言忠奉使自辽东还。高宗问军情战况，"对曰：'必克。昔先帝问罪，所以不得志者，虏未有衅也，谚曰："军无媒，中道回。"今男生兄弟斗狠，为我乡导，虏之情伪，我尽知之，将忠士力，臣故曰必克。且高句丽秘记曰："不及九百年，当有八十大将灭之。"高氏自汉有国，今九百年，勣年八十矣。虏仍荐饥，人相掠卖，地震裂，狼狐入城，蚡穴于门，人心危骇，是行不再举矣。'"是年"夏四月，彗星见于毕、昴之间。唐许敬宗曰：'彗见东北，高句丽将灭之兆也。'"⑤战争实况与预言讽传、上天示戒表明高句丽气运已尽。

（一）归款圣朝

　　高质墓志所谓"属祲起辽宾，衅萌韩壤，妖星夕坠，毒雾晨蒸"，

---

　　① 姚汝能：《安禄山事迹》卷下，上海古籍出版社1983年版，第44页。

　　② 《资治通鉴》卷二二二《唐纪三十八·肃宗上元二年》三月，《考异》引《蓟门纪乱》《河洛春秋》。中华书局1997年版，第1805页下栏。

　　③ 《新唐书》卷二二五上《逆臣传上·史思明传》，第6430、6432页。

　　④ 《三国史记》卷二二，第267页。

　　⑤ 同上书，第270、271页。

即上述背景的写照。于是"公在乱不居，见几（机）而作"。高慈墓志则说高质"预见高丽之必亡，遂率兄弟，归款圣朝"。高质审时度势，避乱自保，以本国三品头大兄兼大将军的头衔率家族归顺大唐内迁中原，在宝臧王二十五年（666）国内发生权臣莫离支泉男生与弟男建、男产的内乱之后，二十七年（668）十一月唐军拔平壤城虏宝臧王之际。时大兵入境，城池皆拔，降服者相继。据卒年逆推，高质生于高句丽荣留王九年（626）。宝臧王二十七年（668），高质虚岁四十三，子高慈年方四岁。

（二）仕唐为将西征北伐

就高质墓志的"奉总章二年四月六日制，授明威将军、行右威卫翊府左郎将"看来，是在高句丽亡国后的半年内接受了唐王朝的官职。当年"十一月廿四日奉制，授云麾将军、行左威卫翊府中郎将。永隆二年四月廿九日除左威卫将军"。左郎将，正五品上；中郎将，正四品下；将军，从三品，官职屡升。

咸亨元年（670），高质"奉敕差逻娑、凉州"，说的不是当使节而是参战，率部投入唐蕃之间一次大规模军事冲突。依照《旧唐书·高宗纪》的记载薛仁贵"领兵五万以击吐蕃"，而《旧唐书·吐蕃传》则云："率众十余万以讨之"，兵多将广气势威猛。《资治通鉴》铺叙其事云：是年"夏，四月，吐蕃陷西域十八州，又与于阗袭龟兹拨换城，陷之。罢龟兹、于阗、焉耆、疏勒四镇。辛亥，以右卫大将军薛仁贵为逻娑道行军大总管，左卫员外大将军阿史那道真、左卫将军郭待封副之，以讨吐蕃，且援送吐谷浑还故地"。因首领薛、郭不和行动失衡加之青藏高原缺氧地理环境恶劣，八月，"仁贵退屯大非川，吐蕃相论钦陵将兵四十余万就击之，唐兵大败，死伤略尽。仁贵、待封与阿史那道真并脱身免，与钦陵约和而还。敕大司宪乐彦玮即军按其败状，械送京师，三人皆免死除名"。闰月"以左相姜恪为凉州道行军大总管，以御吐蕃"[1]。设大非川战役高质也在军中，必定经历了危难，或未尽失其兵，保留了一定实力。当时他的头衔是左武威卫翊府中郎将，为中级将领，没有承担太大的责任。退回后听命于姜恪。经军事调动，"镇守燕山、定襄道行"，北御突厥。可以

---

[1]　《资治通鉴》卷二〇一《唐纪十七·高宗咸亨元年》，第1618页下栏。

肯定他所率军队经过休整补充恢复了元气。仪凤三年（678）魏真宰谓此役："薛仁贵、郭待封覆我师徒，军人丧气，至今不振。"① 而墓志作者表彰他"亟总军麾，荐持戎律。攻城野战，陷敌摧坚。累效殊功，爰加懋赏"，似有谀美之嫌。

接着墓志夸赞高将军于永隆二年（681）至天授元年（690），十年间频驱铁骑屡受恩典。戎马倥偬中为高宗与武后经略西北边政，战骥驰骋于单于道、银胜道时勋绩奕赫。功在帝心累奉恩制，授予冠军大将军衔（武散阶正三品上）和开国郡公爵（正二品），实职为左鹰扬卫将军（从三品）。其子高慈于高宗朝以门荫得官右武卫长上（从九品下），后随父东征以军功授左豹韬卫翊府郎将（正五品上），实职连升四级。

打虎亲兄弟，上阵父子兵。那个时代父子兄弟同赴战阵者并不少见。若突厥贵种执失思力、执失莫河友父子于贞观十九年（645）同随太宗征高句丽；若汉家大臣刘仁轨、刘浚父子于显庆五年共平百济。

五　东军平乱为国捐躯

这是高质、高慈一生中可歌可泣的闪光处，墓志着笔的重点，记载"营州之乱"的史籍也较多。

（一）"营州之乱"

高质墓志所谓"林胡作梗，榆塞惊尘"，朝廷任命为泸河道讨击大使，仍充清边东军总管，骤发前敌。就时间和性质上说，即高慈墓志的"万岁通天元年五月奉敕，差父充泸河道讨击大使，公奉敕从行"。林胡，东周时期古族名，位于晋北。墓志的林胡指契丹，榆塞指边塞，是当时常用语。李义府《为河南王武懿宗论功表》云："日者林胡构孽，敢乱边陲，陛下征义兵诛不道，天下士众，焱集星驰，皆忘身忧国，纾祸却难。"② 说的就是这次讨伐契丹攻占唐朝东北重镇营州和安东都护府的军事行动。已往西安出土武皇亲侄《武懿宗墓志》亦叙其总领此役，任

① （宋）王钦若等编：《册府元龟》卷九九一，《外臣部·备御四》第十二册，中华书局1960 年版，第 11645 页上栏。

② 《全唐文》卷一五三，第一册，第 689 页中栏。

"神兵军大总管……暨林胡作患，草窃幽燕，师兵总乎出律，料敌期乎善战"①。契丹族源于东胡后裔鲜卑的柔然部，唐初形成部落联盟，太宗贞观二十二年（648），契丹诸部皆请内属，唐廷以其地置松漠都督府（今内蒙古巴林右旗南），以其首领窟哥为都督，封无极县男，赐姓李氏。又置羁縻州十，各以其部落首领为刺史，数十年间相安共处。后来首领因受营州都督赵文翙侵侮而张帜反叛，即所谓"营州之乱"，纵兵抄掠，历时一年余。《旧唐书·则天皇后纪》略述其事：万岁通天元年，"五月，营州城傍契丹首领松漠都督李尽忠与其妻兄归诚州刺史孙万荣杀都督赵文翙，举兵反，攻陷营州。尽忠自号可汗。乙丑，命鹰扬将军曹仁师、右金吾大将军张玄遇、右武威大将军李多祚、司农少卿麻仁节等二十八将讨之。秋七月，命春官尚书、梁王三思为安抚大使，纳言姚璹为之副。制改李尽忠为尽灭，孙万荣为万斩。秋八月，张玄遇、曹仁师、麻仁节与李尽灭战于西硖石黄麞谷，官军败绩，玄遇、仁节并为贼所虏。九月，命右武卫大将军、建安王攸宜为大总管以讨契丹……庚申……李尽灭死，其党孙万斩代领其众。冬十月，孙万斩攻陷冀州，刺史陆宝积死之。十一月，又陷瀛州属县"。二年"春二月，王孝杰、苏宏晖等率兵十八万与孙万斩战于硖石谷，王师败绩，孝杰没于阵，宏晖弃甲而遁……五月，命右金吾大将军、河内王懿宗为大总管，右肃政御史大夫娄师德为副大总管，右武威卫大将军沙吒忠义为前军总管，率兵二十万以讨孙万斩。六月……孙万斩为其家奴所杀，余党大溃……九月，以契丹李尽灭等平，大赦天下，改元为神功"②。

（二）高质统领军队的民族构成

高句丽民族性雄悍尚武，兵士的骁勇善战曾让隋唐时期屡次东征的官军吃尽苦头，或大败而归或无功而返，不能制服。公元668年，唐趁高句丽内讧而灭之，内迁其族二万八千余户，分置各地安居，一批贵族成为唐朝廷官员，多任武职为高级军事将领。有学者依据文献和洛阳出土高句丽人《大周故冠军大将军行左豹韬卫翊府中郎将高玄墓志》记载的"永昌元年奉敕差令诸州简高丽兵士"，认为武后时期"各州的高句丽士兵可能

① 《隋唐五代墓志汇编·陕西卷》第三册，第132页。
② 《旧唐书》卷六《则天皇后纪》，第125—126页。

是单独集中编队的，而且在他们中间保持着高句丽的语言与习惯"，"是一支时刻保持戒备，随时能调动出战的机动部队"①。罗振玉简考《高慈墓志》云："慈父殚为二十八将之一而死于万荣垂败之月。"② 高质统率奔赴东疆的军队，应由高句丽族人所组成。时年老将虽寿龄71岁，但仍能抚剑远征劲旅东发："公肃承玄旨，电发星驱，径度苍波，选徒征骑。"长驱万里迅速渡过辽河之后在故乡就地拣选兵卒征用马匹，补充族人扩大军队。所率部员人数不多却具有很强的战斗力，"以二千余兵，击数万之众"。捷音回报，朝廷于万岁通天二年正月优授出征将士之有功者以勋级，父子奉制擢升军职，高质为左玉钤卫大将军，正三品秩。以其身为统帅而能解衣推食抚寒投醪，温慰悍嫠体恤孤独，与士卒同甘共苦志翦豺狼以清边境。于是女皇为老将在冰雪辽东招携远藩脱衣暖人的行为所感动，赏赐其衣服等物。敕中的"又性文下高丽妇女三人，固守城隍，与贼苦战，各赐衣服一具，并赍物卅段"，则知远征军中高质属下的三员高句丽女将尤以兵强气锐英勇守城骁烈能战而同时受到朝廷嘉奖，她们是远征军中将领的妻女一类巾帼须眉。朝廷所赐衣服，是与受赐人的身份相应的戎服即大将衣等。

这次契丹反唐斗争声势浩大，甚至南下一度攻占幽州，陆路交通横遭阻断。前线战事吃紧，万岁通天二年四月"癸未，以右金吾卫大将军武懿宗为神兵道行军大总管，与右豹韬卫将军何迦密将兵击契丹。五月，癸卯，又以娄师德为清边道副大总管，右武威卫将军沙吒忠义为前军总管，将兵二十万击契丹"③。是年五月丙申朔，虽然朝廷大军于癸卯（八日）东进，惜关河悬远，难纾困城之厄。"众寡力殊，安危势倍。城孤地绝，兵尽矢穷。日夜攻围，卒从陷没"，磨米得而复失于契丹乱军。高质"为虏所执，词色懔然。不屈凶威，遂被屠害"。二十三日（戊午），统帅身膏虏刃血溅辽左，这支由二千男女骁杰结织的军队于是覆亡。

（三）磨米城

《新唐书·地理志》云，磨米州是安东都护府所属的高句丽降户十四

---

① 赵超：《唐代墓志中所见的高句丽与百济人士》，第489页。
② 《唐代海东藩阀志存》，第17页。
③ 《资治通鉴》卷二〇六，第1657页上栏。

州之一。"高宗灭高丽，置都督府九，州四十二，后所存州止十四。"①
《旧唐书·地理志》云："凡此十四州，并无城池。是高丽降户散此诸军
镇，以其酋渠为都督、刺史羁縻之。"② 无城池说难为凭信，高丽本五部，
一百七十六城，包括唐代墓志记述的磨米、木底、丸都、玄菟等城。贞观
十九年李世民亲自率军东讨。"凡征高丽，拔玄菟、横山、盖牟、磨米、
辽东、白岩、卑沙、麦谷、银山、后黄十城，徙辽、盖、岩三州户口入中
国者七万人。新城、建安、驻跸三大战，斩首四万余级，战士死者几二千
人，战马死者什七、八。上以不能成功，深悔之。"③《册府元龟》卷一一
七，《帝王部亲征第二》和《三国史记·高句丽本纪》第九，宝藏王四年
（645）也有如是记载，磨米乃十城之一。

　　宋代江少虞撰《事实类苑》卷六二记载了一件唐代刻铭文物："古铜
鱼符。李文邵推官，于寿光县东境稻田中，得古铜鱼左符以遗余。铜正
赤，长二寸许，背刻为鱼头尾，鳞一具，面刻一'同'字，深二分许，
所以合信也。环自刻刺史官氏云：'左云麾将军、行磨米州刺史、持节磨
米州诸军事高从政。'镌刻极工，字小讹，笔法精妙，类欧阳率更书。
按：唐贞观中平高丽，裂其地为十二州，各因其酋长以为刺史，磨米其一
也，左符乃所颁者，当在其国，不知缘何遗于此也。部（寿）光，青属
邑，其东濒海矣。"④ 铜鱼符是唐代地方大员高句丽族人高从政的随身佩
戴的信物，磨米城是磨米州的治所。《中国历史地图集》在安东都护府管
辖区域内据《旧唐书》十四州的记载而确定了十一个州的方位⑤，磨米
州、代那州和黎山州付之阙如。磨米约在盖牟（今辽宁抚顺）、白岩（今
辽宁辽阳东）、辽东（今辽宁辽阳）三城之际。

（四）武皇对策　事件影响

　　为了出师得胜大军凯旋，朝廷利用佛道两家的宗教法力祈求神明庇
佑。听命于武则天互动密切常作法事的华严宗师康法藏在洛阳布"十一

---

　　①　《新唐书》卷四三下《地理志七下》，第 1128 页。

　　②　《旧唐书》卷三九《地理志二》，第 1527 页。

　　③　《资治通鉴》卷一九八《唐纪十四·太宗贞观十九年》，第 1584 页下栏。

　　④　（宋）江少虞撰：《事实类苑》卷六二《古铜鱼符》，文渊阁《四库全书》原文电子版，
第 318 盘，第 3633 号，第 24 册，第 17 页。

　　⑤　谭其骧主编：《中国历史地图集》第五册，《唐时期·河北道北部》，中国地图出版社
1982 年版，第 50—51 页。

面观音道场"，持诵"佛说十一面观世音神咒经"以得十种"果报"保护自己破灭敌人："神功元年，契丹拒命，出师讨之。特诏藏依经教遏寇虐。乃奏曰：'若令摧伏怨敌，请约左道诸法。'诏从之。法师盥浴更衣，建立'十一面道场'，置观音像行道。始数日，羯虏睹王师无数神王之众，或睹观音之像浮空而至，犬羊之群相次逗挠。月捷以闻。天后优诏劳之，曰：'蓟城之外，兵士闻天鼓之声；良乡县中，众贼睹观音之像。醴酒流甘于阵塞，仙驾引纛于军前，此神兵之扫除，盖慈力之加被。'"① 同时武皇冀请五岳主尊遣天神之兵助役，颇得赏识的洛阳弘道观主侯尊师于东都奔赴南岳衡山道场，奉为皇帝虔修法事，仰祈神兵天将大施法力冥助却敌，"遂致昭感"②，应验显著的记载尤显其价值。武则天崇佛扬道的宗教情挚深入心髓，遣祭五岳辅国兴兵，龚行天罚保境安民，为国之大祀。随军出征的节度管记张说奉敕赞述武懿宗东平契丹"至忠之状有三"，其"三曰诚感神也。王地维近属，躬当大任，所过山川鬼神之地，罔不精意恳祷以请，云天子圣明，皇天辅德，实降灵助，以济神兵。幽感明祇，多获孚佑。故得行师之处，胜风送旗，合战之时，兴云翊阵，金鼓所向，冰消草靡"③。神兵道武总管沿途战祷乞灵却难慰其遇敌怯懦的心态言行。隋唐时期实行行军总管统兵出征制度，专主征伐，称之为行军道，有事则朝廷命将以出，事解则罢。炀帝伐高句丽，分兵二十四道即二十四军出师，每道命以辽东滨海地名④，即以目的地作为行军道名。而唐代东征的军队除命以当地郡县名，还有"神兵道"的称号。高宗显庆五年，以"左武卫大将军苏定方为神兵道行军大总管"⑤，用于对百济的战事。武皇也将神兵道的名称用于东征的军队，命右金吾卫大将军武懿宗为神兵道行军大总管以伐契丹。《武懿宗墓志》简称为"神兵军大总管"。天子的军队称天兵，则神祇之部伍谓神兵，由侯法师墓志可以看出"神兵道行军大总管"这一临时军事官差的命名是朝廷祷请神祇助阵龚行天罚的因缘。开元年间幽州长史

---

① 《大正新修大藏经》第五十册，台北佛陀教育基金会印赠，1990 年，第 283 页。
② 《大唐大弘道观主故三洞法师侯尊志文》："通天年，契丹叛逆，有救祈五岳恩请神兵冥助，尊师衔命衡霍，遂致昭感。"《隋唐五代墓志汇编·洛阳卷》第九册，第 24 页。
③ 《全唐文》卷二二四，张说：《论神兵军大总管功状》第二册，第 997 页上栏。
④ 《隋书》卷四《炀帝纪》下，中华书局 1973 年版，第 81 页。
⑤ 《新唐书》卷三《高宗皇帝纪》，第 60 页。

张守珪于唐北境的重要军镇防御契丹、奚时，亦于北岳祈福助顺，止暴宁乱，有《北岳庙碑》记其事。① 明代唐顺之《武编前集》卷四有请神咒云："天神天神，假汝之灵，助我军行，剿除恶敌，辅翼圣君，急急如紫微天皇帝君律令救。"② 可为祷神法事主旨的参考。

万岁通天元年（696）五月，武则天命曹仁师、张玄遇、李多祚、麻仁节等二十八将各率其军诸道并进出讨契丹，分兵多少道，已不得而知，其中有"龙山军"③。《高质墓志》记载，其时任"泸河道讨击大使"，当是未见于文献记载的诸道之一。龙山、泸河，辽西县名。

两《唐书》等文献记载，武则天执政时期鉴于周边民族与政权对唐朝时叛时服，附属关系时有时无而采取以武力与怀柔兼施的国策以维系天下平衡稳固政权。延载元年（694）八月，蕃胡捐钱百万亿请立天枢，以颂女皇功业。天册万岁元年（695）四月，天枢铸成，刻百官及四夷酋长名，武皇亲自题书"大周万国颂德天枢"④。以示天下各国归附于武周，犹如天枢等众星拱卫北极，确立她至高无上的皇权统治地位。当年九月又"加尊号天册金轮圣神皇帝"⑤，时年武则天72岁。然而四夷对唐朝的兵犯不时发生，次年五月契丹南下剽掠，涂炭生灵，自河北道营州、安东都护府蔓延于冀州，广大地区惨遭契丹铁蹄蹂躏。"燕南诸城，十仅存一，河朔之地，人挟两端"⑥，统治秩序顷刻崩弛。东北地区并不因为高句丽国的灭亡和安东都护府的设立而安宁，周边民族的反叛对于这位万国之主君临天下的虚荣心理也是极大的打击，由于事态严重，当月即令大军东发。

疆域广阔在一定程度上体现朝代的强盛，强大的军事力量是巩固政权维护国家安定的重要保障。武皇不惜代价投入巨大兵力，采取多种手段以确保打赢这场战争。一方面派遣道教法师分赴五岳道场祈救于神明，天助

---

① 《全唐文》卷三二九，郑子春：《北岳庙碑》第二册，第1474页上栏。

② （明）唐顺之撰：《武编前集》卷四，《二十八宿操练之法》，文渊阁《四库全书》原文电子版，第304盘，第3126号，第四册，第73页。

③ 《旧唐书》卷五九《许绍传附力士子钦寂传》："时契丹人寇，以钦寂兼龙山军讨击副使，军次崇州，战败被擒。"第2329页。

④ 《新唐书》卷四《则天皇后纪》，第95页。《新唐书》卷七六，《后妃传上·则天武皇后传》，第3480页。

⑤ 《旧唐书》卷六《则天皇后纪》，第124页。

⑥ 《全唐文》卷二二四，张说：《论神兵军大总管功状》第二册，第996页下栏。

神兵。一方面以皇侄"春官尚书武三思为榆关道安抚大使，纳言姚璹为副，以备契丹"①，作为防线，屯兵策应。一方面"驱关陇之马，引淮海之饷"②，以供军需。先后委派皇侄武攸宜为清边道大总管、武懿宗为神兵道大总管，总兵东征契丹侵袭骚扰地区。于洛阳城东的白马寺亲自设宴为攸宜饯行③，以示对打击侵略之非常关切。

　　因国家利用府兵应对契丹等外族入侵难以扭转屡败的劣势，武皇采用"以夷制夷"的策略，与突厥、奚联盟，满足其要求，借力打击契丹。突厥默啜可汗乘李尽忠死后（万岁通天元年九月），助唐讨叛，袭击其所率松漠部落，尽获土地人口而强："万岁通天元年，契丹首领李尽忠、孙万荣反叛，攻陷营府，默啜遣使上言：'请还河西降户，即率部落兵马为国家讨击契丹。'制许之。默啜遂攻讨契丹，部众大溃，尽获其家口，默啜自此兵众渐盛。则天寻遣使册立默啜为特进、颉跌利施大单于、立功报国可汗。"④ 于是战事终因李尽忠、孙万荣、何阿小等渠凶的先后受戮、俘获、投降而于万岁通天二年（697）六月告终。当年九月改元为神功，就是武皇自以为"破灭契丹"的胜利是依靠天佑神助而成功的直接体现。

　　"战乱前后不到两年，但对唐朝的打击极大，最后唐朝是靠突厥袭击契丹的后方，奚又和契丹携贰，才勉强取胜。营州之乱的影响巨大而深远。如果说高句丽灭亡、突厥第二汗国的复兴导致了东北亚国际政治关系格局的大变动，那么营州被扰动，则引起了东北亚政局巨大的连锁反应，由此开启千余年世局演变的序幕，契丹之乱以及战乱中诞生的渤海政权，都是这种变局与影响的具体表现。"⑤

（五）墓志记录诏敕之意义
　　武则天频颁诏敕拜官授爵使高质逐步升迁，接着墓志还记录了几道制

---

　　① 《新唐书》卷四《则天顺圣武皇后纪》，第96页。

　　② 《全唐文》卷二二二，张说：《为清边道大总管建安王奏失利表》第二册，第99页下栏。

　　③ 《新唐书》卷二〇六《外戚传·武士彠传附承嗣传》："攸宜历同州刺史，万岁通天初，为清边道行军大总管，讨契丹，后亲饯白马寺，师无功还，拜左羽林大将军。"第5839页。

　　④ 《旧唐书》卷一九四上《突厥传上》，第5168页。

　　⑤ 马一虹：《渤海与后东突厥汗国的关系——兼及渤海建国初期的周边环境》，《民族研究》2007年第1期。

书的重要片段。前一道慰劳制书赏赐突进辽东立足当地的高质与三位女将
戎衣，关怀备至，表彰将军宣布威恩笼络人心守卫城池勇于作战的功绩。
以之激励东征将帅，极具用心。

　　后来战斗失利，高质父子暴尸郊野。"凶讯驰闻，圣情流恻"，于
是下制褒彰勋劳追恤赠官。制书有句云："柳城县开国公高性文，蓬丘
徙构，襚穴分源。携五族而称宾，按八屯而奉职。"蓬丘，虚构仙境蓬
莱山，处渤海中，此用若青丘，指高句丽。徙构，易地而建。襚穴，高
句丽国东有大穴，号襚神①，前引《大周司卫少卿樊文墓志》亦有"襚
穴"之文。分源即分派，支流。句谓高质家族为原高句丽民族的重要一
支，五族②之一。犹高慈墓志铭所谓："蓬丘趾峻，辽海源长；种落五
族，襟带一方。"八屯，宫苑四周所设的八卫所，《文选·张衡〈西京
赋〉》云："卫尉八屯，警夜巡昼。"句谓高质率本族悉奔中原，仕唐担
任皇帝宿卫的禁军武官，佩剑执弓为十六卫的属员，以拱卫皇宫，肃严
徼道。诚如时人所谓"六卿之选，以翼京师。八屯之权，实资宿卫"③。
凡此皆在于颂扬番将忠勇典兵司禁宿卫朝廷。在讽诵其"执锐戎场，摧
锋虏阵"光荣牺牲之后，赠官镇军大将军（从二品）、左金吾卫大将军
（正三品）和幽州都督，以慰亡魂。移尸洛阳殡葬之前下制特令其行状
传于史馆，给予家属财帛食粮，丧葬赍赗也很丰赡："高性文父子忠鲠
身亡，特令编入史册。奉敕赠物二百段、米粟二百石。缘葬所须，并令
优厚供给。"由此可见制书是朝廷颁给其父子二人的，于是高慈墓志也
有雷同的记载。

　　唐代朝廷每年颁布诏敕无数。检阅《唐代墓志汇编》④和《唐代墓志
汇编续集》⑤的有关墓志可知，高宗、武皇朝颁给任高官的西蕃东夷族人

---

　　① 《后汉书》卷八五《东夷传·高句骊传》：其俗"好祠鬼神、社稷、零星，以十月祭
天大会，名曰'东盟'。其国东有大穴，号襚神，亦以十月迎而祭之。"第2813页。（唐）虞
世南撰《北堂书钞》卷一五八《地部二·穴篇十三》："襚穴。《后汉书》云，高句骊国东有
大穴，号襚穴，以十月国中大会，迎稼神而祭之。"文渊阁《四库全书》原文电子版，第32
盘，第3647号，第32册，第16页。

　　② 《后汉书》卷八五《东夷传·高句骊传》："高句骊……凡有五族，有消奴部，绝奴
部，顺奴部，灌奴部，桂娄部。"第2813页。

　　③ 《全唐文》卷八八六，徐铉：《唐故检校司徒行右千牛卫将军苗公墓志铭》第四册，
第4107页中栏。

　　④ 周绍良主编：《唐代墓志汇编》，上海古籍出版社1992年版。

　　⑤ 周绍良、赵超主编：《唐代墓志汇编续集》，上海古籍出版社2001年版。

的诏制，凡墓志篇幅较长者往往记录其中，而汉官的墓志却极少记载，比例大不相称，差异明显。这是著作局写手或朝廷委任的作者在撰志时的画龙点睛之处，体现皇帝对异族人士的器重与关爱。就东夷人而言，若高句丽人泉男生墓志的仪凤四年高宗诏书、泉献诚墓志的武皇久视元年制书、百济人黑齿常之墓志的武皇三道制书等。这是安史乱前朝廷倚重蕃族武人的表象之一。

（六）名家撰志　辟荤邙山

高质墓志由"朝议大夫行凤阁舍人韦承庆撰"，两《唐书》有一代文星之传略："弱冠举进士，补雍王府参军。府中文翰，皆出于承庆，辞藻之美，擅于一时。……长寿中，累迁凤阁舍人，兼掌天官选事。承庆属文迅捷，虽军国大事，下笔辄成，未尝起草。"[①] 长安四年出任宰相，著有《韦承庆集》六十卷。[②] 有诗文传世。承庆以文思敏捷擅步文林而久居凤阁舍人位，凤阁舍人即中书舍人，"掌侍奉进奏，参议表章。凡诏旨敕制，及玺书册命，皆按典故起草进画"[③]。中宗神龙二年（706），与韦承庆等撰《则天皇后实录》的文彦岑羲，于当年十一月承庆老病故世后为其撰志称誉云："公冠冕词宗，弥纶学府。虽便繁百奏，吐洪河而不竭；密勿繁机，洞灵台而毕综。"[④] 看来并非谀辞。高质墓志撰于圣历三年（700）腊月十七日前，时承庆待诏禁中，草檄于女皇赤墀之下。应是奉敕撰志，足见高氏身当恩遇。

细读品味两方墓志，文采风格相同，约为一人所撰。唐代墓志有其基本的行文格式，大体有规律可循。同一家族人物的墓志，虽然亡卒年月有先后而其姓氏来源，家族世系，先人勋绩等内容的编排或有详略而基本雷同。这里既有将同一家族各在异地的多代亡人同时迁葬于同一墓域，并同时为各位先后亡故者重新撰作墓志的特例；又有为同时死亡的同一家庭成员撰作墓志的罕事。而由一位才俊同时撰作的父高质、子高慈墓志的特点是，开首引言的写作技法相同，先人的重要业绩履历，二志重复述说不惮其烦。因为父子同时内入、率军出征、被俘阵亡，同受朝廷礼葬于同一墓

① 《旧唐书》卷八八《旧唐书·韦思谦传附子承庆传》，第 2862 页。
② 《旧唐书》卷四七《经籍志下》，第 2076 页。
③ 《旧唐书》卷四三《职官志二》，第 1850 页。
④ 《隋唐五代墓志汇编·陕西卷》第三册，第 130 页。

域,所以这两方墓志的很多内容是一样的。于是叙述相同情况或同一件事,或详彼而略此,或此书而彼削,或变换文辞避免雷同,全见作者匠心独妙。

已往洛阳出土的《唐右金吾卫胄曹参军沈齐文墓志》(垂拱四年,688)由"朝散大夫秋官员外郎韦承庆撰"①,西安出土《周故纳言韦思谦夫人王婉墓志》(万岁通天二年),由"孤子凤阁舍人承庆撰序,凤阁舍人赵郡李峤制铭"②,《周故朝散大夫行洛州陆浑县令韦憎墓志》(圣历元年)由"□□□□舍人承庆撰"③,为其作品之留名者。三志的撰作年代皆早于此二志。

高质墓志由"前右监门卫长上弘农刘从一书",字体婉媚,笔势遒逸,颇具初唐四家之一褚遂良(596—659)的书体风格。时褚氏辞世已40余年,由此志亦可窥其书法对后世的深远影响。墓志书丹者虽不见于《唐书》,但应是当时的书法名家,与德宗朝宰相刘从一同姓名。④高慈墓志虽为唐楷而略含北朝粗犷雄浑的书风余绪。一般说来,武周朝以前墓志多无撰、书人姓名,刻工名更少见,高官墓志或有之。一方墓志一般由一位石匠刻字镌花,偶用二人分刻。但若老将高质生前为三品大员,其墓志由三位宜州美原县人姚处璟、常智琮、刘郎仁同镌,亦极罕遘,他们或是秘书省著作局属下的刻匠。其子的品秩稍低而墓志不具撰书刻人。

高质、高慈以皆韬武干而朝廷时命西讨东征,勤国捍边。父子率本族军士抗击契丹,临阵折冲,尽节亡身。后续增援裹还遗骸于都城,朝廷特为内入功臣开辟茔域,依照令典超加褒赠,荣光烈士,旌酬子孙,葬以国礼。即高慈墓志所谓"又奉敕令,准式例葬"。时高慈子崇德年纪幼小,丧事由慈弟鞫仁操办:"三兆可占,既焚荆而卜地;九原有托,爰树椐而开茔。"请卜师灼龟观兆,占定吉时,步量吉地。于是距牺牲三年之后,于圣历三年腊月十七日葬高氏父子于平乐乡之原。据研究,"邙山之阳,

---

① 《隋唐五代墓志汇编·洛阳卷》第六册,第164页。
② 《隋唐五代墓志汇编·陕西卷》第三册,第117页。
③ 同上书,第118页。
④ 《旧唐书》卷一二五《刘从一传》,第355页;《新唐书》卷一〇六《刘祥道传附从一传》,第4051页。

瀍水纵贯其中之平乐乡，是唐代东都人首选的墓地"[1]。高慈墓志未明具体出处。高质墓志征集于孟津县七里村，东南距送庄约 4.5 公里，南距十里头村约 1 公里，已出"邙山之阳"的区域，是唐平阴乡域而非墓志出土地。

（原载《东北史地》2009 年第 2 期）

---

[1]   赵振华、何汉儒：《唐代洛阳乡里方位初探》,《洛阳出土墓志研究文集》, 朝花出版社 2002 年版，第 69 页；洛阳县地图（三）。

唐高丽遗民《高铙苗墓志》考略

张　彦[*]

  2008 年，西安碑林博物馆新入藏一方唐代墓志。墓志盖题曰"大唐故左领军员外将军墓志"，篆书，4 行，行 3 字。志文作楷书，14 行，满行 15 字，撰、书者不详。墓志及志盖均为正方形，边长 55 厘米。志石四侧线刻卷叶纹。笔者推断志主的身份应为入唐高丽遗民，兹录文如下，并作简要考释。

  大唐故左领军员外将军高铙苗墓志
  君讳字，辽东人也。族高辰、卞，价重珦、琪。背沧海而来王，仰玄风而入仕。有日磾之听敏，叶驹支之词令。故得隆恩允俗，宠服攸归，参远曜于文昌，发奇名于下濑。嗟呼，桃门众鬼，递□高明，蒍里营魂，意悲飘忽。以咸亨四年十一月十一日终于私第，恩诏葬于城南原，礼也。有惧陵谷，刊兹琬琰。其铭曰：
  降灵玉阴，投诚天阙。载荷恩辉，克彰勋伐。忠概方远，雄图遽歇。大树摧风，祁连照月。鬼伯之邻虽翳，将军之气犹发。

一　志主高铙苗为高丽人

  志主高铙苗，史籍无载。志称其为辽东人。辽东原指辽东郡，战国时期燕始置。《史记·匈奴列传》载："其后燕有贤将秦开，为质于胡，胡甚信之。归而袭破走东胡，东胡却千余里。与荆轲刺秦王秦舞阳者，开之

---

  * 张彦：西安碑林博物馆。

孙也。燕亦筑长城，自造阳至襄平，置上谷、渔阳、右北平、辽西、辽东郡以拒胡。"秦统一六国后，初设 36 郡，继承了燕之北方 5 郡的设置。汉因秦制，继续保留辽东郡。辽东郡辖有辽河以东地区，东界到达朝鲜半岛北部清川江，郡治在襄平（今辽宁辽阳市）。至西晋时改辽东郡为辽东国，十六国后燕末归入高丽，北燕又侨置辽东郡于今辽宁省西部，北齐时废。之后，"辽东"由郡国名演变为地域名称继续使用，最初所指代的范围大致不出原辽东郡的辖区，经历魏晋至唐的发展，其内涵逐渐扩大，至唐代，辽东所涵盖的地域范围至少已扩展到朝鲜半岛大同江流域，即高丽境内。唐人李贤在《后汉书·郡国志》注中称："列水在辽东"，列水即流经朝鲜半岛北部的大同江；唐高丽遗民墓志也多称志主为辽东人：《高足酉墓志》记志主为"辽东平壤"人；《高玄墓志》记志主为"辽东三韩人"；《高质墓志》记志主为"辽东朝鲜人"。可见在唐人的观念中，辽东的范围已经涵盖了整个高丽，并往往以"辽东"一词代指高丽。如《新唐书》中记载了一段唐高祖与大臣们关于高丽问题的争论，唐高祖曰："名实须相副。高丽虽臣于隋，而终拒炀帝，何臣之为？朕务安人，何必受其臣？"裴矩、温彦博谏曰："辽东本箕子国，魏晋时故封内，不可不臣。中国与夷狄，犹太阳与列星，不可以降。"显然裴矩、温彦博所说的"辽东"特指当时的高丽。综上所述，唐代之辽东一词至少已包含两层意思，一是作为地域名称泛指辽河以东到朝鲜半岛大同江流域；二是特指在此范围内的高丽政权。本墓志称高铙苗为辽东人，至少说明高氏原籍在辽河以东地区，并很有可能就是高丽人。

志文又称高铙苗"族高辰、卞，价重珣、琪"。"辰、卞"，当指位于朝鲜半岛南部之辰韩与卞韩，在汉武帝于朝鲜半岛北部设郡之时，它们还是南部地区的几个部落联盟。据《三国志》载："韩在带方之南，东西以海为限，南与倭接，方可四千里。有三种：一曰马韩，二曰辰韩，三曰弁韩。"《后汉书·东夷传》也记："韩有三种：一曰马韩，二曰辰韩，三曰弁韩。马韩在西，有十五国，其北与乐浪，南与倭接。辰韩在东，十有二国，其北与濊貊接。弁韩在辰韩之南，亦十有二国，其南亦与倭接，凡七十二国，伯济是其一国焉。"据考证汉四郡的位置是：玄菟郡最北，东浪郡在其南，真番则更在乐浪以南，临屯则在乐浪以东与玄菟东南的海边。其后，在马、辰、卞三韩境内崛起了百济、新罗两国，并与半岛北部的高丽国形成了三国鼎立的局面。高铙苗墓志称其族高辰卞，说明志主出身朝鲜半岛名门望族。因"辽东"所包含的地域范围向南不超过朝鲜半岛的大同江流域，故志主高铙苗当为高丽人。

志文又称高铙苗"背沧海而来王"。沧海原指汉代之沧海郡，亦作苍海郡。据《汉书》记载，汉武帝元朔元年（前128）秋"东夷薉君南闾等口二十八万人降，为苍海郡。……三年春，罢苍海郡"。服虔注："秽貊在辰韩之北，高丽沃沮之南，东穷于大海。"晋灼注："薉，古秽字。"师古注："南闾者，薉君之名。"可见，西汉所置苍海郡地理位置在朝鲜半岛北部。元朔三年罢苍海郡后，"苍海"一词也作为地域名称沿用至唐代，在唐代文献中可见以"苍海"（沧海）泛指海东岛国者。如百济人《祢寔进墓志》，称赞志主之父左平思善"并蕃官正一品，雄毅为姿，忠厚成性，驰声沧海，效节青丘"。又如《大唐故右卫中郎将兼右金吾将军同安郡开国公郑府君墓志铭并序》称志主"其先祖仕魏，名高当代，功冠朝伦。时岛夷弗庭，貂戈未戢，乃辍为东光候，镇诸沧海，于今裔胄，尚守其业。"因此，志称高铙苗"背沧海而来王"实际是指志主从海东岛国而入唐。

综合以上三点可以确定高铙苗原籍应在朝鲜半岛北部，即唐初的高丽。此方墓志为研究在唐高丽遗民又增添了新的史料。

二　高铙苗入唐时间及原因

据志文记载，高铙苗入唐后颇受唐朝政府的重视，"隆恩允备，宠服攸归"，"背沧海而来王，仰玄风而入仕"。至于他入唐的原因，志铭云"降灵玉阴，投诚天阙"，由此可知高铙苗因投诚唐朝而被授予唐官。之后他便定居于都城长安，直到咸亨四年（673）去世。高氏究竟于何时入唐，志文未明确记载。结合史籍和已出土高丽遗民墓志的记载，笔者推测高铙苗入唐时间很可能是在高丽发生内讧之后，即唐高宗乾封年间。高铙苗墓志对志主家世、生平的记载非常简略，全文除一些溢美之词外，对其出生之年、家族世系、入唐前的经历都只字未提，入唐之后所任官职也仅记有左领军员外将军一职。按照唐人撰写墓志的习惯，通常都会详细记录志主生平、历官以示夸耀，故左领军员外将军极应该是高氏投诚唐朝后被授予的唯一一任唐官，由此也可看出高铙苗在长安生活的时间不会太长。高铙苗于咸亨四年（673）去逝于长安，那么他归款唐朝的时间应在此之前不久的一段时期内。

　　回顾唐与高丽之关系，从唐朝建立至玄武门之变前，双方一直保持着相对平和的态势，基本没有正面冲突。而玄武门之变后，双方矛盾逐渐深化，导致唐太宗、高宗两朝六次出兵高丽。其间唐朝曾多次接受高丽将领或贵族的投降，并授予他们官职以示安抚和嘉奖。史籍中明确记载的有两次，一次是贞观十九年（645）唐朝征伐高丽，高丽大将高延寿、高惠真率十五万六千八百人请降。"太宗简傉萨以下酋长三千五百人，授以戎秩，迁之内地……授高延寿鸿胪卿、高惠真司农卿。"第二次是乾封元年（666）高丽发生内讧后，泉男生投奔唐朝，被授予特进、辽东大都督兼平壤道安抚大使，封玄菟郡公。同年十一月，唐朝命李勣为辽东道行军大总管征伐高丽。乾封二年（667）二月，高藏及泉男建遣太大兄泉男产率首领九十八人，持帛幡出降，并请入朝。十一月，唐军攻破平壤城，俘虏了高藏、泉男建等，十二月，返还长安并献俘于含元宫。唐"诏以高藏政不由己，授司平太常伯；男产先降，授司宰少卿；男建配流黔州；男生以乡导有功，授右卫大将军，封汴国公，特进如故"。在唐对高丽的这两次大规模征伐期间，还有多次骚扰性进攻，不可排除这一段时期内还可能有高丽将领投诚唐朝。但几次骚扰战发生的时间距离高铙苗去世至少都有十几年之遥，如果高氏是在此期间投诚，之后他在长安十几年的生活当在志文中有所体现才合乎情理，因此推测高铙苗在高丽内讧发生后，即唐高宗乾封年间归唐的可能性最大。另据《三国史记》卷二十二《高句丽本纪第十·宝藏王》记载："二十七年（668）……秋九月，李勣拔平壤。勣既克大行城，诸军出他道者皆与勣会，进至鸭渌栅。我军拒战，勣等败之，追奔二百余里，拔辱夷城，诸城遁逃及降者相继。契苾何力先引兵至平壤城下，勣军继之，围平壤月余。王臧遣泉男产帅首领九十八人，持白幡诣勣降，勣以礼接之。泉男建犹闭拒守，频遣兵出战皆败。男建以军事委浮图信诚，信诚与小将乌沙、铙苗等，密遣人诣勣，请为内应。后五日，信诚开门，勣纵兵登城，鼓噪焚城，男建自刺不死，执王及男建等。"此处记载的小将铙苗当为志主高铙苗。

　　有学者统计了目前在中国境内所发现的在唐高丽遗民墓志共19方，并将他们分作三种情况：一是高丽灭亡前后入唐的第一代、第二代高丽遗民墓志；二是高丽遗民第三代以后人士的墓志；三是高丽化的汉人在高丽灭亡前后回到中原人士后裔的墓志。高铙苗墓志属第一类，与第一类其他墓志主人一样，这些原高丽的中上层人物均在归款唐朝后即被授予唐官，并拥有了自己的居所，很快融入唐朝的社会生活中直至终年。高铙苗因归唐不久便逝世，当时长安仍是唐朝政治文化的中心，因此他被恩准葬于长安城南原。此处的城南原，不是一个具体的地名，应该指城南某原。而大部分投诚的高丽将领随着武周王朝的建立，大多将活动中心转移到了洛阳。

三 志文的用典

志文称高铙苗"有日磾之听敏，叶驹支之词令"。日磾即汉武帝时期匈奴出身的朝廷重臣金日磾。据《汉书·金日磾传》：

> 金日磾字翁叔，本匈奴休屠王太子也。武帝元狩中，骠骑将军霍去病将兵击匈奴右地，多斩首，虏获休屠王祭天金人。其夏，票骑复西过居延，攻祁连山，大克获。于是单于怨昆邪、休屠居西方多为汉所破，召其王欲诛之。昆邪、休屠恐，谋降汉。休屠王后悔，昆邪王杀之，并将其众降汉。封昆邪王为列侯。日磾以父不降见杀，与母阏氏、弟伦俱没入官，输黄门养马，时年十四矣。

之后，金日磾因为能审时度势，观察时务而受到汉武帝的重用，从马监，迁侍中、驸马都尉、光禄大夫。金日磾一生尽忠职守，效忠汉廷，还因为有着极敏锐的观察力，识破并挫败了叛乱活动，从而保护了汉武帝的安危。《汉书》记载：

> 初，莽何罗与江充相善，及充败卫太子，何罗弟通用诛太子时力战得封。后上知太子冤，乃夷灭充宗族党与。何罗兄弟惧及，遂谋为逆。日磾视其志意有非常，心疑之，阴独察其动静，与俱上下。何罗亦觉日磾意，以故久不得发。是时上行幸林光宫，日磾小疾卧庐。何罗与通及小弟安成矫制夜出，共杀使者，发兵。明旦，上未起，何罗亡何从外入。日磾奏厕心动，立入坐内户下。须臾，何罗袖白刃从东箱上，见日磾，色变，走趋卧内欲入，行触宝瑟，僵。日磾得抱何罗，因传曰："莽何罗反！"上惊起，左右拔刃欲格之，上恐并中日

碑，止勿格。日磾捽胡投何罗殿下，得禽缚之，穷治皆伏辜。由是著忠孝节。

志文中提到的另一个人物驹支，是春秋时期姜戎的首领，以辩才著称。《左传·襄公十四年》中记载了一段驹支巧言避祸的故事：

> 十四年，春，吴告败于晋。会于向，为吴谋楚故也。范宣子数吴之不德也，以退吴人。执莒公子务娄，以其通楚使也。将执戎子驹支，范宣子亲数诸朝，曰："来，姜戎氏。昔秦人迫逐乃祖吾离于瓜州，乃祖吾离被苫盖，蒙荆棘，以来归我先君。我先君惠公有不腆之田，与女剖分而食之。今诸侯之事我寡君，不如昔者，盖言语漏泄，则职女之由。诘朝之事，尔无与焉，与将执女。"
>
> 对曰："昔秦人负恃其众，贪于土地，逐我诸戎。惠公蠲其大德，谓我诸戎，是四岳之裔胄也。毋是翦弃，赐我南鄙之田，狐狸所居，豺狼所嗥。我诸戎除剪其荆棘，驱其狐狸豺狼，以为先君不侵不叛之臣，至于今不贰。昔文公与秦伐郑，秦人窃与郑盟而舍戍焉，于是乎有殽之师。晋御其上，戎亢其下，秦师不复，我诸戎实然。譬如捕鹿，晋人角之，诸戎掎之，与晋踣之。戎何以不免？自是以来，晋之百役，与我诸戎，相继于时，以从执政，犹殽志也。岂敢离逷？今官之师旅，无乃实有所阙，以携诸侯，而罪我诸戎。我诸戎饮食衣服，不与华同，贽币不通，言语不达，何恶之能为？不与于会，亦无瞢焉。"赋《青蝇》而退。宣子辞焉。使即事于会，成恺悌也。

唐代墓志中引用典故是非常多见的，而高铙苗墓志的撰者在用典时特意选择了两位少数民族人物来比拟志主，既是在夸耀高铙苗有着如金日磾一样的洞察力和驹支一样的言辩，同时还暗示了志主非汉族人的身份。

唐代墓志中，常见将墓主与金日磾比拟，以说明其少数民族身份者。如《唐公士念公夫妇墓及墓志考释》一文对志文"日磾见贤于炎汉"一句专门强调："墓志将其主与汉代匈奴人金日磾相比，除自诩对朝廷的贡献外，也表明其祖是少数民族。许多少数民族自认为对汉族王朝做出过重大贡献者，均以金日磾比喻，1991 年宁夏青铜峡市所出的《大唐左屯卫将军皋兰州都督浑公夫人墓志》，志文也有'秺侯忠孝，冠冕袭于公门'之句，① 自比金日磾。唐代名将阿史那忠，因擒突厥颉利有功，永徽初封薛国公，'时人比之金日磾'，皆为此意"。

（原载《文博》2010 年第 5 期）

---

① 见《宁夏考古文集》，宁夏人民出版社 1996 年版，第 148 页。

西安碑林所藏与海东关联墓志概述

赵力光[*]

　　唐朝是中国历史上最辉煌的时期，与周边国家及少数民族交往密切。当时有数量众多的外国人往来于唐都长安，很多人生活、定居于此直至终老，并最终安葬于长安。由此，也在西安及其周边地区留下了较多少数民族及异国人士的墓葬及碑志，这些碑志的相继出土，为探究中国古代中外交流史增添了宝贵的第一手资料。西安碑林收藏着一批与海东地区（即高丽、百济、新罗）相关联的唐墓志，现将这批墓志整理综述如下。

　　1. 似先义逸墓志[①]

　　似先义逸墓志，首行题"唐故银青光禄大夫行内侍省员外郎置同正员兼掖庭局令致仕上柱国汝南郡开国公食邑二千户赐紫金鱼袋似先府君墓志铭并序"。1993 年出土于西安市东郊灞桥区务庄乡。盖佚，志正方形，边长 88 厘米，四侧刻兽首人身十二生肖图案。志文行书，40 行，满行 39 字。

　　志主似先义逸，生于唐贞元十一年（795），卒于大中四年（850），享年 65 岁。《通志》云："似先氏，本高丽余种也。"并举例唐武德中有右骁卫大将军似先英问。[②]《古今姓氏书辩证》卷二二记："似先氏，高丽扶余种也。唐武德中，有右骁卫将军似先英问。又《陈儒传》荆南监军朱叹攻杀节度使段彦暮，僖宗遣中人似先元锡慰

　　* 赵力光：西安碑林博物馆研究员。
　　① 马咏钟、张安兴：《唐〈似先义逸墓志〉考释》，《碑林集刊》（三），陕西人民美术出版社 1995 年版。
　　② （南宋）郑樵：《通志》卷二九，氏族五《诸方复姓》。

抚之。又《李训传》，训尝遣中人似先希逸按边。"① 由此可知，"似先"为高丽姓氏。

似先义逸墓志记载了似先氏的起源，志云："昔周孝王□□□有酷肖其先者，命为似先氏。其后或居辽东，或迁中部。武德中，右骁卫将军英问，□□命□□□人昭文馆学士谌，鸿胪外卿翰，即其族也。"也就是说，似先氏之由来是因酷似其先者而得名，其后世或居于辽东，或迁至中部。辽东原指辽东郡，战国时期燕始置。《史记·匈奴列传》载："燕亦筑长城，自造阳至襄平，置上谷、渔阳、右北平、辽西、辽东郡以拒胡。"② 秦统一六国后，初设 36 郡，继承了燕之北方五郡的设置。汉因秦制，继续保留了辽东郡。③ 学界普遍认为当时的辽东郡辖有辽河以东地区，东界到达朝鲜半岛北部清川江，郡治在襄平（今辽宁辽阳市）。至西晋时改辽东郡为辽东国，十六国后燕末归入高丽，北燕又侨置辽东郡于今辽宁西部，北齐时废。之后，"辽东"便由郡国名演变为地域名称沿用下来，有时也特指控制着朝鲜半岛北部的高丽国。中部是县名，即今陕西黄陵县，后秦始置，隋曾改为内部县，唐武德二年（619）又改为中部县，直到 1944 年才改为黄陵县。由志文看，似先义逸祖辈应是"或迁中部"的似先氏一支。

至于这一支高丽人迁入中国的时间，金宪镛、李健超两位先生考证是在西晋永嘉之乱后的十六国时期。④ 除似先义逸墓志外，1982 年，陕西黄陵县双龙乡西峪村还发现一方西魏大统十四年（548）造像碑，供养人姓氏中以似先氏为多，共计 11 个。⑤ 此外，20 世纪 80 年代在陕西省永寿县永泰乡车村出土一方北魏神龟三年（520）造像碑，在邑子题名中也有四个似先氏成员：似先鲁仁、似先仵明、似先志郎、似先睹仁。⑥ 这两方造

---

① （宋）邓名世：《古今姓氏书辩证》卷二二，江西人民出版社 2006 年版。

② （西汉）司马迁：《史记·匈奴列传》卷一一〇，中华书局 1959 年版，第 2885 页。

③ （东汉）班固：《汉书·地理志第八下》卷二八载："辽东郡（秦置，属幽州）户五万五千九百七十三，口二十七万二千五百三十九。县十八：襄平、新昌、无虑、望平、房、候城、辽队、辽阳、险渎、居就、高显、安平、武次、平郭、西安平、文、番汗、沓氏。"中华书局 1962年版，第 1625—1626 页。

④ 详见金宪镛、李健超《陕西新发现的高句丽人、新罗人遗迹》，《考古与文物》1999 年第 6 期。

⑤ 靳之林：《延安发现一批佛教造像碑》，《考古与文物》1984 年第 5 期。

⑥ 陈根远、罗小幸：《三秦碑刻英华》，陕西师范大学出版社 1996 年版。

像碑证明，最迟在北魏年间已有一支似先氏聚居于中原地区。

　　似先义逸的先祖似先英问在唐初武德年间即官至右骁卫大将军，三品；其祖处士风荣，父随州刺史进之，均不是宦官。志云："昔在贞元，入侍金门。"金门，又称金马门。《史记·东方朔传》："金马门者，宦者门署也。"至于为何入宫为宦官，志文未明原因，然在海东入唐人士中为宦官者是极为罕见的。似先义逸事迹新旧《唐书》有载，附于顾师邕传后，记述极为简略："（李）训谴宦官田全操、刘行深、周元稹、薛师干、似先义逸、刘英按边。既行，命师邕诏赐六道杀之。会训败，不果。"①可见，似先义逸还曾参与了"甘露之变"。

　　志文较详细地记录了似先义逸的家世、生平、历官。志称，似先义逸贞元时便入宫为宦（当时年龄约 10 岁），先后历德宗、顺宗、宪宗、穆宗、敬宗、文宗、武宗、宣宗八朝，官职不断擢升，从掖庭局监作始，历任琼林库使、大盈库使、掖庭局令直至内常侍。内侍省为唐代宦官机构，内常侍为其属官，正五品下。似先义逸致仕后勋上柱国，封汝南郡开国郡公，食邑二千户，为正二品官阶。似先义逸夫人是武卫将军范守珍之女，封高平县君。似先义逸还多次以中使身份巡边、监军，曾任内外客省使、鸿胪礼宾使等。后两个使职的职掌主要是外交少数民族事务，这应与似先义逸的高丽人身份有关。志记，似先义逸于大中四年（850）二月二十中日薨于大宁里之私第，同年十一月十六日葬于京城之万年县丰润之原。检《唐两京城坊考》卷三，大宁里在长安城朱雀街东第四街从北第二坊②，是宦官聚居的坊里之一。"丰润乡"，史书未见载，从墓志出土地点看，应在今天的灞桥区务庄乡。据志文所载，似先义逸先辈及其五子均可能葬于此地。

　　2. 唐高铙苗墓志③

　　2008 年入藏西安碑林博物馆。墓志盖题曰"大唐故左领军员外将军墓志"，篆书，4 行，行 3 字。志文作楷书，14 行，满行 15 字，撰、书者不详。墓志及志盖均为正方形，边长 55 厘米。志石四侧线刻卷叶纹。

　　志主高铙苗，史籍无载，志称其为辽东人。前文已论述，辽东本是战

―――――――――

① 《新唐书》卷一七九《顾师邕传》，中华书局 1975 年版，第 5325 页。
② （清）徐松撰，李健超增订：《增订唐两京城坊考》，三秦出版社 2006 年版，第 117 页。
③ 张彦：《唐高丽遗民〈高铙苗墓志〉考略》，《文博》2010 年第 5 期。

国时期燕国设置的一个郡，后来由郡国名逐渐演变为地域名。唐代的史籍中常见"辽东"一词，归纳起来主要有两层含义：一是作为地域名称泛指辽河以东到朝鲜半岛大同江流域；二是特指在此范围内的高丽政权。本墓志称高铙苗为辽东人，说明高氏原籍在辽河以东地区。

志文又记高铙苗"族高辰卞，价重珣琪"。"辰卞"，指位于朝鲜半岛南部的辰韩与卞韩。据《三国志》载："韩在带方之南，东西以海为限，南与倭接，方可四千里。有三种：一曰马韩，二曰辰韩，三曰弁韩。"①后来在三韩境内演化出了百济、新罗两国，与北部的高丽在朝鲜半岛上形成了三国鼎立的局面。高铙苗墓志称其族高辰卞，说明志主出身朝鲜半岛名门望族。因"辽东"所包含的地域范围向南不超过朝鲜半岛的大同江流域，故志主高铙苗当为高丽人。

志文还提到高铙苗"背沧海而来王，仰玄风而入仕"。沧海原指汉代之沧海郡，亦作苍海郡，地理位置在朝鲜半岛北部。元朔三年（前126）罢苍海郡后，"苍海"一词也作为地域名称沿用至唐代，在唐代文献中可见以"苍海"（沧海）泛指海东诸国者。综合以上三点可以确定高铙苗原籍应在朝鲜半岛北部，即唐初之高丽，此方墓志为研究在唐高丽遗民又增添了新的史料。

高铙苗墓志对志主家世、生平的记载非常简略，入唐之后所任官职也仅记有左领军员外将军一职。但志文明确指出高氏入唐的原因是"投诚天阙"，高铙苗在咸亨四年（673）去世于长安。

在乾封、总章年间，唐朝经过了数年对高丽的征战，终于在总章元年（668）的决战中取得了胜利。唐军能够最终取胜的重要原因之一是高丽政权的内讧及部将们的倒戈。史载，乾封元年（666）六月莫离支泉盖苏文死，长子泉男生继莫离支之位。泉氏兄弟素不和睦，泉男生继位后出巡，令其弟男建、男产留守京城处理国事。男建、男产经人挑拨，以高丽王名义召男生回朝，男生惧不敢归，男建自立为莫离支。男生遣其子泉献诚入唐求救，唐高宗任命契苾何力为辽东道安抚大使，在泉献诚的引导下，率军出击高丽军队，与男生会合。高宗下诏拜男生特进、辽东大都督兼平壤道安抚大使，封玄菟郡公。此事件严重动摇了高

---

① （晋）陈寿：《三国志》卷三〇《魏书·乌丸鲜卑东夷传》，中华书局1963年版，第847页。

丽贵族层的统治，为唐军取胜提供了契机。乾封元年（666）十二月，高宗任命李勣为辽东道行军大总管，讨伐高丽。经过一系列的战役准备，于总章元年（668）九月，发动了对平壤的总攻。在唐军的围攻下，"高丽王藏遣男产率首领九十八人，持白幡诣勣降"①，但泉男建坚决抵制，仍据守平壤。由于大势已去，男建手下逐渐分化，"男建下捉兵总管僧信诚密遣人诣（唐）军中，许开门为内应。经五日，信诚果开门，勣从兵入，登城鼓噪，烧城门楼，四面火起"②。攻克平壤。《资治通鉴》中，只见僧信诚作为唐军内应打开城门的记录，而成书于 12 世纪中叶，金富轼所著的《三国史记》对此事件有更加详细的记载："二十七年（668）……秋九月，李勣拔平壤。勣既克大行城，诸军出他道者皆与勣会，进至鸭渌栅。我军拒战，勣等败之，追奔二百余里，拔辱夷城，诸城遁逃及降者相继。契苾何力先引兵至平壤城下，勣军继之，围平壤月余。王藏遣泉男产帅首领九十八人，持白幡诣勣降，勣以礼接之。泉男建犹闭拒守，频遣兵出战皆败。男建以军事委浮图信诚，信诚与小将乌沙、铙苗等，密遣人诣勣，请为内应。后五日，信诚开门，勣纵兵登城，鼓噪焚城，男建自刺不死，执王及男建……十二月，帝受俘于含元殿。"③ 可见，信诚与小将乌沙、铙苗的叛变，对唐朝军队取胜起到了较为关键的作用。从入唐时间来看，《三国史记》所记"小将铙苗"正是志主高铙苗。据拜根兴先生研究，战后李勣率唐军领高丽宝藏王、王子、大臣、降将等二十余万人回唐。④ 唐朝对这些高丽战俘、降将都进行了处置和安抚：以高藏政不由己授司平太常伯；男产先降，授司宰少卿；僧信诚为银青光禄大夫；男建流配黔州；男生以向导有功，授右卫大将军，封汴国公、特进如故。⑤ 河南洛阳出土的泉男生之子《泉献诚墓志》的结衔记为"左卫大将军右羽林卫、上柱国下

① 《旧唐书·高宗本纪》，中华书局 1975 年版，第 90 页。
② （宋）司马光：《资治通鉴》卷二〇，中华书局 1956 年版，第 6355 页。
③ 金富轼撰，孙文范等校勘：《三国史记》卷二二，吉林文史出版社 2003 年版，第 271 页。
④ 拜根兴：《七世纪中叶唐朝与新罗关系研究》，中国社会科学出版社 2003 年版，第 77 页。
⑤ 参阅《旧唐书·东夷传》，中华书局 1975 年版，第 5327 页；《资治通鉴》卷二〇一，第 6355 页。

国公、赠左羽林卫大将军"①，均可谓论功行赏。但史籍中未提及协助打开城门的小将高铙苗的奖赏情况，高铙苗墓志对此作了补充，记其为"左领军员外将军"，从三品。志云："故隆恩允备，宠服攸归，参远曜于文昌，发奇名于下濑"，按墓志撰写的惯例，必对志主歌功颂德的《高铙苗墓志》却只字未提他为内应打开城门的"功绩"，当是有所隐讳。张彦文章推测高铙苗"投诚天阙"归款唐朝的时间在高宗乾封年间，现以《三国史记》的记载来看，其归唐的确切时间是在总章元年（668）十二月，为长安城含元殿献俘与封赏的成员之一。

《三国史记》称："小将乌沙、铙苗"，说明总章元年（668）平壤之战时，高铙苗年龄至多二十岁左右，至咸亨四年（673）去世时，也不会超过三十岁，所授官职为"左领军员外将军"，官秩从三品。唐朝时左右领军卫各置将军二员，主守皇城西面及京苑城门。员外将军是编制之外设置的，一般不理事，俸禄只有正员的一半，是安置闲散人员和勋臣的一种官职。高铙苗能以二三十岁的年龄封此官，当是对他作为唐军内应打开城门的褒奖。墓志中未志明高铙苗的死因，亦未提到他的家世、生平、年龄等，盖有所隐讳。有韩国历史学者推测，高铙苗是被在唐高丽流民所杀，亦难以证实。高铙苗墓志为研究唐朝东征高丽及平壤之战提供了新的重要资料。

3. 唐李瓓妻金夫人墓志

该墓志1954年出土于西安东郊郭家滩。志、盖高宽均为44.5厘米。盖题篆书"大唐故金氏夫人墓铭"。志文隶书，23行，满行27字，首行题"前知桂阳监将仕郎侍御史内供奉李瓓夫人京兆金氏墓志铭并序"。志四侧饰十二生肖图案，盖四杀饰四神图案及云纹。金氏于咸通五年（864）卒，享年33岁，葬于万年县浐川乡上傅村。

志云："太上天子，有国泰宗阳，号少昊氏金天，即吾宗受氏。世祖阙后，脉疏枝分，有昌有微，蔓衍四天，下亦已多已众。远祖讳日磾，自龙庭归命西汉，仕武帝，慎名节，陟拜侍中、常侍，封秺亭侯。自秺亭已降七叶，轩绂敦煌，繇是望系京兆郡。史籍叙载，莫之舆京，必世后仁，征验斯在。及汉不见德，乱离瘼矣。握粟去国，避时届远，故吾宗违异于

①　泉献诚墓志录文见于周绍良、赵超《唐代墓志汇编》，上海古籍出版社1992年版，第984—985页。

辽东。文宣王立言：言忠信、行笃敬，虽之蛮貊，其道亦行。今复昌炽吾宗于辽东。"《元和姓纂》记金氏，"少昊金天氏之后。［京兆］汉秺侯金日磾，匈奴休屠王子也"①。金日磾即汉武帝时匈奴出身的重臣，《汉书》有传。金日磾（公元前134—前86年），字叔翁，本为匈奴休屠王子，武帝时征伐匈奴，休屠王不降被杀，日磾归汉，与母弟没入官，赐姓金。他从马监、迁侍中、光禄大夫，因笃实忠诚，为武帝信爱。武帝崩，与霍光受诏辅政，封秺侯。死后，陪葬茂陵。②因金日磾以匈奴王子降汉并效忠汉廷，被后来少数民族降归中原朝廷者所景慕，经常比附金日磾来表示对中原朝廷的忠诚。可见，金夫人一支本为少昊金天氏后裔，因金日磾仕汉武帝，自诩其后，从此便以京兆为郡望，故志记夫人为"京兆金氏"。

志文又记，金夫人祖辈"握粟去国，避时届远，故吾宗违异于辽东"。因言语忠信、行为笃敬，"今复昌炽吾宗于辽东"。据《三国史记》载："（新）罗人自谓少昊金天氏之后，故姓金。"并记新罗著名将领金庾信碑云："轩辕之裔，少昊之胤。"③由此看来，金夫人虽以京兆为郡望，但其宗族源出自辽东，与新罗金氏可能有着密切的关系。

唐代，特别是海东的高丽、百济、新罗等入唐者的墓志中，经常将金日磾作为比拟的对象。大致有两种情况，一种是辽东金氏，附会金日磾为自己的先祖，金夫人墓志即为此类；另一种是其他姓氏的海东人，常以金日磾作比喻，夸耀各自的才干与忠诚。如《高铙苗墓志》称其："有日磾之听敏，叶驹支之词令"；百济太子《扶余隆墓志》称："比之秦室，则由余谢美，方之汉朝，则日磾惭德。"④这些少数民族或异国人士归唐后，用金日磾来比喻自诩，一是表示自己外族身份，二是表现自己对朝廷的贡献，三是表达对皇帝的忠诚，以躲避祸患。

据志文记，夫人曾祖原得，赠工部尚书；祖讳忠义，翰林待诏、检校左散骑常侍、少府监、内中尚使；父讳公亮，翰林待诏、将作监承、充内作判官。夫人亲叔翰林待诏、前昭王傅；亲兄守右清道率府兵曹参军，未知名。金氏之夫李瘳，知桂阳监将仕郎，侍御使内供奉，以上几人均未见

---

① （唐）林宝撰，岑仲勉校记：《元和姓纂（附四校记）》卷五，中华书局1994年版，第751页。

② 参阅《汉书·金日磾传》卷六八，中华书局1962年版，第2959页。

③ 《三国史记》卷第四一《列传第一·金庾信》，第485页。

④ 《唐代墓志汇编》，第702页。

史载。金氏之夫李缪，志云结衔为知桂阳监、将仕郎侍御史内供奉，为低层小官。值得注意的是，金夫人祖、父、叔，以及篆书者董咸皆为翰林院待诏。翰林院，是唐朝中晚期设置的一个招引各领域人才并使其随时听从召唤的机构，始置于唐玄宗开元年间。《资治通鉴》卷二百一十七"天宝十三载"条云："上（唐玄宗）即位，始置翰林院，密迩禁廷，延文章之士，下至僧、道、书、画、琴、棋、术数之工皆处之，谓之待诏。"① 叶梦德《石林燕语》曰："唐翰林院本内供奉艺能、技艺杂居之所，以词臣诗书诏其间，乃艺能之一耳。开元以前犹未有学士之称，或曰翰林待诏，或曰翰林供奉。自张垍为学士，始建学士院于翰林院之南，则与翰林院分而为二。"② 翰林待诏，是无品秩的差遣，但能够进入翰林院的都是有着特殊技艺的人。志文提到金夫人"祖、父文武馀刃，究平子观象规模，运公输如神机技。乃贡艺金门，共事六朝"。平子，即东汉张衡（78—139 年），字平子。《后汉书·张衡传》称其："衡善机巧，尤致思于天文阴阳历算。"③ 创造了最早利用水力转动的浑天仪和测定地震的地动仪，并最早解释了月食的成因，曾任执掌天文、历算的太史令，是东汉著名的科学家。公输，指鲁班，本姓公输，名般，春秋时期鲁国人，因"般"与"班"同音，故后人常称其鲁班。他精通机械、土木等技艺，留下了众多发明创造，被尊为建筑工匠的祖师，《事物绀珠》《物原》《古史考》等古籍中均有记载。志文以张衡、鲁班作比拟，正说明金夫人祖、父很可能是因擅长土木、百工之技，又懂天象观测而进入翰林院成为待诏。其曾祖原得，赠工部尚书。唐代尚书省下分六部，工部为其一，主要职掌宫室营造及百工技艺等政令，指导将作监、省府监等工程营造之事，官秩正三品。其祖忠义任少府监，官秩从三品；其父公亮为将作监丞，官秩从六品。少府在唐朝掌管百工技巧诸务，将作监掌土木工程营建之事、兼领百工。金夫人之叔同为翰林待诏，志称"联仕金门，承家嗣业"，由此可知金夫人祖、父、叔皆因家传的技艺而供奉唐王朝，成为世袭的朝廷服务者，是一个典型的技艺性家族。

墓志的篆书者董咸亦为翰林待诏，曾于咸通六年（865）奉敕为楚国

---

① 《资治通鉴》卷二一七，"天宝十三载"条。
② 叶梦得：《石林燕语》卷七，中华书局 1984 年版，第 96 页。
③ 《后汉书·张衡传》卷五九，中华书局 1965 年版，第 1897 页。

夫人赠贵妃杨氏篆盖①，结衔为"翰林待诏、承奉郎、守建州长史"，与金夫人墓志所题相同。能够奉敕为皇家篆书墓志的翰林待诏，当是以书法见长的翰林书待诏。董咸能为金氏书墓志及篆盖，应与金氏家族中多人任翰林待诏有关。

另外，西安碑林收藏的李叔夏墓志，志文撰书者题为"将仕郎试太常寺奉礼郎京兆金瑜"。金瑜，史籍失载，与金夫人墓志一样亦称"京兆金氏"，是否与辽东金氏有关联还有待进一步考证。

4. 唐清河县君金氏墓志

金氏墓志，志石呈方形，拓片高 39 厘米、宽 38.5 厘米；志盖拓片高、宽均 40 厘米。盖题篆书"大唐故金氏墓志之铭"。志文楷书，20 行，满行 20 字。志盖四杀及盖题四周线刻团花纹，志石四侧线刻卷草纹。

志记"县君，清河人也。其先三韩之贵胤"。三韩即马韩、辰韩、弁韩的合称。《三国志》载："韩在带方之南，东西以海为限，南与倭接，方可四千里。有三种：一曰马韩，二曰辰韩，三曰弁韩。"② 后来在三韩的境内建立了百济、新罗二国。由志文知，金夫人的先祖为三韩之贵族，而金姓后来成为新罗的王族大姓。金夫人家族何时何因入唐，志未详焉。

志记金夫人之父为太仆卿、赠兖州都督，名讳不载。太仆卿为唐代九寺之太仆寺长官，太仆寺卿，从三品。太仆寺掌朝廷厩牧车舆之政令，分领乘黄、典厩、典牧、车府四署。唐代九卿在朝廷中占有重要地位，有直接向皇帝上言的权力。金夫人之父以三韩贵胤之后的身份入唐任太仆卿，亦可谓高官。金氏之夫，陇西李氏，名讳不详，官至朝议大夫、行大理正。大理正为九寺中大理寺属官，从五品下，主要负责刑法之事，监督量刑定罚是否恰当，并对五品以上高官犯罪斩首进行监斩，是唐代重要职掌。此志可初郁贤皓《唐九卿考》。

金夫人于广德二年（764）封为清河县君。县君为唐代外命妇封号，《旧唐书·职官志》："凡外命妇之制……五品若勋官三品有封母、妻为县君。"③ 命妇制度为朝廷对百官恩宠及控制的行为。金氏之夫李氏，官至大理正，从五品，正合规制，应是夫贵妻荣。金氏大历七年（772）卒于

---

① 《唐代墓志汇编》（下），第 2410 页。
② 《三国志》卷三〇《魏书·乌丸鲜卑东夷传》，第 847 页。
③ 《旧唐书·职官志》，第 1182 页。

京兆府万年县常乐里，建中元年（780）迁葬至李氏先人坟侧。

5. 高木卢墓志

高木卢墓志，出土于陕西西安东郊郭家滩。志、盖长 44 厘米、宽 45 厘米。志文楷书，首行题"唐故陪戎副尉直仆寺高府君墓志铭并序"。盖题篆书"大唐故高君之墓志铭"。

志曰："公讳木卢，渤海脩人也。昔太公辅周，肇开王业。天眷锡命，受封东齐。钟鼎玉食，七百余载。后遇田和篡夺，分居荒裔。公之远祖，避难海隅。暨我皇唐，大敷浮化。君乃越溟勃，归桑梓。"据志所言，高木卢先世为西周至春秋时的齐国人，在山东地域生活了七百余年。后遇"田和篡夺"事件，高木卢先人遂逃离齐国，"避难海隅"（由志文看，"海隅"实际上指的是朝鲜半岛北部，即唐时之高丽国）。唐太宗、高宗两朝用兵高丽、百济，并最终平灭二国，当时有大批高丽人和百济人迁入唐境，即志中所谓"暨我皇唐，大敷淳化"。从时间上推算，高木卢在唐灭高丽之际（668 年）正值二十岁左右的青春年华，他很有可能也是在这段时间"越溟渤，归桑梓"并入仕唐朝。

高氏系朝鲜半岛望族，民国以来，特别是近年来河南洛阳出土了许多高氏的墓志，如：高玄、高质、高慈、高震、高钦德、高望远、高德、高足酉等，族源不一，众说纷纭，多有攀附，其中高震（高丽末代王高藏之孙）、高钦德都称"渤海人也"。志记高木卢入唐后"遂骤首云路，侧迹天庭。枢典六闲，职司三物"，"六闲"源自周"十二闲"之称谓，唐称典厩署，负责为皇室管理厩马之事务。后来高木卢还在唐中宗平定内乱的过程中立功，不过高氏最终只做到九品下的陪戎副官。晚年时，他"弃彼俗缠，崇兹道业。退归庐里，训导子家。"卒于唐开元十八年（729），享年 81 岁，去世后葬于京兆崇道乡齐礼里白鹿原之右。

6. 董文萼墓志[①]

董文萼墓志 1954 年出土于西安东郊郭家滩。志方形，高、宽均 62 厘米；盖四方形，高、宽均 61 厘米。盖题篆书"大唐故董府君墓志铭"。志文行书 31 行、满行 35 字，首行题"大唐故幽州卢龙节度监军宣义郎内侍省掖庭局令员外置同正员上轻车都尉赐紫金鱼袋陇西董府君墓志铭并序"。志四侧线刻兽首人身十二生肖图案，盖四杀线刻四神及云纹。习绪

---

① 黄小芸：《唐〈董文萼墓志〉考》，《碑林集刊》（七），陕西人民美术出版社 2001 年版。

撰、书并篆盖，邵契刻字。墓志书法师"欧体"，遒劲和瑞。

志主董文萼不见于史籍。由志文知其父为权阉董秀，代宗朝官至左卫将军、知内侍省事，封魏国公，与志主只是养父子关系。董文萼，同为宦官，德宗朝时拜为殿前内养；贞元初，以宣慰使的身份参加了"平凉会盟"；贞元十一年（795），改授文直省；贞元十六年（800），赐绯鱼袋；贞元二十年（804），迁宣义郎、内侍省掖庭局令、上轻车都尉、赐紫金鱼袋；贞元二十一年（805），奉敕充回鹘告哀宣慰使；元和二年（807），拜幽州卢龙节度监军使，并在元和四年（809）随同幽州节度使刘济征伐叛镇王承宗。王承宗为成德军节度使王士真的长子，其叛乱一事在《旧唐书》《资治通鉴》中均有记载，但都没有提及志主董文萼以幽州卢龙节度监军使的身份参与征讨的史实，由志文可补史之阙失。董文萼卒于元和十四年（819），享年69岁。

董文萼夫人陇西郡夫人李氏，有养子三人，值得注意的是其长子董承悦，志云："长曰承悦，先授登仕郎、内侍省内府局丞、员外置同正员、兼殿前内养。昂昂出群，月鉴秋水，妙年出仕，贞白在公。前后两充新罗、渤海二国等使。动经万里，历险尽忠，仁孝温恭，勋庸茂矣。"后因其"仲弟冒法，连枝失荣，今即贬充桥陵职事"。董承悦两次何事、何时出使新罗、渤海，史籍失载。盖因内府局丞仅为九品小官，官秩较低，推测可能是以随员的身份出使。据志载，董文萼生于天宝五年（746），卒于元和十四年（814），假定董文萼20岁收养董承悦，及其长成宦官，则应在公元770年前后，那么董承悦出使新罗、渤海两国的时间应在770—815年之间。据查史籍，唐朝遣使节赴渤海、新罗者有七八次，其中有宦官为使节者两次：一次为唐贞元十九年（803）二月"令内常侍殷志瞻将册书往渤海册大嵩璘为渤海王、忽汉州都督"①；另一次为元和八年（813）正月"遣内侍李重旻册封渤海王"②，其间还有四次唐朝使节册封新罗王。具体董承悦哪次出使渤海、新罗未知。中唐以后，宦官充当使节出使异域者不少，据统计有二十余次。③墓志还记载了出使渤海、新罗的艰辛"动经万里，历险不尽"。《太平广记》卷48亦载，宦官"六军使西

---

① （北宋）王钦若、杨亿等编：《册府元龟》卷九六五《外臣部·册封三》，中华书局1960年版，第11352页。

② 同上。

③ 参见李大龙《唐朝和边疆民族使者往来研究》，黑龙江教育出版社2001年版。

门思恭衔命使于新罗，风水不便，累月漂乏于沧溟，罔知边际"。开成五年，宦官王文幹一行赴新罗告哀，乘船返回时在海上遇风暴，"巨海洪波，浩浩万里，迴舻返程，潮退反风，未达本国，恐惧在舟夜耿耿而罔，为魂营营而至曙，险阻艰难，备尝之矣"①。虽侥幸脱险，回到长安后不久即病亡，说明了出使之艰难。此志为研究唐朝与海东交流史又增加了新的资料。

7. 李训夫人王氏墓志②

李训夫人王氏墓志，2000 年出土于陕西省眉县常兴镇砖厂。墓志正方形，长宽均 42 厘米，盖佚。志文楷书，26 行，满行 25 字。李侹撰文并书。

志文中提到"天宝初，有大云寺新罗和上者，崇启道门。夫人礼谒，分诚回向，便为上足，一心斋戒，十载住持。契不二之门，以寂灭为乐；穷归一之义，明色即是空。体性如如，喜怒不干于颜色；心神杳杳，憎爱无杂于言怀。岂可不以为如莲花不著水，居然有道者也"。可见，王氏是一位虔诚的佛教信徒。并说明在天宝初年，已有新罗和尚来到大云寺，并在此驻锡了近十年时间。从志文的描述来看，该和尚不但能与信众熟练交流，还受到相当的礼遇，可见他应该是一位精通佛典、通晓汉文、在当时有一定名望的新罗僧侣。在 8 世纪初叶至中叶，唐与新罗的联系再一次密切起来，互派使者也极为频繁。双方在文化上的交流主要体现在新罗僧侣东来学习佛法，以及留学生在唐国子监、太学、四门馆修业等，而志文中所提到的新罗和上正是在此期间入唐的僧侣之一。

大云寺，据宋人宋敏求《长安志》："大云经寺，本名光明寺。隋开皇四年，文帝为沙门法经所立。时有延兴寺僧昙延，因隋文赐以蜡烛自然发焰，隋文奇之，将改所住寺为光明寺……武太后初，此寺沙门宣政进《大云经》，经中有女主之符，因改为大云寺。遂令天下每州置一大云经寺。此寺当中宝阁崇百尺，时人谓之七宝台寺。"《唐会要》也明确记载："天授元年十月二十九日，两京及天下诸州，各置大云寺一所。"③ 长安大

---

① 《唐代墓志汇编》，《王文幹墓志》，第 2237 页。

② 刘莲芳：《唐〈李训夫人王氏墓志〉考释》，《碑林集刊》（十），陕西人民美术出版社 2004 年版；拜根兴：《唐〈李训夫人王氏墓志〉关联问题考析》，《纪念西安碑林九百二十周年华诞国际学术研讨会论文集》，文物出版社 2008 年版。

③ （宋）王溥：《唐会要》卷四八《寺》，中华书局 1955 年版。

云寺的位置在唐长安城怀远坊东南隅。又据《唐会要》载，开元二十六年（738）大云寺并改为开元寺。夫人王氏，在李卒后"因家岐雍焉"，天宝九年（750）"卒于岐山南之别业"。那么夫人王氏是在哪个大云寺（长安或岐山）跟新罗和尚礼佛，暂无法确定。对此拜根兴先生的专文有较深入的探讨，本文不再赘述。值得注意的是王氏的丈夫、陇西李训"兴圣皇帝十叶孙也"，官至鸿胪寺丞。鸿胪寺为唐代九寺之一，是负责外交及少数民族事务的机构之一。鸿胪寺因负责外交少数民族事务，故与外来之佛教必然有着密切的关系。宋朝叶梦得《石林燕语》卷八云："东汉以来，九卿官府皆名曰寺，与省台并称，鸿胪其一也。本以待四方宾客，故摩腾、竺法兰自西域以佛经至，舍于鸿胪。"鸿胪寺丞，正七品下。盖因李训在鸿胪寺任职，与来唐的外国人员交往较多，故王氏跟"新罗和上"礼佛有了联系。

夫人王氏之祖父为唐、武周名将土孝杰，官至兵部尚书，在新旧唐书中均有传。父王默，袭琅琊公，早亡。王氏于天宝九年（750）迁化，终年65岁，天宝十三年（754）安葬于眉县城北三畤原下。

（原载《碑林集刊》第 17 辑）

国内城高氏：最早入唐的高句丽移民

——新发现唐上元元年《泉府君夫人高提昔墓志》释读

王其祎　　周晓薇[*]

唐总章元年（668）九月，辽东道行军大总管李勣攻拔平壤城，擒其王高藏及其大臣泉男建等，高句丽政权至此以宝藏王时代为归结而告覆灭。[①] 在高句丽王朝走向末路的最后运程，也就是唐太宗贞观十九年（645）首伐高句丽到唐高宗总章元年攻克平壤城的二十三年间，或先或后归款于唐朝的高句丽王族与大臣高氏、泉氏、李氏、王氏等诸姓移民，已缘出土墓志的不断发现而不仅得与传世文献相互补证，且提供了更多入唐高句丽移民及其后裔的新人事与新信息。[②] 关于最早入唐的高句丽移民，稽诸文献，所能见知名姓者，大约只有在贞观十九年太宗亲伐高句丽、收复辽东而后随迁内地的高句丽降将高

---

　* 王其祎：西安碑林博物馆研究员；周晓薇：陕西师范大学历史文化学院教授。

　① 高丽，其王朝名称先谓"高句丽"，后简城"高丽"，少数更有在行文中省作"句丽"者。以正史为序推之，《后汉书》《三国志》《魏书》《宋书》《梁书》《南史》皆立高句丽（骊）传，其中《宋书》行文中始出现"高丽"简称。《北史》虽立高丽传，然行文中复多言"高句丽"。自《周书》《隋书》《旧唐书》，以迄《新唐书》《旧五代史》《新五代史》，则皆立高丽传。又，彼时朝鲜半岛皆自称"高句丽"，如《周书》《隋书》之《高丽传》言"自号高句丽，以高为氏"。而成书于12世纪中叶的朝鲜传世古文献之最早者——金富轼撰《三国史记》亦径称"高句丽"而不言"高丽"。更且历来学界研究文字中也以用"高句丽"称谓者居多，盖为免与五代以后在朝鲜半岛建立的同名"高丽"王氏政权相淆乱。是故，本文亦沿用"高句丽"之名，而在引用古代原典和今人文字时则一仍其固有称谓不予更改。

　② 本文采用"移民"而不用"遗民""徙民"或"流民"等称谓，乃取则于葛剑雄《中国移民史》导论中"移民的定义"。又，关于入唐高句丽移民及其后裔的出土墓志资料，可参见拜根兴《唐代高丽百济移民研究》附篇"高丽百济移民墓志汇集"，中国社会科学出版社2012年版。

延寿、高惠真二人。至于有学者认为："唐太宗亲征高丽返回长安的同时，将原来居住于辽东或朝鲜半岛、在战争间隙投诚唐军的王景曜、高德两族人，李敬、豆夫卒等家族迁往长安，这些人的祖先虽是汉人，但在辽东生活数百年，与高丽无异，他们被安置于都城，开高丽移民迁居长安之先河。"① 这当然是一种宽泛的未拘其族源而只论其移民身份的认知，若还以本籍为准，则仍当以位头大兄高延寿和大兄高惠真两位高句丽俦萨别将为最早的入唐移民②，唯惜此二位移民的家世与后裔皆无可知悉。

2012 年年初，西安东郊龙首原出土了一方初唐高句丽人墓志，即唐上元元年（674）《高提昔墓志》，此志一出，竟为最早入唐的高句丽移民揭示出一支籍贯为国内城的高姓家族。据笔者即时收藏的该墓志拓本可知墓志高、宽皆 38 厘米，志文 20 行，满行 19 字，楷书，有方界格。墓志盖呈覆斗形，志盖拓片高、宽皆 38 厘米，盝顶高、宽皆 27 厘米，盖题"大唐泉府君故夫人高氏墓志" 12 字，4 行，行 3 字，阴文篆书，无界格。盖题四周及志盖四杀皆线刻卷草纹。

墓志全文如下：

> 大唐右骁卫永宁府果毅都尉泉府君故夫人高氏墓志
> 夫人讳提昔，本国内城人也。原夫蝉冕摛华，叠清晖于往躅；潢漪湛态，挺芳烈于兰闱。曾祖伏仁，大相、水镜城道使、辽东城大首领。祖支于，唐易州刺史、长岑县开国伯、上柱国。父文协，宣威将军、右卫高陵府长上折冲都尉、上柱国。往以贞观年中，天临问罪，祖乃归诚款塞，率旅宾庭。爰赏忠规，载班清级，因兹胤裔，族茂京都。夫人即长上折冲之元女也，德芬兰苑，声冠礼闱，博综情田，遵母仪之雅训；洞包灵府，宪女史之弘规。然而结聘泉门，才盈晦朔，未谐归展，俄事沦亡，惟其所

---

① 拜根兴：《唐代高丽百济移民研究——以西安洛阳出土墓志为中心》，中国社会科学出版社 2012 年版，第 37 页。

② （宋）王钦若等：《册府元龟》卷一七〇《帝王部》载唐太宗贞观十九年七月诏曰："西戎贤相，宠光秦册；北夷嗣子，荣珥汉貂……高丽位头大兄理大夫后部军主高延寿、大兄前部军主高惠真等，并马韩酋长，鲲海英髦……临危转祸，率众来降，申其滕行之敬，成其面缚之礼，向风举踵，良足可嘉……延寿可鸿胪卿，惠真可司农卿。"上海古籍出版社影印文渊阁《四库全书》本，1987 年，第 905 册，第 108 页。

生，悲摧玉掌。粤以咸亨五年六月四日卒于来庭里之私第，春秋
廿有六。莫不璧沦朝彩，婺黯霄晖，风碎瑶柯，霜凋玉树。秦镜
悲其鸾戢，孔匣詠其龙沉。遂使闾阎宿交，望素车而下泣；里闬
亲好，辍朱绂以表哀。以上元元年八月廿五日窆于万年县浐川之
原礼也。将恐秋阳递序，陵谷迁迴，所以图撰芳猷，树旌幽壤。
其词曰：

　　　弈叶崇构，蝉冕代晖。外谐懿范，内穆兰闱。如何景落，泉帐孤
捿。幽扃永閟，寒陇凄凄。

归纳墓志文的基本要素，知志主高提昔祖籍辽东国内城（今吉林
省集安市），曾祖高伏仁，尝任高丽国大相、水镜城道使、辽东城大
首领；祖高支于，于贞观中太宗亲伐高句丽时投降唐朝并定居长安、
"族茂京都"，尝任唐易州刺史、上柱国，封长岑县开国伯。父高文
协，随高支于入唐，任唐宣威将军、右卫高陵府长上折冲都尉、上柱
国。高提昔为高文协长女，生于贞观二十二年（648），即支于、文协
父子移民入唐的第四年。约咸亨五年（674）五月高提昔嫁于时任
"右骁卫永宁府果毅都尉"的同族人泉氏，然蜜月才满，即在六月四
日消殒于来庭里私第，上元元年（674）八月二十五日窆于万年县浐
川之原。考诸史传，高提昔父、祖、曾三代皆未见于记载。然作为最
早入唐的高句丽移民，国内城权臣高氏一支的归款仕唐与族茂长安，
对于高句丽史和初唐政治史与民族史之研究无疑颇具重大史料价值。
是故，本文约从此高氏一族人物世系、入唐时间、婚姻关系、卒所与
葬地、官职与地名诸方面展开诠释，并附带梳理出墓志文献所见入唐
高句丽移民及其后裔中的高氏一族简表，以期比较新发现的最早且颇
具代表性的高句丽移民之高氏一族的历史背景、政治身份、生活地域
与民族心理认同之特征。

一　高提昔祖高支于、父高文协的入唐时间

墓志云："往以贞观年中，天临问罪，祖乃归诚款塞，率旅宾庭。
爰赏忠规，载班清级，因兹胤裔，族茂京都。"因知此国内城高氏一支
入唐时间在贞观年中，然贞观十九年至二十二年太宗尝三伐高句丽，其

中仅有十九年六月下旬太宗亲征于安市城东南驻跸山而大胜高延寿、高惠真后①，始从投降的高句丽军队三万六千八百人中"简偻萨以下酋长三千五百人，授以戎秩，迁之内地"②，其后两次讨伐，似皆未有将高句丽军民大量迁入内地之举，故可以推断高提昔祖高支于、父高文协应是在贞观十九年六月下旬随高延寿、高惠真"归诚款塞，率旅宾庭"而后徙居长安的。③ 或谓高支于是否会在驻跸山之战稍前譬如在其父伏仁尝任大首领的辽东城陷落时即先行投诚于唐军？笔者以为可能性较小，一是缺乏将降将"迁之内地"的史料佐证；二是墓志铭常作谀溢之词，故即便是战败被俘，而被美化为主动"归诚款塞，率旅宾庭"，也是尽在情理中的。还有一点，亦可以推究一番，即高支于与高惠真是否为同一人？因为以"支于"为名，似带有非汉人色彩，则是否有可能在其归唐后改名为"惠真"而为史籍所普遍行用？史载当时高延寿为北部偻萨（位头大兄理大夫后部军主），高惠真为南部偻萨（大兄前部军主），驻跸山战败归款后即授延寿鸿胪卿，授惠真司农卿，不久延寿便忧愤而死，惠真则竟至长安。④ 而高支于入唐后虽亦定居长安且"族茂京都"，但其所任唐朝官职为"易州刺史、长岑县开国伯、上柱国"，并无"司农卿"衔，故是否为同一人，终不能找到可以采信的依据。然而，作为贞观十九年（645）最早入唐的高句丽移民，除了传世文献中的高延寿、高惠真外，毕竟又可据此新出《高提昔墓志》而补苴国内城高氏支于、文协父子一支。

---

① 据两唐书与通鉴等史传记载，可知驻跸山之战于贞观十九年六月二十一日丁巳对阵、二十二日戊午开战、二十三日己未大胜受降。佐以贞观十九年《幽州都督王君愕墓志》"以贞观十九年六月廿二日薨于辽东驻跸之山……以其年十月十四日陪葬于昭陵"，适可为证。见《隋唐五代墓志汇编》陕西卷第一册，天津古籍出版社1991年版，第16页。《新唐书》卷二《太宗纪》作己未日"左武卫将军王君愕死之"，晚差一天。

② 《旧唐书》卷一九九上《东夷高丽传》，中华书局校点本1975年版，第5325页。《新唐书》卷二二〇《东夷高丽传》《资治通鉴》卷一九八"贞观十九年"、金富轼《三国史记》卷二一所记略同（本文采用李康来校勘本，汉城：Hangilsa Publishing Co. 1998）。

③ 据史，贞观十九年四月，李勣攻拔盖牟城，俘获两万余口，以其地置盖州。张亮又拔卑沙城，获男女八千口。五月，李勣又攻拔辽东城，得胜兵万余人，男女四万口，以其地置辽州。然这三次攻地拔城皆未见有请降投诚者之说，故高氏款附理应在十九年六月下旬的安市城驻跸山之战当中。

④ 参见《旧唐书》卷一九九上《东夷高丽传》《新唐书》卷二二〇《东夷高丽传》《资治通鉴》卷一九八"贞观十九年"、金富轼《三国史记》卷二一《唐大诏令集》卷一三〇《破高丽赐酺诏》《授高延寿高惠真官爵诏》及《唐刘仁愿纪功碑》等。

二　高提昔的婚姻与其夫泉氏

墓志记高提昔所适之夫为泉姓，笔者认为这位当时任"右骁卫永宁府果毅都尉"的泉府君的族属应为高句丽人，至于是否即入唐的泉男生家族成员，则不妨一推。以高提昔享年 26 岁推之，其夫泉氏彼时当在 30 岁左右。泉氏一族最早入唐者为泉男生、泉男产、泉男建兄弟及男生子献诚等，以传世文献与出土墓志推勘，男生卒于仪凤四年（679），享龄 46 岁，则其乾封二年（667）入唐时为 34 岁，上元元年（674）为 41 岁，且入唐即授右卫大将军、卞国公。男产卒于大足元年（701），享龄 63 岁，则其总章元年（668）入唐时为 30 岁，上元元年（674）为 38 岁，且入唐即授司宰少卿。男建总章元年入唐后即流于黔州。可知男生兄弟三人皆不可能是高提昔之夫。而男生嫡子献诚早男生一年入唐，卒于天授二年（691），享龄 42 岁，则其乾封元年（666）入唐时为 17 岁，上元元年（674）为 25 岁，尚小于高提昔一岁，故亦不可能为高氏夫君。既然入唐的泉男生一系人物与高提昔皆无姻亲关系，那么高氏之夫是否与泉男生一支有着宗亲关系，目下虽无史料依据，似亦不排除有此种可能。譬如高氏乃是高句丽王族，而泉氏亦为彼国贵族，故两世家大姓联姻本是情理中事。又譬如墓志云高提昔"结聘泉门，才盈晦朔，未谐归展，俄事沦亡"，知高氏出嫁才刚一个月，即于咸亨五年（674）六月四日香消玉殒，享年 26 岁。高氏何以到 26 岁方才出嫁，析其缘故，或有两点：一是其祖上于贞观十九年投诚唐朝后，高句丽政权又苟延了 23 年才告覆亡。作为第一代入唐的移民，其家国与民族情结尚深，自不可能在文化与生活理念上很快融入并接受唐朝，更何况是婚姻观念。二是高提昔在其祖入唐后第四年出生，到高句丽亡国时已届 20 岁。此前欲要寻觅和缔结同民族姻缘，实属不易，因为从太宗朝到高宗朝，仅在贞观十九年第一次征伐高句丽于安市城外驻跸山一战大胜高延寿后，始有"太宗简俘萨以下酋长三千五百人，授以戎秩，迁之内地"之举，而其余三万多降众皆放还平壤。[①] 此

---

① 贞观十九年徙入内地的三千五百人皆为高句丽军队将领，盖以安排定居在长安洛阳两地者为多。《资治通鉴》卷一九八云：是年又尝"徙辽、盖、岩三州户口入中国者七万人"，盖以增加户口为目的多安置于因初唐战争而缺户少丁的陇右、辽东、河南，以及江南道和山南道等地区。

后直至总章元年（668）高句丽泯灭，方才有大约十万拖家带口的高句丽移民潮涌入唐，而高提昔的意欲与本国同族婚嫁也缘此才有了可能的条件与机会。由此，还可推断随高句丽灭亡而移民唐朝的泉氏宗族，除泉男生一支外，尚有入唐后于上元元年任"右骁卫永宁府果毅都尉"的高提昔夫君一支。总之，从此婚姻一事应能侧面见出，高提昔虽是入唐移民后裔的第二代，即生于唐土，但作为最早入唐的高句丽家族，在未最终看到家国覆灭之前，其本民族的认同与归属感或许是难以迁变的，因此相比于后来高藏的女儿嫁给太原公王暐、高藏孙高震与真定侯氏联姻，高震女又嫁给慈丘县令邵氏，泉献诚孙泉毖则娶王暐的女儿为妻，高句丽后裔王毛仲亦娶汉人为妻，毛仲的姐姐又嫁给了侯姓汉人，高句丽后裔李正己的姑姑也嫁了平卢侯氏①，高提昔在其父祖入唐近 30 年和高句丽亡国六年之后，依然选择同族婚姻，正是早期移民在民族认同与归属意识层面的一例典型表征，同时也由此可以见证民族之间的真正融并，婚姻的融合乃是导引最终政治与社会乃至文化融入的基础和前提。这里不妨再举说一个反面的案例，并以此见证通常到了移民后裔的三代以后，似多少会缘婚姻等因素而出现一定程度的对移入地政治意识、社会风俗和文化理念的接受与融入。譬如入唐的高句丽权臣泉男生的曾孙、泉献诚的孙子、亡国之君高藏的外孙泉毖，其墓志就已经署籍贯为"京兆长安人"了，更有甚者是高震的父母虽然还属于本族贵宦联姻，但他自己却娶了太原公王暐的女儿，而且即便卒于长安，也要按照中国传统丧葬观念葬回到洛阳泉氏祖茔，这应该是一例极为典型的移民同化与融合的个案。②

三　高提昔的卒所与葬地

墓志云高提昔"咸亨五年六月四日卒于来庭里之私第"，此私第是其夫家泉氏宅第，还是其父祖入唐定居长安后的宅第，尚不能确认。来庭坊位于唐长安城朱雀门街东第四街街西从北第二坊，"本永昌一坊之地，与翊善坊同分。隋末有仁法寺，大业七年废。按翊善、来庭皆逼近东内，故

①　参见拜根兴《唐代高丽百济移民研究》，中国社会科学出版社 2012 年版，第 45—46 页。
②　《泉毖墓志》载《洛阳出土历代墓志辑绳》，中国社会科学出版社 1991 年版，第 506 页。

多阉人居之"①,如高延福、高力士、梁守谦、孙志廉、刘弘规、孙希岩、吴德鄘等。②今据《高提昔墓志》,又可知高句丽移民高氏或泉氏亦居住此坊。高句丽移民居所在长安者,稽诸墓志文献,除此高氏家族(包括最早入长安的高惠真和高句丽亡国之君高藏)外,还有泉氏家族,如泉男生的宅第在兴宁坊,男生曾孙泉毖亦在开元十七年"终于京兆府兴宁里之私第"。还有葬于长安的李他仁上元元年"薨于长安之私第",李仁德开元廿一年"薨于醴泉里之私第",似先义逸大中四年"薨于大宁里之私第",高铙苗与高木卢虽未明言卒所,亦必有宅在长安。只是从这些私第所在的坊里来看,高句丽移民的宅第似没有一个相对比较集中的区域。

墓志云高提昔"以上元元年八月廿五日窆于万年县浐川之原",浐川在长安城东,西滨龙首原,东邻白鹿原。据出土墓志又知高句丽移民卒葬于长安者还有五人,一是高铙苗,咸亨四年恩诏葬于城南原③;二是李他仁,上元二年葬于长安城东之白鹿原④;三是高木卢,开元十八年葬于京兆崇道乡齐礼里白鹿原之右⑤;四是李仁德,开元二十一年葬于高阳原⑥;五是似先义逸,大中四年葬于京城之东万年县丰润乡之原。⑦另据史传高句丽亡国之君"高藏以永淳初卒,赠卫尉卿,诏送至京师,于颉利墓左赐以葬地,兼为树碑"⑧,是知高句丽王族亦有墓地在长安东郊灞河东原。⑨然毕竟鉴于数据太少,仅城南两例、城东五例(含高藏墓),且所

①　(清)徐松:《唐两京城坊考》卷三"西京",中华书局1985年版,第51页。

②　参见李健超《增订唐两京城坊考》卷三"西京",三秦出版社2006年修订版,第75—77页。

③　张彦:《唐高丽遗民〈高铙苗墓志〉考略》,《文博》2010年第5期。

④　《李他仁墓志》录文(无图版)载在陕西省考古研究所编《远望集》下册《唐李他仁墓志考证》,陕西人民美术出版社1998年版,第736页。

⑤　《高木卢墓志》图版载在《隋唐五代墓志汇编》陕西卷第一册,天津古籍出版社1991年版,第114页。

⑥　《李仁德墓志》图版载在《北京图书馆藏中国历代石刻拓本汇编》第23册,中州古籍出版社1989年版,第99页。

⑦　《似先义逸墓志》录文载在马咏钟、张安兴《唐似先义逸墓志考释》,《碑林集刊》第三辑,陕西人民美术出版社1994年。图版载在《西安碑林全集》卷一九九(补遗卷),广东经济出版社、深圳海天出版社1999年版,第67页。

⑧　《旧唐书》卷一九九上《东夷高丽传》,中华书局校点本1975年版,第5328页。

⑨　《新唐书》卷二一五上《突厥传上》云:"(贞观)八年,颉利死,赠归义王,谥曰荒,诏国人葬之,从其礼,火尸,起冢灞东。"中华书局校点本1975年版,第6036页。又,2005年出土的永徽二年(651)颉利可汗之子《阿史那罗门墓志》亦云"葬于灞原"。载赵立光《西安碑林博物馆新藏墓志汇编》上,线装书局2007年,等75页。

葬乡原多不相同，故无法看出高句丽移民在长安的葬地特点，似乎唐代高句丽移民在长安并未有朝廷规定的集中葬地。即便是比较于发现高句丽移民墓志较多的洛阳一地，在未有集中葬地的特点上也与长安趋于一致。另外，还需提示一点，即从既有资料考察，显然卒葬于洛阳的入唐高句丽移民要倍多于长安（特别在武周至玄宗朝），尤以高句丽亡国后入唐的泉氏和高氏两族为突出①，有时即便是先定居于长安，稍后更又移居并葬于洛阳，甚至朝鲜王高藏葬于长安而其孙高震却葬在洛阳，竟不祔葬祖茔，至于个中缘由，当需别论，此不赘述。②

四　《高提昔墓志》所见官名、地名与相关考说

1. 国内城

墓志云："夫人讳提昔，本国内城人也。"作为第一代移民的后裔，去国年岁未远，所署籍贯犹为原籍，应能体现出一种感情寄托尚深的民族认同心理。

国内城为高句丽旧都所在，都城遗址位于今鸭绿江中游西岸的吉林集安③，地面石筑城墙犹存。"滨海之东兮昔有朱蒙，济河建国兮世业崇崇"④，徵诸史籍，高句丽自称始祖为西汉时朱蒙，约公元前37年尝据辽东玄菟郡建立地方政权，号高句丽，都于纥升骨城（今辽宁桓仁县五女山城），西汉元始三年亦即高句丽琉璃王二十二年（3）迁都国内城，并筑尉那岩城（后称丸都城），至北魏始光四年亦即高句丽长寿王十五年（427）移都平壤城前约425年间，国内城一直是高句丽的政治、经济和

---

① 据出土墓志统计，葬于洛阳及其周边地区的高句丽泉氏有四例，高氏有九例。葬于长安地区的高句丽高氏有三例（含《高提昔墓志》），泉氏则无一例。而其余诸姓高句丽移民的六例墓志中，葬于长安的有三例，葬于洛阳的有三例。

② 参详纪宗安、姜清波《论武则天与原高丽王室和权臣泉氏家族》，《陕西师范大学学报》2004年第6期。

③ （唐）杜佑：《通典》卷一八六《高句丽》云："马訾水一名鸭绿水，水源出东北靺鞨白山，水色似鸭头，故俗名之。去辽东五百里，经国内城南，又西与一水合，即盐难水也。二水合流，西南至安平城入海。"浙江古籍出版社2000年版，第992页。《新唐书》卷二二〇《高丽传》所记略同，惟安平城作安市。

④ 语出大足元年（701）《泉献诚墓志》，图版与录文见毛汉光《唐代墓志铭汇编附考》第13册1297，台湾"中央研究院"历史语言研究所，1990年。

文化中心。迁都平壤城后，国内城作为"别都"，列为高句丽三京之一①，仍不失其重要地位。隋代，国内城为高句丽所掌控。唐代高句丽亡国后，国内城隶属唐安东都护府下辖的哥勿州都督府（治所哥勿城在今吉林通化境），后为渤海国西京鸭渌府所辖的桓州（今吉林集安）。

印证于出土墓志文献，调露元年《泉男生墓志》云：乾封元年，男生遣子献诚入朝，高宗遥拜男生"特进，太大兄如故，平壤道行军大总管兼使持节安抚大使，领本藩兵，共大总管契苾何力等相知经略"，男生"率国内等六城十余万户，书籍辕门；又有术底等三城，希风共款，蕞尔危矣，日穷月蹙"，二年男生奉敕入朝。②《新唐书》男生本传亦云：是年高丽泉男建窃国，"男生惧，不敢入。男建杀其子献忠，男生走保国内城，率其众与契丹、靺鞨兵内附，遣子献诚诉诸朝"③。又，大足元年《泉献诚墓志》云：男建、男产篡权后，男生按部于外，十六岁的献诚"乃劝襄公（男生）投国内故都城，安辑酋庶"④。可知当时国内城等九城已先一年归款唐朝，并由投诚于唐的泉男生任大总管兼安抚大使。

2. 大相

墓志云："曾祖伏仁，大相、水镜城道使、辽东城大首领。""大相"为唐时对周边少数民族政权中所设相当于宰相职官的泛称，主要见于吐蕃、回纥政权，可参新旧《唐书》吐蕃、回纥传等。另，《资治通鉴》卷二四二记唐穆宗长庆元年（821）冬十月"癸酉，命宰相及大臣凡十七人与吐蕃论讷罗盟于城西；遣刘元鼎与讷罗入吐蕃，亦与其宰相以下盟"。胡注曰："吐蕃国有大相、副相，史因亦以宰相书之。"⑤此外，高句丽、

---

① 《周书》卷四九《高丽传》云："自言始祖曰朱蒙……土于纥升骨城，自号曰高句丽，仍以高为氏。"中华书局校点本1971年版，第884页。《隋书》卷八一《高丽传》云："都于平壤城，亦曰长安城……复有国内城、汉城，并其都会之所，其国中呼为三京。"中华书局校点本1973年版，第1814页。（唐）杜佑《通典》卷一八六云："其王所居平壤城，亦曰长安城……其外有国内城及汉城，亦别都也。"浙江古籍出版社2000年版，第991页。（南宋）郑樵《通志》卷四一云："高句丽初都纥升骨城，后世迁于丸都山下，自东晋以后，迁都于平壤城，又有别都曰国内城、曰汉城，号为三京。"中华书局1987年版。

② 《北京图书馆藏中国历代石刻拓本汇编》第16册，中州古籍出版社1989年版，第120页。

③ 《新唐书》卷一一〇《泉男生传》，中华书局校点本1975年版，第4123页。又，《旧唐书》卷六七《李勣传》云男生"为其弟男建所逐，保于国内城"，卷一一九上《高丽传》云"男生为二弟所逐，走据国内城死守"。

④ 毛汉光：《唐代墓志铭汇编附考》第13册，台湾"中央研究院"历史语言研究所，1990年，第1297页。

⑤ 《资治通鉴》，中华书局校点本1956年版，第7800页。

新罗等政权中亦有"大相"官职，如新罗国沙门纯白撰显德元年《新罗国石南山故国师碑铭后记》有云："即门生金长老允正所修录，具门人崔大相仁流所撰碑述之……仍勒崔仁流侍郎使撰碑文。"① 光德二年《唐高丽大安寺广慈禅师碑铭》撰者高丽人孙绍署衔"大相守礼宾令元风令兼知制诰上柱国赐紫金鱼袋"。② 上元元年《李他仁墓志》云："本辽东栅州人也，后移贯雍州之万年县焉。祖福邹，本朝大兄；父孟真，本朝大相。"③ 圣历三年《高质墓志》云："辽东朝鲜人也……父量，三品栅城都督、位头大兄兼大相。"④ 以高提昔的曾祖高伏仁在隋唐之间贵为大相推之，知此高氏一族若非王族宗支，亦必是其国内望重势隆的权臣世家。

又，"大相"一职似不见于唐以前史籍文献。而唐以前正史记载高句丽官职大要有《三国志·高句丽传》云："高句丽在辽东之东千里……其国有王，其官有相加、对卢、沛者、古雏加、主簿、优台丞、使者、皂衣先人，尊卑各有等级……其置官，有对卢则不置沛者，有沛者则不置对卢。王之宗族，其大加皆称古雏加……诸大加亦自置使者、皂衣先人，名皆达于王，如卿大夫之家臣，会同坐起，不得与王家使者、皂衣先人同列。"⑤《后汉书·高句丽传》亦云："其置官，有相加、对卢、沛者、古邹大加、主簿、优台、使者、帛衣先人。"⑥ 所不同者惟"古雏加"作"古邹大加"，"优台丞"作"优台"，"皂衣先人"作"帛衣先人"。《梁书·高句丽传》所记官职名目同于《三国志》，且亦言"有对卢则不置沛者，有沛者则不置对卢"⑦，唯"古雏加"作"古邹加"，盖形近而异，"优台丞"亦作"优台"，同于《后汉书》，而"皂衣先人"则又同于《三国志》。其所谓"相加"者，盖即彼时相当于宰相的职官。《周书·高丽传》所记官职名称则多有不同，即"大官有大对卢，次有太大兄、大兄、小兄、意俟奢、乌拙、太大使者、大使者、小使者、褥奢、翳属、仙人并褥萨凡十三等，分掌内

---

① （清）刘燕庭：《海东金石苑》卷三，海东大学藏光绪七年二铭草堂校刊本，第41页。

② 同上书，第44页。

③ 陕西省考古研究所编：《远望集》下册，陕西人民美术出版社1998年版，第736页。

④ 《全唐文补遗·千唐志斋新藏专辑》，三秦出版社2006年版，第79页。又，圣历三年高质子《高慈墓志》亦云："朝鲜人也……祖量，本藩任三品栅城都督、位头大兄兼大相。"见《北京图书馆藏中国历代石刻拓本汇编》第18册，中州古籍出版社1989年版，第178页。

⑤ 《三国志》卷三〇《魏书·乌丸鲜卑东夷传》，中华书局校点本1965年版，第843页。

⑥ 《后汉书》卷八五《东夷列传·高句丽传》，中华书局校点本1965年版，第2813页。

⑦ 《梁书》卷五四《诸夷列传·高句丽传》，中华书局校点本1973年版，第802页。

外事焉。其大对卢，则以彊弱相陵，夺而自为之，不由王之署置也"①。《隋书·高丽传》略同于《周书》，即"官有太大兄，次大兄，次小兄，次对卢，次意侯奢，次乌拙，次太大使者，次大使者，次小使者，次褥奢，次翳属，次仙人，凡十二等。复有内评、外评、五部褥萨。"②唯"意侯奢"作"意侯奢"，盖形近而异。《旧唐书·高丽传》复云："其官大者号大对称职者，不拘年限……次曰太大兄，比正二品。对卢以下官，总十二级。"③所记顺次与级数似与《周书》同。《新唐书·高丽传》又云："官凡十二级：曰大对卢，或曰吐捽；曰郁折，主图簿者；曰太大使者；曰帛衣头大兄，所谓帛衣者，先人也，秉国政，三岁一易，善职则否……曰大使者；曰大兄；曰上位使者；曰诸兄；曰小使者；曰过节；曰先人；曰古邹大加。"④此又与《新唐书》互异稍多。惟北周隋唐时期的高句丽宰相一职显然已是"大对卢"。而从上举诸史所记似又可证"大相"本非高句丽职官固有名称，虽然"大相"与汉魏时期的"相加"名称相近，但并不能认定二者有直接的沿革演变关系。而在隋唐之际，高句丽相卢，比一品，总知国事，三年一代，若当于宰相一职的官名乃是"总知国事"的大对卢⑤，此亦与"大相"迥异。因此，笔者认为高句丽职官中的"大相"称谓，或许是入唐的高句丽移民因仿效中原内地对吐蕃、回纥等少数民族政权宰相一职的称谓而或将他们的"大对卢"一职也入乡随俗地称作了"大相"，唯在其本土则犹言"大对卢"。

3. 水镜城道使

高句丽职官中的"道使"为主持一城军政的第一长官，见载于两唐书《高丽传》及《旧五代史》中的《高丽传》。《旧唐书·高丽传》云："外置州县六十余城。大城置傉萨一，比都督。诸城置道使，比刺史。"⑥

---

① 《周书》卷四九《异域上·高丽传》，中华书局校点本 1971 年版，第 885 页。

② 《隋书》卷八一《东夷列传·高丽传》，中华书局校点本 1973 年版，第 1814 页。

③ 《旧唐书》卷一九九上《东夷高丽传》，中华书局校点本 1975 年版，第 5319 页。

④ 《新唐书》卷二二〇《东夷高丽传》，中华书局校点本 1975 年版，第 6186 页。

⑤ 刘炬《高句丽相权考》"三、大对卢时代"云："大对卢时代是高句丽相权发展的第三阶段，因本阶段的宰相名称为大对卢，故称之为大对卢时代。大对卢一词最早见于《周书·东夷传》，故至迟在周之前，高句丽便已进入大对卢时代了。公元 642 年，盖苏文弑荣留王，废大对卢而自为莫离支，大对卢时代自此终结。至于莫离支一职，乃权臣专政的产物，不当以相权视之。"载《北方文物》2003 年第 3 期。

⑥ 《旧唐书》卷一九九上《东夷高丽传》，中华书局校点本 1975 年版，第 5319 页。

《新唐书·高丽传》亦云："其州县六十。大城置偄萨一，比都督；余城置处闾近支，亦号道使，比刺史。"①《旧五代史》与《旧唐书》所记略同。由"亦号道使"一说可知其与隋唐王朝的"道使"在行政区划和职掌级别上是不同的，隋唐的"道使"如十道使等皆设在州郡之上，而高句丽的"道使"则只相当于刺史，且行政领属皆在其诸道之下。因此高句丽的"道使"之称，可能只是借用了隋唐的职官名称罢了。不过，在初唐就出现了高句丽的"道使"一职，《高提昔墓志》无疑是一例最早的史料依据。至于"水镜城"之名竟不见于史籍，值得推究。笔者以为水镜城应即后来的镜城，亦即镜城郡，在今朝鲜东北部沿海，西界咸镜山脉，东滨镜城湾，属咸镜北道，约建置于14世纪，咸镜道的"镜"当即指镜城。明代郑若曾《郑开阳杂著》卷五"朝鲜考"都邑类有咸镜道镜城府。《清史稿》卷二二二记明英宗正统四年（1439）"四月，李满住上言：'都督凡察、指挥童仓为朝鲜所诱，叛去。'童仓即董山，译音异也。英宗敕朝鲜国王李祹问状，祹疏自明非诱。英宗命凡察、童仓即居镜城，复敕祹抚谕之"②。今据墓志，可知镜城溯及唐初的名称本为水镜城。

4. 辽东城

辽东城故址在今辽宁省辽阳市辽阳老城东北隅，即汉之辽东郡襄平城③，东汉孝和帝永元十二年（100）"复置辽东西部都尉官"，治辽东郡昌黎城，时高句丽犯郡界，辽东太守耿夔破之。④ 东晋义熙元年亦即十六国后燕光始五年（410），辽东城（襄平城）入高句丽⑤。北魏时尝封高琏、高云、高安、高延几代为辽东郡开国公、高句丽王⑥。隋大业八年

---

① 《新唐书》卷二二〇《东夷高丽传》，中华书局校点本1975年版，第6186页。

② 《清史稿》卷二二二《撒满哈失里传》，上海古籍出版社、上海书店出版社，1986年缩印《二十五史》本，下册第1003页。

③ 《后汉书》志二三《郡国五》"辽东郡"，中华书局校点本1965年版，第3529页。

④ 《后汉书》卷四《孝和帝殇帝纪》，中华书局校点本1965年版，第193—194页。《三国志》卷三〇《乌丸鲜卑东夷传》又载："至殇、安之间，句丽王宫数寇辽东，更属玄菟。辽东太守蔡风、玄菟太守姚光以宫为二郡害，兴师伐之。宫诈降请和，二郡不进。宫密遣军攻玄菟，焚烧候城，入辽隧，杀吏民。后宫复犯辽东，蔡风轻将吏士追讨之，军败没。"中华书局校点本1965年版，第844—845页。

⑤ 《资治通鉴》卷一一四《晋纪》"安帝义熙元年"："燕王（慕容）熙伐高句丽。戊申，攻辽东；城且陷，熙命将士：'毋得先登，俟刬平其城，朕与皇后乘辇而入。'由是城中得严备，不克而还。"中华书局校点本1956年版，第3579页。金富轼《三国史记》卷一八，广开土王十四年所记略同。

⑥ 《魏书》卷一〇〇《高句丽传》，中华书局校点本1974年版，第2215—2217页。

（612）于辽东城置辽东郡，《新唐书》载韦贞尝任"隋辽东城西面军
事"。唐太宗贞观十九年（645）亲伐高句丽收复辽东城后以此城为辽
州①。唐高宗总章元年（668）灭亡高句丽后，于此置辽城州都督府，隶
属安东都护府②。高伏仁尝任水镜城道使，又任辽东城大首领，时间约当
隋代到唐初。而水镜城与辽东城相距甚远，水镜城在今朝鲜半岛东部的东
朝鲜湾，西距平壤城约二百公里；辽东城在今辽东湾偏东北的辽阳，东南
距平壤城约四百公里。故从高伏仁任职顺序可以推知，其时正值隋炀帝三
伐高句丽，辽东城处在拉锯战状态下，而炀帝终未能攻拔辽东城，彼时的
辽东城守将或正是大首领高伏仁。

　　5. 易州

　　墓志云："祖支于，唐易州刺史、长岑县开国伯、上柱国。"以墓
志未记高支于入唐前官职且亦未记高伏仁入唐后官职推之，贞观十九年
太宗拔辽东城时高伏仁当已亡故，而高支于则或者在五月中旬城陷时即
投诚于唐军，或者是六月下旬跟随高延寿、高惠真部援救安市时于驻跸
山战败后投诚于唐军。易州为燕赵故地，自古军事要冲，为东出辽东、
控备东北之门户。隋为上谷郡，唐武德四年讨平窦建德，改为易州，治
所在易县（今河北易县），辖于安东都护府下属的幽州都督府。易州在
唐为上州，故刺史品阶为从三品。据两唐书《高丽传》，贞观十九年六
月下旬太宗亲征高句丽，于安市城东南驻跸山大胜北部傉萨高延寿与南
部傉萨高惠真援军，并从投降的高句丽军队三万六千八百人中"简傉萨
以下酋长三千五百人，授以戎秩，迁之内地"③。高支于所任易州刺史、

---

　　①　《旧唐书》卷一九九上《东夷高丽传》，中华书局校点本1975年版，第5323页。《新唐
书》卷二二〇《东夷高丽传》略同。

　　②　《新唐书》卷四三下《地理七下》，中华书局校点本1975年版，第1128—1129页。

　　③　《旧唐书》卷一九九上《东夷高丽传》，中华书局校点本1975年版，第5325页。《新
唐书》卷二二〇《东夷高丽传》云："帝料酋长三千五百人，悉官之，许内徙，余众三万纵还
之。"中华书局校点本1975年版，第6192页。又，《资治通鉴》卷一九八"贞观十九年"、金
富轼：《三国史记》卷二一《高句丽本纪九》所记略同（本文采用李康来校勘本，汉城：
Hangilsa Publishing Co., 1998）。《新唐书》卷二二〇《东夷高丽传》云：总章元年十二月平高
句丽后，"剖其地为都督府者九，州四十二，县百。复置安东都护府，擢酋豪有功者授都督、
刺史、令，与华官参治，仁贵为都护，总兵镇之。"中华书局校点本1975年版，第6197页。
《新唐书》卷三九《地理志》亦云："总章元年，李勣平高丽国，得城百七十六，分其地为都
督府九，州四十二，县一百，置安东都护府于平壤城以统之，用其酋渠为都督、刺史、县令。"
中华书局校点本1975年版，第1023页。以此推之，贞观十九年针对高句丽降人的"授以戎
秩，迁之内地"，或亦在安东都护府所辖范围。

长岑县开国伯、上柱国职，或正是此次被"授以戎秩，迁之内地"之结果。当然其"易刺"之任是否为实职，尚无从确认，不过墓志言其举家（至少其子文协当时随之一起入唐且后任京师"右卫高陵府长上折冲都尉"）"爰赏忠规，载班清级，因兹胤裔，族茂京都"之说，恐不为虚。

6. 永宁府、高陵府

墓志记高提昔夫君时任"右骁卫永宁府果毅都尉"。检唐代折冲府资料，知永宁府驻在关内道宁州（今甘肃宁县）①，清代劳经原《唐折冲府考》据《文苑英华》所载《幽州长史薛楚玉破契丹露布》著录有永宁府果毅阎鼎臣，罗振玉《唐折冲府考补》据《周刘洪预墓志》著录有洪预祖"上开府永宁府骠骑"世荣②，唯永宁府隶属于十二卫中的哪一卫，一直未详。今据《高提昔墓志》，适可补知永宁府彼时属于右骁卫。而《唐会要》"十二卫"云："左右骁卫，光宅元年，改为左右武威。神龙元年，复改为左右骁卫。"③《高提昔墓志》撰在上元元年，正在光宅元年改诸卫名称之前。又，"果毅都尉"为折冲府第二长官，而永宁府所隶宁州为望州，故高提昔夫君泉氏的"果毅都尉"品阶为从五品下。墓志又记高提昔父文协尝任"右卫高陵府长上折冲都尉"，折冲都尉为折冲府第一长官，高陵为上府，品阶为正四品上。"长上"则表明文协属于长期宿卫而不需番上轮值。高陵府为诸家著录所不载，以关内道京兆府雍州所辖有高陵县推之，属于右卫的高陵府可能即驻在高陵县并因之得名。另外，高提昔直至 26 岁方才论嫁，且刚满一个月而卒葬长安，则高提昔当一直随父居在长安，那么高文协任职高陵府亦自离家不远。

五　出土墓志所见入唐高句丽移民之高氏一族

兹据所能见知的出土墓志文献按葬年为序梳理入唐高句丽移民之高

---

① 《新唐书》卷三七《地理志》记"关内道宁州"统有折冲府十一，"永宁"即其一府。中华书局校点本 1975 年版，第 969 页。

② 万岁通天二年《刘洪预墓志》今藏开封博物馆，图版载在《北京图书馆藏中国历代石刻拓本汇编》第 18 册，中州古籍出版社 1989 年版，第 106 页。

③ （宋）王溥：《唐会要》卷七一"十二卫"条，上海古籍出版社 1991 年版，下册第 1518 页。

氏一族如下表，以便于窥见其族贯、世系、卒葬时地、相关史料及入唐时间与事由等信息。

表1

志主	祖籍	世系	享龄与卒葬时地	志文所记相关史料	入唐时间
高铙苗①	辽东人	（未记父祖世系）	（未记享龄）咸亨四年卒于私第，恩诏葬于城南原	族高辰卞，价重珣琪。背沧海而来王，仰玄风而入仕。有日碑之听敏，叶驹支之词令。故得隆恩允备，宠服攸归	高铙苗即总章元年九月"小将乌沙铙苗"为唐军打开平壤城门投诚立功者。见金富轼《三国史记》卷二二《高句丽本纪》宝藏王二十七年
高提昔	国内城人	伏仁，大相、水镜城道使、辽东城大首领。祖支于，唐易州刺史、长岑县开国伯、上柱国。父文协，宣威将军、右卫高陵府长上折冲都尉、上柱国	年26岁，咸亨五年六月四日卒于来庭里之私第，上元元年八月二十五日窆于万年县浐川之原	往以贞观年中，天临问罪，祖乃归诚款塞，率旅宾庭。爰赏忠规，载班清级，因兹胤裔，族茂京都	高提昔为高文协长女。其祖支于、父文协归唐当在贞观十九年，或即与高惠真一同款塞，并入居长安
高玄字贵主②	辽东三韩人	曾祖宝，任本州都督；祖方，任平壤城刺史；父廉，唐朝赠泉州司马。三韩贵族，积代簪缨，九种名贤，蝉联冠冕。公侯必复，代有人焉	年49岁，天授元年卒于神都合宫之私第，二年葬于北邙之原	昔唐家驭历，并吞天下，四方合应，启颡来降，而东夷不宾，据青海而成国。公志怀雅略，有先见之明。弃彼遗氓，从男生而仰化；慕斯圣教，自东徙而来王，因而家贯西京，编名赤县	随泉男生于乾封元年六月归款于唐。时年25岁，后参与唐军攻陷平壤城立先锋功，官至冠军大将军、左豹韬卫翊府中郎将

---

① 张彦：《唐高丽遗民〈高铙苗墓志〉考略》，《文博》2010年第5期。

② 《千唐志斋藏志》上册，文物出版社1984年版，第397页。

续表

志主	祖籍	世系	享龄与卒葬时地	志文所记相关史料	入唐时间
高质字性文①	辽东朝鲜人	曾祖前，本蕃三品位头大兄；祖式，二品莫离之，独知国政及兵马事；父量，三品栅城都督、位头大兄兼大相。子右玉钤卫大将军鞠仁	年72岁，万岁通天二年与子高慈同战死于磨米城，圣历三年葬于洛州合宫县平乐乡之原。有敕曰："高性文父子忠鲠身亡，特令编入史册。"	十九代祖密，后汉末以破燕军存本国有功，封为王，三让不受，因赐姓高，食邑三千户。仍赐金文铁券曰："宜令高密子孙，代代承袭。自非乌头白，鸭渌竭，承袭不绝。"性文在藩任三品位头大兄兼大将军。属褫起辽宾，衅萌韩壤，妖星夕堕，毒雾晨蒸。公在乱不居，见几而作。乃携率昆季，归款圣朝。并沐隆恩，俱霑美秩。总章二年，制授明威将军、行右卫翊府左郎将。封柳城县公，为泸河道讨击大使，仍充清边东军总管，万岁通天二年除左玉钤卫大将军、左羽林军上下。赠镇军大将军、行左金吾卫大将军、幽州都督	归款当在总章二年平壤城陷落稍前，或即随男生入唐者
高慈字智捷②	朝鲜人	曾祖式，本藩任二品莫离支，独知国政。祖量，本藩任三品栅城都督，位头大兄兼大相。父文，本藩任三品位头大兄兼大将军。子崇德，奉制袭父左豹韬卫翊府郎将	年33岁，万岁通天二年与父同死国难于磨米城南，赠左玉钤卫将军。圣历三年窆于洛阳合宫县平乐乡	先祖随朱蒙王平海东诸夷，建高丽国，已后代为公侯宰相。至后汉末，高丽与燕慕容战，大败，国几将灭。廿代祖密当提戈独入，斩首尤多，因破燕军，重存本国，赐封为王。三让不受，因赐姓高，食邑三千户。自高丽初立，至国破已来，七百八年，卅余代，代为公侯，将相不绝。性文预知高丽必亡，遂率兄弟归款圣朝	高慈随父性文归款唐朝当在总章二年平壤城陷落稍前，时年4岁

---

① 《全唐文补遗·千唐志斋新藏专辑》，三秦出版社2006年版，第79页。
② 《北京图书馆藏中国历代石刻拓本汇编》第18册，中州古籍出版社1989年版，第178页。

续表

志主	祖籍	世系	享龄与卒葬时地	志文所记相关史料	入唐时间
高足酉字足酉①	辽东平壤人	（未记父祖世系）	年70岁，天册万岁元年卒于荆州官舍，万岁通天二年葬于洛州伊阙县新城之原	越沧波，归赤县，渐大化，列王臣，颛颛焉即高将军韫之矣。乃效款而往，遂家于洛州永昌县焉。族本殷家，因生代□，□居玄菟，独擅雄蕃，今罄大诚，特降殊荣。唐总章元年，授明威将军，守右威卫真化府折冲都尉	约在总章元年平壤城陷落稍前投诚，时年约42岁
高木卢②	渤海蓚人	（未记父祖世系）子履生，时任左领军卫京兆府丰闰府折冲都尉、仗内供奉、借绯长上、上柱国	年81岁，开元十八年卒于私第，同年葬于京兆崇道乡齐礼里白鹿原之右	君之远祖，避难海隅，暨我皇唐，大敷淳化。君乃越溟渤，归桑梓。遂骧首云路，厕迹天庭。属中宗孝和皇帝廓清宇宙，扫慝萧墙，君当奋袂提戈，御卫宸极，故得名当简册，位列珪璋。终官陪戎副尉直仆寺	约当总章元年平壤城陷落稍前归唐，时年约19岁
高德字元光③	渤海人	（未记父祖世系）嗣子前怀州怀仁府别将	年67岁，天宝元年卒于东京道政里私第，同年葬于河南梓泽乡之原	府君先代避难辽阳，因为辽阳世族。洎隋原鹿走，唐祚龙兴，廓四海而为家，奄八纮而取俊。府君祖宗，恋恩归本，属平仗内，侍卫紫宸。方李陵之在匈奴，遂作匈奴之族；比苏武之还汉代，长为汉代之臣。乃祖乃父，有孝有忠，勤劳王家，多历年所	高德祖父当在太宗三伐高句丽的贞观十九年至二十二年间归款于唐。既云"先代避难辽阳而为辽阳世族"，则本为汉人耳

① 《隋唐五代墓志汇编》洛阳卷第7册，天津古籍出版社1991年版，第84页。
② 《隋唐五代墓志汇编》陕西卷第1册，天津古籍出版社1991年版，第114页。
③ 《千唐志斋藏志》下册，文物出版社1984年版，第798页。

续表

志主	祖籍	世系	享龄与卒葬时地	志文所记相关史料	入唐时间
高钦德字应休①	渤海人	曾祖瑗，建安州都督；祖怀，袭爵建安州都督；父千，唐左玉钤卫中郎。嗣子崇节	年 57 岁，开元二十一年卒于柳城郡公舍，天宝岁惟庚戌月在申朔日辰乙巳葬于洛阳县清风里北邙洪原其右	志文有"终于柳城郡公舍"，而柳城郡公乃为高性文封爵，又高慈子曰崇德，与钦德子崇节排行字相同，故揣测高钦德与高性文一支为同族属	高钦德一支入唐时间未详。志云"大君御宇十有四载"，而天宝年号下干支亦无庚戌，姑附葬年在天宝间
高远望字幼敏②	殷人	曾祖怀，唐云麾将军、建安州都督；祖千，唐左玉钤卫中郎、袭爵建安州都督；父钦德，袭建安州都督、皇右武卫将军、幽州副节度知平卢军事。季弟崇节，嗣子岩、嵩	年 44 岁，开元二十八年卒于燕郡公舍，天宝元载权厝于东京私第，四载会葬于洛阳县清风乡北邙首原	始祖去国，家于辽东，其地逼乌丸、鲜卑，接扶余、肃慎。东征西讨，其邑里或迁于河北，渤海高氏则其宗盟，或留于漠南	高远望终官安东副都护兼松漠使。其父祖入唐时间未详
邵公夫人高氏③	渤海人	曾祖，皇朝鲜王；祖讳连，皇封朝鲜郡王；父震，定州别驾	年 42 岁，大历七年卒于洛阳履信里私第，同年葬于伊阙县吴村土门之东南原新茔		高氏曾祖者即高藏，亦即高句丽亡国之君宝藏王，总章元年平壤城陷落前夕被俘入唐。后封朝鲜王并遣归辽东安辑余众，永淳初因谋反流放而卒，诏葬长安

---

① 李希泌：《曲石精庐藏唐墓志》六五，齐鲁书社 1986 年版。
② 赵君平、赵文成：《河洛墓刻拾零》上册，北京图书馆出版社 2007 年版，第 268 页。
③ 李献奇、郭引强：《洛阳新获墓志》，文物出版社 1996 年版，第 81 页。

续表

志主	祖籍	世系	享龄与卒葬时地	志文所记相关史料	入唐时间
高震①	渤海人	祖藏，开府仪同三司、工部尚书、朝鲜郡王、柳城郡开国公；祢讳连，云麾将军、右豹韬卫大将军、安东都护	年73岁，大历八年卒于洛阳教业里私第，十三年葬于洛之北邙之阳新茔	公乃扶余贵种，辰韩令族。怀化启土，继代称王，嗣为国宾，食邑千室	高藏总章元年于平壤城陷落前夕投降唐朝。后封朝鲜王并遣归辽东安辑余众，永淳初因谋反流放而卒，诏葬长安。至高震卒时，高藏已归唐逾百年矣

　　排比表中入唐高氏一族人事，确以高提昔祖高支于、父高文协为最早入唐的高句丽移民一支，其中先祖本为汉人的高德一支亦有可能在贞观末入唐。至于高氏以外诸姓归唐之高句丽移民与其后裔还有泉男生一族（弟男产、子献诚、孙玄隐、曾孙毖等）及李他仁、李怀、李仁德、王景曜、豆善富、似先义逸等，亦皆不比高支于一族入唐年代为早。其中较为特殊的移民身份者是李怀一族，其先祖于晋时避走辽东，"曾祖敬，隋襄平郡从事。太宗东幸海关，访晋尚书令李公（胤）之后，金曰末孙孜在。帝许大用，尽室公行，爰至长安，未贵而没"②。可知此李氏一族远籍为汉人，晋永嘉后移民高句丽，入唐后复还籍汉人。

六　结论

　　近年来，对于高句丽史的研究，学者已渐多关注到入唐移民与其后裔的融入与认同问题，而在材料方面，则愈见期待和及时利用新出墓志文献为新史源。本文即依据长安地区新出土的唐上元元年高句丽移民后

---

　　① 周绍良、赵超：《唐代墓志汇编》，上海古籍出版社1992年版，第1814页。
　　② 天宝四载《李怀及妻王氏墓志》，载《千唐志斋藏志》下册，文物出版社1984年版，第821页。

裔《高提昔墓志》而予以多角度释读，意图探讨李唐王朝建立以后在贞观末年对于高句丽的征伐以及最早入唐的高句丽移民及其后裔的基本情形，同时借助检讨传世文献与出土墓志而对总章元年前后唐朝覆灭高句丽及其移民内地的相关人事梳理比照，从而见证太宗与高宗两朝对高句丽的征伐、受降与"授以戎秩，迁之内地"并安置移民的国家政策与战争策略的一致性①，并传达出高句丽移民入唐后所呈现的不同生活轨迹与政治命运。

就高提昔一门而言，其父祖在贞观十九年因战败投诚而后移民入唐并定居长安，或尝担任外可制约辽东、内可安辑移民的军事重镇易州刺史，或尝担任京师所在地的高陵府第一长官折冲都尉，从而得以"因兹胤裔，族茂京都"。既以卒所与葬地而言，能够在长安扎根繁衍的高句丽移民委实不多，故此高氏一族值得重视。另外，高提昔年届26岁方才嫁于同族人泉氏，亦尤需关注。这或许正可以印证最早入唐的高句丽移民在高句丽尚未亡国之前乃至亡国未久之时的民族认同心理及其家国归属情结，乃至初唐时期边疆移民与中原民族融合的态势和旨趣。当然，"国内城""水镜城道使"与"大相"等地名与官名，也为考证地理与职官的沿革提供了新元素和新视角。

[原载《陕西师范大学学报》（哲学社会科学版）2013年第3期]

---

① 参详李德山《唐朝对高句丽政策的形成、嬗变及其原因》，《中国边疆史地研究》2004年第4期。

平壤城南氏：入唐高句丽移民新史料

——西安碑林新藏唐大历十一年《南单德墓志》

王　菁　王其祎[*]

进入 21 世纪以来，对于入唐高句丽移民史的研究逐渐升温，其中一个主要的助推因素乃是源于诸如墓志一类新史料的不断发现与利用，如咸亨四年（673）《高铙苗墓志》、上元元年（674）《高提昔墓志》、圣历三年（700）《高质墓志》等。梳理以往的高句丽移民墓志，可知以高氏为最多，约有十二例，以泉氏为次，约有四例，其余姓氏者有李氏三例、王氏一例、豆氏一例、似先氏一例。2010 年年初，在西安市东郊灞桥区红旗乡浐河东岸又出土了一例入唐高句丽移民墓志，即大历十一年（776）《南单德墓志》，墓志已即时入藏西安碑林博物馆。《南单德墓志》的发现，至少有两重"旷若发蒙"的意义，一是为研究入唐高句丽移民史又增添了一例新史料，二是为入唐高句丽移民又增添了一族新姓氏。另外，也为研讨唐代以后始较多出现的南氏人物世系与族属问题提供了一个值得思考的案卷。本文试就《南单德墓志》做个案披露与疏证，并讨教于学界。

—

《南单德墓志》为"中大夫行秘书省著作佐郎薛夔撰"，无书者名。志文共 24 行，满行 25 字，楷书。志石高 43.5 厘米、宽 44.2 厘米、厚 7.5 厘米，四侧线刻如意云纹，无墓志盖。志文如下：

---

* 王菁：北京大学艺术学院博士生；王其祎：西安碑林博物馆研究员。

大唐故饶阳郡王南公墓志铭并序

中大夫行秘书省著作佐郎薛夔撰

夫人之在生，皆有定分。至于修短，互各等差。况行年八旬，足比上寿。故饶阳郡王讳单德，字单德，昔鲁大夫蒯之后，容之裔也。公生居平壤，长隶潦东。自随室已来，其国屡阻王命，累岁征伐。历至于唐，太宗惣戎，亲幸问罪，军师太震，瓦石俱焚。时夔曾祖行军大惣管平阳公摂甲先驱，骧拔城邑，生擒其王莫丽支，斩首获俘，不可胜计。因此分隶潦东，子弟郡县散居。公之家，子弟首也，配住安东。祖狄，皇磨米州都督。父于，皇归州刺史。昆弟四人，单德元子也。累在边鄙，忠勤日闻。开元初，上知素有艺能，兼闲武略，留内供奉射生。后属两蕃乱离，诏付夔祖汾阴公驱使，频立功郊，授折冲果毅，次至中郎将军。旋以禄山背恩，俶扰华夏，公在麾管，常怀本朝。复遇燕郊妖氛，再犯河洛，元首奔窜，公独领众归降。上念勋高，特锡茅土，封饶阳郡王，开府仪同三司、左金吾卫大将军，食邑三千户。每思报主，愿竭恳诚。于戏！上天不假永寿，以大历十一年三月廿七日寝疾，薨于永宁里私第，春秋七十有八。夫人兰陵萧氏。嗣子琢贡，正议大夫、试太常卿、兼顺州录事参军。夫人□女，长未初笄，居公之丧，哀毁过礼，闷摒初咽，绝浆七朝，耳目所闻，吁而洒泣。上佳忠义，赐之束帛，并给□部，葬加殊等。恩深霈泽，存殁光荣。以其年四月廿八日葬于万年县崇义乡胡村白鹿之西原，礼也。其词曰：

懿乎纯确，立操坚贞。少习流矢，攻战成名。其一
□心上荅，静难边陲。未□丹悬，二竖交驰。其二
□□孤坟，□对原野。魂散□□，千年永谢。其三

二

南单德与其祖南狄、父南于、子琢贡皆未载于史籍。据墓志知南单德一族自称春秋鲁国南蒯、南容之后，可能在北朝乱离时流寓辽东，南单德一支遂生居平壤城。至隋末，炀帝屡伐高丽不克；唐初，太宗又三

征高丽。正如墓志所云"自随室已来，其国屡阻王命，累岁征伐。历至于唐，太宗惣戎，亲幸问罪，军师太震，瓦石俱焚"。至此终使高句丽政权濒临覆灭的深渊。到高宗乾封总章年间，唐军与新罗联合，方彻底灭亡了高句丽王朝，而南单德一族也因此作为高句丽移民进入唐朝。

　　墓志曰："隳拔城邑，生擒其王莫丽支，斩首获俘，不可胜计。因此分隶潦东，子弟郡县散居。公之家，子弟首也，配住安东。"其所讲述的史事，正是高宗朝总章元年（668）灭亡高句丽的最后战役与对高句丽移民的安置情形。所谓"隳拔城邑"，包括了最终攻拔高句丽首都平壤城。所谓"生擒其王莫丽支"，即指高句丽宝藏王高藏与莫离支泉（渊）男建。泉男建也是高句丽末期泉（渊）氏家族四代七位莫离支中的最后一位。"莫丽支"即"莫离支"，传世文献与出土墓志多作"莫离支"，唯此墓志写作"莫丽支"。"莫离支应该是盖苏文自设的一种取代大对卢的新的最高官职，并非是旧有的任何一种官职，它的职能其实已超出了宰相的性质，而是具备了专制权臣为篡夺王位而自设的临时性特殊官职的特点。""斩首获俘，不可胜计"，即指李勣与泉男建军队在薛贺水一战，高句丽士兵死者三万余人。"分隶潦东，子弟郡县散居"，是指将高句丽降卒与移民安置于辽东地区，并设府、州、县以分散管理。"公之家，子弟首也，配住安东"，是指南单德一族为高句丽移民中的世家大族，如南单德"祖狄，皇磨米州都督"，即是入唐以后担任了安东都护府所辖的四十二个羁縻州之一的磨米州都督，磨米州也是后来所存高丽降户十四州之一，故可谓"子弟首也"。墓志所记皆可与史籍互证。《旧唐书》本纪曰：乾封元年（666）"冬十月己酉，命司空、英国公勣为辽东道行军大总管，以伐高丽"。乾封三年（668）"二月戊午，辽东道破薛贺水五万人，阵斩首五千余级，获生口三万余人，器械牛马不可胜计"。总章元年（668）"九月癸巳，司空、英国公勣破高丽，拔平壤城，擒其王高藏及其大臣男建等以归。境内尽降，其城一百七十，户六十九万七千，以其地为安东都护府，分置四十二州"。总章二年（669）"五月庚子，移高丽户二万八千二百，车一千八十乘，牛三千三百头，马二千九百匹，驼六十头，将入内地，莱、营二州般次发遣，量配于江、淮以南及山南、并、凉以西诸州空闲处安置"。《新唐书·高丽传》又略云：乾封"三年二月，勣率仁贵拔扶余城，它城三十皆纳款"。"男建以兵五万袭扶余，勣破之萨贺水上，斩首五千级，俘口三万，器械牛马称之……师围平壤。九月，藏遣男产率首领百人树素幡降，且请入朝，勣以礼见。而男建犹固守，出战数北，大将浮屠信诚遣谍约内应。五日，阖启，兵谍而入，火其门，郁焰四兴，男建窘急，自刺不殊。执藏、男建等，收凡五部百七十六城，户六十九万。以藏素胁制，赦为司平太常伯，男产司宰少卿；投男建黔州，百济王扶余隆岭外……剖其地为都督府者九，州四十二，县百。复置安东都护府，擢酋豪有功者授都督、刺史、令，与华官参治，仁贵为都护，总兵镇之。"《旧唐书·地理志》"安东都护府"条曰："总章元年九月，司空李勣平高丽。高丽本五部，一百七十六城，户六十九万七千。其年十二月，分高丽地为九都督府，四十二州，一百县，置安东都护府于平壤城以统之。用其酋渠为都督、刺史、县令，令将军薛仁贵以兵二万镇安东府。"《三国史记·宝藏王下》亦云：二十七年，"泉男建复遣兵五万人救扶余城，与李勣等遇于薛贺水，合战，败死者三万余人，勣进拔大行城。夏四月，彗星见于毕昴之间，唐许敬宗曰：彗见东北，高句丽将灭之兆也。秋九月……契苾何力先引兵至平壤城下，勣军继之，围平壤月余，王藏遣泉男产率首领九十八人持白幡诣勣降，勣以礼接之。泉男建犹闭门拒守，频遣兵出战，皆败。男建以军事委浮图信诚，信诚与小将乌沙饶苗等，密遣人诣勣，请为内应。后五日，信诚开门，勣纵兵登城，鼓噪焚城。男建自刺不死，执王及男建等……置安东都护府于平壤以统之，擢我将帅有功者为都督、刺史、县令，与华人参理。以右威卫大将军薛仁贵检校安东都护，总兵二万人以镇抚之。是高宗总章元年戊辰岁也"。《旧唐书·薛仁贵传》又曰："高丽既降，诏仁贵率兵二万人与刘仁轨于平壤留守，仍授右威卫大将军，封平阳郡公，兼检校安东都护。移理新城，抚恤孤老，有干能者，随才任使，忠孝节义，咸加旌表，高丽士众莫不欣然慕化。"可知彼时南单德的祖父南狄担任安东都护府下属的磨米州都督，无疑也是高句丽移民中被"随才任使"的"有干能者"。以南单德卒于大历十一年（776）享年78岁推之，其生年当是武周圣历二年（699），而其祖父也当在总章元年入唐后正值盛年。

志主南单德在四兄弟中为长兄，长期从军边疆，开元初年始以其艺能武略被留在京师任内供奉射生。内供奉射生即供奉射生，又称"衙前射生手""供奉射生官"，"早在唐高宗时期即已出现。到唐玄宗开元时期，射生官仍是兼官，还不是固定官职。唐肃宗时期，由射生官组成的英武军介入宫廷政治生活。到唐代宗时，左右英武军又改称宝应军。唐代宗到唐德宗期间，宝应军才改名为射生军。德宗贞元以后，由于神策军的兴起，射生军逐渐消亡"。彼时南单德还跟随薛讷参与平定两蕃战争，因"频立功郊，授折冲果毅，次至中郎将军"。适值"禄山背恩，俶扰华夏，公在麾管，常怀本朝。复遇燕郊妖氛，再犯河洛，元首奔窜，公独领众归降"。可知南单德此时因受制于安史叛军而不能投奔朝廷，直至乾元二年（759）史思明自称燕王、"再犯河洛"，单德方有机会"领众归降"唐朝。此又得见南单德虽然出于无奈而担任过安史伪职，却始终满怀报效唐朝的恳诚。而南单德的"领众归降"，也终于赢得了朝廷的谅解和信任，正如墓志所言："上念勋高，特锡茅土，封饶阳郡王，开府仪同三司、左金吾卫大将军，食邑三千户。每思报主，愿竭恳诚。"饶阳郡王，史籍所载仅有李正己一人。开府仪同三司为三十等文散阶的第一等，从一品。左金吾卫为十六卫之一，大将军为正三品。综上可知南单德一直担任武职，且其终官品阶已超过其父任正四品归州刺史和其祖任正四品磨米州都督，这自是与他在安史乱中的态度和立场以及"领众归降"的勋绩分不开。关于史思明"再犯河洛"史事，史籍还有一条记载值得注意。《新唐书·田神功传》云："后守陈留，战不胜，与许叔冀降于史思明。思明使与南德信、刘从谏南略江淮，神功袭德信，斩之，从谏脱身走，乃并将其兵。"《资治通鉴》卷二二一《唐纪三十七》"肃宗乾元二年"条亦云："思明至汴州，叔冀与战，不胜，遂与濮州刺史董秦及其将梁浦、刘从谏、田神功等降之。思明以叔冀为中书令，与其将李详守汴州；厚待董秦，收其妻子，置长芦为质；使其将南德信与梁浦、刘从谏、田神功等数十人徇江淮。神功，南宫人也，思明以为平卢兵马使。顷之，神功袭德信，斩之。从谏脱身走。神功将其众来降。"这里提及的史思明部将南德信其人，是否与南单德有宗亲关系，尚未可知。但由此或可推证南单德当是随田神功"领众归降"的。

墓志撰者薛夔，检《新唐书·宰相世系表》载有一位睦州刺史薛夔，然是汾阳献公薛收的六世孙，则显然与此大历年间的薛夔时代不符。《太平广记》卷四五四《狐八》有注出《集异记》"薛夔"条，所记薛夔即为睦州刺史薛夔，而非此《南单德墓志》的撰者。薛夔在志文中分别提及其曾祖与祖父事功，即"时爨曾祖行军大惣管平阳公擐甲先驱，髣拔城邑，生擒其王莫丽支"，此平阳公即薛仁贵，两《唐书》有传。又云"后属两蕃乱离，诏付爨祖汾阴公驱使"，此汾阴公疑即薛仁贵第五子薛楚玉，时封汾阴县伯，但墓志所记"汾阴公"是领导平定"两蕃"之乱者，故此汾阴公又当是指薛仁贵长子薛讷才对，只是薛讷未见有封"汾阴公"之爵号。薛讷亦在两《唐书》有传。

志云："薨于永宁里私弟"，"葬于万年县崇义乡胡村白鹿之西原"。永宁里位于长安城外郭城朱雀门街东第三街街东从北第八坊，居住此坊的高官显贵甚多。作为高句丽移民身份的南单德也能居住在此坊，当与其贵为"饶阳郡王、开府仪同三司、左金吾卫大将军"的官爵有关。唐代崇义乡地界当今西安市浐河东西两岸，大致西界韩森寨，东抵白鹿原，北接十里铺，南临等驾坡。崇义乡名在唐墓志中多见之，而胡村之名迄为仅见。今所见出土墓志大多出自浐河以西的韩森寨地区，出土于浐河东岸白鹿原畔者较少，除此《南单德墓志》外，还有唐大中二年《唐齐州司马冯翊鱼君故夫人郑德柔墓志》"葬京兆府万年县崇义乡白鹿原"。又由其卒所与葬地皆在长安和其子珎贡时任"正议大夫、试太常卿、兼顺州录事参军"推之，南单德一族盖从其在安史乱中"领众归降"以后便着籍长安了。南单德娶兰陵萧氏，又着籍长安并卒葬长安，则为研讨入唐高句丽移民的归属意识与民族认同问题以及渐趋融入唐人共同体的历程又增添了一例新史料，并进而为站在以中国为核心视域的角度来探索中国古代王朝与周边关系的"朝贡体制"问题下的唐朝与朝鲜半岛的宗藩关系提供了一例典型个案。

三

南单德"生居平壤，长隶辽东"，则彼时其家族籍贯即为平壤人。入唐高句丽移民中可知为平壤人者，还有高氏、泉氏二族。如调露元年（679）《泉男生墓志》言其为"辽东郡平壤城人"，万岁通天二年（697）《高足酉墓志》亦云"辽东平壤人"。唯南氏族姓在入唐高句丽移民中尚属仅见，故值得讨论。

先看南氏的族姓渊源。宋代邓名世《古今姓氏书辩证》卷二十"南氏"："出自子姓，成汤八世孙盘庚，妃姜氏梦赤龙入怀，因孕十二月而生子，手把'南'字，长荆州，因号'南赤龙'，生子条。条孙仲，为纣将，平猃狁之难。宫括为周文王臣，封南阳侯。宫括生邴，为成王大司马，封白水侯。邴生宫，宣王时为南阳侯。又宫生伯，庄王时为上大夫。春秋时有周大夫南季，聘鲁，宜为宫之子，伯之父兄。其后鲁有南蒯、南遗。汉有南季，传西京曹元礼算术。唐肃宗时，给事中南巨川，望出河东。开府仪同三司南霁云，望出魏郡顿丘。霁云生涪州刺史承嗣。"四库本原注又云："按《辩证》于东姓云：中国有东、西、南氏，高丽有北氏，必其先皆以方为氏。而此条所引，并不言方，盖以《姓纂》误为《辩证》也。今仍旧本。"实则此四库本原注文字岑仲勉先生在四校记中已有考实，认为"其为《辩证》文，非《姓纂》文，可无疑矣"。《古今姓氏书辩证》卷一"东氏"亦云："谨按：中国有东西南氏，高丽有北氏，必其先皆以方为氏。"《古今姓氏书辩证》卷四〇"北氏"亦云："出《姓苑》，高丽人。"由此可知在以四方为姓氏的古代姓氏中，高丽缘其地处中国东北隅而自来有北氏一姓，却未见有南氏一族。那么，南单德一族的远祖可能正如墓志所言是"鲁大夫蒯之后，容之裔"。但作为移民身份，南单德一族或恐是在晋魏之间遭遇离乱而移居辽东平壤，遂著籍于斯而成为高句丽人。既是高句丽人，则中古高句丽民族中也就有了南氏一族而可补史籍之阙。

再需关注这样一个现象，即隋代以前的南氏人物在传世文献如正史以及出土文献如墓志中甚为稀见，而降自唐代，始有较多南氏人物见载于传世史籍与出土墓志中。谨分别梳理如下：

《新唐书》卷一九二《南霁云传》曰"南霁云者，魏州顿丘人"，"子承嗣，历涪州刺史"。南霁云尝协助张巡镇守睢阳，豪言"男儿死耳，不可为不义屈！"后死于安禄山叛军，韩愈《张中丞传后叙》记其事甚详而壮烈。

《新唐书》卷一四四《田神功传》记有史思明部将南德信。

《旧唐书》卷一〇《肃宗纪》云至德二载三月"吐蕃遣使和亲，遣给事中南巨川报命"。

《旧唐书》卷一四四《韩游瓌传附李广弘传》记有贞元三年（787）与广弘、董昌同谋为逆的殿前射生南珍霞。

《旧唐书》卷一七〇《裴度传》记有补阙拾遗南卓，《新唐书》卷五八《艺文志二》记有南卓《羯鼓录》一卷、《唐朝纲领图》一卷，小注云"字昭嗣,大中黔南观察使"。《新唐书》卷六〇《艺文志四》又记有《南卓文》一卷。

《新唐书》卷一九五《孝友传》记有"解县南锻"。

综上可见,唐书所记南氏人物多系武将,其有籍贯者仅二人,二为顿丘(今河南清丰),一为解县(今山西临猗)。又据宋代邓名世《古今姓氏書辯證》卷二〇《二十二覃·南氏》知南巨川"望出河东(今山西地区)"。这些唐代中后期的南氏人物,是否有与高句丽移民南氏存在族属关系者,颇值得留意。

再看唐代墓志中的南氏人物:

证圣元年(695)《南郭生墓志》首行题曰"大周故朝议大夫南君墓志铭并序",志文略云:"君讳郭生,其先固安人也。远祖殷朝之子孙,宋国少师之苗裔。因官就封,今为洛州合宫县人焉。曾祖彦,隋任蒲州刺史任国公;祖和,隋任洛州新安县令;父讳斌,任国公,唐任左监门直长。孤子休之等。"墓志还云:志主"即以龙朔二年,乐浪道征,功参百战,辽海息其祅氛,威慑九梯,肃慎贡其楛矢。又属小月不宾,大风未偃,铁马南牧,出地脉而强梁;金人北祭,控天街而旅拒。遂命公检校定襄道左果毅。解褐擢授安东都护府录事参军事"。以此志结合总章元年(668)《唐洛州河南县南斌故妻高氏墓志》可知南郭生应为南氏,而非南郭氏,祖籍本在固安(今河北廊坊)。且志主尝于高宗龙朔二年出征高丽立功,后在定襄道与安东都护府任职,则此南氏一族是否与高句丽南氏有宗族关联,值得注意。又据圣历二年(699)《南玄暕墓志》略云:"君讳玄暕,其先固安人也。曾祖瑒,因宦徂迁,卜居伊洛,遂为洛阳人也。祖彦,隋任洛州新安县令,唐任和州刺史;考斌,高尚其节,不事王侯。嗣子前左金吾引驾仁哲等。"可知南玄暕为南郭生弟弟,由此又可佐证其确为南姓。唯其叙述祖曾两代有所窜乱,未详孰是。唯前举《南斌妻高氏墓志》亦仅言南斌为河南县人而不言其有官职。

开元二十四年(736)《李君会墓志》云"夫人渤海南氏,以开元廿四年四月十一日,时年七十四,并同终于河南县修善里之私第"。渤海南氏与辽东南氏有无宗属关系,亦需留意。

天宝八载(749)《李忠义墓志》云"后夫人南氏,东莱郡司马徹之长女"。

元和六年（811）《陈商妻鲁郡南氏墓志》云："曾祖皇盛王府录事参军讳琰，大父皇给事中讳巨川，烈考皇汉州刺史讳瓒，亲京兆韦氏。"志文为南氏的胞弟南卓撰。鲁郡属山东，与《古今姓氏书辩证》言南巨川"望出河东"不合。又，《新唐书·艺文志》所记《羯鼓录》撰者南卓为"大中黔南观察使"，以时代推之，与此元和六年撰写墓志之南卓或有可能是同一人。

大和元年（827）《南昇墓志》云"南遗仕鲁为大夫，公即其后，因官居陕，遂为陕人焉"。南昇尝任讨击使、试太子通事舍人。此是著籍陕县的一族南氏。此一支南氏亦言其为鲁大夫南遗之后，与《南单德墓志》所言"鲁大夫蒯之后，容之裔"、《古今姓氏书辩证》南氏所言"其后鲁有南蒯、南遗"之说相合，则南昇一支与高句丽移民之南氏是否有宗族关系，亦让人揣疑。

大中十三年（859）《田行源墓志》云女五人，"其三妻前杭州新城县尉南勖"。

至于唐代以后，南氏一族又归于沉寂，五代宋明，复少有见于载记者焉。

<h2 style="text-align:center">四</h2>

综上，关于《南单德墓志》的疏证要点，可以归纳如下：

1. 《南单德墓志》揭示了一族中古高句丽新姓氏——南氏，并为研讨中原南氏的迁变与流向提供了新素材。"公之家，子弟首也，配住安东"，入唐后"祖狄，皇磨米州都督"，当昭示了南氏一族本为高句丽的权贵阶层。

2. "鲁大夫蒯之后，容之裔"，说明南单德家族应是较早因避乱而徙籍辽东平壤的中原氏族，并随着高句丽的灭亡而又成为入唐移民。故南单德娶兰陵萧氏，又在安史乱中"常怀本朝"，"领众归降"，"每思报主，愿竭悃诚"，更得蒙授"饶阳郡王，开府仪同三司、左金吾卫大将军，食邑三千户"的高官贵爵并卒葬长安，正表明了南氏一族对中原王朝的归属意识之深和民族认同之切。

3. 中古南氏多"闲武略"、任武职，则唐代始多见的南氏人物是否有与入唐高句丽移民身份的南单德家族相瓜葛者颇值得留意。至于史籍所载史思明部将南德信，或许也与经历安史之乱的南单德有所联系，不宜轻忽。

4. 志文撰者对其祖父"汾阴公"的提示也值得关注，以平定两蕃的事功推之，理应是薛仁贵长子薛讷。

（原载《北方文物》2015 年第 1 期）

集安麻线高句丽碑研究

集安麻线高句丽碑小识

林　沄*

2012 年 7 月，在集安市麻线乡麻线河畔出土的集安高句丽碑，是高句丽考古的一个重大发现，引起中外学界的高度重视。但该碑长期处于河床中，因河水冲刷和沙石磨损，有相当部分的碑文字迹模糊，难以辨识。因而，对该碑的研究必须建立在对碑文的审慎识读之上。

2012 年 11 月 5 日，笔者有幸参加集安市文物局就该碑组织召开的专家论证会，因而得见按隶书摹写的碑文 156 字（下文简称"会摹"），并有机会观摩原碑和多幅原拓本。但论证会的时间紧凑，并未专门就碑文文字进行讨论。

2013 年 1 月 4 日，《中国文物报》第 2 版发布了《村民发现并报告文物部门吉林集安新见高句丽石碑》，首次公布了 140 个字的该碑释文（以下简称"报释"）。"会摹"中已释读的 16 字被认为不能确定而作缺释处理。

2013 年 1 月，集安市博物馆编著的《集安高句丽碑》由吉林大学出版社出版。该书中对该碑的释文也是 156 字（以下简称"书释"）。与"会摹"不同的是，比"会摹"多释出第三行第 18 字"而"，把"会摹"第七行第 15 字"遣"字改为缺释，所以所释字数相等。但该书所发表的"碑文摹写"中（以下简称"书摹"），把第二行第 13 字的"蔽"改作"假"，却在文字部分未作任何说明。

2 月 5 日，张福有在长春请笔者和魏存成、蒋力华，就原大的碑文拓本专门讨论了文字释读问题。主要介绍了他所释出的"丁卯年刊石"等字。聚会之后他到我家，又在电脑上出示他为"戊申"的"申"字所摄

---

* 林沄：吉林大学边疆考古研究中心教授。

照片，而且热情地把他在集安实地拍摄的各种拓本照片都提供给笔者。此后，我们就用电子邮箱反复讨论了不少释字的问题。

该碑正面的拓本，最早由集安博物馆的周荣顺在 2012 年 8 月 14 日所作。其后周荣顺、孙仁杰、江化国和李光夫作过多次拓本（下文简称"孙拓"和"江拓"），这些拓本在《集安高句丽碑》中发表了不少。后来张福有带了吉林省文物考古研究所的于丽群去集安博物馆，在 2013 年 1 月 12 日又作了几份拓本。《中国文物报》上发表的拓本，以及《集安高句丽碑》第 14—39 页所刊布的四字一组的放大碑文，都是周荣顺在 2012 年 10 月 25 日所拓（下文简称"定拓"）。其特点是墨色浓重，字迹明显。然而，大概是经过多次集体讨论，对不少字的笔画有了定见后，拓时有意突出所认定的笔画，而对于认为非笔画的渤痕作区别对待。有时会使细微的字迹线索被淹没。于丽群的拓本（以下简称"于拓"）较少有此弊病，举例来说，第 2 行第 20 字"胤"，"定拓"拓成左侧为"彳"，中间近"鬲"形。右侧似"夊"，如"书摹"所示。其实，"胤"字根本没有这样写的，估计是从上文为"继"而推定的。"于拓"则较客观反映石面的情况。若与魏晋碑刻的"胤"字比较，可以看出其字中部上方一短横应是渤痕，无关字形。中部实际作"爿"形，而且下部的月（即肉）旁左侧下端挑出明显可辨。右侧的"乚"也可以和渤痕相别。所以应该摹作左"彳"中"爿"右"乚"。

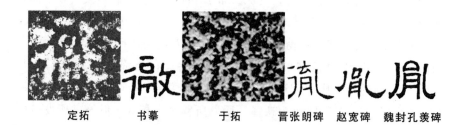

定拓　　　书摹　　　　于拓　　　晋张朗碑　赵宽碑　魏封孔羡碑

因此，下文在对正面碑文的释文进行校订时，笔者主要是根据张福有所提供的于丽群的拓本照片，并参照其他各种拓本来进行的。

该碑第 1 行"书释"作：

　　□□□□世必授天道自承元王始祖鄒牟王之創基也

所释无误。

第2行"书释"作：

　　□□□子河伯之孫神靈祐護蔽蔭開國辟土繼胤相承

　　所释无误，但"书摹"第13字"蔽"被摹作"假"，误。致误之由是该字之"敝"右侧的"攵"写成"殳"，这是魏晋隶书常见的异体字。摹写者因其字右侧作"殳"，遂误把左方一倾斜的泐痕和"敝"左下方的一竖误认为"亻"，才有释"假"之误会。如果知道魏晋隶书"敝"左下方的"小"形也可省为两短竖，就不会产生这样的误会了（此字上部是否有草头，拓本上看不清楚，也有可能本来就是假借"敝"为"蔽"）。

　　定拓　　　　　　　于拓　　　　　　张迁碑　石经讼语残碑

第3行"书释"作：

　　□□□□□□烟户以此河流四时祭祀然而□脩长烟

　　其中第18—20字应改释"萬世悠"。"悠"字实际各种拓本上字形都很清楚，"攸"左侧的"亻"改写为"彳"，是魏晋碑刻中常见的写法，"心"略偏在右下方，可与祀后土残碑比较。

　　在"于拓"中"攸"旁中间的一竖跟上方的斜向泐痕区别明显，不像"定拓"那样拓成一个"亻"，容易引起误会。至于"书释"误释为"脩"可能是因为好太王碑中有左旁作"亻"而右旁作"备"形的"备"字。其实"悠"字右下的"心"无论如何也无法看成"田"。而且好太王碑所谓的"脩"字，周云台拓本的字形和李龙拓本不完全一样，并不十分可靠。而"备"字写成"脩"形可能要到宋代之后才流行。

   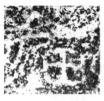

定拓　　　　　　于拓　　　　　　好太王碑备字　　　李龙拓本
　　　　　　　　　　　　　　　　　周云台拓本

 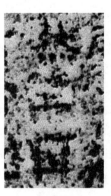   

池阳令张　　衡方碑　　熹·易·益　　曹全碑　　杨统碑　　吴谷朗碑　　晋祀后
君残碑　　　　　　　　　　　　　　　　　　　　　　　　　　　　　土残碑

　　"悠"字上数第二字"书释"认为是"而"，与前一字连成"然而"。观察拓本字距，"然"和"而"之间距太大。所谓"而"字的笔画应是一个字的下半部。细察"于拓"该字，所谓"而"字上方一横画两端皆有上弯的迹象，同中央被竖画冲破结合起来看，像是"萬"字中间"田"形的下部，且萬字下方"厶"部的一斜点也约略可辨。再看其下的字，"定拓"所拓出的最上的一横，在"于拓"中并不明显，应属泐痕而非笔画，则其下的"世"字就很容易识出来。这样"万世悠长"四字就文从字顺，确定无疑了。

定拓　　　　　　定拓反相　　　　　于拓　　　　　于拓反相

此外，张福有认为本行第 3、4 两字，据"定拓"所见字迹即可判定为"各家"两字，可从。

第 4 行"书释"作：

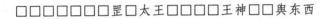

□□□□烟户□□□□富足□轉賣□□守墓者以銘

此行多字字迹模糊，只能缺释。第 12 字"足"字的"口"部呈"日"形，其下方也没有能证明是"足"字的痕迹，所以也应缺释为是。

第 5 行"书释"作：

□□□□□□□罡□太王□□□□王神□□與东西

此行也有多字字迹模糊，但细心寻绎，仍有可识读的字。

要说明的是，笔者认为先主观认定此碑每行满行都是 22 字是不对的。居中的第 5—7 三行碑文其实只有 19 字。因为碑的上端居中有较清晰而较大的"廿家"两字，竖着看，"廿家"两字占了三个字的位置，横看，"廿家"及其左右两边占了三行的位置。所以，第 5 行第 1—3 字的位置很可能原本就没刻字。第 4 字的位置，才是真正的第 1 字。不过为了叙述方便，还是称其为第 4 字。

本行第 6 字，从残存字迹来看可判定为"唯"字。它右旁表现较差。但左边的"口"在各种拓本上都可以看出来。从"于拓"中可以看出，右边最下方类似一横的，并非笔画。"于拓"和"孙拓"对照，可将"佳"的最上、最下横画看得很清楚，在"孙拓"中最下一横的燕尾都完全拓出来了。"于拓"和"江拓"对照，"佳"的头部也依稀可辨。而且，"唯某某某太王"的句式也很顺畅，故可以定为"唯"。

"唯"字下"太王"以上的三个字，只有当中的一个字可辨为上"四"下"止"，是"罡"的异体。"罡"上的那个字，"于拓"表现四周的大方框最完整，只有左侧缺损较甚。"口"内的笔画模糊难辨，但如拟为"或"，则左下的一横在"于拓""江拓"中比"定拓"更完整些，总体上和残存字迹亦无大牾。可暂定为"国"字。而"罡"下那字，似是"上"形而颇清晰，但所占位置太偏上。其下部在"于拓"中似另有笔画而无法确定，暂以存疑缺释为妥。

　　第12—14字，在和张福有讨论中，他提出应是"號平安"三字。笔者觉得只有第13字和"平"字相近，但其最上方一笔不平而略斜。而且，在"定拓"中也可以看出竖笔不是笔直向下，而是带一个弯，这在《集安高句丽碑》一书第24页的放大照片上特别明显。这个弯在"于拓""孙拓"和"江拓"中均有表现，因此应将此字定为"乎"字才对。至于其上、其下两个字，反复审视实在看不出和"號""安"有什么关系，因此笔者不能同意张福有的释读。这两个字仍应缺释。

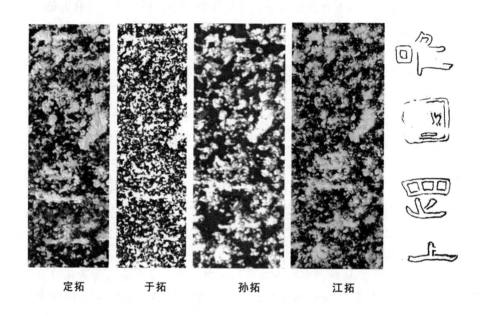

定拓　　　　　于拓　　　　　孙拓　　　　　江拓

　　第15—18字笔者主张释为"太王神武"。第15字从"于拓"看，"太"字的横、撇、点一笔不少，只有一捺被一个泐痕破坏，但末端仍可分辨。因而可以定为"太"字。第18字在"定拓"上看起来像"亡"，但太偏上。在"于拓"上和横画相交的一斜画约略可辨，使人想起曹全碑上篆书结构的"武"字的上部。如和"孙拓""江拓"参看，则"武"字下部的"止"也清晰可辨。看来该碑的"武"字和曹全碑一样，"戈"旁省略了右上角的一点。只是"戈"旁一撇的始末都不能看得很清楚而已。

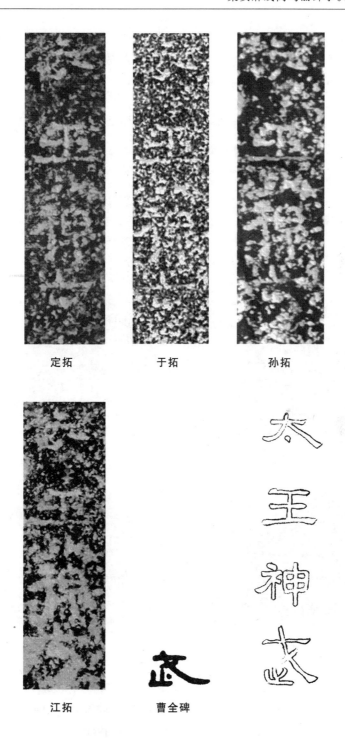

定拓　　　　　于拓　　　　　孙拓

江拓　　　　曹全碑

第 19 字磨泐严重，在"定拓"上尚存一"申"形的残迹，其他各种拓本也都如此。从其大小和位置来看，由此复原一个"車"字是合适的，且和下面的"舆"字也正好可组成并列复合词，所以可以定为"車"字。

第 6 行"书释"作：

□□□□□□追述先圣功勋弥高悠烈继古人之慷慨

该行上端略偏右的地方，实际有相当清晰的两个较大的字"廿家"，因为"书释"作者有每行 22 字的定见，将其割裂为三个不完整的字，（见《集安高句丽碑》第 25 页左栏下方两字和第 26 页右栏头一字）因此未能辨识。现将这两个字完整的拓本展示如下：

定拓

于拓

孙拓

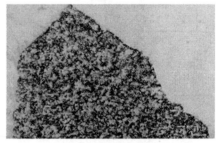

江拓

可以看出，在各家拓本上，一个很大的"廿"字都是清晰可辨的。"家"字则"宀"部不清晰，"豕"旁右侧的一撇一捺不很清楚，但以江拓表现得最好。笔者在"于拓"上用细线勾勒字口，在与各种拓本对照的情况下，笔者认为不少读者都会同意"廿家"两字的存在的。

　　这两个字的大小和其他碑文显然不同，笔画粗细均匀，不同于碑文所使用的隶体。而且这两个字位于该碑文字磨损最严重的部位，而大部分笔画仍得以存留，可以推想原来刻得比其他碑文更深些。所以是不应该和其他碑文连读的。由于碑文中可读部分有"铭其烟户头廿人名"，而碑阴正中一行文字可辨识出"守墓烟户合廿家"（见下文），可见这里的大字"廿家"可能是标识该碑的主要作用的，不可忽视。

　　本行碑文第4—6字，磨损颇甚。在"定拓"中只有第6字可以看出整体轮廓，而在放大的照片上却连"口"形的轮廓都看不出来了。在与张福有用电邮往复讨论中，他提出这三字是"巡故國"，经细审"于拓"和其他拓本，笔者认为是可信的。

　　从"于拓"看，第6字"國"不仅外框基本完整，内部的"或"也约略可辨。只是"口"以下的一短横缺失。释"國"可以无疑。而第4字"巡"的"辶"相当清楚，只是越到收笔处越不清楚，其上的三个曲笔，越向右越细，在"定拓"中第三个曲笔就被拓没了。"故"字较难辨认。但其左侧的"古"有断续的细白线可辨。笔者猜想这是刻字时笔道的中线会刻得最深的缘故。而其右侧"攵"的笔画原在何处则不太好判定。"巡故国"和下文"追述先圣"文意相贯通。应该可以成立。

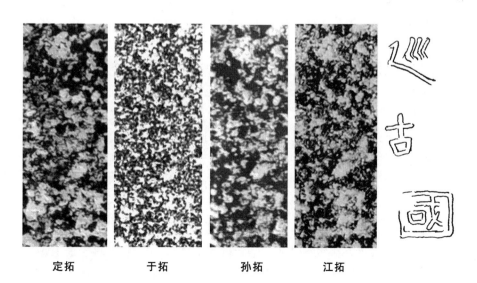

定拓　　　　于拓　　　　孙拓　　　　江拓

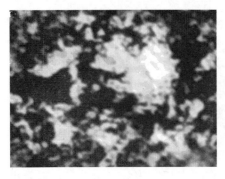 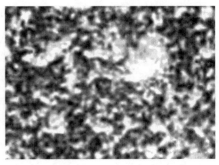

定拓   于拓

第 15 字"书释"认为是从"灬"的攸，其实是生造字，不能成立。从"于拓"看，上部"亻"的右面应该是一个"木"而被一个大的渤痕破坏了。可辨"木"一撇的末端，并非是"攵"。"休烈"是古人称赞事业盛美的常用语。"烋"是休的异体，碑文中"功勳"的"功"因"勳"下有"灬"也加了"灬"，"休烈"的休写作"烋"是同一个道理。

第 7 行"书释"作：

　□□□□□□□□自戊申定□教□发令其脩復各於

该行第 1—3 字实际是不存在的。第 4 字才是该行的开头。张福有在 2013 年 1 月 10 日夜里识出第 4—8 字是"丁卯年刊石"，并于 1 月 20 日写成文稿。2 月 5 日，他在与笔者讨论碑文释文时作了介绍，并出示摹本。笔者当时认为"卯""刊""石"三字释得对，但字形摹得不正确，把渤痕和笔画混淆了。"年"字不可靠，而"丁"字的位置不对。

"刊"上之字，笔者认为，从可辨字迹来看，释"歲"比释"年"更有依据。因为隶书"歲"字一般作"歲"，碑上字迹的左下部有"歲"的特征，他在后来的文章中采用了笔者的意见。

至于"卯"上之字，张福有始终坚持"丁"字说。实际上他最初辨识出的"丁"，位置在第六行和第七行之间。与后来认出的"巡故国"的"巡"字靠得太近，显然不合适。笔者曾建议挪到"卯"字正上方（见下图虚线所示），但要把"丁"字上面的一横画向左延伸，却并无足够的证据。在这一水平位置，发现了左右对称的可视为"癸"字头部的特征性笔画，而笔者初时拟想的"丁"字一钩的末端，从它上方呈现的痕迹来看，也可以视为"癸"字的左足，虽然该字中部磨损过甚，无法判定原来笔画所在，但不寻常的"癸"字头的存在，毕竟是值得考虑的重要线索。释"丁"还是释"癸"对理解碑文会有重大差别。今由张福有建议，把他对"丁卯歳刊石"现时所作摹本也附在本文中，供读者参考比较。

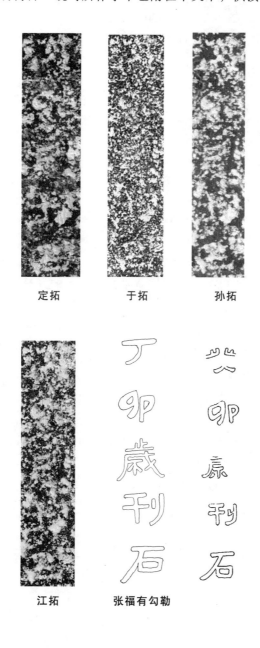

定拓　　　　　　于拓　　　　　　孙拓

江拓　　　张福有勾勒

综上分析，笔者认为第 14—18 字定为"癸卯歲刊石"为是。

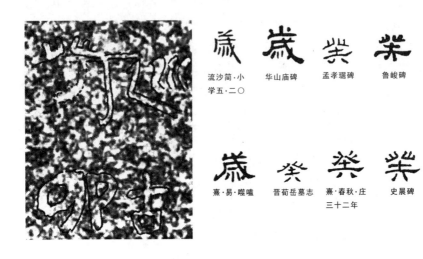

第 11 字张福有认为根据他所拍的照片应释为"申"。从他的照片来看，所呈显的一个矩形凹陷部过大，如认为是申字的田形外框，未免和其他碑文的大小不相称。后来他看出如以中间一竖为中轴，此方框应向左方缩小，似亦有笔画痕迹可寻。如下面照片三所示的方框，比较合理。笔者也同意释"申"为是。

第 13 字"会摹""报释""书释"一律认为是"律"，但所存笔画右旁很难和"聿"比较，建议暂时缺释较妥。第 15 字"会摹"摹写为"遣"，无据，以缺释为是。

第 8 行"书释"作：

　　□□□□立碑銘其烟户頭廿人名□示後世自今以後

其中第 15 字释"以"并无根据，缺释为是。

第 9 行"书释"作：

　　守墓之民不得擅自更相轉賣雖富足之者亦不得其買

照片一　　　　　　　　照片二　　　　　　　　照片三

所释无误。

第10行"书释"作：

賣如有違令者後世□嗣□□看其碑文与其罪過

第2字释"如"不能成立，应缺释。第3字从"于拓"看，上部的草头比较清楚，应改释为"若"。其他缺释之字模糊难辨。第11字有可能是"之"，但不能肯定。

综上，笔者认为碑文可读的字如下：

1. □□□□世必授天道自承元王始祖鄒牟王之創基也
2. □□□子河伯之孫神靈祐護蔽蔭開國辟土継胤相承
3. □□□□各家烟戶以此河流四时祭祀然萬世悠長烟
4. □□□□烟戶□□□□富□□轉賣□□守墓者以銘
5. 　　　□□唯國罡□太王□平□太王神武車輿東西
6. 廿家巡故國追述先聖功勳弥高然烈継古人之慷慨
7. 　　　　癸卯歲刊石自戌申定□教□發令其脩復各於
8. □□□□立碑銘其烟戶頭廿人名□示後世自今以後

9. 守墓之民不得擅自更相轉賣雖富足之者亦不得其買

10. 賣□若違令者後世□嗣□□看其碑文與其罪過

　　总计可读碑文172字，较"书释"新补释20字，把已释改为缺释4字，纠正旧释4字。比"书释"多释了16字。

　　另外，该碑碑阴也有文字，但磨损更甚，正面碑文中提到的"铭其烟户头廿人名"想必是刻在碑阴的。但现在只有个别部位能约略见有字迹。唯正中有一竖行文字，还可分辨有"……守墓烟户合廿家……"等字。这对我们理解该碑的性质是很重要的。

　　公元414年，高句丽长寿王为其父所立的好太王碑铭称："自上祖先王以来，墓上不立石碑，致使守墓人烟户差错。惟国罡上广开土境好太王，尽为祖先王墓上立碑，铭其烟户，不令差错。又制：守墓人自今以后不得更相转卖，虽有富足之者，亦不得擅买。其有违令，卖者刑之，买人制令守墓之。"这段话对理解麻线高句丽碑的性质很有用。

　　从已经解读的碑文可以看出，该碑的确是为某位先王墓"铭其烟户，不令差错"而立。这位先王，碑上写明是："唯国罡□太王□乎□，太王神武，车舆东西，巡故国，追述先圣，功勋弥高，休烈继古人之慷慨。"不能因为这位先王被称为"太王"，就认为是"国罡上广开土境好太王"。因为在集安牟头娄墓墨书墓志的第11行中就提到"圣太王"，而武田幸男在他的《高句丽史与东亚》（岩波书店1989年版）中，对第10行的末两字，根据部分笔画判读为"罡上"；而对倒数第三字推测为"国"字。这三字，为1994年曾入墓考察墨书墓志的耿铁华所肯定，见耿著《好太王碑一千五百八十年祭》第八章（中国社会科学出版社2003年版）。但武田幸男并不认为这个"国罡上圣太王"就是第44—45行的"国罡上广开土地好太圣王"，他根据在第23行出现的"慕容鲜卑"，论证了第10—11行提到的"国罡上圣太王"，应是在公元4世纪初年和慕容鲜卑发生过战事的故国原王（据《三国史记》公元331—370年在位）。在该书第十章"高句丽'太王'的国际性"中还指出，牟头娄墓的"国罡上圣大王"如果有后代追称的可能，则好太王碑和中原高丽碑分别证实了广开土王和长寿王时期，"王"之可称为"太王"，而且还影响到新罗王也称"太王"，倭王也称"大王"。由此可见，"太王"并不是对某位"王"专用的尊称。武田幸男把牟头娄墓墓志中的"国罡上圣太王"论证为故国原王的意见，在赵俊杰的《再论高句丽"冉牟墓"的若干问题》（载《边疆考古研究》第 11 辑）中得到进一步申述。所以，笔者觉得麻线河出土的集安高句丽碑中提到的"国罡□太王"并非广开土王，很有可能也是《三国史记》所记"一云国冈上王"的故国原王。

《三国史记》说故国原王"讳斯由，或云刘"。这个"刘"应该就是中国史书中提到的高句丽王"钊"。《魏书·高句丽列传》记载这个"钊"的事迹说："烈帝（按：拓跋翳槐）时与慕容氏相攻击。建国四年（341），慕容元真（按：慕容皝）率众伐之，入自南陕，战于木底，大败钊军。乘胜长驱，遂入丸都。钊单马奔窜。元真掘钊父墓，载其尸，并掠其母妻、珍宝、男女五万余口，焚其宫室，毁丸都城而还。自后钊遣使来朝，阻隔寇仇，不能自达。钊后为百济所杀。"《晋书·载纪九·慕容皝》则记载："其年（按：东晋咸康三年，公元 338 年）皝伐高句丽，王钊乞盟而还。明年，钊遣其世子朝于皝……咸康七年（341）皝迁都龙城。率劲卒四万，入自南陕，以伐宇文、高句丽。又使翰及子垂为前锋，遣长史王寓勒众万五千，从北置而进。高句丽王钊谓皝军之从北路也，乃遣其弟武统精锐五万距北置。躬率弱卒防南陕。皝与钊战于木底大败之，乘胜遂入丸都。钊单马而遁。皝掘钊父利墓，载其尸并其母妻、珍宝，掠男妇五万余口，焚其宫室，毁丸都而归。明年，钊遣使称臣于皝，贡其方物，乃归其父尸。"而《三国史记》记载"燕王皝来侵"在故国原王九年（339），皝"入丸都"在故国原王十二年（342），均比《魏书》《晋书》晚一年。但《资治通鉴》把"皝击高句丽，兵及新城。高句丽王乞盟"系于咸康五年（339），皝"迁都龙城"，"自将劲兵四万出南道……遂入丸都"系于咸康八年（342），与《三国史记》相同。《三国史记》所记事件的具体细节也同于《资治通鉴》。另外，《魏书·百济传》载"延兴二年（472）其王余庆始遣使上表曰：'臣与高句丽源出夫余，先世之时笃崇旧款。其祖钊轻废邻好，亲率士众，陵践臣境。臣祖须整旅电迈，应机驰击，矢石暂交，枭斩钊首。'"则故国原王是在侵略百济时被杀的。与《三国史记》所记"三十九年秋九月，王以兵二万南伐百济，战于雉壤，败绩。四十一年冬十月，百济王率兵三万来攻平壤城。王出师拒之，为流矢所中。是月二十三日薨"。有所不同。不过从现存史料来看，故国原王虽然没有重大的武功，而且有过丢掉国都和父尸母妻的极度屈辱，却是一个常在战场上厮杀的国王。作为高句丽的一个统治年限达到 41 年的国王，称赞他是"大王神武，车舆东西"，也并非虚誉。他在即位初年即遭国破家亡的大变故，却仍能恢复先王的旧业，长期统治国家，也确实可以说是"休烈继古人之慷慨"了。

如果我们能接受"癸卯岁刊石"的释读，则"癸卯"年正好同《三国史记》高句丽纪年的广开土王十三年（403）干支相合。因而可以认为该碑是广开土王"尽为祖先王墓上立碑"之一例。不过，好太王碑的铭文说得很明白，他所立的碑并非单单为记述先王事迹和功德的墓碑，目的主要在于"铭其烟户，不令差错"。现在发现的麻线高句丽碑，正是要起这样的作用的。所以除了要写明是哪位王的墓之外，主要是要写清这座墓的"烟户头廿人名"。"烟户头"是一个新发现的称谓。从好太王碑铭文可知，广开土王的守墓烟户分两类，一类是国烟，共三十家；一类是看烟，共三百家，比例为1：10。所以我们可以推测"烟户头"很可能就是对国烟户主的称谓。这座先土垒有二十名烟户头，也就是有二十家国烟带领二百家看烟以备洒扫。这似乎是比较一种合理的设想。总之，该碑上反复出现的"铭其烟户头廿人名""守墓烟户合廿家"，以及正面上方的"廿家"大字，正是表明该碑的主要作用的。

因此，我们也不必拘泥于碑并非发现于某座王陵规模的墓旁。因为它也可能本来就树立在为某位先王守墓烟户的居住区内。这比立在墓边上更能起到"铭其烟户，不令差错"的作用。当然守墓烟户不会住在离墓很远的地方。所以，如果该碑确实是为故国原王的守墓烟户所立，那么故国原王墓最有可能的还是离碑不太远的千秋墓。这位在位时间长达41年的国王，能有条件和有能力修建一座像千秋墓这样规模的大墓，是并不令人惊奇的。何况，碑文中"自戊申定□教□"一语，虽然仍读不懂，但"戊申"也正与故国原王十八年（348）的干支相合呢！

由于目前碑文只能释读到这个程度，笔者对这件碑的初步认识也只能写这么一点了。识出的文字还有很多讲不通的地方，本文就略而不论了。只想提出一个应该注意的问题。这是高句丽人用汉语古文写的文章，其中有的地方是不能用汉语的规范来要求的。比如"富足之者"的"之"是不必要的，"富足者"就完全够了。"不得其买卖"的"其"是没法解释的，"不得买卖"才是汉语的说法。

想要再强调的一点是：如要更进一步研究此碑，最要紧的还是进一步加紧对碑文的识读。虽然保护其不再受进一步的破坏很重要，但永远锁起来并不是好办法。很希望相关部门在近期能再调集技术人员和文史专家，对每个字迹进行多角度的摄影，仔细观察在不同光影条件下呈现的不同微痕，并采用新的技术手段提取信息，由专家对释字提出不同的设想，并现场作进一步验证。而且，辨认字迹应该有熟悉魏晋隶书和碑别字的专家参加。否则，凭空臆想而作无谓的争论，是不能在学术上有丝毫推进的。

（2013 年 3 月 31 日写定）

中国新出"集安高句丽碑"试析

徐建新[*]

　　集安高句丽碑是 2012 年中国吉林省考古的重要发现之一。集安高句丽碑发现于 2012 年 7 月 29 日，是集安当地农民马绍彬在位于集安市麻线村的麻线河右岸寻找生产用石材时偶然发现的，发现后得到集安当地文物部门和考古工作者的妥善保护。2012 年 11 月初，集安市政府根据国家和吉林省文物部门的意见在集安当地召开了专家论证会，对碑石的性质、年代、碑文的内容进行了初步的鉴定。笔者也有幸参加了论证会，目睹了新发现的碑石。2013 年 1 月 4 日的《中国文物报》登载集文的署名报道文章（以下简称"《文物报》文章"），对集安高句丽碑的发现做了详细介绍并首次公布了碑文的释文。① 2013 年 1 月，集安和通化地区的学者又及时出版了题为《集安高句丽碑》的研究报告书，② 书中提供了内容丰富的背景资料、清晰的拓本图版和碑文的释文，同时还对碑文的内容和意义进行了详细的论证。

　　集安高句丽碑是自 130 年前高句丽好太王碑发现以来在中国境内发现的第二通高句丽石碑，如果加上在韩国发现的中原高句丽碑，集安高句丽碑是迄今为止所知的第三通高句丽石碑。由于高句丽 700 余年历史中流传下来的文字史料很少，所以，集安高句丽碑的出土尤显珍贵。它的发现对于研究古代高句丽的政治、经济和文化艺术具有重要的价值。

　　集安高句丽碑为整块花岗岩加工而成，石材出自当地。碑体呈扁长方

---

　　* 徐建新：中国社会科学院世界历史研究所研究员。

　　① 集文：《村民发现并报告文物部门吉林集安新见高句丽石碑》，《中国文物报》2013 年 1 月 4 日。

　　② 集安市博物馆：《集安高句丽碑》，吉林大学出版社 2013 年版。

形，上窄下宽，正反两面及左右两侧经过平整加工。碑首呈圭形，与东汉以来在中原地区流行的"圭首碑"形制相似。碑首右上角有缺损。底部两角呈漫圆形，中间有榫头。碑身正反两面加工精细，表面平整。

集安高句丽碑发现于集安市麻线高句丽墓区，碑石的石材属花岗岩，呈粉黄色。碑石表面的颜色、碑字字口底部的颜色以及碑石右上部破损处截面的颜色具有一致性。集安高句丽碑曾在河床中经受了长期磨损，从碑石的磨损程度来看，碑石的上半部磨损得比较严重，有数十个碑字变得很难识读了。这种磨损的状态也体现了碑石的自然状态和古旧性。集安高句丽碑残存的碑文内容与好太王碑碑文有密切关联，文风遣词颇为相近。集安高句丽碑的隶书书体和字体笔画特征都与汉代至南北朝时期的汉字特征相近，这不仅暗示了碑石的制作年代，也从一个侧面印证了集安高句丽碑的真实性。以上碑石的现存状态都表明，集安高句丽碑是古代高句丽时期的遗物而并非出自近人之手。

本文将根据《文物报》所载文章、《集安高句丽碑》等已公布的资料以及笔者后来见到的更为清晰的拓本图版和碑字的高清照片①，对集安高句丽碑的相关问题谈几点粗浅的看法。

一　集安高句丽碑部分碑字考释

集安高句丽碑在麻线河畔由于长年的雨水冲刷和自然风化，磨损严重，集安当地学者经过努力已释出百余字，实属不易。尚有数十字漫漶不清，释文困难。《文物报》所载文章在国内最先披露了集安高句丽碑的释文，《文物报》文章所载释文是一份十分谨慎的释文，并且有极高的正确率，其140字的释文如下：

1. □□□□世必□天道自承元王始祖邹牟王之创基也
2. □□□子河伯之孙神□□□□荫开国辟土继胤相承
3. □□□□□□烟户以□河流四时祭祀然□□儵长烟

---

①　本文所依据的集安高句丽碑的拓本图版和部分碑字的清晰照片由吉林省文史馆张福有研究员提供，在释文过程中本文笔者多次得到张福有先生和吉林大学魏存成教授的指教和帮助，在此表示衷心的感谢。

4. □□□□烟□□□□□富足□转卖□□守墓者以铭
5. □□□□□□□太□□□□□王神□□与东西
6. □□□□□□追述先圣功勋弥高悠烈继古人之慷慨
7. □□□□□□□自戌□定律教□发令□修复各于
8. □□□□立碑铭其烟户头廿人名□示后世自今以后
9. 守墓之民不得□□更相转卖虽富足之者亦不得其买
10. 卖□□违令者后世□嗣□□看其碑文与其罪过

2013 年 1 月，集安博物馆编著的《集安高句丽碑》一书出版。书中提供的拓本照片和碑文的摹写文为理解碑文的字体笔画提供了重要依据。该书公布的摹写文和释文较《文物报》所载释文要多，共释出 156 个碑字。现将其释文原文抄录如下：

1. □□□□世必授天道自承元王始祖鄒牟王之創基也
2. □□□子河伯之孫神靈祐護蔽蔭開国辟土繼胤相承
3. □□□□□□烟户以此河流四时祭祀然而□脩長烟
4. □□□□烟户□□□□富足□轉賣□□守墓者以銘
5. □□□□□□□罡□太王□□□□王神□□輿東西
6. □□□□□□追述先聖功勋彌高悠烈繼古人之慷慨
7. □□□□□□□自戌□定律教□發令其修復各於
8. □□□□立碑銘其烟户頭廿人名以示後世自今以後
9. 守墓之民不得擅自更相轉賣雖富足之者亦不得其買
10. 賣如有違令者後世□嗣□□看其碑文與其罪過

以上《文物报》文章所载释文和《集安高句丽碑》所载释文为日后的研究奠定了基础。当然，随着研究的深入，我们还可以对上述两种释文做进一步的推敲和补充。针对上述两释文，我想谈两个问题。第一，据笔者所知，此次发现的集安高句丽碑的正反两面均刻有文字，碑石的两侧面未刻文字。按东汉以来中国中原地区刊刻碑石的习惯，碑文的正文刻在碑阳，碑的反面（碑阴）一般刻有碑的题名或立碑时的捐募者的姓名和钱款数字等。有时碑文在碑阳中容纳不下，就接续刊入碑阴。集安高句丽碑的刻有 218 字碑文的一面应为碑阳，其反面为碑阴。《文物报》文章所载

10	9	8	7	6	5	4	3	2	1	
霉	守									1
	墓									2
若	之									3
遣	民							子		4
令	不	立			烟	各	河		世	5
者	得	碑		國	戶	家	伯		必	6
後	擅	銘		追	國	烟	之		授	7
世	賣	其	石	述	國	戶	孫		天	8
	更	烟	自	先	上	以	神		道	9
嗣	相	戶	戊	聖	太	此	靈		自	10
之	擅	頭	守	功	王	河			承	11
	賣	廿	定	勳		流			元	12
看	雖	人		弥	平	四	儵		王	13
其	富	名	教	高	安	時	隘		始	14
碑	足	以	内	悠		祭	開		祖	15
文	之	亦	發	烈	王	祀	國		鄒	16
与	者	後	令	繼	神		然		牟	17
其	亦	世	其	古	守	土	玉		王	18
罪	不	自	脩	人	墓	世	繼		之	19
過	得	今	復	之	與	者	徹		創	20
	其	以	各	懷	東	以	長		基	21
	賣	後	於	慨	西	銘	烟		也	22

图1　集安高句丽碑文（徐建新摹写）

释文仅为碑石阳面的释文，而关于碑阴的现存面貌，文章中只是指出："反面整体磨损严重，有人为损毁迹象。"这种"有人为损毁迹象"的判断是基于怎样事实，还有待更详细的说明。同文还称"背面碑文残损极为严重，仅在中部一行残存几处笔画，未能辨识出文字"。另外，后出的《集安高句丽碑》一书中首次刊载了碑阴的照片和拓本，但在论及碑阴文字时也只是说"背面仅存一纵行字，磨蚀严重，难以辨识，左侧有人为凿损痕迹，隐约可见文字笔画，难以辨别字形"。根据张福有先生对笔者的提示，碑阴的中央刻有一行碑字。根据张福有和孙仁杰两先生的观察和研究，目前这一行字可识读的有"□□國烟□□守墓烟戶合廿家石工四烟户頭六人"等字。另外，张福有和孙仁杰先生还在此行字的左下方释出"國六人"三字。① 上述文字的文义虽不甚明确，不过可以推测，碑阴面的文字内容记录了20家守墓烟户的名称以及刻碑石工的人名，只是目前已看不到这些人名了。

集安高句丽碑两面碑文有怎样的联系，还有待进一步探讨。《文物报》文章所载的"人为损毁迹象"是何人实施的，出于什么动机和目的，颇耐人寻味。从历史学和社会学所说的"历史记忆"和"集体记忆"的角度来看，刊刻石碑的目的是使石刻上的内容在社会上广泛并长久地流传，而损毁石刻上的部分文字内容（必要时甚至是销毁石刻本身），是一种意在抹除历史文本记录的"记忆抹除"行为，即努力让后人忘记石刻上曾经记述的人物和事件。探索求证历史上人们采取这种"记忆抹除"行为的原因和背景，能够帮助我们揭示出新的历史事实。如果集安高句丽碑碑阴上的众多守墓烟户名籍是在高句丽王权存在期间（即公元668年之前）被故意损毁的，那么这应当与古代高句丽社会的人口流动、守墓烟户家族的兴衰以及守墓烟户社会身份的变更等社会动向有密切关系。不过这些想法目前还只是一种推测和猜想。

第二，关于碑阳部分的释文问题。石刻的释文是基于对客观实物的主观判断。因此，不同的观察者对碑文的认识也不尽相同。下面根据《集安高句丽碑》一书公布的碑石照片和拓本照片以及张福有先生向笔者提供的精拓本照片，在上述两释文的基础上对集安高句丽碑的释字问题再做

---

① 关于碑阴中央一行文字的释读，笔者依据的是张福有先生提供的照片图版和释文，对于张先生释文中的"四烟户頭六人"等字，笔者认为还有进一步探讨的余地。

一番思考。

在仔细观察精拓本图版的基础上，笔者首先根据精拓本对碑文进行了摹写，力图描画出残存的碑字笔画，得出如下摹写文（见图1）。

下面对摹写文中的部分碑字做进一步说明。

1. 第1行第7字"授"字（见图2）

此字《文物报》所载释文未释。《集安高句丽碑》释文释为"授"。笔者赞同后者的释文。根据拓本，此字左侧偏旁"扌"是清楚的，右侧的"受"字的"爫"依稀可见，下方的"冖"清楚，可摹写为"授"。此字字形与《汉礼器碑》（公元156年刻立）、《北魏中岳嵩高灵庙碑》（公元456年刻立）的"授"字颇相似（见图3、图4）。"授"与"受"是通假字，有"接受"之意。"必授天道"，即当然地受到天道（天意）指引、佑护的意思。

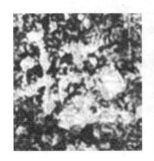  

图2　　　　　　　图3　汉礼器碑　　　　图4　北魏中岳嵩高灵
　　　　　　　　　　　　　　　　　　　　　　　庙碑的"授"字

2. 第2行1—4字"□□□子"四字

由于原碑缺损，前三字已无法看到，但联系后文的"河伯之孙"，可以推测"河伯之孙"之前的四字也是对王的祖先的血缘身份的描述。高句丽好太王碑文中有"天帝之子母河伯女郎"（参见《好太王碑文》第1面第1行）的词句，集安《冉牟墓墨书题记》（又称《牟头娄墓志》）中也有"河泊（伯）之孙日月之子邹牟圣王"（《冉牟墓墨书题记》第1—2行）的表述，这些都是古代高句丽人强调王权神圣性的常用套语。在复原这部分缺损字时，笔者认为无论是依据前者填为"天帝之子"，还是根据后者填为"日月之子"都不算误读了碑文的原意。

3. 第 2 行 10—14 字 "□□□假蔭" 5 字（见图 5—图 9）

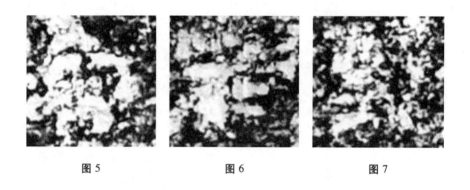

图 5　　　　　　　　　　图 6　　　　　　　　　　图 7

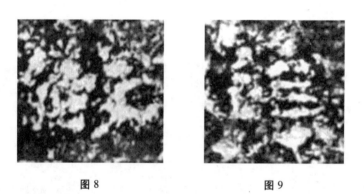

图 8　　　　　　　　　　　图 9

　　《文物报》所载释文中，第 2 行第 10—13 字未释，14 字释为 "荫"。《集安高句丽碑》释文将此 5 字释为 "靈祐護蔽蔭"，但第 2 行第 13 字在此书提供的摹写文中却释为 "假"字。第 10—12 字有笔画残存，笔者根据拓本图版尚不能判断为何字。第 13 字笔者释为 "假"字，集安高句丽碑上的 "假"写作 "徦"，其字体在汉代至南北朝时代的石刻文字中有不同写法（见图 10）。集安高句丽碑上的 "徦"字，与《北魏元襲墓志》（公元 532 年刊刻）的 "徦"字、《北魏寇臻墓志》（公元 506 年刊刻）的 "徦"字等字体笔画相近。第 14 字的 "蔭"字《集安高句丽碑》摹写为 "蓥"，笔者摹写为 "蔭"，顶部的 "⅄" 笔画隐约可见。

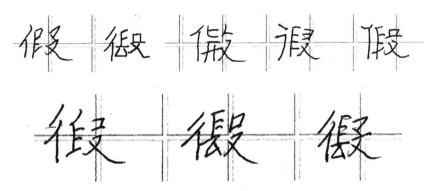

图10　从左至右：1. 现代汉字；2. 集安高句丽碑；3. 汉史晨碑；4. 汉华山碑；

　　5. 汉景君碑；6. 北魏元襲墓志；7. 北魏寇臻墓志；8. 北魏富平伯于纂墓志

4. 第2行20字"胤"字（见图11）

图11

此字《文物报》释文和《集安高句丽碑》释文均释为"胤"字，本文无异议。碑文中的第2行20字为"胤"字的古体。笔者识读为"㣧"。将此"㣧"字与其他汉至南北朝时代的石刻相比较，可知与《北魏元懌墓志》（公元506年刊刻）、《北魏寇臻墓志》（公元506年刊刻）、《北魏元妃吐谷渾氏墓志》（公元528年刊刻）、《北魏富平伯于纂墓志》（刊刻年代不详）笔画相近。（见图12）

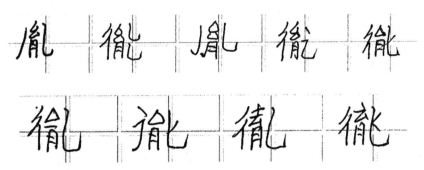

图12　从左至右：1. 现代汉字；2. 集安高句丽碑；3. 汉张表碑；4. 北魏元懌墓志；

　　5. 北魏寇臻墓志；6. 北魏元妃吐谷浑氏墓志；7. 北魏富平伯于纂墓志；

　　　8. 北魏司马景和墓志；9. 东魏李希宗造像

5. 第3行5—6字"各家"两字（见图13、图14）

此两字《文物报》释文和《集安高句丽碑》释文均未释，我认为可释"各家"。集安高句丽碑上"各"字是清楚的，第6字左下部的笔画不甚清楚，可识读的笔画为"家"，好太王碑文的"家"字，写作"家"，两者书法相近。考虑到下面的碑文是"烟户"，连读为"各家烟户"，词义是通顺达意的。

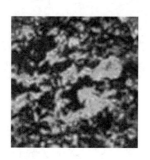 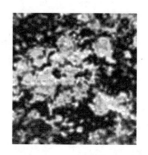

图 13　　　　　　　　　　图 14

6. 第3行10字"此"字（见图15）

此字《文物报》释文未释，《集安高句丽碑》释文释为"此"字。此字在拓本上不甚清晰。不过该字左半部依稀可见一些残画。另外，从上至下的斜画仍可辨，笔画形状如"屮"，是一个有残损的字，近似"此"字。好太王碑文中也有"此"字的用例，其中第2面碑文的"此"字作"屮"，识读为"屮"，第4面碑文的"此"字作"屮"，识读为"屮"。另外，集安发现的《冉牟墓墨书题记》中的"此"字作"屮"。再根据前后文的内容，可将此字推测为"此"字，全句可读作"各家烟户，以此河流，四时祭祀"。

7. 第3行17字"然"字（见图16）

此字《文物报》所载释文和《集安高句丽碑》均释为"然"字，正确无误。但从辨认笔画的角度来看，此然字左上方有一横画，似"歹"字，与好太王碑文第一面上的"然"字相近。两碑"然"字上的横画不应视为泐损，而应视为衍画。因此笔者认为此字的笔画可识读为"然"。

8. 第3行20字"悠"字（见图17）

此字《文物报》释文和《集安高句丽碑》释文均释为"偹"字，笔者认为可释作"悠"。此字左侧的为"彳"偏旁中央的短竖比较清楚，右侧上方为一"攵"，下方为"心"字，不十分清楚，识读为"悠"，为"悠"字的异体字。

9. 第4行6字"户"字（见图18）

此字《文物报》释文未释，《集安高句丽碑》释文释为"户"字。此字周围泐损较多，但仍有残存笔画，作"尸"。上一字为"烟"字，故第6字释为"户"字有合理性。

10. 第4行12字，不释字（见图19）

此字《文物报》释文和《集安高句丽碑》释文均释为"足"字。我认为"足"字下半部的笔画不清楚。此字在拓本上有笔画残存，笔画似作"田"，但一时无法推定为何字，暂不释。

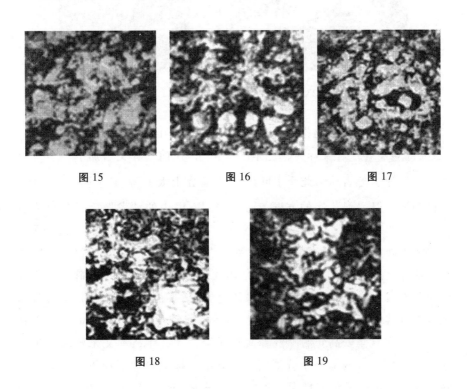

图15　　　　　　　　图16　　　　　　　　图17

图18　　　　　　　　　　图19

11. 第5行第7—11字"國罡上太王"五字（见图20—24）

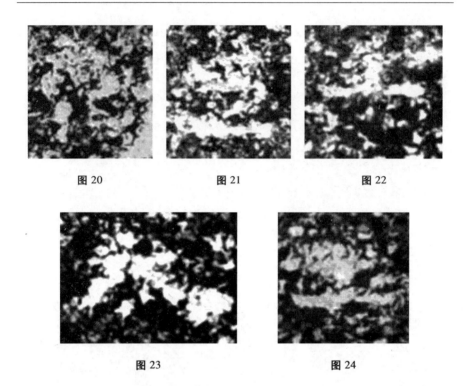

图 20　　　　　　　　图 21　　　　　　　　图 22

图 23　　　　　　　　　图 24

上述 5 字，《文物报》所载释文只释出一个"太"字（第 10 字）。《集安高句丽碑》释文释为"□罡□太王"，比前一释文增加了"罡"字和"王"字。笔者认为此 5 字可释作"國罡上太王"。其中第一字"國"字已泐损，但"國"字的方框依稀可辨，方框中的"戈"字的笔画尚有残存。第 8 字"岡"字的结构是上"罒"下"止"，作"罡"，这个罡字与好太王碑文第一面和第四面上的多个"罡"字写法相同。第 9 字"上"字在碑面上的位置偏上，《文物报》所载释文和《集安高句丽碑》释文或许出于谨慎，未将此字释出。考虑到此"上"字笔画清楚，且下方碑面上也没有其他残画，所以释为"上"字是能够成立的。第 10 字《文物报》释文和《集安高句丽碑》释文都释为"太"字，本文无异议。第 11 字"王"字下方两横画十分清晰，上方第一横画虽然不如下方的横画清晰，但仍可辨识。此字释为"王"字应该是毫无疑问的。以上 5 字应释为"國上太王"，笔者认为此称谓应当是指高句丽第十九代王谈德，即高句丽好太王，见后文。

12. 第 5 行第 13—14 字"平□"两字（见图 25、图 26）

此两字《文物报》释文和《集安高句丽碑》释文均未释。第 13 字笔画尚清晰，字形与好太王碑文中的"平"字、《汉衡方碑》的"平"字、《汉乙瑛碑》的"平"字字形相近。可释为"平"字，第 14 字上半部有残画，作"内"，似为"安"字，但无法断定，暂不释。

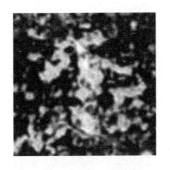

图 25　　　　　　　　　　图 26

13. 第 5 行第 18 字，不释字（见图 27）

此字《文物报》释文和《集安高句丽碑》释文均未释。此字上半部有残画，似作"古"，但无法确定为何字，暂不释。

14. 第 5 行第 20 字"與"字（见图 28）

此字《文物报》释文释作"與"，《集安高句丽碑》释文释作"輿"。此字残画与"輿"或"與"字相像，残画作"以"，观察此字中央的残画，似与"與"字相近，故推测为"與"。

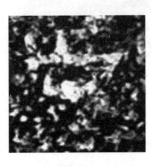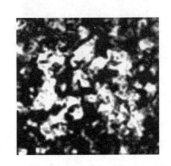

图 27　　　　　　　　　　图 28

15. 第 6 行第 4—6 字 "□□國" 三字（见图 29—31）

此三字《文物报》释文和《集安高句丽碑》释文均未释。张福有先生首释为 "巡故国"。在浓墨精拓本上 "国" 字的方框可见，但中央部分的笔画模糊。不过在于丽群制作的淡墨精拓本上 "国" 字的方框笔画很清晰，中间的 "或" 字也依稀可辨（见图 32 "于丽群淡墨精拓本的 '国' 字"）。据此，笔者将此三字释为 "□□國"。

16. 第 6 行第 15 字 "□" 字（见图 33）

此字《文物报》释文和《集安高句丽碑》释文皆释为 "悠"。此字上半部左侧为 "亻"，右侧有泐损，"攵" 不清晰。下方有三个点画而非 "心" 字，识读为 "㑊"，字形与 "悠" 字或 "然" 相近，但无法判断为何字，暂不释。

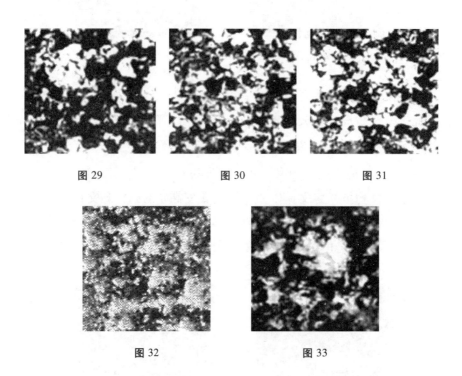

图 29　　　　　　图 30　　　　　　图 31

图 32　　　　　　图 33

17. 第 7 行第 4—8 字 "□□□□石" 五字（见图 34—38）

第 7 行第 4—8 字《文物报》释文和《集安高句丽碑》释文均未释。张福有先生最先将这几个字释出。张福有先生在 2013 年 2 月 6 日给笔者的电子邮件中提出将上述文字释为 "丁卯年刊石"，后来又订正为 "丁卯蕆刊石"。笔者对照所见精拓本，认为除"石"字以外，其他4字虽有笔画残存，但字迹十分模糊。根据手边的金石文资料，我认为"丁卯年刊"4字的笔画似需要与南北朝以前的隶书笔法做进一步的比较和论证。据此，我接受了张先生的"石"字的释文，将其他4字暂作为不明文字，不释。

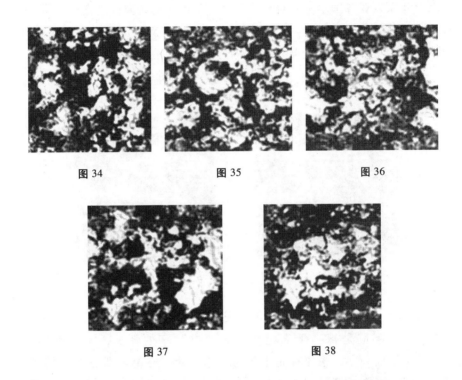

图 34   图 35   图 36

图 37   图 38

  上述释文过程表明，张福有先生至少在2月6日就已提出"辛卯年刊石"的释文，而且据我所知，目前国内外研究集安高句丽碑的学者中，张福有先生最先提出此说。当时张先生与我的交流仅仅是私下交流，他的观点还没有公开发表。但在张先生向笔者提出"辛卯年刊石"之说的一个月后，某邻国的学者在报上发表附图文章称，在他们获得的拓本上发现了"辛卯年"字样。在该文提供的集安高句丽碑的拓本图版上清晰地拓出了"辛卯年刊石"的字样。笔者在仔细观察了该文提供的拓本图版后，判断该拓本是一份摹刻本，其碑字字形和碑字周边的石花均与原碑不符。摹刻本又称"翻刻本"，所谓摹刻本是将原刻文字复制翻刻到其他材料（可以是石板、木板、泥板、石膏或纸板）上，然后制作的拓本。因此，摹刻本不是从原碑石上制作的拓本。还需指出的是，摹刻本往往不能正确地复制原刻的文字，有时甚至还会出现与原刻完全不同的文字。总之，摹刻本只是一种复制品，不是真正意义上的拓本。及时甄别出这种拓本十分必要，因为在原碑、原拓都存在的前提下，利用摹刻本进行释文研究和书法研究是非常危险的。学术界从来都不会认同依据摹刻本的释文，过去100余年来东亚各国学术界对高句丽好太王碑文的研究已经充分证明了这一点。希望有关学者慎重对待这份拓本，在研究新出的集安高句丽碑时，最好的办法是依据由专业学术出版物刊发的由专业人员捶拓的原石拓本。

18. 第7行第10—11字"戊申"两字（见图39、图40）

图39　　　　　　　　　　　　图40

此两字《文物报》释文和《集安高句丽碑》释文均释为"戊□"。"戊□"两字应是指一干支纪年。对"戊"字的释文，笔者无异议。"戊"字下面一字，张福有先生释为"申"字。在笔者所见数份精拓本上，此字泐损较严重，其残损笔画难以让人联想到"申"字。所以笔者最初将此字作为不明之字，未释。后来笔者又见到张福有先生拍摄的高清照片，为了凸显碑字笔画，笔者先将照片反转为负片，并做了一些色调调整。结果观察到"戊"字下方一字的确有清晰笔画残存，字形与"申"字近似。联系上一字"戊"字，笔者认为此字应释为"申"字（见图41）。如此看来，精拓本的碑字与原碑的高清照片的碑字不尽一致。造成这种不一致的原因是因为碑石经过长年的河水冲刷，碑面磨损严重，碑字的字口很浅，加之拓墨对纸张的浸染，拓本不易表现碑字细微之处的真实面貌，而高清照片则能够更准确地反映碑字的原貌。对"戊申"年的具体年份的考证见后文。

图41　左：原碑照片，中：转为负片模式，右：对字形的描摹

19. 第7行第13字"律"字（见图42）

此字《文物报》释文和《集安高句丽碑》释文均释为"律"。我对将此字释为"律"字还有些犹豫。此字左侧部分应识读为"彳"偏旁，右侧字形的中央部分的左侧不封口，竖画的接近下端的部分有横画的残画，识读为"律"，但右侧中央部分的横画没有出头，这与汉至南北朝时期金石文中的"律"字笔画不同，姑且推测为"律"字。

20. 第7行第17字"令"字（见图43）

此字笔画清晰，《文物报》释文未释，或许释文者在释为"令"字或"今"字之间有所犹豫，难下判断。《集安高句丽碑》释文释为"令"。从拓本上看，此字"令"字的笔画十分清楚，与碑文第8行第20字的"今"字不同，所以此字应释为"令"字。

21. 第7行第15字"内"字（见图44）

此字《文物报》释文和《集安高句丽碑》释文均未释。张福有先生释为言字，笔者认为还可再做探讨。此字在碑面有清晰的笔画残留，残画位于所在字格的中央，似一"内"字，但与上下文结合，词义颇为难解，姑且推定为"内"字。

22. 第7行第18字"其"字（见图45）

此字《文物报》释文未释，《集安高句丽碑》释文释为"其"。此字字画残留较多，但字迹模糊，似"其"字，也似为"更"字，结合上下文，姑且推定为"其"字。

23. 第8行第15字"以"字（见图46）

此字《文物报》释文未释，《集安高句丽碑》释文释为"以"字。此字破损较严重，字画混乱，但仍可辨"以"字的字形，作"⊏ㄑ"。考虑到后面有"示后世"三字，推定此字为"以"，连读为"以示后世"。

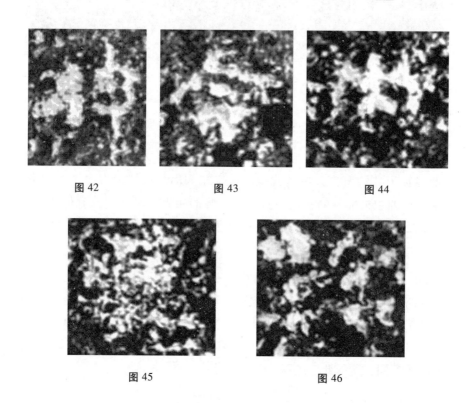

图 42　　　　　　图 43　　　　　　图 44

图 45　　　　　　图 46

24. 第9行7—8字"擅買"两字（见图47、图48）

此两字《文物报》释文未释，《集安高句丽碑》释文释为"擅自"。笔者认为可释作"擅買"。第7字"擅"字的偏旁"扌"很清楚，右侧泐损，笔画不清，残存状态作"扗"，下面第8字上方的"罒"可辨，中央保留着与"目"字相近的残画，"目"字下方两个撇捺点画虽然模糊，但仍然可见。此字残存字形为"買"。与后面"更相擅賣"的碑文相联系，第7、8字释为"擅買"是妥当的。此段的上下文是"守墓之民不得擅买，更相擅賣"，意思是"不得擅自购买守墓人烟户，然后又擅自卖给他人"。

25. 第9行第11字"擅"字（见图49）

此字《文物报》释文和《集安高句丽碑》释文皆释为"转"，笔者以为不妥。此字左侧偏旁为"扌"而非"車"字，右侧上方有方框，下部有两小竖画，底部隐约可见短横，字形识读为"擅"。笔者认为此字当释为"擅"。

26. 第10行第1字"賣"字（见图50）

此字《文物报》释文和《集安高句丽碑》释文均释为"賣"字。此字残存笔画可分为上下两部分，可知是一上下结构的字，拓本上的残画作"宀"，似"賣"字的残画。此字前面有"亦不得其買"数字，连读作"亦不得其買賣"，甚通顺，故推定为"賣"。

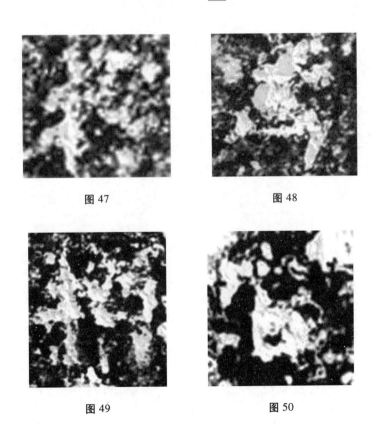

图47　　　　　　　　　　　图48

图49　　　　　　　　　　　图50

27. 第10行2—3字"□若"两字（见图51、图52）

此两字《文物报》所载释文未释，《集安高句丽碑》释文释为"如有"。此两字位于碑文最后一行的上半部，此两字下面的碑文有"違令者""後世□嗣""看其碑文，与其罪過"等词句。这很容易让人想起好太王碑文的最后一句"其有違令，賣者刑之，買人制令守墓之"。两碑文的最后一句都带有惩罚性条文的性质，是对企图违令者的告诫。上述好太王碑文的"其有違令"中的"其"有假定、假设的意味，即"如果有人敢违抗命令"的意思。这样看来，集安高句丽碑最后一行的"違令者"前面也很可能是一个假定性的词汇。第10行第2字字迹漫漶，目前还无法识读，暂不释。第10行第3字上半部有少许泐损，《集安高句丽碑》释文将此字释为"有"字，在参考了好太王碑文的"有"字（见图53"好太王碑文'有'字"、图54"好太王碑文'有'字的摹字"）的基础上，我认为集安高句丽碑文第10行3字的字形与"有"字不符，而与

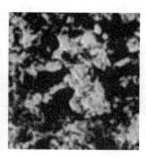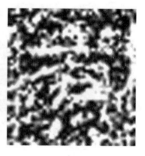

图51　　　　　　　图52　　　　　　　图53

图54　　　　　　　图55

"若"字更为相近，识读出的笔画为"若"。需要指出的是，集安高句丽碑的"若"字与好太王碑文中的"若"字（见图55"好太王碑文的'若'字"）笔画上十分相近。

28. 第10行4字"违"字（见图56）

此字《文物报》释文和《集安高句丽碑》释文均释为"违"字。此字下方偏旁"辶"比较清晰，"辶"的上方有一"韦"字的残画，作"违"，可释为"违"字，与下面的"令者"连读，为"违令者"。

29. 第10行第11字"之"字（见图57）

此字《文物报》释文和《集安高句丽碑》释文均未释。此字林沄、张福有两先生提出可释为"之"。从拓本上看，此字左侧破损较多，右侧有少量残画，作"之"，似"之"字。故推定为"之"字。

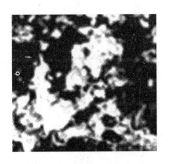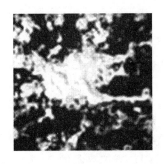

图56　　　　　　　　　　　图57

经过笔者的再识读，共确认了160个碑字，其中包括12个推测字。相信国内外学术界通过对原碑的进一步观察，还有可能释出新的碑字或对已有释文做出更正。根据上述识读，笔者在《文物报》释文和《集安高句丽碑》释文的基础上，再次提出如下不成熟的释文：

1. □□□□世必授天道自承元王始祖鄒牟王之創基也
2. □□□子河伯之孫神□□□假蔭開國辟土継胤相承
3. □□□□各家烟戸以 此 河流四時祭祀然□世悠長烟
4. □□□□烟戸□□□□富□□轉賣□□守墓者以銘
5. □□□□□□ 國 罡上太王□平□□王神□□ 輿 東西

6. □□□□□國追述先聖功勳弥高□烈繼古人之慷慨

7. □□□□□□石自戊申定 律 教 内 發令 其 脩復各於

8. □□□□立碑銘其烟户頭廿人名 以 示後世自今以後

9. 守墓之民不得 擅 買 更相擅賣雖富足之者亦不得其買

10. 賣 □若 違 令者後世□嗣 之 □看其碑文與其罪過

二　集安高句丽碑的立碑年代

集安新出石碑中的"邹牟王""國 罡 上太王""烟户"等碑字毫无争议地表明，此碑内容涉及的是古代高句丽王国的历史。高句丽王国的历史始于公元前 37 年，终于公元 668 年。那么，此碑是在高句丽 705 年历史中的哪个时期建立的呢？这是研究集安高句丽碑首先要搞清楚的问题。

碑文中有一处提到了中国传统的干支纪年，即碑文第 7 行第 10—11 字"戊申"。那么，这个"戊申"年是否就是集安高句丽碑的立碑的年代呢，笔者认为不是。集安高句丽碑的"戊申"两字前面是表示起点的介词"自"字，后面的碑文是"定 律 "两字。如果"戊申"是指立碑年代，那么就不会用表示时间起点的介词"自"，而会像好太王碑文一样，用表示时间、方位界限的介词"以"。好太王碑文中关于立碑年代的记载是"以甲寅年（公元 414 年）九月九日乙酉迁就山陵，于是立碑，铭记勋绩，以示后世焉"。这里的"以甲寅年"的"以"字是"於"和"在"的意思。"以甲寅年……於是立碑"即在甲寅年这一年立碑的意思。集安高句丽碑的"自戊申定律"是"自从戊申年制定了律法"的意思，这里的"戊申"年与后文中的"……立碑，铭其烟户头廿人名， 以 示后世"的关系，是因果关系而不是表示时间、方位界限的关系。

碑文中"戊申"年一句的完整内容是："自戊申定 律 ，教 内 發令 其 脩復，各於□□□□立碑，銘其烟户頭廿人名， 以 示後世。"这句话的文前和文中都有不少缺字，碑文的文义还不甚明了，笔者推测其大致的意思是：自从戊申年规定了（与守墓制度相关的）律法，于是发布命令修复（与王陵相关的设施），并在各个（王陵的近旁）立碑，碑上要铭刻守墓人烟户头领 20 人的人名，以便让后世人知晓。另外，集安高句丽碑碑阴上的"□□國烟□□守墓烟户合廿家石工四烟户頭六人"（张福有释文）等文字，也进一步印证了在碑石上铭刻烟户名称的事实。上述解读仅仅是一种推测，但有一点是明确的，即戊申年规定的律法内容与高句丽的王陵守墓制度密切相关，后来为诸王陵立碑、铭刻烟户名称的行为应当视为对戊申年制定的法律的具体实施。

由"戊申定律"引发的一系列与守墓烟户制度有关的措施和实施行为究竟是指怎样的历史事件呢？这可以从高句丽好太王碑文中找到答案。据好太王碑文记载：在好太王即位之前，高句丽就已存在设置烟户为祖先王墓守墓洒扫的制度（"祖王，先王，但教取远近旧民守墓洒扫"）。但是在好太王以前，高句丽还没有为这一制度而立碑的规定（"自上祖先王以来，墓上不安石碑"）。好太王即位（公元 391 年）之后，为防止守墓烟户出现差错，就用石碑铭刻烟户人名和数量，安放在所有祖先王墓近旁（"惟國岡上广开土境好太王，尽为祖先王墓上立碑，铭其烟户，不令差错"）。这样的法律规定是好太王生前以"教"（即王的命令）的形式口头发布的（"广开土境好太王存时教言：祖王、先王，但教取远近旧民守墓洒扫。吾虑旧民转当羸劣。若吾万年之后，安守墓者，但取吾躬巡所略来韩秽，令备洒扫"）。也就是说，在祖先王陵上立碑、铭刻守墓烟户人名、数量的法律规定是在好太王治世期间（公元 391—412 年）制定并付诸实施的。这样看来，集安高句丽碑文中所说的戊申年定律和此后的立碑、铭刻烟户人名等事件都应当是在好太王即位以后发生的事件，从而也就明确了戊申年的具体年份也应当是在好太王治世期间，即公元 391—412 年之间。公元 391—412 年期间的"戊申"年年份只有一个，即公元 408 年。因此，集安高句丽碑文中的"戊申"年应当是指公元 408 年。

根据以上分析，集安高句丽碑的碑文本身并没有证明"戊申"年是此碑的立碑年代。笔者认为集安高句丽碑的立碑年代问题应当从其他角度来考虑。实际上，碑文中使用的王的谥号为确定集安高句丽碑的立碑年代提供了重要信息。如前文所述，集安高句丽碑文第 5 行第 7—11 字的"國岡上太王"与著名的高句丽好太王碑文中的好太王应是指同一人，即高句丽第十九代王谈德。根据好太王碑文，谈德生前的尊号是"永乐太

图58 《冉牟墓墨书题记》第42行—第43行"国冚上太王
聖地好太聖王"（根据耿铁华释文）

王"，去世后的正式谥号是"国罡上廣開土境平安好太王"。高句丽的金石文中有关好太王去世后的称谓还有"國罡上聖太王"（集安下解放墓区发现的《冉牟墓墨书题记》第8—9行）、"國罡上廣開土地好太聖王"（《冉牟墓墨书题记》第42—43行，见朴时亨释文。耿铁华的最新释文为"國罡上太王聖地好太聖王"①）（见图58）以及"國罡上廣開土地好太王"（韩国庆州出土的"好太王壶杆"铭文）、"廣開土境好太王"（好太王碑文第3面第2行）和"國罡上廣開土境好太王"（好太王碑文第4面第5行、第8行）。可以说"國罡上廣開土境平安好太王"是好太王谥号的完整称谓，而"國罡上太王""國罡上聖太王""國罡上太王聖地好太聖王""廣開土境好太王""國罡上廣開土境好太王"等都应是好太王谥号的简称或根据其谥号的尊称与别称。

　　古代人的谥号是人死以后获得的称号。因此，从集安高句丽碑文中存在"国罡上太王"的称谓来看，其立碑年代应在高句丽第十九代王好太王去世以后，即公元412年以后。这一年份可以看作是集安高句丽碑立碑的时间上限，就是说集安高句丽碑的立碑年代不会早于公元412年。根据好太王碑文的记载，好太王在世时非常关注为祖先王陵祭祀洒扫的守墓制度，他还为自己死后由谁来作自己陵墓的守墓烟户问题下达了明确的命令（"若吾万年之后，安守墓者，但取吾躬巡所略来韩秽，令备洒扫"）。好太王碑文证明，好太王的继承者长寿王忠实地继承了先王有关守墓人烟户的制度和规定。（"言教如此，是以如教。今②取韩秽二百廿家，虑其不知法则，复取旧民一百十家，合新旧守墓户国烟卅，看烟三百，都合三百卅家"）公元427年，长寿王将高句丽的都城从国内城（今集安市）迁往平壤。不难想象，在迁都之前，长寿王会将祭祀祖先、守护王陵的事宜安排妥当，再次将刻有禁止买卖守墓人烟户法令的石碑立于王陵区内，以确保守墓制度的实施。

　　基于上述理解，笔者认为集安高句丽碑的立碑年代极有可能是在公元

---

　　① 耿铁华：《好太王碑一千五百八十年代祭》，中国社会科学出版社2003年版，第363—366页。

　　② 此"今"字，王健群等多数学者的释文释为"令"字，将全句释作"言教如此，是以如教令"，此外也有《奉天省辑安古迹》和《韩国金石全文》两书的释文释为"今"字）笔者比较了好太王碑文中出现的"令"字和"今"字书写特点，再结合碑文文脉，认为此字应释为"今"字。

412 年（好太王去世后）至公元 427 年（长寿王迁都前）之间。

三　集安高句丽碑的内容、性质及其
　　与好太王碑文的关联

　　集安高句丽碑全文 218 字，这一字数大约是已知的好太王碑文的八分之一。但是，由于碑文的缺损，在把握碑文内容含义上，集安高句丽碑的识读要难于好太王碑。根据前文提供的释文可以看出，现存的集安高句丽碑文只有第 9 行的碑文是完整的，其他各行均有未释出的碑字。通过断断续续的碑文，可大致将碑文的内容分为三个部分。为了便于理解，我对碑文进行了初步的断句。当然，由于碑文的缺字，这些断句未必是可靠的。

　　碑文第一部分从第 1 行第 1 字至第 3 行第 16 字。其释文如下：

　　　　□□□□世，必授天道。自承元王始祖鄒牟王之創基也。□□□子，河伯之孫。神□□□假蔭開國辟土，继胤相承。□□□□各家烟户，以 此 河流，四時祭祀。

　　第一部分共 57 字，其中有 14 个缺字。这部分碑文和好太王碑一样记述了高句丽王权的建立、王权与祖先神（天帝、河伯）的血缘关系，还强调了先王得到天道的指引和神的佑护，实现了开疆辟土的伟业，并且世代相承。因此在创立基业的先王去世后，需要安置守墓烟户，利用河流，在一年中的不同季节进行祭祀洒扫。通过碑文可以了解到，在当时高句丽的社会制度和意识形态中，天神与河神、国家的基业、王与祖先的神圣的血缘关系、王权的巩固与维系、守墓烟户、对王陵的洒扫祭祀仪式等事件、人物和制度都有着内在的、必然的联系。立碑者通过对王权由来和先王事迹的讲述，强调了高句丽王权的神圣性、正统性和合法性，而建立王陵的守墓制度和利用河水对河伯祖先及诸先王王陵的祭祀洒扫也是宣扬上述神圣性、正统性和合法性、巩固高句丽社会制度的重要内容。可以说，这一部分是对高句丽建立和维护守墓烟户制度的理由进行了必要的陈述。

　　碑文第二部分从第 3 行第 17 字至第 8 行第 18 字。其释文如下：

　　　　然□世悠長，烟□□□□烟户□□□□富□□轉賣□□守墓者以銘□□□□□□国罡上太王□平□□王神□□與東西□□□□□國。追述先聖功勳，弥高□烈，継古人之慷慨□□□□□□□□石。自戊申定律，教内發令其脩復。各於□□□□立碑，銘其烟户頭廿人名，以示後世。

第二部分碑文缺字很多，其详细内容不易把握，如"以銘""教内""與東西"等字还不知所云。此段文字的第一字"然"字是一个转折词，表明出现了与前一段碑文不一致的事件。从残存的碑字来看，这大概是指随着时间的流逝，发生了富足者转卖守墓人烟户，使烟户的数量出现差错，甚至还使王陵的相关设施受到某种程度的损坏等社会现象。这种转卖守墓人烟户的行为和对王陵设施维护的不周是对先王的不敬，也是对王权的正统性、神圣性的无视。因此这些行为必须制止和改正。碑文从"国罡上太王"一词开始，文义又出现转折，转而讲述"国罡上太王"（好太王）时期的烟户制度。在前述守墓制度日渐松懈的背景下，为了加强和完善王陵的守墓制度，好太王在戊申年（公元408年）制定了律法，下令修复受损的王陵设施，还在王陵近旁立碑，铭刻守墓烟户头20人的名字。这样做是为了使后世人牢记先王的伟大功勋，继承古人（祖先）的慷慨业绩。根据上述分析可知，第二部分碑文大致包含了有因果关系的两层含义。第一层意思是指出高句丽社会中出现了对维护守墓制度不力的现象；第二层意思是记述了好太王在世期间为加强和完善守墓制度而实施的各种措施。这里要说明的是，以上对第二部分段意的分析，只是根据笔者目前的释文，将来如有新的碑字释出，其段意也会随之发生变化。

碑文第三部分从第8行第19字至第10行第20字。其释文如下：

自今以後，守墓之民不得擅買，更相擅賣。雖富足之者，亦不得其買賣。□若違令者，後世□嗣之□，看其碑文，与其罪過。

这部分碑文应当是有关守墓人烟户制度的惩罚性法律条文，其内容规定了不得随意买卖王陵的守墓烟户，即便是属于高句丽社会统治阶级的富豪阶层也不能买卖烟户，否则违令者和其后代都要受到惩处。与其内容相近的惩罚性法律条文在好太王碑文中也有记载。

综上所述，碑文第一部分是对建立守墓制度的理由和必要性的说明；第二部分记述了好太王为维护和巩固守墓烟户制度，以法律的形式提出了更加具体的管制措施；第三部分是立碑者再次重复了好太王碑文中强调的惩罚性法律条文，告诫高句丽社会各阶层成员，特别是那些与使役和管理守墓烟户有关的人，不要违反王陵守墓制度的相关法律规定，不然就要受到惩罚。由此看来，碑文的中心内容是为了说明守墓烟户制度，告诫企图违法的人。因此，笔者认为集安高句丽碑的性质当是一种告诫碑。

集安高句丽碑发现后，此碑碑文中有关守墓烟户制度的内容与高句丽好太王碑义的关系受到广泛的关注。《集安高句丽碑》一书的作者认为，新出土的集安高句丽碑为高句丽王陵及守墓烟户制度提供了新的资料。①另外，魏存成、张福有两先生在与笔者的交流中也表达了相同的观点。与好太王碑文有关守墓制度的记载相对照，可知集安高句丽碑文中出现了一些新的可供研究的信息。归纳起来有以下几点：1. 根据碑文中"以 此 河流，四时祭祀"的记载，可知古代高句丽的守墓制度中包括了利用河流之水对先王的陵墓进行四时祭祀的内容。类似的内容不见于好太王碑文。关于古代高句丽的祭祀，中朝古代历史文献中已有不少记载，此次集安高句丽碑的出土为研究高句丽守墓烟户制度中的宗教祭祀活动提供了新的资料。2. 高句丽的守墓烟户制度中存在着称作"烟户头"的身份集团，他们应当是守墓烟户制度下的基层管理者，同时也是日常的祭祀洒扫活动的组织者。这些烟户头很可能是从了解守墓制度法则的高句丽人，即好太王碑文中所说的"远近旧民"中产生的。3. 针对高句丽社会中违反法律、买卖守墓烟户的现象，高句丽国家制定了严厉的惩罚措施。好太王碑文中记载的惩罚措施是"卖者刑之，买人制令守墓之"。在集安高句丽碑文中，这种惩罚措施似乎有了进一步的加强。就是说，惩罚的对象不仅包括从事烟户买卖的当事人，还包括了他们的后代（"□若违令者，后世□嗣之□，看其碑文，与其罪过"）。

---

① 参见集安市博物馆编著《集安高句丽碑》，吉林大学出版社 2013 年版。

总之，集安高句丽碑的出现为古代中朝文献史料和好太王碑文中记载的古代高句丽的守墓烟户制度提供了新的实物证据。

四　集安高句丽碑文的书法特征

集安高句丽碑所用的书体是隶书。中国的隶书书法起源于秦代（一说起源于战国时期），盛行于汉代。隶书由篆书演变而来，西汉中期以前的隶书在笔画结构和书写笔法上还没有完全摆脱篆书的影响。东汉以后，隶书日益脱去篆意，以纵长变横扁、圆转变方折、撇捺波磔、蚕头燕尾、一波三折为特征的书法逐渐成熟定型。汉代的文字和书法在当时的东亚世界中居于领先地位，这种中原的汉字文化很自然地在周边民族和地区传播，影响到中原以外地区的文化。集安高句丽碑所采用书法基本上是汉魏时期成熟形态的隶书。在集安高句丽碑文中不少碑字具有上述成熟形态隶书的特点。比如：第 1 行第 5 字"必"字、第 3 行第 16 字"祀"字、第 3 行第 21 字"長"字、第 5 行第 10 字"太"字、第 6 行第 18 字"古"字、第 7 行第 10 字"戊"字、第 7 行第 14 字"教"字、第 7 行第 19 字"脩"字、第 7 行第 20 字"復"字、第 7 行第 21 字"各"字等（见图59—图 68）。

从诸碑字来看，可以说集安高句丽碑文的隶书书体无论是字体结构还是撇捺波磔的笔法，都与中原的隶书书体极为相似，说明高句丽的文字文化深受中原汉字文化的影响。当然，古代高句丽人书写汉字时，除了努力模仿中原地区的字体与书法之外，也会在字形结构和书写笔法上形成一些自身的特色。关于高句丽人的汉字书写特点，以往学界在研究好太王碑文时已十分关注[①]，这样的特点也反映在新出土的集安高句丽碑文中。现试举几例如下：

[①]　参见王健群《好太王碑研究》，吉林人民出版社 1984 年版；周荣顺《好太王碑书法浅谈》，收入耿铁华、孙仁杰编《高句丽研究文集》，延边大学出版社 1993 年版；朴真奭《好太王碑与古代朝日关系研究》，延边大学出版社 1996 年版；丛文俊《关于高句丽好太王碑文字与书法之研究》，收入韩国、高句丽研究会编《魔阴土好太王碑研究 100 年》1996 年；水谷梯二郎《好太王碑考》，《害品》1959 年第 100 号；朴时亨《魔阴土王陵碑》，朝鲜·平壤：社会科学出版社1966 年版，全浩天译日文版，1985 年；寺田隆信、井上秀雄编：《好太王碑探访记》，东京：日本放送出版协会 1975 年版。

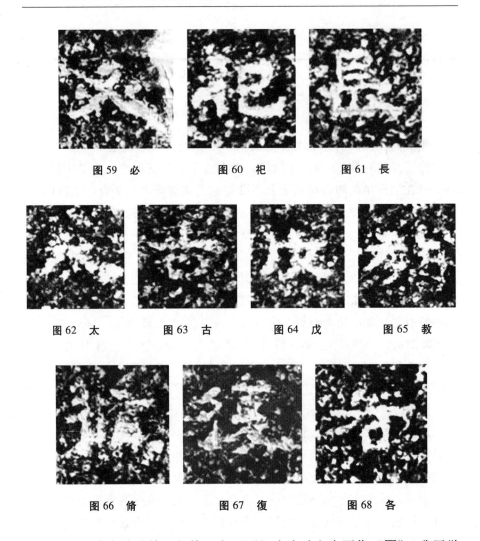

图59　必　　　　　图60　祀　　　　　图61　長

图62　太　　　　图63　古　　　　图64　戊　　　　图65　教

图66　脩　　　　　图67　復　　　　　图68　各

　　1. 集安高句丽碑第5行第8字"罔"字在碑文中写作"罡"。我国学者朴真奭先生曾推测"罡"字很可能是高句丽独有的异体字。① 实际上，将"罔"写作"罡"在中国金石文中也有用例，只不过不是单独成字，而是作为某字的一部分和其他笔画合在一起使用。比如《北魏元羽墓志》（公元501年刊刻）中的"罡"（崗）字、《兴福寺碑》（集晋王羲之的字而立的集字碑，公元721年刻立）中的"剄"（剛）字等。"罡"字作为一个独立的字，笔者尚未在南北朝以前的隶书体金石文和《隶辨》《中国

_____

① 朴真奭：《好太王碑与古代朝日关系研究》，延边大学出版社1996年版，第85—86页。

书法大字典》等书法工具书中见到。但是，"罡"字在高句丽遗物中是个常见字。在好太王碑文第1面和第4面碑文中共残存着3个"罡"字，集安《冉牟墓墨书题记》、集安上下活龙村高句丽古坟出土的陶片①以及韩国庆州出土的"好太王壶杆"铭文上也都能看到这个"罡"字，而且上"罒"下"止"的笔画结构完全一致（见图69—图73）。上述事实表明，"罡"字在高句丽的书写文字中很可能已经不是一个异体字、别体字，而是作为一个有特定意义的、定型的汉字使用的。

图69　集安高句丽碑　　　　图70　好太王碑　　　　图71　好太王壶杆

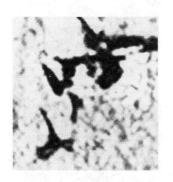

图72　冉牟墓墨书题记　　　图73　集安上下活龙村高句丽
　　　　　　　　　　　　　　　　古坟出土的陶片

2. 在集安高句丽碑的碑文中有一个字出现了多次，即"烟户"的"烟"字。阳面的碑文中共残存着4个"烟"字。在现存的好太王碑文中，"烟"字共被使用了70次之多。我国学者朴真奭先生曾依据《说文

---

①　《集安县上下活龙村高句丽古坟清理简报》，《文物》1984年第1期。

解字》和朝鲜郑益鲁的《国汉文新玉篇》的资料指出，"烟"字的正字是"煙"，"烟"是"煙"的俗字或别字。[①] 在汉代至南北朝时期的金石文中，"煙"字存在多种别体字，除"烟"之外，还有"烔"（《北魏陆绍墓志》，公元 528 年刊刻）、"烟"（《北魏张猛龙碑》，公元 522 年刻立）、"烟"（《北魏元悌墓志》，公元 528 年刊刻）等。在当时的金石文中，笔者仅见《魏受禅表碑》（公元 220 年刻立）和《北魏皇甫麟墓志》（公元 515 年刊刻）中的"烟"字与集安高句丽碑和好太王碑的字形笔画相同（见图 74—图 77）。看来，在高句丽的文字文化中，"烟"字的大量使用，表明它也是一个有特定意义的、已经定型的汉字，而不是一个可以随意改写的别体字。它和"守墓人""户""国""看"等字组成专用名词，即"守墓人烟户""烟户""国烟""看烟"，专指守护陵墓的守墓人家族。

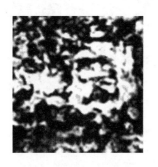

图 74　集安高句丽碑

图 75　好太王碑

图 76　魏受禅表碑

图 77　北魏皇甫麟墓志

3. 集安高句丽碑第 9 行第 13 字"雖"字的写法比较特别，作

---

① 朴真奭：《好太王碑与古代朝日关系研究》，延边大学出版社 1996 年版，第 80 页。

"雖"。其左侧的"虽"字写作"罘"。与之相似的是好太王碑中的"雖"字（见图78—图81）。在汉代至南北朝时期金石文中，"雖"字存在着大量的别体字，仅《廣碑别字》（秦公、刘大新著，国际文化出版公司1995年版）一书中就列举了"雖"字的27种别体字。其中《西晋徐夫人菅洛墓志》（公元291年刊刻）中的"雜"、《北魏西阳男高廣墓志》（公元526年刊刻）中的"雖"和"雖"等与集安高句丽碑的"雖"字字体比较相近。所不同的是，集安高句丽碑和好太王碑的"罘"字的"口"字中间有一短竖，而中原地区的"雖"的别体字中没有这样的竖画。由此看来，这个"雖"字有可能是高句丽的汉字书写者自造的一个别字。

图78　集安高句丽碑

图79　好太王碑

图80　好太王碑"雖"字摹写

图81　北魏皇甫麟墓志

　　以上事例或许都反映了古代高句丽人在书写汉字的过程中的某种倾向性和选择性。同时，此类细微的观察和比较还有助于了解中原的汉字文化在周边地区传播与发展的具体过程。

　　其次，集安高句丽碑文的书法布局与已知的好太王碑文十分相似，都采用了一种非常严整的、纵横成行的留白方式，即每字的大小变化不大，每字的上下左右之间的距离比较一致。这也可以看作是集安高句丽碑和好太王碑这两通古代高句丽石刻的一个共通点。周荣顺在研究了好太王碑文的留白方式后曾指出，这种严整的留白方式，在中国周代的钟鼎铭文、秦代和三国时期的石刻中也有迹可循。[①] 另外，集安《冉牟墓墨书题记》的文字也是写在严整的方格线之间的。最后要指出的是，集安高句丽碑的书法风格与好太王碑有所不同。按周荣顺先生的观点，好太王碑的书法以隶书为主，又吸收了篆书和真书的笔法，是一种居于篆与隶、隶与楷之间的过渡型书体。[②] 集安高句丽碑略显方正的书体与中国南北朝的北碑隶书更为接近。好太王碑的书法风格属于典重庄严、方正古朴型，而集安高句丽碑似可归入飘逸秀美、风姿绰约型。当然，集安高句丽碑在书法风格上应如何定位，还有待于研究书法的专业人士做出更为准确的评判。

（原载《东北史地》2013 年第 3 期）

---

① 周荣顺：《好太王碑书法浅谈》，收入耿铁华、孙仁杰编《高句丽研究文集》，延边大学出版社 1993 年版。

② 同上。

关于新出集安高句丽碑的几点思考

魏存成[*]

  2012 年 7 月 29 日，吉林省集安市麻线乡麻线村村民马绍彬在麻线河右侧河边发现了一通石碑，后经集安市文物局组织专业技术人员进行现场调查和初步捶拓及文字识别，确定为高句丽时期的石碑。11 月 5 日，集安高句丽碑保护和研究领导小组聘请国内数名专家对该碑进行了论证，笔者应邀参加了此项工作。因为论证会议时间短促，所以当时主要是对该碑的真实性进行了论证。2013 年 1 月 4 日，《中国文物报》刊文对该碑的发现做了报道并公布了碑文的拓片和释文。[①] 之后，张福有先生把他在论证会后又去拍摄的照片传给笔者，并将他对碑文的识读和解释传给笔者。与此同时，我也和论证会的其他几位专家就碑文识读和解释继续交流，尤其是张福有、徐建新两位先生还将他们写好的论文传给笔者看。所有这些，都给笔者很大启发，本文所写，有不少则是相互交流后的共识。

一

  关于该碑的碑文，笔者首先是在 2012 年 11 月 5 日论证会上看到的，会议结束前将全部材料交回。2013 年 1 月 4 日《中国文物报》正式公布

---

  * 魏存成：吉林大学边疆考古研究中心和文学院考古系教授。
  ① 集文：《村民发现并报告文物部门吉林集安新见高句丽石碑》，《中国文物报》2013 年 1 月 4 日。

了碑文中的 140 个字。最近出版发行的《集安高句丽碑》①所公布的碑文正是论证会上讨论的碑文，计 156 个字。此间，张福有、徐建新先生也将他们识读的碑文传给笔者。② 笔者对文字和书法没有研究，同时笔者在论证会后再没有去考察石碑实物，笔者所能做的就是根据手中有限的拓本照片去学习、比对上述几种释文。现将上述几种释文一起公示如下：

A.《中国文物报》发表的释文（140 字）

B. 提交专家论证会和《集安高句丽碑》发表的释文（156 字）

C. 徐建新先生释文（160 字）

D. 张福有先生释文（190 字）

1—A□□□□世必□天道自承元王始祖邹牟王之创基也
1—B□□□□世必授天道自承元王始祖鄒牟王之创基也
1—C□□□□世必授天道自承元王始祖鄒牟王之創基也
1—D□□□□世必授天道自承元王始祖鄒牟王之創基也

2—A□□□子河伯之孙神□□□□荫开国辟土继胤相承
2—B□□□子河伯之孫神靈祐護蔽陰開國辟土繼胤相承
2—C□□□子河伯之孫神□□□假陰開國辟土继胤相承
2—D□□□子河伯之孫神靈祐護假陰開國辟土继胤相承

3—A□□□□□□烟户以□河流四时祭祀然□□備长烟
3—B□□□□□□烟户以此河流四时祭祀然而□備长烟
3—C□□□□各家烟户以 此 河流四時祭祀然□世悠长烟
3—D□□舊 民 各家烟戶以此河流四時祭祀然萬世悠长烟

4—A□□□□烟□□□□□富足□转卖□□守墓者以铭
4—B□□□□烟户□□□□富足□轉賣□□守墓者以铭

① 该书由集安市博物馆编著，吉林大学出版社 2013 年 1 月出版，笔者于 2013 年 3 月 11 日收到样书。

② 徐建新先生释文见于其未刊稿，张福有先生释文先见于其未刊稿，后见于香港《名家》2013 年第 2 期，2013 年 4 月 10 日《中国文物报》所刊：《集安麻线高句丽碑文补释》。

4—C□□□□烟户□□□□富□□轉賣□□守墓者以銘

4—D 丿□□□烟戶 為 禁 □□富庶擅轉賣轉買守墓者以銘

5—A□□□□□□□太□□□□□王神□□与东西

5—B□□□□□□□罡□太王□□□□王神□□輿東西

5—C□□□□□□國罡上太王□平□□王神□□ 與 東西

5—D□□□□□□國罡上太王號平安太王神武 乘 輿東西

6—A□□□□□□追述先聖功勋彌高悠烈繼古人之慷慨

6—B□□□□□□追述先聖功勋彌高悠烈繼古人之慷慨

6—C□□□□□國追述先聖功勳弥高□烈继古人之慷慨

6—D□□□巡故国追述先聖勳弥高然烈继古人之慷慨

7—A□□□□□□□自戊□定律教□發令□修复各于

7—B□□□□□□□自戊□定律教□发令其修復各於

7—C□□□□□□□石自戊申定 律 教 内 發令 其 脩復各於

7—D□□□丁卯 歲 刊石自戊申定律教 言 發令 並 修復各於

8—A□□□□□立碑銘其烟户头廿人名□示后世自今以后

8—B□□□□□立碑銘其烟户頭廿人名以示後世自今以後

8—C□□□□□立碑銘其烟户頭廿人名 以 示後世自今以後

8—D 先 王 墓 上 立碑銘其烟户頭廿人名 宣 示後世自今以後

9—A 守墓之民不得□□更相转卖虽富足之者亦不得其买

9—B 守墓之民不得擅自更相轉賣雖富足之者亦不得其買

9—C 守墓之民不得擅買更相 擅 賣 雖富足之者亦不得其買

9—D 守墓之民不得擅買更相擅賣雖富足之者亦不得其買

10—A 卖□□违令者后世□嗣□□看其碑文与其罪过

10—B 賣如有違令者後世□嗣□□看其碑文與其罪過

10—C 賣□若違令者後世□嗣之□看其碑文与其罪過

10—D 賣向若違令者後世継嗣之者看其碑文与其罪過

　　第一行，开始缺4字，其余字，除"A"对第7字不识外，各家识读相同。

　　第二行，开始缺3字，接第4字，推测为"天帝之子"或"日月之子"皆可，前者在好太王碑碑文中出现，后者在冉牟墓题记中出现。第10—13四字，各家有识有空，其中第13字，"B"摹写为"假"，但打字为"蔽"，"C""D"识读为"假"，看拓片像"假"，而"蔽蔭"语义要通顺一些。

　　第三行，前2字缺。第4字，"D"识为"民"；第3字，"D"推测为"舊"。其余字，各家识读基本相同。其中第18字仅留下半，像"而"，前后联系从整体看应是"萬"。第19字识为"世"是对的。

　　第四行，缺字较多，"A""B""C"三家识读基本相同，"D"多识出几字。

　　第五行缺字最多，从"A"到"D"，各家识读出的字逐渐增加，关键是中间"太王"前边的字，"上"字尽管靠该字格的上半，但笔画是清楚的。"罡"字与好太王碑上的"罡"字相近。"國"字所留笔画不全，与后四字相连，应识为"國"，即"國罡上太王"（以下正文用"国罡上太王"）。"國"字之前，即第6字，张福有先生说："第六字，林沄先生拟释为'唯'。"此值得关注。后边第13—16字，"平"字、"王"字清楚，第14字只留上半"宀"，第15字接近"太"字，所以"D"识读要予重视。

　　第六行，前6字，"A""B"两家全空，"C"识第五字为"國"，该字清楚；"D"识出第4—6三字为"巡故国"；其余字，各家识读大都相同。

　　第七行，第9字之后，各家识读基本相同，关键是"戊"后边的那个字，"D"首识为"申"，"C"将张福有的照片经电脑处理后，表示赞同。前边第4—8字，"D"识为"丁卯歲刊石"，"C"也识出第8字为"石"，看拓片，"石"字可以定，"卯"字也可以对上笔画，"丁""歲"

"刊"三字不清楚。以下正文用"戊□定律"和"□卯 歲 刊石"。

第八行，前4字，"A""B""C"缺，"D"识为" 先 王 墓 上 "。第15字，"B""C"识为"以"，看拓片笔画较多，"D"识为"宣"，同样读得通。其余字，各家识读相同。

第九行，保存字最全。

第十行，缺字也很少，各家识读基本相同，个别字有别，但语义不变。

二

通观全部碑文，可分为三段。第一段从第一行开始，到第三行下部"四时祭祀"止。第二段从第三行下部"然"字开始，到第八行下部"以示后世"止。第三段从第八行下部"自今以后"开始，到碑文末尾。第一段虽缺字不少，但基本读得通，记述的是元王始祖邹牟王创建高句丽政权的历史功绩和"各家烟户以此河流四时祭祀"的活动。第三段缺字很少，语义明确，记述的是禁止守墓之民买卖的规定。复杂的是第二段，文字量占全部碑文的一半，缺字也最多。立碑的原因、过程，该碑是哪位王所立，是在哪一年立的，这些研究中的关键问题，主要需通过这段碑文解决。而要解决这些关键问题，碑文第五行中的"国罡上太王"是指哪一位王，第七行中的"戊□定律"是指哪个年代，"□卯 歲 刊石"如果确定的话，又是哪个年代，则是关键中的关键。

关于"国罡上太王"，高句丽诸王的名号中，与此有关的有两位，一是第十六位王故国原王（公元331—371在位），《三国史记》记"故国原王，一云国罡上王"。二是第十九位王好太王，《三国史记》称其为"广开土王"，《好太王碑》称其"国罡上广开土境平安好太王""国罡上广开土境好太王"。这当中有一个问题要注意，即"国罡上"是否谥号中的用词。据《三国史记》，在好太王之前诸位王的陵墓所在，大都有记载，而且王的谥号又多取于王墓的所在地点，比如闵中王、慕本王、故国川王、山上王、中川王、西川王、烽上王、美川王、故国原王、小兽林王、故国壤王等。[①] 故国原王是"葬在故国之原"，所以称故国原王，"国罡上

---

① 见《三国史记·高句丽本纪》。

王"是注在故国原王名称下方的。据综合比较分析，"故国"是指当时高句丽王城所在的今集安市区及其附近地区而言，其范围远远大于"国罡上"，"国罡上"只是"故国"中的一个地点。① 从字义考虑，"国罡上"明显是指地势而言，是故国原王和好太王的陵墓所在的地点，这样看来，碑文中的"国罡上太王"应该是谥号。

推定"戊□定律"的时间，有一条文献需注意，即《三国史记》所记，高句丽"始颁律令"是在高句丽第十七位王小兽林王三年（癸酉年，公元 373 年）。就是说，"戊□定律"的时间不会早于公元 373 年。而据好太王碑记载，好太王时期不仅"尽为祖先王墓上立碑"，而且明文颁布了禁止守墓人买卖的规定，所以"戊□定律"的时间不会晚于好太王时期。这样，"戊□定律"时间则要从公元 373 年到 412 年之间的戊寅（公元 378 年）、戊子（公元 388 年）、戊戌（公元 398 年）、戊申（公元 408 年）几个年代中去考虑。

推定"□卯岁刊石"的时间，那么也有两点需注意。一是根据《好太王碑》碑文记载②，高句丽为其王陵立碑是从好太王开始的，该碑绝不会立于好太王之前。二是本碑碑文内容、书体与好太王碑接近，好太王碑立于长寿王继位之初的甲寅年（公元 414 年），长寿王在位近 80 年，所以本碑刻立的时间不会晚于长寿王时期。这样，"□卯岁刊石"的时间则要从好太王和长寿王在位期间的辛卯年（公元 391 年）、癸卯年（公元 403 年）、乙卯年（公元 415 年）、丁卯年（公元 427 年）、己卯年（公元 439 年）、辛卯年（公元 451 年）、癸卯年（公元 463 年）、乙卯年（公元 475 年）、丁卯年（公元 487 年）若干年代中去考虑。

根据以上不同背景与分析，本碑的刻立就会出现以下几种可能。

第一，推断碑文中的"国罡上太王"是故国原王，该碑是好太王为故国原王所立，则碑文第六行到第八行之"追述先圣功勋弥高□烈继古人之慷慨□□□□□□□石自戊□定律教 内 发令 其 脩复各於□□□□立

---

① 参见《高句丽考古》，吉林大学出版社 1994 年版；《高句丽遗迹》，文物出版社 2002 年版的墓葬章节。

② 《好太王碑》碑文："自上祖先王以来墓上不安石碑致使守墓人烟户差错唯国罡上广开土境好太王尽为祖先王墓上立碑铭其烟户不令差错又制守墓人自今以后不得更相转卖虽有富足之者亦不得擅买其有违令卖者刑之买人制令守墓之。"该碑文释文，见方起东《好太王碑释读一见》，《东北史地》2004 年第 2 期。

碑銘其烟户頭廿人名 以 示後世"（C）［"追述先聖勳弥高然烈继古人之
慷慨□□□丁卯 歲 刊石自戊申定律教 言 發令 並 修復各於 先 王 墓 上
立碑銘其烟戶頭廿人名 宣 示後世"（D）］，叙述的整个过程，皆为好太
王所为，"先聖"是指故国原王，前因后果、先后次序，字面上阅读和理
解都很顺当。"□卯 歲 刊石"也可推定在好太王在位时期的"癸卯年"
（公元 403 年）。问题是"戊□定律"定在哪一年。公元 403 年之前到公
元 373 年高句丽"始颁律令"之间，还有"戊戌"（公元 398 年）、"戊
子"（公元 388 年）、"戊寅"（公元 378 年）、"戊酉"（公元 373 年）几
个年代，推定在"戊戌"（公元 398 年）年应最合适，但拓片中看不出
"戌"字。"戊寅"（公元 378 年）、"戊酉"（公元 373 年）也看不出来。
看拓片，"戊"后边的字像"午"或"子"，公元 403 年之前最近的一个
"戊午"年是故国原王二十八年（358），早于公元 373 年高句丽"始颁律
令"的时间，出现了矛盾。"戊子"年是故国壤王五年（388），推定在这
一年没有年代方面的矛盾。

　　问题是在与王陵位置的关系方面又出现了问题。故国原王和好太王的
谥号中皆有"国罡上"三字，说明两王陵在同一冈地之上，相距不远。
好太王的陵墓在国内城东边的禹山墓区，已被大家公认。故国原王的陵
墓，经近年考古发掘被推定在好太王陵西北侧的禹山 992 号，距好太王陵
仅 1 公里。①本碑出土地点到好太王陵和禹山 992 号近 10 公里，中间隔王
城国内城、通沟河、七星山，为故国原王立的碑在此出现就不好理解了。

　　第二，推断碑文中的"国罡上太王"是好太王，而因为已有专门为
好太王立的"好太王碑"，所以该碑碑文中的"国罡上太王"则不是立碑
的对象，而是立碑行为的主体，碑文从六行到第八行之"追述先聖功勳
弥高□烈继古人之慷慨□□□□□□石自戊申定律教 内 發令 其 脩復各
於□□□□立碑銘其烟户頭廿人名 以 示後世"（C）［"追述先聖勳弥高

---

　　①　禹山 992 号为大型方坛阶梯石扩墓（原报告称阶坛扩室墓），出土瓦件多素面，瓦当多
云纹，一件莲花纹，文字瓦中出现"戊戌"纪年，发掘报告推测为故国原王在位期间的公元 338
年，同时也推测该墓为故国原王陵墓。在墓葬东侧留有可能与祭祀活动有关的、用碎石和河卵石
堆筑成的祭台遗迹。见吉林省文物考古研究所集安市博物馆《集安高句丽王陵》，文物出版社
2004 年版。

怵烈继古人之慷慨□□□丁卯 歲 刊石自戊申定律教 言 發令 並 修復各於 先王墓上 立碑銘其烟戶頭廿人名 宣 示後世"（D）〕，同样皆为好太王所为，前后连通起来也很顺当。而且将立碑的对象推定为好太王之前的某位王或数位王，即碑文中的"先圣"，从字面上也讲得通。

与此相关，"戊□定律"和"□卯 歲 刊石"的时间，如前边所推定，将"戊□"年推定为"戊子"年，即故国壤王五年（公元388年），将"□卯"年推定为"癸卯"年即好太王十三年（403）；或者将"戊□"年推定为"戊申"年（408），将立碑时间推定在408—412年之间，也都没有矛盾。

这当中要解决的问题，就是"国罡上"是否谥号中的用词。近年发掘，在好太王陵上发现刻有"辛卯年好太王□造铃九十六"铜铃①，说明好太王生前可以称好太王，而《好太王碑》称其"国罡上广开土境平安好太王"、"国罡上广开土境好太王"、冉牟墓题记中也有"国罡上"之称号，其时代皆在好太王去世之后。正如前边所分析，"国罡上"是谥号中的用词不应该怀疑，《集安高句丽碑》书中也是这样认可的②，由此看来，将本碑定为好太王时期所立就有矛盾了。

第三，仍推断"国罡上太王"为好太王，而且也认可"国罡上"为谥号用词，因此本碑不是好太王时期所立，而是在好太王之后长寿王时期立的。在此总体推断之下，具体碑文又可作不同理解。

碑文中第五行到第六行之" 國 罡上太王□平□□王神□□ 與 東西 □□□□□國追述先聖功勳弥高□烈继古人之慷慨"（C）〔"……國罡上太王號平安太王神武 乘 輿東西□□□巡故国追述先聖勳弥高怵烈继古人之慷慨"（D）〕，可作两种理解。一是将其皆视为好太王所为，碑文中的"先圣"是对好太王之前诸王的专指或泛指。其中"巡故国"之事，查《三国史记》，好太王十八年（408）"八月，王南巡"，具体南巡何处，没有记载，如果说是到高句丽始都之地卒本、今桓仁的话，而查对地图，

---

① 吉林省文物考古研究所集安市博物馆：《集安高句丽王陵》，文物出版社2004年版。

② "好太王……东晋安帝义熙八年（412），'昊天不吊，三十有九，宴驾弃国'、义熙十年（414）'甲寅年九月廿九乙酉，迁就山陵'，安葬在'国是上'（今集安市太王乡大碑街），死后被谥为'国是上广开土境平安好太王'。"见《集安高句丽碑》，第100页。

桓仁在集安的西边，方向不符。当然，作为一种推测，这里也不排除《三国史记》所记有误，不是"南巡"，而是"西巡"。再查好太王碑碑文，有两件事与此年代相近，一件事是从好太王六年（396）到十七年（407）的十余年中，好太王与百济以及倭之间战事不断，先后出兵平壤等地。《三国史记》所记好太王十八年（408）"南巡"可能与此有关，但是平壤并不是高句丽"故国"所在，不是碑文中"巡故国"所指。另一件事是好太王廿年（410）征讨东夫余之事，其曰："（好太王）廿年（410）庚戌东夫余旧是邹牟王属民中叛不贡王躬率往讨军到余城而举国骇服。"现学术界大都认为此东夫余乃原以今吉林市为中心的汉魏以来的夫余，邹牟王正是从此夫余南走建立高句丽政权的，由此将此夫余视为高句丽的故国也未尝不可，高句丽占领此地区正是通过好太王这次"往讨"所实现的。还有一种可能，就是好太王所巡视的乃上述《三国史记》中记载的"故国"地区，即今集安市区附近地区，而且之前的绝大部分王陵也都在这一地区，在巡视中"追述先圣功勋"，也合乎情理，问题是巡视的距离太近了。

　　二是将"巡故国追述先聖勳弥高然烈继古人之慷慨"（D）理解为立本碑之王，即长寿王所为，如果是这样的话，其中"巡故国"则是指集安而言，"先圣"则主要是指好太王，或许还包括邹牟王等其他王在内。问题是长寿王于公元 427 年"移都平壤"后，何时来过集安，文献没有记载。

　　以下第七、第八两行更要注重，因为与本碑相关的具体年代在此出现。首先是上述几家释文中共同识出的"戊□定律"碑文，前边已谈，其年代范围在公元 373—412 年之间，看拓片像"戊子"年（公元 388年），张福有先生根据他拍摄的照片首识为"戊申"年（公元 408 年），徐建新先生表示赞同，此属好太王时期，更合情理。

　　"定律"的年代不等于立碑的年代，而是要早于立碑的年代。关于立碑的年代，上述"A""B"释文中都没有；"C"释文识出第七行第 8 字为"石"，但是并没有明确表示该字与立碑年代有关。而对于立碑年代，经和"C"释文作者徐建新先生交流，他认为在公元 412 年好太王去世后到公元 427 年长寿王迁都平壤之间。张福有、孙仁杰先生识出第七行第 4—8 字为"丁卯 歲 刊石"五字，认为此"丁卯 歲 "即公元 427 年，是立碑的确切年代。张福有、孙仁杰、徐建新三位先生都特别强调了长寿王迁都平壤与立碑的关系，认为长寿王在迁都之前要对集安地区的祭祀祖先的活动给予必要的安排，这是有道理的。前边已分析指出，本碑刻立年代不会在好太王时期及其以前，而是在长寿王时期。长寿王在位时间很长，在此期间，"丁卯"年有两个，即公元 427 年和公元 487 年，"癸卯"年有一个，即公元 463 年，相比之下选择公元 427 年是比较合适的。

但是，不管是选择哪一年，只要是认可第七行"□卯 歲 刊石"这五个字，而且认为这就是立碑的年代，那么在阅读理解"□卯 歲 刊石"与下边的碑文关系时，就会感到不那么顺畅。为此，试作两种解释：

一是将"自戊申定律教 言 發令 並 修復各於 先 王 墓 上 立碑銘其烟戶頭廿人名 宣 示後世"（D）一句连贯起来，将其视为好太王为先王陵墓上立碑全过程的追述，追述的同时，好像也在表示"□卯 歲 刊石"，即本碑继承了好太王的律令，同样是这样做的。照这种解释，那么"銘其烟戶頭廿人名"在本碑和好太王为其他王陵立的碑中可能是同样的。

二是将"自戊申定律教 言 發令 並 修復各於 先 王 墓 上 立碑"（D）视为好太王为先王陵墓上立碑的追述，而"銘其烟戶頭廿人名 宣 示後世"（D）是指本碑而言，上与"□卯 歲 刊石"接应。照这种解释，好太王为其他王陵立的碑中"銘其烟戶"的数目及相关情况，不见得与本碑等同。

不管是采用哪种解释，在本碑上原刻有具体烟户的姓名，这也是大家共识。其主要根据是在碑的背面残存着与烟户姓名有关的文字，而且还有被人为损毁的字痕。① 此与正面碑文"銘其烟戶頭廿人名"是对应的，由此也说明本碑第一段所记述的祭祀活动是有具体烟户负责的。

该推断，"国罡上"谥号用词的疑问得以解决，"戊□定律""□卯歲

---

① 碑的背面，张福有先生介绍，"中间有一行文字，刊刻不直，漫法严重，确实难以识读"，经反复观察，张福有先生"确认中间一行文字应有 20 个字，努力辨认出 17 个字如下：'□□团烟口守墓烟户合廿家石工四烟户颐六人'"；"碑阴上端及两侧边缘部位，原来皆有文字，但早已被人为损毁，痕迹明显"，张福有先生"在左下方距底边 11 厘米、左边 5 厘米、中间一行文字最后一字'人'字 23 厘米处，读出'团六人'三字"。

刊石"年代的推定也说得通，问题是上述碑文中的行为主体不断发生转换、立碑过程叙述有正述有追述，阅读与理解比较费力。如果缺字部分补全，该问题有可能缓和。

三

以下对本碑的性质和对象试作讨论，其实这两个问题有着密切的关系，而且又都离不开对碑文内容的分析。

《集安高句丽碑》一书认为，"此碑是高句丽时期为了加强对守墓烟户管理公布法令制度的碑刻"，"根据碑文分析，此碑主要是针对历来高句丽王陵守墓烟户被买卖致使数量差错的问题，重申律令，禁止守墓烟户买卖，刊于碑石，以示后世"。①

张福有先生在其传给笔者的论文中说："根据碑文内容分析，长寿王迁都前根据好太王'存时教言'为烟户头立守墓的'定律'碑，是有可能的。从碑阴中部残存文字'国烟''守墓烟户''烟户头'分析，与碑阳第8行'铭其烟户头廿人名'是一致的，说明此碑当属为烟户头所立的'定律'碑，是成立的。"

徐建新先生认为此碑碑文的主旨是为了说明高句丽的守墓烟户制度，告诫企图违法买卖守墓烟户的人，因此，此碑的性质当是一种告诫碑。

以上，诸家对本碑的性质定名或不定名，定名者又有不同，但是大家对碑文内容的认识还是一致的。本碑碑文的主要内容是对好太王为先王墓上立碑和加强守墓烟户管理之法令制度的重申，同时也出现了好太王碑中不见的内容，如"以此河流四时祭祀"的祭祀形式、"烟户头"的称呼等。对于重申的法令制度，过去在研究好太王碑碑文时多有论著；而对于新出现的内容，则需另作思考。碑文中记"以此河流四时祭祀"，说明有确切的祭祀地点和时间，同时碑文中记有"铭其烟戸頭廿人名 宣 示後世"（D），在碑的背面还残存着与烟户姓名有关的文字和被人为损毁的字痕，说明在立碑的河旁是有固定的烟户在定时进行祭祀活动的。既然如此，那么本碑的刻立在"定律"和"告诫"的同时，碑文中记载的祭祀

---

① 《集安高句丽碑》序言第1页，正文第7、120、130页。

活动是否还有具体的对象呢？这是在对碑文研究中需要进一步考虑的问题。

对此，《集安高句丽碑》一书从本碑所在位置入手提出了比较明确的看法："集安高句丽碑……附近还有几座高句丽王陵，它们之间的距离如下：千秋墓西北 456 米；JMM2100 西南 659 米；JMM626 东南 861 米；西大墓东 1149 米。集安高句丽碑处于四座王陵之间，距离最近的是千秋墓，碑所立之处，应该是守墓烟户聚居之地。""集安高句丽碑是好太王为上祖先王立的碑之一……'戊□'可能是戊子——故国壤王五年，公元 388 年……故国壤王去世，好太王即位，先为其父王立碑，再将其父亲制定的法律条文刻在碑上，以示纪念。此碑立在千秋墓西北 456 米，守墓烟户居住的地方，进一步证明千秋墓应该是好太王的父亲故国壤王的陵墓。"①将千秋墓视为故国壤王的陵墓，推断本碑是为千秋墓而立，并不是说没有可能，但是这当中有些疑点需要解决。

关于集安各座大型积石墓王陵的墓主人，迄今学术界还没有形成完全统一的意见，推测千秋墓为故国壤王的陵墓，主要是根据该墓出土的莲花瓦当与好太王陵、将军坟出土的比较接近。千秋墓与好太王陵相比，好太王陵守墓烟户 330 家，本碑所载烟户头 20 人，实际烟户当然要远多于 20 人，但是与好太王陵相比肯定要少。330 家的居住区应相当大，如果说好太王陵守墓烟户居住在好太王碑附近，好太王碑距好太王陵 360 米，而本碑出土地点距千秋墓 456 米，并且又隔麻线河（如果本碑原是立在河西岸的话），就显得远些和不方便了。再说故国壤王，本碑碑文中只有第六行的"先圣"有可能是指故国壤王之外，其他看不出任何与故国壤王有明确关系的字句。其实"先圣"也可以指其他某王。还有，正如前边所指，该书也认为"国罡上"是好太王的谥号用词，那么，推断本碑系好太王所立，就出现了矛盾。

既然如此，那么本碑碑文中记载的祭祀活动与哪位王联系比较合适呢，在对碑文识读和分析过程中，笔者联想到了邹牟王。2013 年 2 月 5 日，在与林沄、张福有、蒋力华先生一起讨论时，笔者第一次提出此想法，之后又与徐建新先生交流过。张福有先生一再建议笔者把此想法写出来，为大家拓宽思路提供一个参考。

---

① 《集安高句丽碑》序言第 1 页，正文第 7、120、130 页。

　　首先从碑文看，第一行"自承元王始祖鄒牟王之創基也"，说的是邹牟王，因为有"自承"二字，其主体好像是指后来的某王，而第二行"□□□子河伯之孫神靈祐護假蔭開國辟土継胤相承"（D），则无疑是对邹牟王创建高句丽政权历史功绩的记述。第三行"□□舊民各家烟戶以此河流四時祭祀"（D）紧接上句，理解为对邹牟王的祭祀，自然顺畅。之后，从"然萬世悠長"到第四行，语气转折，虽缺字不少，仍可看出是说经历长久时间而出现了烟户买卖的情况，与第一行"自承元王始祖鄒牟王之創基也"形成了前后呼应的关系。第六行"追述先聖功勳"之"先圣"，正如上文所分析推断，也应是指邹牟王或包括邹牟王在内的诸王。

　　其次，邹牟王于公元前19年去世，当时高句丽的王城仍在卒本，今桓仁，邹牟王的陵墓一直在桓仁未动。文献记载高句丽盛行各种祭祀活动，有不同的祭祀场所，其中包括两所祭祖神庙。《北史·高句丽传》记："（高句丽）有神庙二所：一曰夫余神，刻木作妇人像；一曰高登神，云是其始祖夫余神之子。并置官司，遣人守护，盖河伯女、朱蒙云。"关于这两所神庙始立、祭祀的时间和地点，中国史书没有记载，《三国史记》本纪和地理志则有比较具体的记载。其中夫余神庙，《三国史记·本纪》记："邹牟王十四年（前24）秋八月，王母柳花薨于东夫余，其王金娃以太后礼葬之，遂立神庙。冬十月，遣使夫余馈方物，以报其德。"之后，"太祖王六十九年（121），冬十月，王幸夫余祀太后庙"。始祖夫余神之子朱蒙，即邹牟，又名东明，始祖庙立于大武神王三年（20），其后新大王四年（168）[①]、故国川王元年（179）[②]、东川王二年（228）、中川王十三年（260）、故国原王二年（332）、安臧王三年（521）、平原王二年（560）、容留王二年（619）数次去卒本祀始祖庙，远远多于去夫余祀太后庙的次数，但相邻两次之间的间隔时间还是很长的。试想，高句丽在集安每年定时为其他诸王进行祭祀的时候，而无法对其始祖邹牟王进行祭祀，未免会有些缺憾。尽管在两神庙所在地已"置官司，遣人守护"，也会随时进行祭祀活动的，但是在王城长期所在地集安，再进行祭祀，仍是必要的。

---

① 　此乃《三国史记·杂志·第一》所记，《三国史记·高句丽本纪》记为新大王三年。
② 　此乃《三国史记·杂志·第一》所记，《三国史记·高句丽本纪》记为故国川王二年。

再次，由于邹牟王的墓不在集安，不像其他诸位王都有固定的洒扫对象和祭祀地点①，因此对其祭祀也需要选择一个合适的地点。高句丽的起源与水有不解之缘，邹牟之母是河伯之女，邹牟自夫余南走，中间横渡大水才摆脱追兵，到卒本建立政权和后来迁都集安，也都与水有关，所以选择一条河流，"以此河流四时祭祀"，具有一定象征意义，比较合适。也许会有人问，那为什么不选择通沟河而选择了麻线河呢，因为当时的王城国内城和丸都山城都在通沟河河旁，这里是政事活动区，通常祭祀活动和政事活动是要分开的，所以选择在集安附近的第二条大河麻线河还是方便的。

那么，该"以此河流四时祭祀"的活动是从何时开始的呢？据《三国史记》，高句丽很早就开始为王陵、贵族墓葬安排守墓烟户②，推测在集安举行祭祀邹牟王的活动也不会开始得太晚，为此安排的人员，其身份与其他守墓烟户相同。后因"萬世悠长"，出现了"守墓人烟户差错"和买卖烟户的现象，于是好太王"尽为祖先王墓上立碑铭其烟户不令差错"，同时又制定了禁止守墓人买卖的法令，但是没有为祭祀邹牟王的活动立碑。长寿王继位后，首先为好太王刻立规模巨大的石碑，即好太王碑，用长篇文字把高句丽的创始传说、好太王的攻伐业绩和上述守墓规定，一并刻写在碑上。此时所缺少的就是祭祀邹牟王的活动还没有纪念碑刻，于是长寿王在"移都平壤"前完成了此项任务。碑文中在概述邹牟王创始高句丽政权的历史功绩之后，用较多文字对"自戊□定律"到好太王为祖先王墓上立碑的过程加以追述和赞颂，对守墓烟户制度再予重申，并铭刻出负责此项祭祀活动的烟户头廿人的姓名。而其中对烟户头人数的规定，有可能与好太王陵以外的其他王陵相同或相近。进行祭祀活动的地方应在立碑附近的河旁，所以在出碑地点附近还会有相关的祭祀设施。这些烟户的主要任务是进行"四时祭祀"，平时对祭祀设施同样要进行"洒扫"守护。在石碑出土地点的河岸附近，说不定还能保留一些

---

①　除始祖邹牟王外，高句丽长寿王之前诸位王的陵墓皆在集安市区附近，其中阅中王葬于阅中原石窟，其余皆是大型积石墓，近年发掘，在一些大型积石墓周围已发现祭台、陵垣、建筑址等遗迹，当与王陵祭祀有关。见《集安高句丽王陵》，文物出版社2004年版。

②　好太王碑文记"自上祖先王以来墓上不安石碑致使守墓人烟户差错"，说明高句丽王的陵墓很早就安排了守墓烟户；另据《三国史记·高句丽本纪》记，新大王"十五年（179）秋九月，国相答夫卒……乃以礼葬于质山，置守墓二十家"，说明安排守墓之事不限于王陵。

遗迹。

　　本次新发现的集安高句丽碑，碑文保留不如好太王碑齐全，几家释文有共识也有不同，说明碑文文字的识读与考证，还有很多工作要做。本文所谈，只是在学习、比对有数的几家释文和相互交流过程中的几点思考，或者说是提出的几种可能，供各位深入研究参考，并请批评指正。

（原载《东北史地》2013 年第 3 期）

集安麻线高句丽碑碑文补释与识读解析

张福有[*]

集安麻线高句丽碑的发现，已在国内外引起很大轰动。^① 限于各方面条件，特别是资料匮乏，反响虽很热烈，但有深度的研究尚未见到。这是很自然的，因为外界目前掌握的可靠资料并不多。为给国内外学者深入研究此碑提供必要条件，兹不揣浅陋，向林沄、魏存成、徐建新、孙仁杰等先生提供我的拍摄资料，以期各自开展研究。这一碑文补释文本，未遑臻备，抛砖引玉。

一 集安麻线高句丽碑的发现与初步研究述略

2012 年 7 月 29 日，吉林省集安市麻线村五组村民马绍彬在麻线河边发现一块状似古碑的大石板，运到家中保护起来。发现有字之后，立即给文物保护派出所打了电话。文物保护派出所当即向集安市文物局作了报告。文物局迅即派人到现场调查。由于石碑漫漶较重，当时未看清文字。

8 月 9 日，通化、集安党政网络均报道了此事。8 月 10 日，《北方法制报》以《村民发现文物及时报警受表彰》为题，作了报道。

8 月 10 日，得此消息的《新文化报》通化记者站站长卢红约请通化市文物保护研究所所长王志敏先生来到集安麻线，现场甄别该石碑的文物价值。碑上的文字为汉字隶书，从当时认出"不得其"等字的字体和笔

---

* 张福有：吉林省文史馆馆员。

① 望山：《吉林集安新发现的高句丽石碑在韩国引起强烈关注》，《中国文物报》2013 年 2 月 20 日 1 版。

法判断，此碑年代当为魏晋时期。

8月14日，集安市文物局组织专业人员周荣顺捶拓了第一张拓片，碑之下部大部分文字均可识读，现场认出"始祖邹牟王之创基也""祭祀""亦不得其買""碑文"等字，字体与好太王碑相似，判定是高句丽时期石碑。然后，集安市文物局安排耿铁华、王志敏、孙仁杰、高良田等开始集中研究。到11月初，初步弄清此碑文字应为218个字，已释读156个字，认为该碑应是好太王为其先王所立的石碑。

11月4日至6日，集安市文物局根据国家和省文物部门的意见，组织专家组到集安鉴定、考释此碑。集安市政府主持召开了"2012年文物专家论证会"。专家组组长：林沄。成员有：魏存成、张福有、徐建新、耿铁华、孙仁杰。省文物局金旭东、郑国君及集安市有关部门和人员参加了鉴定、论证活动。专家组听取了集安市文物局作的石碑发现情况报告，到麻线河现场作了考察，观察了石碑，开展了初步讨论。一致认定，这是一通高句丽石碑，将其定名为：集安麻线河高句丽碑。

2013年1月4日，《中国文物报》在第2版左下方以较大篇幅报道了此事，署名为："集文"。题为《村民发现并报告文物部门吉林集安新见高句丽石碑》，配发了《集安高句丽碑位置图》和《集安高句丽碑拓片》，首次公布了初步考释的140个字的碑文。

2013年1月15日，《新文化报》在B02版刊发记者卢红的专题报道，以《集安发现高句丽时期记事碑》为题，报道此事，扼要介绍了专家组成员林沄、魏存成、张福有、徐建新、耿铁华、孙仁杰的考定意见。2013年2月20日，《中国文物报》在第1版左下方刊发望山《吉林集安新发现的高句丽石碑在韩国引起强烈关注》，有人认为该碑是伪刻，其主要依据是所谓"天道自承"的"道教惯用语"，其实是作者断句错误，将"……世，必授天道""自承元王，始祖邹牟王之创基也"两句连读所致。

2013年2月28日，由集安市博物馆编著的、吉林大学出版社出版的《集安高句丽碑》一书印出。① 此书是集安高句丽碑的第一部著作，包括专家组论证意见、前言、出土纪、调查、释文、书体比较、研究、价值、技术保护报告、日志等，将好太王碑、中原高句丽碑、冉牟墓志作为附录，连同28幅插图、43幅图版，一并发表。

---

① 集安市博物馆编著：《集安高句丽碑》，吉林大学出版社2013年版。

二 石碑周边环境、现状与碑文释读成果

2012 年 8 月 23 日清晨，我在孙仁杰先生的引领下，到石碑出土地了解情况。该地位于麻线河右岸河边，石碑出土点保持原样，可见一个直径约 50 厘米的圆坑。用我带的手持 GPS 测得圆坑中心点的坐标是：北纬 41°05′910″，东经 126°08′830″，海拔 173 米。

11 月 5 日，我应邀以"2012 年文物专家论证会"专家组成员的身份再次到石碑出土地考察。

12 月 1 日，我在迟勇先生的引领下，到石碑发现地附近的建疆、红星采石场考察。这两处采石场的石质都是花岗岩，与石碑材质相同。就石头颜色和石英含量看，红星采石场粉黄色石材更接近石碑，石碑的石材，当出自红星采石场，并非出自集安五女峰古代采石场。

经过集安市文物局详细测量，得知该碑残高 1.73 米，宽 0.606—0.665 米，厚 0.21 米。下部榫头高 0.15—0.195 米，宽 0.42 米，厚 0.21 米。石碑重 464.5 公斤。

该石碑呈"圭"形，两侧均无文字。

碑阳，石面略凸，整体上不如碑阴平整、光洁。文字为阴刻，汉字，隶书。布局得当，竖书，自右至左共 10 行。原碑文一般认为应有共 218 字。从拓片看，亦有可能为 217 字。第 1—5 行和第 7—9 行，每行 22 字。第 6 行前二字形似"廿家"，较大，似为二字占三格，21 字。否则，亦应 22 字。第 10 行，20 字。右上角因残损而失去 9 个字。由于长期受河水沙石冲刷，致使朝河心方向的碑的上端漫漶极为严重，字迹模糊难辨。

集安文物专家论证会介绍的碑文，基本上是 2013 年 1 月吉林大学出版社出版由集安市博物馆编著的《集安高句丽碑》一书所刊碑文，与《中国文物报》发表的 140 个字相比，多 16 个字。在 156 个字中，出书时比向专家介绍时改了两个字：第三行第 18 字"□"补为"而"，第七行第 15 字"遣"改为"□"。由简体字变为繁体字。①

第一行，第 7 字为："授"。第二行，第 10—13 字为："靈佑護蔽"。第三行，第 10 字为："此"，第 18 字改"□"为"而"。第四行，第六字

---

① 集安市博物馆编著：《集安高句丽碑》，吉林大学出版社 2013 年版。

集安文物专家论证会介绍碑文

1. □□世必授天道自承元王始祖邹牟王之创基也
2. □□子河伯之孙神霝佑护蔽阴开国疆土继胤相承
3. □□烟户以此河流四时祭祀然□备长烟
4. □□烟户□富足□转卖守墓者以铭
5. □□□罡太王王神□与东西
6. □□□追述先圣功勋弥高悠烈继古人之慷慨
7. □□自戊□定律教遣发令其修复各于
8. □□立碑铭其烟户头廿人名以示後世自今以後
9. □守墓之民不得擅自更相转卖虽富足之者亦不得其买
10. □卖如有违令者後世□嗣□□看其碑文与其罪过

（156字）

《中国文物报》发表碑文

1. □□世必□天道自承元王始祖邹牟王之创基也
2. □□子河伯之孙神□葭开国疆土继胤相承
3. □□烟户以□河流四时祭祀然□备长烟
4. □□烟□富足□转卖守墓者以铭
5. □□□太王王神□与东西
6. □□□追述先圣功勋弥高悠烈继古人之慷慨
7. □□自戊□定律教□发令□修复各于
8. □□立碑铭其烟户头廿人名□示后世自今以後
9. □守墓之民不得□更相转卖虽富足之者亦不得其买
10. □卖□□违令者后世□嗣□□看其碑文与其罪过

（140字）

图1

为："户"。第五行，第 8 字为："罡"，第 11 字为："王"。第六行，无变化。第七行，第 15 字改"遣"为"□"，第 18 字为："其"。第八行，第 15 字为："以"。第九行，第 7—8 字为："擅自"。第十行，第 2—3 字为："如有"。共 156 字。不足之处是"继""弥""与"三字，碑上是简体，书中印成繁体："繼""彌""與"，略嫌失真。

集安麻线高句丽碑，现存放于集安博物馆新馆大厅中，加石座和玻璃罩。配有简介、156 字释文及小于原件的拓片复制件。

三　对碑文释读的补充与修订

集安麻线高句丽碑，是继好太王碑、中原郡高句丽碑之后发现的第三通刻有文字的高句丽碑，具有重要价值。因此，需要妥善保护，深入研究。

由于石碑磨损严重，拓片与照片质量均受到严重影响，妨碍了碑文释读。

2012 年 11 月 5 日，我作为集安文物专家论证会专家组成员，第一次见到此碑。由于当时间紧迫，只是匆忙拍摄一些石碑和拓片的图片，未及仔细揣摩及做些重点文字辨析。因为当时未用三脚架，为了保证曝光指数，光圈稍大，速度也稍快，所摄图片难以达到放大辨析模糊笔画的特殊要求。

2013 年 1 月 4 日，《中国文物报》发表了《村民发现并报告文物部门吉林集安新见高句丽石碑》的专题报道。我立即与吉林省文化厅、吉林省文物局及吉林省文物考古所商量，于 1 月 11 日带吉林省文物考古研究所于丽群女士和当时在长春的孙仁杰先生专程到集安，1 月 12—14 日，用两天半时间，仔细观察、拍摄石碑并捶拓。在集安市博物馆的大力支持下，调阅了周荣顺、江化国与李光夫、孙仁杰不同版本的 7 张拓片并做拍摄。白天拍摄，晚上及时进行识读研究，有疑问，丝毫也不放过，第二天再到原碑前仔细比对，进行局部拍摄，与孙仁杰先生在现场开展讨论，互有启发，消除文字释读疑点。

经过悉心研读照片和拓片，比对不同拓本，解决疑难问题，终于使碑文释读有了突破性进展。

碑阴，中间有一行文字，刊刻不直，漫漶严重，确实难以识读。我采取将拓片的照片放大、调整曝光量和亮度、转换成底片模式再放大等措施，多种图片反复比对，首次识读 14 个字。3 月 4—8 日，我专程从长春到集安，与孙仁杰、迟勇先生悉心研究周荣顺捶拓的 4 张碑阴拓片，确认中间一行文字应有 20 个字，努力辨认出 17 个字如下：

□□國烟□守墓烟戶合廿家石工四烟户頭六人

碑阴，石面略凹，打磨细致、均匀，整体上较碑阳更为平整、光洁。碑阴上端及两侧边缘部位，原来皆有文字，但早已被人为损毁，痕迹明显。两侧边缘部位文字更难识读，仅在左下方距底边 11 厘米、左边 5 厘米、中间一行文字最后一字"人"字 23 厘米处，读出"頭六人"三字。

2013 年春节期间在识读碑文过程中，我以手机短信、电话、电子邮件等不同方式随时与林沄、魏存成、徐建新、孙仁杰等先生开展讨论，在资料十分有限、诸家难以开展研究的情况下，尽可能为他们提供我所掌握的全部拓片、碑石的照片资料及识读初步成果，征求意见，诚请诸位先生指正，交流研究成果，力求集思广益。2 月 5 日，我请林沄、魏存成、蒋力华先生在长春集中讨论一次。林沄先生识出第 10 行第 11 字为"之"字，第 5 行第 6 字为"唯"字，第 19 字为"車"字，第 6 行第 15 字为"烋"字等。对我新识读的字诸个严审，毫不迁就，春节期间也未休息，反复通过电子邮件发多篇长文讨论碑文释读文本。林沄先生亲自双钩碑文右下角文字，用 PHOTOSHOP 彩笔功能勾勒新识之字的笔画不断发给我。对我识出"巡故國"三字，林沄先生给以热情鼓励。孙仁杰先生负责前期碑文释读摹写工作，拿出 156 个字的最初摹写文本。在此基础上，又识出第 2 行第 13 字为："假"字，第 3 行第 19 字为："世"字，第 8 行前四字为："先王墓上"，第 10 行第 19 字为："继"字，碑阴中间一行第3—4 字为："国烟"，第 6—9 字为："守墓烟户"等字。对我识出的"丁卯年刊石"，率先加以确认并表祝贺。徐建新先生为我提供了"丁卯年刊石""昆""碑""故""癸"等十多字的汉魏碑帖写法和诸多信息及《隶辨·隶书字典》。魏存成先生提供疑难文字的识读思路和有关信息。这一释读文本，是目前释读文字最多的文本，堪称集体智慧的结晶。

具体情况如下：

1. 现存碑上可见的第 1 行第 3 字，集安文物论证会介绍时释为：

“授”。从拓片上看，此字确实像“授”。但我拍摄的照片放大调整曝光后，似乎可见较为确切的“氵”和“去”字，疑为“法”字。结合上下文分析，此字如釐为：“法”字，亦无大碍。“必法天道”，《新唐书》中有：“王者发号出令，必法天道”。① 现从原释，釐为“必授天道”，取“必受天道”之意。此碑第1行由于碑角残损，缺少4个字。“世”字上端，略存上一个字的左撇和中笔之竖“丨”末端残迹。根据碑文文意，可补为“不”字：[惟][雄][才][不]。“不世”，多见于典籍。② 这样，当不违原意。第一行为：

[惟][雄][才][不]世必授天道自承元王始祖鄒牟王之創基也

2. 第2行第13字：集安文物论证会介绍时释为：“蔽”。从照片和拓片看，此字应为“假”。此碑现状，第2行由于碑角残损，缺少前三个字。根据集安《好太王碑》：“惟昔始祖邹牟王之创基也出自北扶余天帝之子”的记载，③ “天帝之子”似比冉牟墓志中的“日月之子”，与“河伯之孙”对仗更好些。第2行为：

[天][帝][之]子河伯之孫神靈祐護假蔭開國辟土继胤相承

3. 第3行下数第3字：集安文物论证会介绍时释为：“脩”，从照片看，应为：“悠”，而且很清晰，是由“彳”“丨”“夂”“心”所构成的。“脩长”，应为：“悠長”。下数第4、5字，集安文物论证会介绍时释读为“而□”。根据照片和拓片，这两个字为：“萬世”。“而□”，连接下边二字，“而□脩长”，应为：“萬世悠長”。

---

① 必法天道，见《新唐书》卷一一八《列传》，第43页。

② 不世，意为：不世出，世所罕见，古典文献中多见。（汉）黄宪《天禄阁外史》卷八中有：“功铭恒霍，义显于介山，风高于首阳，此不世之休烈也。”范晔《后汉书》卷四三《魄嚣公孙述列传第三》：“足下将建伊、吕之业，弘不世之功，而大事草创，英雄未集。”严可均辑《全后汉文》卷八九中有：“唯不世之主，抱独断绝异之明，有坚刚不移之气，然后可庶几其不陷没流沦耳。”严可均辑《全三国文》卷一六《魏十六》中有，《书》曰：“有不世之君，必能用不世之臣。用不世之臣，必能立不世之功。”

③ 张福有等主编：《好太王碑》，吉林文史出版社2008年版。

该行前六字，集安文物论证会介绍时未能释读。此碑现状，第 3 行由于碑角残损，亦缺少前两个字。根据照片和拓片，第 4 字隐约可见"民"字。"民"字上端，是个"舊"字，仅缺草字头。高句丽词汇中，有"舊民"。《好太王碑》中有："但教取远近舊民，守墓洒扫"，① 此处，石碑缺损处两个字，似可补作：远近。后四字，根据照片和拓片所存残画，识读为："舊民各家"。

这样，第 3 行则为：

☐遠☐近 舊民各家烟戶以此河流四時祭祀然萬世悠長烟

4. 从第 4 行起，碑上的文字第一个字是"戶"字，未缺损，只是漫漶严重，不易识读。尤其是石碑上端，字迹十分难辨。第 12 字，集安文物论证会介绍时，释作"足"。从照片看，此字不是"足"，而是"庶"。在周荣顺的拓片上，亦可见"广"字头、"甘"字腰的"口"部和"灬"四点底。此处，应为"富庶"，不是"富足"。

第 3 行的末字是"烟"字，虽嫌略小，但很清晰。由第 3 行末字为"烟"字可推知，第 4 行首字确应是"戶"字。从扩大的照片底片模式中反复细看，前四字的残存部分笔画依稀可见并判断出："戶亦轉賣"。"亦"字头，很清楚。"轉"字，尚可见"車"字的中上部和"專"字的上部。"賣"字，可见"四"之上部。但因漫漶严重，难以摹写。"烟戶"之后，从放大照片的底片模式上，似可读作："為禁舊民"四字。这一行的第 13 字，是"擅"字，"扌"很清楚。第 14、15 两字，释为：轉賣。

这样，第 4 行则为：

戶亦轉賣烟戶为禁舊民富庶擅轉賣韓穢守墓者以銘

5. 第 5 行，集安文物论证会介绍文本阙字最多，空了 14 个字，识读之字为 8 个。通过反复比对拓片、辨析与原碑接近同大的照片，再将其转

---

① 张福有等主编：《好太王碑》，吉林文史出版社 2008 年版。

换成底片模式，终于有所突破，取得进展。最上端，先从于丽群拓的淡墨拓片上认出"守"字，继而认出"墓人"。与第4行末尾的"以铭"相连接，"以铭守墓人"，文通句顺。问题是"守墓人"字小、行距不当。"罡"字其上是"國"字，其下是"上"字，在拓片上可见部分笔画，在放大的照片上，"國"字轮廓清晰，"上"字，虽有些偏上，但一笔不缺。第4、5字，从淡墨拓片上看，是"摽然"，以手捶胸，难以摹出。第6字，林沄先生拟释为"唯"。"太王"之下，我在放大的照片上读出："號平安"。"號"字是繁体，与《好太王碑》的简体"号"字不同，与"虎"字现在的写法亦不同，下部不是"几"，而是"巾"。"平"字最为清晰，一笔不缺，从放大的照片上读出后，再到拓片上去看，毫不费劲，一眼就能认出来。"安"字的"宀"很清楚，"女"字的字型尚在。初识出"號平安"三字，既欣喜又不敢相信，因为《好太王碑》上有："國罡上廣開土境平安好太王"，如果"號平安"三字稳，则麻线碑为好太王所立的结论则不成立。但一再严厉审核，此三字为"號平安"坚确不移！第十五字，左侧似为"彳"，实际是泐痕，将其余似断实连的笔画连接起来，就是个"太"字。"神"字下面，是"武"字。第16、17字，与孙仁杰曾讨论为：韓穢。第19字，集安文物论证会介绍文本释为"與"字，孙仁杰先生摹写为："輿"，从放大的照片上看，该字不是"與"字，而是个"輿"字。在这同一通碑上，"与"字并未写为"與"，而是在"与"下边的横上带两个小竖。"輿"上之字，拓片与照片都不清楚，只可见较为密集的笔画，根据字形，孙仁杰先生读出，是"乘"字，林沄先生读为"車"字。

这样，第5行则为：

守墓人摽然唯國罡上太王號平安太王神武乘輿東西

6. 第6行，集安文物论证会介绍文本空出前六字。为识这一行的前六字，费时甚多。从放大的照片上，我看似为"廿""家"二字。只是"廿家"二字体位较大，如是，则占三格的位置。2月5日，林沄先生肯定是大字"廿家"。但如按"廿家"释，"太王神武，乘輿東西，廿家，巡故國"，读起来似不太顺畅。所以，孙仁杰先生疑其不是"廿家"，也不是大字的"廿家"，应继续研究。从于丽群的淡墨拓片上，读出第4—6

字是"巡故国"三字。"巡"字的三个折拐清楚,"辶"末笔下斜。"故",笔画较细,甚工稳。"國"字,大框很清楚。第 15 字,集安文物论证会介绍文本为"悠"字,我曾疑为"偉"字,"伟烈",在古文献中很多。经向林沄先生请教,此字林沄先生释为"烋"字。此行中的"继"字与第二行的"继"字相同,不是繁体字的"繼",而是简化字"继"。"烋",不论是照片上还是拓片上,都很清楚。更应注意的是,"继古人之慷慨",与陶渊明《感士不遇赋》中的:"伊古人之慷慨",[①] 仅一字之差,值得研究。

这样,第 6 行则为:

廿家巡故國追述先聖勳弥高烋烈继古人之慷慨

7. 第 7 行,集安文物论证会介绍文本空出 10 个字。"戊"字之后,大家曾推测过:"子""午""戌"等字。从拓片看,似为:"子"。但从我拍的多张特写照片上看,是"申"字,很清楚。此处,应为"戊申定律"。"教"字后,集安文物论证会介绍文本释作:"遣"字。在同一册资料中,孙仁杰先生的摹写本,此字未写,空出,足见其严谨精神。从照片上看,此字是"言"字。第 7 行的前 8 个字,由于石碑严重磨损、字迹非常难辨。为攻克这 8 个字,1 月 10 日晚到 11 日凌晨,我彻夜晚未眠,一直坐在电脑前,切换于拓片与照片之间,尺幅不断地放大、缩小,曝光不断地加深、调浅。11 日凌晨,终于有了可贵转机。我识出上数第七字为:"刊",竟然写得很艺术!有了"刊",便有意识、有目标地在一大堆乱笔画中找"碑"字或"石"字,不一会儿工夫,竟然找到了"石"字!这时,我又开始怀疑自己对"刊石"二字的识读,自问:该不是看花眼了吧?已经过去 4 个月了,此前几位专家做了大量工作,为什么没能读出来呢?揉揉眼睛再看,真是无误,就是"刊石"。有了"刊石",其上边就应该是纪年,这是常识。于是,又立即寻找纪年。这时,似有神助,没怎么费劲就看出一个"卯"字!怎么看怎么是,"卯"字笔画粗

---

① (晋)陶潜:《陶渊明集》卷六《赋》:"虽好学与行义,何死生之苦辛。疑报德之若兹,惧斯言之虚陈。何旷世之无才,罕无路之不涩、伊古人之慷慨,病奇名之不立、广结发以从政,不愧赏于万邑。"

圆，左高右低，斜中见正，非常协调。"卯"字定下来，说明这是"地支"，还少"天干"。于是，便锁定"卯"字上边合适的一个字的位置范围里，在放大的照片底片模式上反复排查："甲、乙、丙、丁、戊、己、庚、辛、壬、癸"，大有"挖地三尺"之架势，终于在一堆乱笔画中找出"丁"字！这个"丁"字，隐藏得太深了！马上离开电脑，到拓片打印小样上去印证，竟然在 8 开纸的打印件上也读出了"丁卯年刊石"！当时，我简直不敢相信碑文释读的这一重大突破，如梦如幻，一个人在厅里踱来走去，急切地盼着快一点天亮，好与孙仁杰先生讨论这一重大突破。可是，天还很黑。总算熬过了 5 点钟，便于 5 时 01 分给当时在长春的孙仁杰发手机短信："重要突破：丁卯年刊石。"孙仁杰看到短信，立即在宾馆房间打开自带的笔记本电脑，看拓片。5 时 05 分，他回信："恭贺！卯、石清楚。"为了验证我的识读，我在给孙仁杰的短信中故意未告诉"丁卯年刊石"这五字的位置。因为这对于已多次摹写碑文的仁杰来说，只要知道了是什么字，他就会知道一定要在碑的上端一堆乱笔画中去找。果然不出所料，包括开机时间在内，孙仁杰仅用 5 分钟就找到"卯、石"两个字。5 时 10 分，我又给孙仁杰发手机短信："刊更清楚，请仁兄再细看。丁卯年，迁都那年：427 年。长寿王立碑已无疑！"5 时 13 分，孙仁杰又回信："看出来了。丁卯迁都，大好！"这时，我们都觉得这一释读结果，关乎纪年，事关重大，还是应当十分慎重，待回到集安，到石碑前再仔细辨认、拍摄、捶拓，最后加以确认为妥。

在林沄先生指导下，"丁"字取左边的"竖弯钩"，不取右侧的较长直竖。在"年"与"岁"之间，从 1 月 11 日到 2 月 5 日，我一直在思考"年"与"岁"字应如何确定。最后，根据林沄先生提示该字左下角残存笔画的"示"字痕迹，确定为"岁"字。"丁卯岁刊石"，此碑的纪年出来了，非同小可！"丁卯"年是高句丽第二十代王长寿王十五年即公元 427 年，正是长寿王将都城从集安国内城迁到朝鲜半岛平壤之年！

第 7 行的前三个字，实在难以辨认。从于丽群淡墨拓本上反复找寻，在"丁"字以上三个字的位置上终于读出未着墨的"河"字。再仔细查找，"河"字上为"此"，"河"字下为"流"。"此河流"，与第 3 行第 10—12 字相同，"此"字的写法亦同。问题是字小、行距不当。第 18 字，释"其"，较为模糊，据字形及句意，释为"並"。

这样，第七行则为：

此河流丁卯歲刊石自戊申定律教言發令並修復各於

8. 第 8 行，集安文物论证会介绍文本空出前四字。这次在讨论中，孙仁杰先生从拓片中读出："先王墓上"四字。从拓片上看，"先"字很像，"上"字，横画亦似清楚。从淡墨拓片上看，如释"祖先王墓"，似亦可。于"先王墓上立碑"，与《好太王碑》中："惟国罡上广开土境好太王，尽为祖先王墓上立碑，铭其烟户，不令差错"① 的记载相吻合。倒数第八个字，集安文物论证会介绍文本释为"以"。从放大照片和拓片上看，这个字笔画很多，整体较大，肯定不是"以"，釐为"宜"。"宜示"，古今均常用。

这样，第 8 行则为：

先王墓上立碑銘其烟戶頭廿人名宣示後世自今以後

9. 第 9 行，集安文物论证会介绍文本无空字，全部释读。但有两个字，似可商榷。第 8 字，不应为"自"，从照片、拓片上看，是"買"字，上端的"四"字很清楚。第 11 字，不是"轉"字，而是"擅"字。左边很清楚是个"扌"，不是"車"字旁。右下是"旦"不是"寸"。

这样，第九行则为：

守墓之民不得擅買更相擅賣雖富足之者亦不得其買

10. 第 10 行第二个字，从放大照片和拓片上看，"如"，当为"向"。第三个字"有"，当为"若"。"向若"，假如之意。"世"字之后，从照片看，似为"昆"字。"昆"字的"曰"字头和"比"字底，虽然淹没在泐痕中，但笔画似较清楚。在征求几位老师意见时，多倾向为"继"，蒋力华先生肯定"继"字，从之。其后，在集安文物论证会介绍文本上紧接着是两个空格、未能释读这两个字。这两个字，第一个字，林沄先生

---

① 张福有等主编：《好太王碑》，吉林文史出版社 2008 年版。

识为"之"字，可从。第二个字，从字形上看，似为"者"字。第13字，原释为"看"，略偏下。从有的拓片上看，此字似为"察"，亦不甚清楚。暂从"看"。

这样，第十行则为：

賣向若違令者後世継嗣之者看其碑文与其罪過

图 2　张福有补释集安麻线高句丽碑碑文

从 1 月 10 日到 2 月 9 日，在集安文物论证会介绍文本 156 个字的基础上，碑阳，共释读 190 个字。比 156 字文本新释读 46 个字，其中有 12 个字与原释读不同。碑阴，释读 20 个字。共多释读 66 个字。

上述释读以前暂阙的 17 个字，根据于丽群淡墨拓片，已试释读。第 4 行第 2—4 字为："亦轉賣"，第 9—10 字为："舊民"。第 5 行第 1—5 字为："守墓人摽然"。第 6 字，林沄先生拟释为："唯"。第 6 行第 1—2 字为："廿家"，两个字，稍大，占三格。第 7 行前 3 字为："此河流"。碑右上角缺失的 9 个字，第 1 行 1—4 字，试补为："惟雄才不"。第 2 行前 3 字，根据好太王碑，试补为"天帝之"子，似比冉牟墓志"日月之"子与"河伯之孙"对仗更工整些。第 3 行前两字，根据好太王碑，试补为："遠近"，"舊"，碑上仅缺草字头。第 4 行第 1 字，是"戶"。第 16、17 字，是"韓穢"，"韓"，笔画基本不缺。"穢"，可见下部笔画。

在释读中，严格坚持从拓片出发，凭照片说话，依字形为主，兼顾文意。生词，应能从汉唐之际中国古文献中找到例证。文字的摹写，应能从汉魏晋碑帖中找到参照。初步确定了 190 字文本，刊发在 2013 年 4 月 10 日《中国文物报》第 3 版。此后，又将已识读文字补入文本中。

四　有关问题探讨

经过两个月的努力，在前段工作的基础上，集安麻线高句丽碑碑文已基本卒读，这就为深入研究提供了必要条件。现就有关问题探讨如下。

一是立碑年代。《中国文物报》"集文"的文章认为，"此碑年代不会早于好太王时期，应是好太王为先王所立石碑"。此论，前一句正确，后一句结论过早。

关于集安麻线高句丽碑的立碑年代，《集安高句丽碑》一书中提到："目前辨识出的文字中，还没有足以说明集安高句丽碑立碑年代的记载。"① 现在，可以说，"丁卯歲刊石"，就是集安高句丽碑立碑年代的记载。从中可知，此碑立于"丁卯岁"。虽然每 60 年一个"丁卯岁"，但距好太王登祚到长寿王迁都最近的一个"丁卯岁"是长寿王十五年（427），这就毫无疑问地锁定了该碑的立碑年代。因为前一个丁卯岁，是第十六代

---

① 集安市博物馆编著：《集安高句丽碑》，吉林大学出版社 2013 年版，第 119 页。

王故国原王三十七年（367），尚未到第十七代王小兽林王三年（373）"始颁律令"之年，更未到故国壤王和好太王时期。后一个丁卯岁，是第二十代王长寿王七十五年（487），已迁都60年，买卖烟户问题已不会是当时的主要问题。

从好太王即位的"辛卯"到长寿王迁都的"丁卯"，中间历有"癸卯""乙卯"，从拓片、照片的字形看，皆不如"丁卯"充分、可信。"乙卯"，缺乏字形依据。"癸卯"，"癸"字缺笔太多，上部仅有的好像"癸"字头，在拓本照片上打格后，被格覆盖，是泐痕，而且公元403年之"癸卯"，在"定律"的"戊申"公元408年之前，不合逻辑。无论是拓片还是照片，"丁"字书写允当，位置合适。"丁卯岁刊石"，坚确不疑。如果抛却毫不缺笔的"丁卯"不取，为了证明此碑为好太王所立而取缺笔很多的"癸卯"，有失客观，明显不妥。"丁卯岁刊石"，是难以否定的。据此可定，该碑比好太王碑晚立13年。长寿王立完此碑即迁都，当可肯定。就是说，集安麻线高句丽碑为长寿王时所立，不是好太王时所立。

麻线碑中有"国烟"而没有"看烟"字样，更有好太王碑中所没有的"烟户头"，这说明麻线碑晚于好太王碑。如果麻线碑立于好太王碑之前，那就应当将"烟户头"写入好太王碑才是。假如"烟户头"是好太王确定的，那就应当将其写入好太王碑。好太王碑中没有"烟户头"，说明"烟户头"产生于好太王碑之后。

麻线碑中有："看其碑文，与其罪过。"麻线碑中并没有如果违令擅自买卖烟户的具体规定和处罚办法。这里的"看其碑文"，当指看好太王碑中的："其有违令，卖者刑之，买人制令守墓之。"① 如果麻线碑是好太王时所立，那么，此时好太王碑还未立呢，怎么"看其碑文"呢？这恰好说明麻线碑晚于好太王碑。

碑文中的"太王號平安"非常重要。谥号，是故世以后所得之号。这充分证明，此碑不是好太王所立。他不会用自己的谥号。

再从麻线碑本身来看，在"丁卯岁刊石"之后，倒叙"自戊申定律"。如果将"丁卯岁刊石"更改为"癸卯岁刊石"，那就与"戊申定律"相抵牾，癸卯是403年，戊申是408年，不合"自戊申定律"的倒

---

① 张福有等主编：《好太王碑》，吉林文史出版社2008年版。

叙式笔法。如果为解决这一矛盾，将"戊申"改为"戊子"（388），或将"戊申"确定为348年，年代提到403年之前了，但问题更大了，故国原王十八年，故国壤王五年，尚未开始为王陵立碑，"墓上不安石碑"，无碑"铭其烟户"，当然也就谈不上定律之事。最为重要的是，碑上的"丁卯岁刊石"和"戊申定律"，清楚无误，不是随意能更改得了的。碑文是客观的第一性的，主观认识是第二性的。主观分析应服从客观实际。邻国某报刊登的拓片"戊子"的"子"字极为清楚，不是原石拓片，不足为凭。

二是集安麻线高句丽碑不可能为千秋墓所立。《集安高句丽碑》一书认为："集安高句丽碑就应该是好太王为其父立的碑。"[①]　千秋墓是否为故国壤王陵仍未论定。此碑虽距千秋墓最近，直线距离是456米，但碑与墓之间隔一条麻线河。好太王"尽为祖先王墓上立碑"，很难说碑不是立在墓上的。退一步说，可以不立在墓上，也不能隔河而立。将为河东岸千秋墓所立石碑立在河西岸，不合常理。因为在碑的所在地河西岸还有 JMM0626 号墓（大武神王陵）和 JMM0500 号即西大墓（美川王陵），均为王陵，而且早于千秋墓。这就决定是不会将给千秋墓所立之碑立到河对岸的。推测该碑可能是好太王为其父故国壤王所立，与两个因素有关。其一，认定此碑为好太王所立。其二，以前有人曾认为千秋墓是故国壤王陵。现在，明确了此碑是长寿王时所立，从另一面也证明千秋墓确实不是故国壤王陵。我们仍认为千秋墓是小兽林王陵，故国壤王陵是太王陵附近的 JYM0540 号墓，那一带是国罡、国壤。[②]　麻线是美川、好壤。千秋墓也不可能是故国原王陵。故国原王陵应是禹山墓区 JYM0992 号墓，地处国罡上，墓上出土有故国原王在位期间的"戊戌（338）"纪年瓦当。用集安麻线高句丽碑来证明千秋墓是故国壤王陵、故国原王陵，是很困难的。因为此碑与千秋墓隔河相望，碑文中毫无故国原王、故国壤王的事迹内容。

三是"戊申定律"关涉此碑的性质。关于"戊□"，从我的大量照片上看，既不是"戊子"，也不是"戊午"，而是"戊申"，好太王十八年，公元408年。此为好太王"定律"之年，而不是立碑之年。"律"字，从

---

①　集安市博物馆编著：《集安高句丽碑》，吉林大学出版社2013年版，第112页。

②　张福有、孙仁杰、迟勇：《高句丽王陵通考》，香港亚洲出版社2007年版；张福有：《高句丽王陵统鉴》，香港亚洲出版社2007年版。

碑石、拓片、照片上看，稳妥无疑。

好太王时期的"戊申"年，是好太王十八年（408）。这一年，好太王立巨连为太子，巨连即五年后的长寿王。同在这一年，好太王筑国东秃山等六城，即在今之吉林省延边地区筑六城，并移平壤民户驻守国东秃山等六城。这个平壤，不是今之半岛的平壤，而是东川王二十一年（247）所筑"国之东北大镇"平壤：集安良民古城。将这些大事安排好之后，好太王南巡。好太王雄才大略，一年中办就诸多大事，制定守墓烟户之"定律"。4年后，好太王因"昊天不吊，卅有九，宴驾弃国。"有关"定律"，主要当由长寿王在迁都前实施，并于长寿王二年（414）立好太王碑。从好太王"戊申定律"到长寿王"丁卯岁刊石"，历19年。这19年，应是擅自转买转卖守墓人烟户屡禁不止之际。这也是长寿王迁都前最不放心的一件大事。因为，他的陵墓"将军坟"业已筑就，不可能没有人看守。这就是严明守墓人烟户管理制度的原因所在。

根据碑文内容分析，长寿王迁都前根据好太王"存时教言"为烟户头立守墓的"定律"碑，是有可能的。从碑阴中部残存文字"国烟""守墓烟户""烟户头"分析，与碑阳第八行"铭其烟户头廿人名"是一致的，说明此碑当属为烟户头所立的"定律"碑，是成立的。守墓烟户当然主要是看守王陵的，但麻线这通石碑应不是为某一个王陵的烟户所立，而可能是为麻线河两岸王陵守墓烟户而立的。魏存成先生提出此碑可能是为祭祀邹牟王所立的，应予重视。

四是麻线碑中"国罡""故国"的高句丽地名价值。将中国史书和《三国史记》综合起来看，高句丽在位的共有二十八代王。其中，十八位王标有葬地名称；在十位未标葬地名称的王中，有五位王的王号带有地名痕迹。因此，认真研究高句丽王陵所在地的地名，加强对卒本和国内城周围的历史地名的分析研究，具有重要意义。

麻线碑中比较清晰地保存着"国罡上""故国"五个字，极为珍贵。高句丽第十九代王好太王谈德，又称"国罡上广开土境平安好太王"。与"国罡"相联系的，还有称"国罡上王"的第十六代位王故国原王斯由。由此可证，"国罡上"就是"故国原"或"故国之原"。与"故国原"相关的还有西川王，西川王的葬地又称故国原。这样，"故国原"就又与"西川""中川""东川"联系起来了。"川"与"原"也是等同的。第九代王"故国川王"男武葬于"故国川原"，就是明证。由于"故国""国罡""故国川原""故国原"的问题已经解决，所以，"故国壤"和"故国谷"也就迎刃而解了。"故国壤"和"故国谷"，同样也可以在国内城附近寻之。第九代王故国川王又称"国壤王"，第十二代王中川王又称"中壤王"，第十三代王西川王又称"西壤王"，第十五代王美川王又称"好壤王"，足可以证明这一点，因"中川"与"中壤"是等同的，"美川"与"好壤"是等同的。那么，就不能到"美川"去寻"故国壤"。麻线，是美川，不是故国壤，也不是故国原。这是地名的客观条件所限定的。同时还可知，"故国"与"国罡上"均应在"国内城"附近。

正确地揭示高句丽时期国内城地区的川、谷、原、罡、壤，是深入系统地研究高句丽王陵的基本依据和重要参考资料，也是为高句丽王陵准确定位的钥匙。

"故国"，应指国内城包括丸都山城。从破译"故国"入手研究高句丽王陵所在地，是一个比较可靠而有效的途径。这方面，《周书》《隋书》《北史》《旧唐书》《新唐书》等书证很多。国内城地处今集安市老城区内，已是正确的结论。同时，"豆谷"，就是"通沟""洞沟"。赤谷，就是白山市红土崖河和红土崖镇。凉谷，就是桓仁凉水泉子。均已为考古调查所证明。

五是麻线碑中的"旧民"与好太王碑中的"平壤城""旧民"很值得重视。麻线碑中的"旧民"与好太王碑中的"平壤城""旧民"有着密切的联系。高句丽第一个平壤城不在今之朝鲜平壤。通说认为在今集安之国内城，我等新说认为，国内城与丸都城仅隔2.5公里，用不着移民及庙社。高句丽第一个平壤城乃集安良民古城，即国之东北大镇，当时称为新城。这一新说，已受到学界广泛关注。

2004—2006年，我和孙仁杰、迟勇等在良民一带发现2753座古墓和良民、三道沟两座古城。良民的高句丽古城，土城系采用夯土墙垣构筑，呈长方形，四面均设城门，南北两侧带护城河。城门处有瓦。土城的东侧再筑石墙，直抵北砬子。良民的高句丽古墓，数量多，种类齐全，墓区地域广阔，沿用时间长，除国内城周围之外，在全世界是独一无二的。这是该地成为国之东北第一大镇、平壤城的考古学坚证。东川王二十一年（247）"王以丸都城经乱，不可复都，筑平壤城"。[①]《三国史记》载：美

---

① 金富轼撰，孙文范等校：《三国史记》卷一七，吉林文史出版社2003年版，第209页。

川王三年（302）"秋九月，王率兵三万侵玄菟郡，虏获八千人，移之平壤"。① 公元302年，高句丽还未攻占乐浪，今之朝鲜平壤，还不在高句丽的控制之下，当然也就不可能把虏获玄菟郡的八千人，移到今之朝鲜平壤。此"平壤"，只能是高句丽第一个平壤城良民古城。这恰可证明公元247年东川王所筑良民之平壤城是确实存在的，同时，也可证明美川王把虏获玄菟郡的八千人，移到良民之"平壤"是完全可信的。好太王十八年（408），"筑国东秃山等六城，移平壤民户"。这时，高句丽尚未迁都到今朝鲜平壤，不可能由此往国东移民。长寿王十五年（427），"移都平壤"。这个平壤，才是今之朝鲜平壤。由此可知，在从东川王二十一年（247）"王以丸都城经乱，不可复都，筑平壤城，移民及庙社"，到故国原王十二年（342）"春二月，修葺丸都城，又筑国内城，秋八月，移居丸都城"，② 历经95年，将近一个世纪。这期间，高句丽均以良民之"平壤城"为陪都。这是可以坚信的。陪都就是陪都，不是国都。好太王碑中的平壤城民，是旧民，与下平壤是不同的。下平壤，才是今之朝鲜半岛平壤。中外研究高句丽的学者可以说无人不知"国烟"三十家、"看烟"三百家，而未见有谁注意到"国烟""看烟"的具体来源及其对于为"平壤城"定位的最直接、最可靠的重要依据。碑文中记述先是从"新来韩秽"取二百二十家，其中"国烟"二十家、"看烟"二百家。"虑其不知法则，复取旧民一百十家。合新旧守墓户，国烟卅，看烟三百，都合三百卅家。"③ 这三百三十家守墓烟户，分别来自50个地方。其中，"旧民"14个地方，"新来韩秽"和"百残南居韩"36个地方。而"旧民"，是由东向西按顺序排列的，从"卖句余民""东海贾"开始，到"新城""南苏城"结束。此"卖句"，当即"买沟"；"东海贾"，当为今之珲春一带当时之商户；"新城"，是第3个新城即抚顺高尔山城；"南苏城"，当是苏子河附近的一个山城。"旧民"中的第6个地方，就是"平壤城民，国烟一，看烟十"。这个"平壤城"，不是"下平壤"，而是鸭绿江右岸的原来的平壤城，即东川王二十一年（247）所建、故国原王四年（334）增筑石墙之平壤城：国之东北大镇良民新城。良民，恰在今之珲

---

① 金富轼撰，孙文范等校：《三国史记》卷一七，吉林文史出版社2003年版，第209页。
② 金富轼撰，孙文范等校：《三国史记》卷一八，吉林文史出版社2003年版，第219页。
③ 张福有等主编：《好太王碑》，吉林文史出版社2008年版。

春与抚顺之中间。《好太王碑》上的这一重要信息，长期以来，未有对其准确、充分、到位的认识。这不能不说是没有正确地认识和揭示高句丽第一平壤城的历史方位的一个重要原因和必然结果。平壤城民即"旧民"，在好太王碑中有记。麻线碑中的"烟户头"，应当出自"旧民"，绝非出自"新来韩秽"。

六是"继古人之慷慨"说明了什么？麻线碑碑文中的"继古人之慷慨"，清晰无疑，与陶渊明《感士不遇赋》中的："伊古人之慷慨"，仅一字之差。陶渊明的《感士不遇赋》，作于公元 422 年，麻线碑刊于公元 427 年。这两者前后仅差 5 年，不会是巧合，这有力地证明，高句丽文化与中国中原文化紧密相连。还不仅如此，麻线碑中"必授天道"与"必法天道"异曲同工，"四时祭祀"源于《周礼》《礼记正义》《尚书正义》等，"追述先圣"与《后汉书》的"念述先圣""诵述先圣"等十分相近。"勋弥高然烈"，直如北魏等文献中的"崇功伟烈""丰功伟烈""隽功伟烈"，与"刊石树碑，表尚然烈"字近义同。"宣示后世"，出自十六国后秦时文献中："当以何名宣示后世"。① 后秦存世为公元 384—417 年，后秦灭后 10 年的 427 年所刊麻线碑，碑文中出现"宣示后世"，一点儿都不奇怪。碑文本身即属中国古碑铭体，与中国古文献用一样的汉字，记一样的话语，写一样的隶书。集安麻线高句丽碑的真实性毋庸置疑。集安麻线高句丽碑的价值难以估量。勿以石喜，勿以文悲。

《集安高句丽碑》一书，在极短的时间内，克服很大困难，释读 156 个字，详细地介绍了集安高句丽碑诸多方面的信息，难能可贵。该书认为，集安高句丽碑的发现，对于高句丽起源、高句丽建国、高句丽王系、高句丽王陵，都是有力的证明。这是很有见地的。此书的出版，为国内外学者提供了详细的第一手资料，是补白之作、创新之作。由于时间仓促，偶有失校之处，大家会一目了然。对于书中的一些不同认识，可以通过讨论，逐步取得共识。学术问题，只能在学术讨论中求同存异。有些问题，不妨各抒己见，让时间和实践去裁判，让别人去分析取舍。学术研究，不仅要得体，更要得法，要破除陈规陋习，学术资料共享，集思广益，群策群力。

---

① （后秦）坞摩罗什译：《禅秘要法经》："当以何名宣示后世。佛告阿难，此经名禅法秘要。"

我们欢迎国外学者能平心静气地、严肃认真地用正当手段获取资料讨论麻线碑的相关学术问题。至于国外个别人还未见实物就根据其错误断句说三道四甚至说此碑是"伪刻"，显然不值一驳，可以不屑一顾。《晋书》中有句："笑古人之未工，忘己事之已拙。向若采王豹之奇策，纳孙惠之嘉谋，高谢衮章，永表东海，虽古之伊霍，何以加焉。"① 至今读来，仍耐人寻味。"向若"，假如之意。此词出现在麻线碑碑文中，用得十分准确、自然。这是一个现在不常见之词，亦可见此碑之不伪矣。

（原载《东北史地》2013 年第 3 期）

---

① 《晋书》卷五十九《列传》，中华书局 1974 年版，第 1610 页。

集安高句丽碑文识读

孙仁杰 *

集安高句丽碑石出土后，得到多方面的关注，集安博物馆高度重视此碑，当即组织了研究、技术、保护等机构，针对石碑开展了科学的保护管理和有序的研究工作，为加强对碑文研究和文字识读，由集安博物馆的周荣顺对石碑进行了捶拓，采用不同手法先后拓出周荣顺 2 号、3 号、4 号、6 号、7 号拓本、孙仁杰 5 号拓本；为了使识读更加准确，集安市博物馆还请来了洛阳文物考古研究所专门从事碑刻捶拓的技术人员江化国、李光夫进行精拓，拓出了江化国、李光夫拓本；又请了吉林省文物考古研究所的于丽群拓出了于丽群拓本。①

从目前已有的拓本看：

周荣顺拓本手法较灵活，有浓重墨本和轻淡墨本，字口捶拓的实，字形较清楚，是识读的佳本。江化国、李光夫拓本，字口捶拓的不实，虽捶拓的速度快，着墨均匀，但字形稍模糊不清，非识读佳本。于丽群拓本字口捶拓的较实，字形较清楚，着墨均匀但稍淡，对文字识读帮助很大，亦为佳本。

集安博物馆同时还采用了一些其他技术手段，摄影、摄像及三维等技术。这些方法对石碑的保护研究和文字识读，提供了有效的帮助。

集安博物馆组织专家组对石碑正面镌刻的碑文，依照碑石现状和多个拓本，开展了集中识读工作，综合各家意见共释出文字 170 余字，其中对有争议的 20 余字，搁置起来存档。对大家一致同意的识读文字，作为向

*　孙仁杰：集安博物馆研究员。

① 集安市博物馆调查材料。

专家组汇报和报告公布的文字，此 156 个释文如下：

1. □□□□世必授天道自承元王始祖邹牟王之创基也
2. □□□子河伯之孙神灵祐护蔽荫开国辟土继胤相承
3. □□□□□□烟户以此河流四时祭祀然而□俭长烟
4. □□□□□烟户□□□□富足□转卖□□守墓者以铭
5. □□□□□□□罡□太王□□□□王神□□与东西
6. □□□□□□追述先圣功勋弥高悠烈继古人之慷慨
7. □□□□□□□自戍□定律教□发令其修复各於
8. □□□□□立碑铭其烟户头廿人名以示后世自今以后
9. 守墓之民不得擅自更相转卖虽富足之者亦不得其买
10. 卖如有违令者后世□嗣□□看其碑文与其罪过⑦

此 156 个文字是发现石碑后的最新研读成果，对认识石碑的价值和意

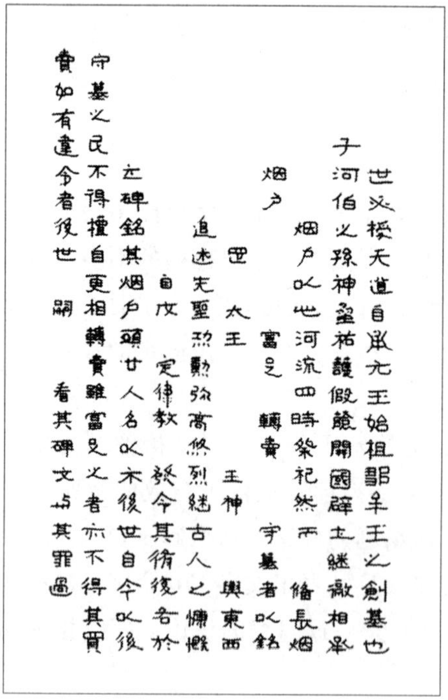

图 1　孙仁杰于 2012 年 11 月 156 字描摹本

义至关重要。我做了 156 个识读文字的描摹本于后（见图 1）。

2013 年 1 月 4 日《中国文物报》在《村民发现并报告文物部门吉林集安新见高句丽石碑》文中，公布了识读文字 140 个。和专家识读的文字相比较，有 16 个字没有公布，这些文字是：第 1 行的第 7 字"授"，第 2 行的第 10—13 字"灵祐护蔽"，第 3 行的第 10 字"此"、第 18 字"而"，第 4 行的第 6 字"户"，第 5 行的第 8 字"罡"、第 10 字"王"，第 7 行的第 18 字"其"，第 8 行的第 15 字"以"，第 9 行的第 7、8 字"擅自"，第 10 行的第 2、3 字"如有"。

从石碑现状、碑文拓本和已

识读碑文的文字情况看，碑上的文字已经识读出 156 个文字，这些字可视作清楚或较清楚，对个别不清楚的文字，需做进一步隶定。另外还有一些难以识读的文字，包括泐蚀严重，难以辨别字形、字画和可辨识出大体形状的字和大家识读分歧较大的字，还需进一步地集中研读。今年春节前后我与张福有先生信息频频，共同研读，有许多收获，对张福有先生识读的"丁卯 岁 刊石"和" 号 平安太"的释文，从碑帖字形看当可引用。

综合 156 个字的研读成果，又新识读出了 32 个字，总共识读出 188 个字。在 188 个字里，其中有 18 个字外设有方框，方框字还需进一步研究。此 188 个字释文于后。

1. □□□□世必授天道自承元王始祖邹牟王之创基也
2. □□□子河伯之孙神灵祐护假荫开国辟土继胤相承
3. □□□□各家烟户以此河流四时祭祀然万世悠长 烟
4. □□□□烟户□ 规 禁 有 富足 者 转卖转买守墓者以铭
5. □□□□□□国罡上太王 号 平安太王 神 武 乘舆东西
6. □□□□□ 国 追述先圣功勋弥高悠烈继古人之慷慨
7. □□□丁卯 岁 刊石自戊 子 定律教 言 发令其修复各於
8. 先 王 墓 上立碑铭其烟户头廿人名 以 示后世今今以后
9. 守墓之民不得擅 自 更相转卖虽富足之者亦不得其买
10. 卖 如 有违令者后世继嗣之 者 看其碑文与其罪过

第 1 行原碑文字应 22 字，因碑石上部损毁缺失 4 字，现余 18 字全部识读。

第 2 行碑石上部损毁缺失 3 字，现余 19 字全部识读。

第 3 行碑石上部损毁缺失 3 字，现余 19 字，识读出 18 个字。第 4 个字没能识读。第 22 字烟字加有框，原因是此字靠上，疑其下部可能有笔画。

第 4 行碑石上部损毁缺失 1 字，现余 21 字，识读出 17 个字。第 2、3、4、7 字未能识读。在识读出的 17 个字中第 8、10、13 加有方框，此 3 个字尚有不确定因素。

第5行碑石上22字，识读出16个字。第1、2、3、4、5、6字未能识读。在识读出的16个字中，第12、18、19字加有方框，此3个字尚有不确定因素。

第6行碑石上22字，识读出17个字。第1、2、3、4、5字未能识读。在识读出的17个字中，第6字加有方框。

第7行碑石上22字，识读出19个字。第1、2、3字未能识读。在识读出的19个字中，第6、11、15字加有方框，此3个字尚需进一步隶定。

第8行碑石上22字，识读出22个字。其中第1、2、3、15字加有方框。

第9行碑石上22字全部识读。其中第8字加有方框尚需进一步隶定。

第10行碑石上20字全部识读。其中第2、12字加有方框，此2字尚有不确定因素（见图2）。

集安高句丽碑是一通铭刻守墓烟户制度的律令碑。从已经识读出的碑文情况看，可以分作两大部分；第一部分是从1行至4行末。第二部分是从5行至10行最后。

第一部分碑文记载：

图2　孙仁杰释读摹本2013年4月稿

□□□□世，必授天道，自承元王，始祖邹牟王之创基也。□□□子，河伯之孙，神灵祐护假荫，开国辟土，继胤相承。□□□□，各家烟户，以此河流，四时祭祀。然万世悠长，烟□□□□烟户□规禁有富足者，转卖转买守墓者以铭。

第一部分重点阐述了树碑的缘由，从碑文看可分三段解读：

一段，"□□□□世，必授天道，自承元王，始祖邹牟王之创基也。□□□子，河伯之孙，神灵祐护假荫，开国辟土，继胤相承"。此段碑文字数不多，记叙十分简捷，再次重申了高句丽起源建国这一事实及邹牟王开创基业和王权传承的经历。旨在向世人传扬王权神授的思想，强化高句丽王权的正统性和合法性。

二段，"□□□□，各家烟户，以此河流，四时祭祀"。此段碑文指出了祭祀的时间、祭祀的地点、祭祀的对象、祭祀的内容和由什么人来祭祀。

祭祀的时间，当指春、夏、秋、冬四季，"四时祭祀"是此碑首次记述的。

祭祀的地点，碑文指出的"以此河流"，应是指麻线河，在石碑出土地不远的麻线河沿岸，当是"四时祭祀"的场所。

祭祀的对象，有始祖邹牟王和"继胤相承"的各位王。

祭祀的内容，即为各个王的陵墓。这些祭祀活动由"各家烟户"来完成。

三段，"然万世悠长，烟□□□□烟户□规禁有富足者，转卖转买守墓者以铭"。此段碑文出现了转折并指出，时间漫长，为防止守墓烟户被转买转卖，因此立碑铭记。

第二部分碑文记载：

□□□□□□国罡上太王，号平安太王，神武乘舆东西，□□□□□国追述先圣，功勋弥高悠烈，继古人之慷慨。□□□丁卯岁刊石。自戊子定律，教言发令其修复。各於先王墓上立碑。铭其烟户头廿人名，以示后世。自今以后，守墓之民，不得擅自更相转卖，虽富足之者，亦不得其买卖，如有违令者，后世继嗣之者，看其碑文，与其罪过。

第二部分碑文内容主要是追述先圣的功绩、刊石立碑、重申律令、铭其烟户头和违令处罚。大致可分五段解读。

一段，"□□□□□□国罡上太王，号平安太王，神武乘舆东西，□□□□□国追述先圣，功勋弥高悠烈，继古人之慷慨"。首先是颂扬了好太王"乘舆东西"开拓疆土，功勋卓著的伟大，我们追述和继承"先圣"（先圣当指好太王）的丰功伟业。追述先圣者就应是立碑刊石者，被追述的是好太王，追述者只能是长寿王。

二段，"□□□丁卯岁刊石"。当是指树立和铭刻集安高句丽碑的时间。从通篇碑文的情况看，该"丁卯"应是长寿王一十五年（427），这一年正是"丁卯"年，完成了集安高句丽碑的铭刻和树立。

三段，"自戊子定律，教言发令其修复。各於先王墓上立碑"。戊子当为纪年，戊字清楚，其下的字形走势和刻画的凿痕看是"子"字，可能指故国壤王五年（388）。① 如果是故国壤王五年（388），故国壤王自公元384年即位，公元391年去世，好太王即位。可以解释为好太王之父故国壤王去世前三年，提出制定守墓烟户的法律的意见。集安高句丽碑强调了"戊子定律"，即为守墓烟户制定的法律条文。"各於先王墓上立碑"应是指好太王时期的事，好太王碑记载："自上祖先王以来，墓上不安石碑，致使守墓人烟户差错。唯国罡上广开土境好太王，尽为祖先王墓上立碑，铭其烟户，不令差错。"集安高句丽碑意在长寿王移都平壤之前，再一次强调了"戊子定律"的法律条文，为进一步规范守墓制度、重申律令和强化对守墓烟户的管理而刊石铭碑。

四段，"铭其烟户头廿人名，以示后世"。此段记载，明确了守墓烟户中的头目，被称作"烟户头"是过去所不见的，而且将二十个"烟户头"的名字记载下来，使其责任更加明确。"烟户头"当是指多个看烟户的领头，而非指一户的户主头。"烟户头"应是国烟，亦可能是从国烟中产生的领头。碑背似有文字，经捶拓隐约看出笔画，推测可能刻有"以示后世"的"烟户头"的名字，被其凿损，意在不为后人所视。

五段，"自今以后，守墓之民，不得擅自更相转卖，虽富足之者，

① 集安市博物馆编著：《集安高句丽碑》，吉林大学出版社2013年版。

亦不得其买卖，如有违令者，后世继嗣之 者，看其碑文，与其罪过"。碑文最后重申守墓之民不得擅自更相转卖，针对历来高句丽陵墓守墓烟户被买卖，致使烟户差错的问题，重申律令，禁止守墓烟户买卖。但是，为什么在集安高句丽碑的碑文中没有对违令者的处罚标准，如何量罚只见"看其碑文，与其罪过"。而在好太王碑碑文中有："卖者刑之，买人制令守墓之"的处罚标准，因此在量罚上是指看好太王碑的碑文。集安高句丽碑的碑文中又新增加了对"继嗣"的连带责任。

从石碑的现状，尤其是字口经过磨损后还残余的笔画凹痕及捶拓的碑帖看，碑文是采用尖状铁凿凿刻的，凿刻方法有两种，一是直凿，二是侧凿。直凿是指铁凿直对碑石凿刻。可在字迹笔画的底部见到排列较齐的凹痕，凹痕随着字形的走向而排列，这些凹痕是垂直凿击所产生的，在集安高句丽碑的碑文中多见此种凿法。侧凿，即将铁凿侧至一定的角度，在凿击铁凿时凿尖前移，可使字迹笔画出现一条短直线，此种凿法多出现于直线笔画。铁凿在高句丽的遗物中较常见，有方柱形和扁方柱形，一端作尖状，凿尖可能经过淬火较坚硬。

集安高句丽碑是继好太王碑、中原郡碑后的第三通高句丽文字碑。碑文虽不长但十分珍贵，其完整地记述了高句丽元王创基、继任相承、追述先圣、刊石定律、四时祭祀、守墓制度的全部内容，这是全新的考古学资料，对研究高句丽的政治、经济、文化等诸多方面，有着十分重要意义和价值。对其内容的研究才刚刚开始，相信随着研究的深入，我们会获得更多的信息。

（原载《东北史地》2013 年第 3 期）

集安新出土高句丽碑的重要价值

耿铁华[*]

2013 年 1 月 4 日，《中国文物报》发表了《吉林集安新见高句丽石碑》，介绍了 2012 年 7 月 29 日吉林省集安市麻线河右岸出土了有文字的高句丽石碑。之后吉林大学出版社出版了集安市博物馆编著的《集安高句丽碑》一书，全面介绍了集安高句丽碑发现的详细情况，石碑出土地的自然情况，石碑出土后加强保护、捶拓、研究的成果。引起了国内外学术界广泛的关注。集安高句丽碑是继好太王碑发现 135 年后集安出土的又一通高句丽文字碑，学者们认为这是近百年来集安高句丽考古的重大发现，其历史价值和学术价值不可估量。

一　文字资料价值

目前出土的高句丽文字资料不是很多，包括碑碣石刻、墨书墓志、砖瓦模印刻画文字等。这些文字内容非常珍贵，尽管由于年代久远，文字磨蚀、漫漶，识读较为困难，已经识读的文字为高句丽政治、经济、思想、文化研究提供了可靠的证据。

（一）碑刻文字资料

1. 好太王碑

1877 年（清光绪三年）怀仁县（今辽宁省桓仁县）书启关月山在通沟荒烟蔓草之中发现了好太王碑。当时拓得部分文字送给友人，好太王碑

＊　耿铁华：通化师范学院教授。

文字传至京师。学者们派人前往捶拓，好太王碑拓本流传至国内外，引起中外学者的瞩目。好太王碑是由一整块角砾凝灰岩稍加雕琢而成方柱形。高 6.39 米，宽 1.34—2 米。四面环刻汉字隶书碑文，共 44 行，每行 41 字。原有文字 1775 个，现可辨识文字 1600 字左右。

2. 中原高句丽碑

1979 年 4 月 8 日，韩国檀国大学博物馆学术调查团在中原郡可金面龙田里立石村发现了一块铭刻文字的石碑。此碑一直立在村前道路旁，由于年深日久，碑身长满青苔。虽然人们过往时常看到，却没有发现上面的文字，只是把它当成了一块立在村前的石柱，村子便以"立石"为名。中原高句丽碑高 1.44 米，地上部分 1.35 米，宽 0.55—0.59 米，厚 0.37—0.38 米，形状与集安好太王碑极为相似，只是形体稍小。碑文为汉字隶书，四面环刻，右起竖书，前面文字为 10 行，每行 23 字；左侧面文字为 7 行，每行 23 字；后面文字为 9 行，每行 23 字；右侧面文字为 6 行，每行 23 字。估计原有文字在 730 字左右，目前可识读 360 字左右。[①]

3. 集安高句丽碑

2012 年 7 月 29 日，集安市麻线乡麻线村五组村民马绍彬在麻线河右岸取石时，在河岸边沙石中发现一通带文字的石碑。7 月 30 日上报集安市文物局，文物局随否组织集安市博物馆相关业务人员实地考察，并组成专家组对碑文进行识读和研究。

集安高句丽碑呈圭形，上窄下宽，右上角稍有缺损。残高 173 厘米，宽 60.5—66.5 厘米，厚 12.5—21 厘米，下部中间有榫头，高 15—19.5 厘米，宽 42 厘米。原应有碑座，现已不存。石碑的正面阴刻碑文，汉字隶书，共 10 行，每行 22 字，原有文字 220 字，现已辨识 156 字。背面仅有一行文字，已模糊不清。

（二）墨书墓志资料

1. 冉牟墓志

1935 年 10 月，日本人伊藤伊八、斋藤菊太郎在辑安下羊鱼头（今集安市下解放村）发掘了冉牟墓。池内宏、梅原末治在《通沟》一书中著录为"牟头娄冢"。1940 年，著名学者劳干先生在《跋高句丽大兄冉牟墓

---

① 耿铁华：《高句丽考古研究》，吉林文史出版社 2004 年版，第 445—451 页。

志兼及高句丽都城之位置》一文中为之正名。冉牟墓为截尖方锥形封土石室墓，周长 70 米，封土高 4 米，方向 235 度。墓内有前后二室，中有甬道相通。墓道、甬道、前后二室在同一中轴线上。前室正壁梁枋上有墨书墓志，正文 79 行，每行 10 字，纵横间以界格，另有题首两行。全文约 800 字。惜漫漶甚多，可辨识者 430 字左右。墓志为汉字，从右至左竖行隶书。有汉简书法风格，工整流畅。该墓志是仅次于好太王碑的高句丽时代之长文。①

2. 安岳 3 号墓墨书文字

1949 年 4 月，朝鲜民主主义人民共和国黄海南道安岳郡五局里发现了一座高句丽壁画墓，定名安岳 3 号墓。这是一座封土石室墓，墓葬结构颇具特点，由墓道、前室、中室、后室和回廊构成。中室有两个侧室，西侧室入口南侧侍从人物"帐下督"的头上有一组墨书文字。文字写在墓壁上，纵向成行，横向文字多少不等，不成列。共 7 行 68 字。现已辨识出 66 字。原文如下：

　　永和十三年十月戊子朔廿六日癸丑使持节都督诸军事平东将军护抚夷校尉乐浪相昌黎玄菟带方太守都乡侯幽州辽东平郭都乡敬上里冬寿字□安年六十九薨官②

3. 德兴里墓墨书文字

1976 年 12 月 8 日，朝鲜民主主义人民共和国考古工作者在南浦市江西区德兴里发现了一座壁画古墓，此墓由前后两室组成。前后室及藻井绘有精美的壁画，并有各种墨书题记和墓志。其中最长的墨书墓志在前室北壁甬道上方，右起竖书，共 14 行 154 字。现可识读 149 字（包括推定 3 字）。原文如下：

　　□□郡信都县都乡□甘里，释加文佛弟子□□氏镇仕位建威将军国小大兄左将军龙骧将军辽东太守使持节东夷校尉幽州刺史镇年七十七薨官以永乐十八年太岁在戊申十二月辛丑朔廿五日乙酉成迁移

---

① 　耿铁华：《高句丽考古研究》，吉林文史出版社 2004 年版，第 309—322 页。
② 　耿铁华：《高句丽古墓壁画研究》，吉林大学出版社 2008 年版，第 236—240 页。

玉柩周公相地孔子择日武王选时岁使一良葬送之后荣及七世子孙番昌仕宦日迁位至侯王造藏万功日煞牛羊酒肉米粲不可尽扫旦食盐豉食一椋记之后世富寿无疆①

（三）城墙石刻文字资料

1. 平壤城墙刻石 A

1766 年，出土于朝鲜平壤大同江右岸，长安城外城墙西南段。现藏地点不详。《海东金石苑》著录。刻有汉字 24 个："己丑年五月廿八日始役西向十一里小兄相夫若牟利造作。"

2. 平壤城墙刻石 B

1829 年，平壤大同江羊角岛西侧右岸，乌滩下长安城南壁发现，现藏韩国梨花女子大学博物馆。刻有汉字 27 个："己酉年口月廿一日自此下向东十二里物苟小兄俳须百头作节矣。"其中有一个字不清楚。

3. 平壤城墙刻石 C

1829 年，平壤大同江羊角岛西侧右岸，乌滩下长安城南壁发现，现藏地点不详。刻有汉字 28 个字："己丑年三月廿一日自此下向口下二里内中百头上位使尔丈作节矣。"其中，有一个字不清楚，难以辨识。

4. 平壤城墙刻石 D

1913 年，在朝鲜平壤大同江右岸镜齐里长安城内城东墙发现，现藏平壤中央历史博物馆。刻有汉字 22 个字："丙戌二月中汉城下后部小兄文达节自此西北行涉之。"

5. 平壤城墙刻石 E

1964 年，朝鲜平壤长安城内城南门洞发现，现藏朝鲜人民大学习堂，刻有文字 17 个："卦娄盖切小兄加群自此东廻上里四尺治。"②

此外高句丽还出土一批文字砖、文字瓦当、文字瓦、金铜铭文佛造像、铜铃、铜壶杆等。这些文物上的铭文均为汉字，无论是模压文字，还是刻划文字，数量不多，都是某一方面的特定文字。这里就不一一介绍了。

以上文字资料中，碑刻三通，分别立在中国集安和韩国中原郡。集安

---

① 耿铁华：《高句丽古墓壁画研究》，吉林大学出版社 2008 年版，第 241—143 页。

② 东潮、田中俊明：《高句丽历史与遗迹》，日本中央公论社 1995 年版，第 226—227 页。

还有几座墓前立有碑碣，但无文字。墓葬内墨书题记和墓志，除冉牟墓、安岳 3 号墓、德兴里墓中的文字较多，还有其他一些墓葬中文字较少，如长川 1 号墓，四神墓等。安岳 3 号墓、德兴里墓的墨书文字记录了墓主人冬寿和慕容镇生平事迹，内容稍显简略。由于冬寿和慕容镇都曾供职于幽州，而非高句丽族人，因此文字中并没有涉及高句丽历史。冉牟墓志的主人冉牟，先祖曾追随高句丽王东征西讨、建功立业，与高句丽王族关系密切，因此墓志中记录了高句丽建国初期和好太王统治时期的情况，内容更为重要。

三通高句丽文字碑，好太王碑是记录好太王一生功业和为好太王守墓烟户来源及其制度的碑刻，也记录了始祖邹牟王创基的传说和前三王传承的情况。中原高句丽碑记述了高句丽与新罗、百济之间的关系，高句丽安抚新罗王，稳定边境秩序，也涉及高句丽长寿王时期的统治状况。好太王碑和中原高句丽碑对于研究高句丽历史都是十分重要的信史。

集安高句丽碑是目前发现的第三通高句丽文字碑。与好太王碑东西相望，文字内容和书体相近。从碑石形状看，好太王碑和中原高句丽碑都是方柱形，集安高句丽碑则为圭形，造型独特，保存较好。从碑石的大小上看，它排在第二位，比中原高句丽碑要高将近 30 厘米。文字数量比中原高句丽碑要少一些，排在第三位。文字内容则与好太王碑相近，记述了邹牟王创基的情况，好太王时期申明守墓烟户制度，不许擅自买卖并为先王立碑，铭其烟户，不令差错。

二　历史研究价值

集安高句丽碑出土，为高句丽历史研究又增加了一份重要的文字资料，其历史价值主要体现在如下几个方面：

第一，对历史文献的补充。高句丽研究的历史文献资料主要有为高句丽立传的十二部正史：《三国志·高句丽传》《后汉书·高句丽传》《宋书·高句丽传》《南齐书·高丽传》《魏书·高句丽传》《梁书·高句丽传》《周书·高丽传》《隋书·高丽传》《北史·高丽传》《南史·高句丽传》《旧唐书·高丽传》《新唐书·高丽传》此外还有《资治通鉴》《魏略辑本》《翰苑》《唐会要》《通典》《通志》《文献通考》《太平御览》《册府元龟》《太平寰宇记》《全唐文》《文馆词林》等史书和资料，也收录了关于高句丽的传记和相关记载。其中《南史》以前诸史书写作成书时，高句丽政权还存在。《旧唐书》《新唐书》以后诸多史书写作时，高句丽政权已经不复存在了。无论是高句丽时期还是高句丽灭亡以后完成的这些《高句丽传》都是中原史家和学者的记录，与高句丽人所记当时史事及相关事件、政令是会有些距离的。至于朝鲜古代文献《三国史记》《三国遗事》《东国史略》《东国通鉴》等成书要更晚些，而以《三国史记》最为重要和详尽。

《三国史记》是高丽朝金富轼（1075—1151）撰，成书于公元1145年。此时高句丽国灭亡477年。仿中国古代文献《三国志》体例，分别为新罗、高句丽、百济作本纪、表、志、列传，凡50卷。其中，新罗本纪12卷，高句丽本纪10卷，百济本纪6卷，表3卷，志9卷，列传10卷。高句丽本纪10卷记载高句丽二十八代王的生平业绩，大事编年，同时记录了与中原王朝及新罗、百济、倭之交往、聘问、战争等史事。表、志则记载高句丽王系、职官、礼乐、祭祀、车服、地理等。列传中有高句丽历朝大臣乙支文德、乙巴素、密友、纽由、明临答夫、温达、仓助利、盖苏文及其子孙之合传。《三国史记·高句丽本纪》诸卷史料大都来自中国正史，高句丽前代史书及其他史料，皆用汉字撰写刊刻。《三国史记》是我们研究高句丽诸王历史和政治、经济、军事、思想、文化的重要参考资料，其中有些内容还需要考古资料和出土遗物、遗迹加以证实。

集安高句丽碑文字虽然不多，却提供了关于高句丽王系和丧葬制度的重要史料，特别是关于治理买卖烟户等问题而制定的法律条文，都是史书记载欠缺，需要进一步加以证实和补充的。因此，碑文的历史价值尤为重要。

第二，与好太王碑相互印证。好太王碑是长寿王为其父亲国罡上广开土境平安好太王立的墓碑，因为其中铭刻了好太王一生的功业，特别是东征西讨、援救新罗、击退百济、驱除倭寇的重大战役，也可以说是好太王的纪功碑。好太王碑立在好太王陵东北360米，这里是为好太王陵守墓烟户的聚居之地。对于碑文中较大篇幅记录守墓烟户的来源与守墓制度就很好理解了。

新出土的集安高句丽碑发现在麻线河西岸，这里距千秋墓西北角458米，距另一座王陵JMM2100西北角659米。这里是临河一级台地，周围比较平缓，北边200米以外是麻线墓区河西建疆片。高句丽时期，这里应该是为千秋墓守墓烟户的聚居地。该碑和好太王碑立碑的环境、状态大体相同。

根据好太王碑记载："自上祖先王以来，墓上不安石碑，致使守墓人烟户差错。唯国罡上广开土境好太王，尽为祖先王墓上立碑，铭其烟户，不令差错。"在以往的研究中，学者们曾注意到这句话所包含的内容。一是在好太王之前的高句丽十八位王墓上都不安石碑，造成了守墓烟户的差错。二是好太王在位时，为了不使守墓烟户差错，尽为祖先王墓上立碑。根据好太王碑记载，那么好太王以前的高句丽王陵附近应该有石碑铭记烟户。

集安多年的考古调查与发掘中，发现了三块立在墓前的无字石碑：

（1）JSM1411 墓前的无字石碑

JSM1411 是一座封土石室双室墓，位于山城下墓区西北。著名的兄墓、弟墓、折天井墓和龟甲墓均在其东南 100—150 米范围之内。最初石碑在坟东北侧封土边缘，碑身倾斜，下部埋在土中。1993 年古墓维修时，将其立在墓道前。石碑系花岗岩质，呈上细下粗的八棱柱状，顶部为钝八棱锥形，锥底直径 0.48 米，高 0.14 米，柱体底部直径 0.85 米，通高 1.16 米，碑身无刻字痕迹。①

（2）JYM1080 墓前的无字石碑

JYM1080 是一座大型封土石室墓，在县城东太王乡禹山一队村中，西去约百米为饲养所，这里正当禹山南麓中部缓坡地带南缘，前隔大路，面临宽阔的平地，此墓与周围的墓葬规模都比较大。JYM1080 早年被盗，1976 年 7 月清理发掘时，在盗坑上部填土中发现一倒置的石碑。碑的形状略如上圆下方的碣，由整块花岗岩琢成，通高 1.6 米。扁矮的底座平面呈长方形，正面宽 0.97 米，侧面宽 0.73 米，高 0.27 米。碑身下部长宽与底座同，只是四角被齐整地劈去，横截面呈截角方形。碑身八条棱线相当清楚。碑顶略圆收，但仍可隐约地看到碑身八条棱线的延长线，而且圆收部分与碑面之间也尚可看出转折的圆线，碑顶中央刻有一阴线的八边形，八角与碑身的八条棱线相对。碑面风化剥蚀较严重，泐痕甚多，虽经试拓，并未发现任何铭刻迹象。②

---

① 《集安县文物志》，1984 年 10 月，第 94—95 页。
② 同上。

（3）四盔坟2、3号墓之间的无字石碑

四盔坟在洞沟古墓群禹山墓区五盔坟1、2号墓北40米左右，东西排列，1、2、3号墓之间距离均为3米，3、4号墓之间距离为6米。在2、3号墓之间有一座无字石碑，为灰色花岗岩石质，下部为正方形，上部为圆弧方锥形，通高1.10米，底宽80厘米，下部高50厘米，上部高60厘米。下部一角残损。没有铭刻文字的痕迹。

以上立有石碑的墓，都应是高句丽贵族的墓葬。发现的石碑都在墓葬附近，且都没刻文字，也许只是一种标识。我们在以往调查高句丽王陵时，也没能够发现石碑。此次集安高句丽碑的发现，印证了好太王碑的记载是准确的，同时也使我们多年来寻找好太王为先王立碑的愿望得以实现。

第三，为高句丽历史研究增加新的资料。

历史文献中对守墓人的称谓有"守冢""园邑""陵户"。高句丽文献中对于守墓人的记载是"守墓"，以家和户为单位。只有好太王碑中出现了"守墓烟户""国烟""看烟"的记载，统称之为"烟户"。如果说，好太王碑对于烟户的记载，自好太王之世起，集安高句丽碑文中出现的"烟户""烟户头"不仅为高句丽守墓烟户增加了新的证据，还出现了"烟户头"这一新名称。更为重要的是，碑中称这些"烟户"为"守墓之民"，这对于研究高句丽王陵守墓烟户的身份地位极其重要。

碑文中"戊□定律"是高句丽文献和考古资料中首次出现的新词，值得深入讨论。"戊□"无论是"戊子"还是"戊午"，都是高句丽发布定律的时间。而定律则是关于高句丽守墓烟户管理的法律条文，它的公布，并镌刻在石碑上，意义重大。《三国史记》载，小兽林王"三年，始颁律令"。这一年是公元373年。也就是说这一年高句丽才开始公布律令。《说文》律，均布也。十二律均布节气，故有六律，六均。《尔雅·释器》律谓之分。注曰律管，所有分气。又《尔雅·释诂》法也，又常也。注谓常法。《正韵》律吕，万法所出，故法令谓之律。《玉堂丛语·纂修》："律令者，治天下之法也，令以教之于先，律以齐之于后。"由此可知小兽林王时颁布的律令，应该是高句丽国家的法律条文。其中可能没有关于守墓烟户的相关条文，所以仍然存在着买卖烟户的现象。集安高句丽碑首次公布关于守墓烟户的法律条文，应该是在小兽林王之后。前文推断的"戊□"若是"戊子"以故国壤王五年至公元388年较为合适。若是"戊午"则以长寿王六年至公元418年较为合适。

集安高句丽碑中提到"始祖邹牟王之创基也",这和好太王碑开头"惟昔始祖邹牟王之创基也"是完全一样的。两座碑的文字证实了《三国史记·高句丽·东明王本纪》的记载,"始祖东明圣王,姓高氏,讳朱蒙(一云邹牟,一云衆解)"中的"邹牟"就是"邹牟"。毫无疑问,邹牟就是高句丽第一代王。《三国史记·高句丽·东明王本纪》关于邹牟王即位的记载是可信的。"时朱蒙年二十二岁,是汉孝元帝建昭二年,新罗始祖赫居世二十一年甲申岁也。"汉元帝建昭二年,甲申,是公元前37年。也就是说,高句丽建国之年是公元前37年。

《三国史记·高句丽·广开土王本纪》记载了国罡上广开土境平安好太王生平事迹。从即位那一年起,好太王一至四年、九年、十一年、十三至十八年,直至二十二年去世,按年记事,将治理国家,率兵出征等事件一一记录。却漏记了好太王碑中记载的一些重要战事。特别是对好太王"尽为祖先王墓上立碑,铭其烟户,不令差错"这样的大事竟然没有记载。集安高句丽碑的出土,不仅证明好太王之世"尽为祖先王墓上立碑,铭其烟户,不令差错",还以自身的文字证明好太王尽为祖先王墓上立碑的事实。这对《三国史记·高句丽本纪》的记载是重要的补充,也是研究高句丽王陵守墓制度、碑刻制度的重要实物资料。

三 学术价值

集安高句丽碑的发现是高句丽考古的重要成果,其重要的学术价值是不容忽视的。

首先是对高句丽王陵研究具有重要的价值。多年来,国内外学者根据《三国史记》的记载,结合高句丽墓葬研究成果,对高句丽王陵进行了一些考察研究,推定了一些高句丽王陵。

我国著名学者罗振玉先生早在20世纪初期就专门研究和著录了好太王陵文字砖,认定其为高句丽好太王陵墓之砖。[①] 学者们对此深信不疑。日本学者横井忠直、鸟居龙藏、池内宏、藤田亮策、三上次男等皆从

---

① 罗振玉:《好太王陵砖跋》,《唐风楼金石文字跋尾》,1908年。

此说。

1966 年，日本著名考古学家三上次男从高句丽古墓发展演变的角度，论证太王陵是好太王的陵墓，将军坟则是好太王之子长寿王的陵墓。①

1986 年 4 月，方起东先生发表了《千秋墓、太王陵、将军坟墓主人的推定》。② 从墓葬结构着手，联系太王陵、将军坟与好太王碑之间的关系，对墓主人的问题提出了自己的看法。他认为：千秋墓，墓主人是故国壤王；太王陵，墓主人是广开土王（即好太王）；将军坟，墓主人是长寿王。

1993 年 7 月，笔者在《高句丽墓上建筑及其性质》③ 一文中，根据高句丽墓上建筑遗物及古墓结构，对于几座大型王陵的墓主人进行了初步认定。千秋墓，十八代王故国壤王的陵墓；太王陵，十九代王好太王的陵墓；将军坟，二十代王长寿王的陵墓。

1993 年 12 月，魏存成先生发表了《集安高句丽大型积石墓王陵》④，认为将军坟、太王陵、千秋墓、西大墓、临江墓等大型积石墓，绝非高句丽平民和一般官吏、贵族之墓，而应是高句丽王陵级的墓葬。因此，认为：将军坟定为长寿王的陵墓，太王陵定为好太王的陵墓，千秋墓只能考虑小兽林王和故国壤王，从时间上看，故国壤王更接近好太王，更合适些。

以上学者对高句丽王陵进行调查与研究后，提出了较为统一的看法，肯定了千秋墓是高句丽第十八代王故国壤王的陵墓，太王陵是高句丽第十九代王广开土境平安好太王的陵墓，将军坟是高句丽第二十代王长寿王的陵墓。

集安高句丽碑是好太王为上祖先王立的碑之一。碑文中叙述了邹牟王创基的情况，也追述了先王的功勋。其中第七行第九至十三字为“自戊□定律”。前面已经考证过，“戊□”可能是戊子——故国壤王五年，公元 388 年。也可能是戊午——长寿王六年，公元 418 年。好太王时期，尽为祖先王墓上立碑，铭其烟户，不令差错。这时已经制定了守墓烟户的法律条文，很显然长寿王六年戊午有些晚了。应该是故国壤王五年，公元

① 三上次男：《古代朝鲜历史的发展与墓葬的变迁》，《日本的考古学》第 4 卷。
② 方起东：《博物馆研究》1986 年第 2 期。
③ 耿铁华：《高句丽墓上建筑及其性质》，《高句丽研究文集》，延边大学出版社 1993 年版。
④ 魏存成：《集安高句丽大型积石墓王陵》，《青果集》，知识出版社 1993 年版。

388 年。也就是说故国壤王在位时，已经感到王陵守墓烟户买卖而造成的数量差错，需要制定相关法令。不久，故国壤王去世，好太王即位，先为其父王立碑，再将其父亲制定的法律条文刻在碑上，以示纪念。此碑立在千秋墓西北 458 米，守墓烟户居住的地方，进一步证明千秋墓应该是好太王的父亲故国壤王的陵墓。

　　其次是对高句丽都城研究具有重要价值。集安作为高句丽都城自好太王碑发现以来就受到国内外学者的注意。1935 年以来，金毓黻先生经调查考证，已经初步认定辑安城内的古城为国内城，北面山城子山城为丸都城。① 1944 年，劳干先生在中央研究院《历史语言研究所集刊》第 11 本上发表了《跋高句丽大兄冉牟墓志兼论高句丽都城之位置》一文，为高句丽大兄冉牟的墓葬正名，对墓志进行考释研究，同时肯定辑安（集安）作为高句丽都城的地位。后来中外学者基本上按照劳干、金毓黻先生的思路深入研究，不断加入新的考古调查和发掘成果，使集安国内城和丸都城作为高句丽都城逐渐成为定论。

　　关于高句丽迁都国内城的时间及相关问题，《三国史记》记载的很清楚。《三国史记·地理志》："自朱蒙立都纥升骨城，历四十年。儒留王二十二年移都国内城……都国内历四百二十五年。长寿王十五年移都平壤，历一百五十六年。平原王二十八年移都长安城，历八十三年，宝藏王二十七年而灭。"《三国史记·琉璃明王本纪》记载的更为翔实，"二十一年春三月，郊豕逸，王命掌牲薛支逐之。至国内尉那岩得之，拘于国内人家养之。返见王曰：'臣逐豕至国内尉那岩，见其山水深险，地宜五谷，又多麋鹿鱼鳖之产。王若移都，则不唯民利之无穷，又可免兵革之患。'……九月，王如国内观地势。""二十二年冬十月，王迁都于国内，筑尉那岩城。"中国正史中也有关于高句丽都城的记载，《三国志·高句丽传》载："高句丽在辽东之东千里，南与朝鲜、秽貊，东与沃沮，北与夫余接。都于丸都之下，方可二千里，户三万。多大山深谷，无原泽。"《隋书·高丽传》《新唐书·高丽传》亦载："高句丽都平壤之时，亦曰长安城，东西六里，随山屈曲，南临浿水。复有国内城、汉城、并其都会之所，其国中呼为三京。"这里面所说的丸都城、国内城都在集安市区及郊区。

---

① 金毓黻：《静晤室日记》卷八七，辽沈书社 1993 年版，第 3692—3704 页；《东北通史》上编，社会科学战线杂志社 1980 年版，第 84 页。

　　学者们依据上面引证的文献资料，深入进行考古调查和发掘，使集安作为高句丽都城的考古学证据更加充分。集安市区内保留着国内城的城墙，城北 2.5 公里的山上保留着丸都山城的城墙，城内都有宫殿遗址和其他建筑遗迹。在国内城和丸都城所处的平原上，分布着上万座高句丽时期的古墓，著名的千秋墓、太王陵、将军坟等高句丽王陵，刻有长文的好太王碑，还有多座高句丽壁画古墓。这些重要的文物遗迹是其他高句丽城邑所没有的，也只有都城才能有这些气势恢宏的建筑遗迹。这些证据，奠定了集安作为高句丽都城的地位。学者们在他们的著作中，肯定了集安是高句丽时期的重要都城。其中代表性的著作有：王承礼、李健才著《吉林省历史概要》（1964 年），王健群著《好太王碑研究》（1984 年），张博泉著《东北地方史稿》（1985 年），佟冬主编《中国东北史》（1988 年），魏存成著《高句丽考古》（1994 年），耿铁华著《好太王碑新考》（1994 年），马大正、杨保隆等著《古代中国高句丽历史丛论》（2001 年），魏存成著《高句丽遗迹》（2002 年），王绵厚著《高句丽古城研究》（2002 年），耿铁华著《中国高句丽史》（2002 年），张福有、孙仁杰、迟勇著《高句丽王陵通考》（2007 年）；张福有著《高句丽王陵统鉴》（2007 年）；朝鲜朴时亨著《广开土王陵碑》（1966 年），朝鲜孙永钟著《高句丽史之诸问题》（2000 年），韩国李亨求、朴鲁姬著《广开土大王陵碑新研究》（1985 年），韩国徐炳国著《高句丽帝国史》（1997 年），日本东潮、田中俊明编著《高句丽的历史与遗迹》（1995 年），日本田村晃一著《乐浪与高句丽考古学》（2001 年）。还有一些学者在他们的著作和论文中也都认定了国内城和丸都城在集安，集安是高句丽第二座也是时间最长的都城。

　　新出土的集安高句丽碑，为高句丽王陵及守墓烟户制度提供了新的资料，也为高句丽都城研究增加了新的证据。

　　再次是对高句丽文化遗产研究具有重要价值。2004 年 7 月 1 日，中国"高句丽王城、王陵及贵族墓葬"在第 28 届世界遗产大会上，被列入《世界遗产名录》。其中高句丽王城有 3 处：五女山城、国内城、丸都山城。高句丽王陵 14 处（包括好太王碑）：麻线 0626 号墓（JMM0626）、千秋墓（JMM1000）、西大墓（JMM500）、麻线 2100 号墓（JMM2100）、麻线 2378 号墓（JMM2378）、七星山 0211 号墓（JQM0211）、七星山 0871 号墓（JQM0871）、太王陵（JYM0541）、好太王碑、临江墓（JYM0043）、

禹山 2110 号墓（JYM2110）、禹山 0992 号墓（JYM0992）、将军坟
（JYM0001）、将军坟 1 号陪葬墓（JYM0002）。高句丽贵族墓葬 26 座：角
舐墓（JYM0457）、舞踊墓（JYM0458）、马槽墓（JYM1894）、王字墓
（JSM0332）、环纹墓（JXM033）、冉牟墓（JXM001）、散莲花墓
（JYM1896）、长川 1 号墓（JCM001）、长川 2 号墓（JCM002）、长川 4 号
墓（JCM004）、禹山 3319 号墓（JYM3319）、五盔坟 1 号墓（JYM2101）、
五盔坟 2 号墓（JYM2102）、五盔坟 3 号墓（JYM2103）、五盔坟 4 号墓
（JYM2104）、五盔坟 5 号墓（JYM2105）、四神墓（JYM2113）、禹山 2112
号墓（JYM2112）、四盔坟 1 号墓（JYM2106）、四盔坟 2 号墓
（JYM2107）、四盔坟 3 号墓（JYM2108）、四盔坟 4 号墓（JYM2109）、兄
墓（JSM0635）、弟墓（JYM0636）、折天井墓（JSM1298）、龟甲墓
（JSM1304）。以上 43 处城址、墓葬，成为我国第三十个世界文化遗产。
支撑申报这些文化遗产的大型报告有：《五女山城》《国内城》《丸都山
城》《集安高句丽王陵》。① 值得注意的是，著名的好太王碑，是作为太王
陵的附属建筑列入《世界遗产名录》的。新出土的集安高句丽碑，应该
是千秋墓的附属建筑，也应该属于世界文化遗产的一部分。或许在其他王
陵附近还会发现新的墓碑，为世界文化遗产增加新的内容。

四　艺术价值

集安高句丽碑的艺术价值表现在碑石的造型和书法两个方面。

碑是古代常见的石刻形式，来源于先秦时期木制之碑，是古代下葬引
棺的辘轳架，到汉代改为石碑。马衡先生指出："汉碑之制，首多有穿，
穿之外或有晕者，乃墓碑施鹿卢之遗制。其初盖因墓所引棺之碑而利用
之，以述德纪事于其上。其后沿袭成风，碑遂为刻辞而设。"②

汉至清代的石碑大体上由三部分构成，即碑首、碑身、碑座。早期的
碑首与碑身连为一体，另有碑座。如河北武清出土的东汉时期鲜于璜碑
"碑座为长方覆斗形。长 1.20 米、宽 0.73 米、高 0.25 米。表面刻有三角

---

① 各书均为文物出版社 2004 年版。
② 见《凡将斋金石丛稿·中国金石概要》，中华书局 1977 年版。

折带纹和斜线平行文，座顶雕作一长条形碑榫凹槽"①。

碑首有平首、圆首、圭首和螭首几种。碑身多为扁长方形，也有无首方柱形、圆柱形等。碑座有长方形、多边形和兽形（赑屃）。

根据碑文的内容和功用，可以分为墓碑（包括神道碑）、功德碑、记事碑、经书典籍碑、题名碑、图形碑、宗教造像碑等。

集安高句丽碑的造型属于圭形碑，碑首作圭形来自玄圭的形状，表示死者有功于国，为"天赐玄圭"之象征，用以昭示死者的功绩。碑身呈扁方形，上部稍窄，下部稍宽，与碑首连为一体，是东汉以来圭形碑的典型样式。碑下部榫头高15—19.5厘米，宽42厘米，厚21厘米。出土时不见下面的基座。估计碑座应为长方形，上部有与榫头相合的凹槽，这也与东汉以来的碑座相同。

高句丽已发现的文字碑，好太王碑呈方柱形，无碑首，形体硕大，底部基座呈多边形，根据立碑刻痕的情况，应无榫卯结构，而是平坐在基座之上。中原高句丽碑也为方柱形，无碑首。从出土时的照片看，碑下部有方锥形榫。基座为方覆斗形。集安高句丽碑的出土，为高句丽增加了一通圭形首扁方形碑，碑身与基座榫卯结合，形制结构极富特点，具有很高的造型艺术价值。

对于圭形碑的榫卯结构，高句丽也有相关的实物为证。千秋墓"墓南边阶坛中轴延长线上，石垣内折曲成宽台，外边铺石板上有4个等距方孔，可以认为是木柱（榫头）立孔。"②说明高句丽人很早就在建筑中运用了榫卯结构。20世纪80年代中期，集安国内城中部（今遗址公园东北角）出土一块较大的石碑座，出土地原为高句丽遗址，碑座距地表2米左右。系黑灰色沉积岩凿制而成。整体为椭圆形自然石材，顶面修整较为平齐，并修凿成两级长方形台面，榫槽即在顶面正中。碑座长2.03米、宽1.2米、厚0.5米。一级长方形台面长1.39米、宽0.79米。二级台面长1.18米、宽0.62米，榫槽长0.75米、宽0.19米、深0.25米。从碑座出土层位看应该是高句丽时期的碑座，可惜的是没有发现碑身，这说明高句丽曾有长方形带榫卯结构的石碑。

集安高句丽碑的发现，同样具有重要的书法价值。这是发现的第三通

---

① 天津市文物管理处考古队：《武清东汉鲜于璜墓》，《考古学报》1982年第3期。

② 吉林省文物考古研究所、集安市博物馆：《集安高句丽王陵》，文物出版社2004年版。

高句丽文字石碑，与好太王碑和中原高句丽碑同属于汉字隶书碑文，说明高句丽是将汉字隶书作为其官方书体，用以发布政令、文告，与中原进行交往和沟通。

集安高句丽碑的发现，使我们进一步了解高句丽书法的源流、演变及其规律。进一步掌握高句丽人书法的特点。与好太王碑和中原高句丽碑相比较，集安高句丽碑的字体更秀丽，笔画更纤细，蚕头燕尾特点更明显，更适于后人捶拓、摹写。

集安高句丽碑的发现，使高句丽书法研究又增加了新的资料，可以同好太王碑、冉牟墓志、砖瓦铭文进行比较研究，深入研究高句丽人在不同质地上存留书法的状态和不同时间段书法的发展变化。

集安作为中国的书法之乡，历来受到书法家们的重视。集安高句丽碑的发现将会引来众多国内外书法家和爱好书法的人们前来考察研究，必将会推动高句丽书法研究的深入开展，使高句丽书法艺术发扬光大。

（原载《东北史地》2013 年第 3 期）

集安麻线高句丽碑试读

梁志龙　　靳　军[*]

2012 年 7 月 29 日，集安麻线高句丽碑面世，消息一经传出，立即引起国内外高句丽学界密切关注。在较短时间内，一部关于该碑的学术著作迅速出版[①]，并有十余篇论文在相关报刊陆续发表[②]，研究工作渐趋深入。笔者在学习他人考释成果的过程中，也尝试着对该碑进行了释读，提出下面尚欠成熟的看法，祈望赐正。

—

首先，我们依据林沄先生的释文[③]，将碑文分段分节，制表如下（见表1）。需要说明的是，表中提要的编写，参考了其他专家的释文，碑文中的标点，为笔者加注。

虽然碑文尚有文字未得识出，词句亦有滞碍之处，目前还不能通篇畅读，但通过多名专家努力辨释，文意基本清楚，这为后续研究工作的展开，提供了较为坚实的基础，创造了良好条件。

二

碑头右角残毁，因而开头之句前四字缺失，第五字为"世"字，耿

---

* 梁志龙：本溪博物馆研究员；靳军：本溪博物馆副研究员。

① 集安市博物馆编著：《集安高句丽碑》，吉林大学出版社 2013 年版。

② 这些论文主要见于《中国文物报》《东北史地》《社会科学战线》《名家》等报刊。

③ 林沄：《集安麻线高句丽碑小识》，《东北史地》2013 年第 3 期。

铁华、董峰先生补作"惟太王之世"①，张福有先生补作"惟雄才不世"②，太王也好，雄才也罢，大抵未脱离原碑旨意。这里缺失内容中，应该包括某位国王的指代文字，这位国王，应该就是好太王。

表1

部分	小节	碑文	提要
第一部分	一	□□□□世，必授天道，自承元王	开头说的是：太王之世，奉天承运
	二	始祖邹牟王之创基也，□□□子，河伯之孙，神灵祐护蔽荫，开国辟土，继胤相承	远溯始祖开国神话，并言后来者承袭王业
第二部分	一	□□□□各家烟户，以此河流，四时祭祀	烟户们以这条河流为祭祀地点，四时举行祭祀
	二	然万世悠长，烟□□□□烟户□□□□富□□转卖□□□守墓者，以铭□□	时间过长，出现了买卖守墓烟户的现象
第三部分	一	唯国罡□太王，□乎□。太王神武，车舆东西巡故国，追述先圣功勋，弥高然烈。继古人之慷慨，癸卯岁刊石	国罡上太王巡视故国地方，缅怀先圣功绩，继承古人慷慨精神，于癸卯年刊石立碑
	二	自戊申定□教□，发令其修，复各于□□□□立碑，铭其烟户头廿人名，□示后世	记载戊申年，国罡上太王采取的三项王陵保护措施
	三	自今以后，守墓之民，不得擅自更相转卖，虽富足之者，亦不得其买卖	复述守墓烟户法令中的主要条文
	四	□若违令者，后世□嗣□□，看其碑文，与其罪过	违令者及其后人的治罪，可参照碑文量刑

　　碑文第三句与第四句，研究者多以一句连读："自承元王始祖邹牟王之创基也"，作为古汉语，这样的句式无法读通，其下再与"□□□子，河伯之孙"接续，主语则模糊难定，不知说的是"必授天道"的"太王"呢，还是"□□□子，河伯之孙"的"始祖"？

　　也许元王之元，有第一、始的意思，误将元王视作始祖的同义词，也

---

①　耿铁华、董峰：《新发现的集安高句丽碑初步研究》，《社会科学战线》2013年第5期。
②　张福有：《集安麻线高句丽碑探综》，《社会科学战线》2013年第5期。

是情理中事。但是，我们找不到始祖被称作元王的任何一个例证，因此元王并不等于始祖。如果元王和始祖是同一个意思，那么把"元王始祖"并列一处，岂不犯了重复的语病？元王和始祖，应该分读。

元，具有大的意思，元王，其实就是大王。

这里的元王所指，应该是好太王的先王，即故国壤王，这样，"自承元王"一句，方才有了根基，其后"始祖邹牟王"作为主语的叙述，也有了清楚的脉络。

第一部分第二小节，简述的是高句丽建国神话，相似的文字，还见于好太王碑、冉牟墓志，但不见于中原郡碑。它应该是高句丽某一阶段碑志中流行的套式语言，尽管这类内容与文本关系不大，但引述则不可或缺。结合好太王碑与冉牟墓志的年代，这种高句丽碑志出现的套式语言，流行时间大体应在公元5世纪初叶前后，至中原郡碑时期，则已消失。

开首句子缺失的文字，我们认为应是关涉好太王的词汇，这种推测的依据，主要来自碑文中出现"国罡□太王"字样。但第一部分"开国辟土，继胤相承"一句，亦与好太王有关，也是推测的依据之一。

"继胤"，似乎是对朱蒙后续国王们的泛称，但当我们注意到"辟土"一词的时候，继胤者，可能是个单数，所指应为好太王。好太王碑记载，好太王的谥号全称为"国冈上广开土境平安好太王"，"辟土"与"广开土境"，词义相同，其意皆为开疆拓土。"开国辟土"一词，说的应是两代国王的伟业，前者是朱蒙"开国"，后者是好太王"辟土"。

当然，朱蒙建国，也吞并了其他部落的领地，亦可称作"辟土"，但这一褒誉词汇，作为朱蒙的特有称谓不合适。然而，将其放在好太王身上，则名实相符。

这里的继胤者，不为复数。

三

第二部分第一小节云："□□□□各家烟户，以此河流，四时祭祀。"这是一条新史料。

"此河流"，指的应是该碑发现地所在的麻线河，据此可以断言：该碑原立地点，就在麻线河上。

高句丽有水边祭祀隧神的习俗。

《三国志·高句丽传》："其国东有大穴，名隧穴，十月国中大会，迎隧神还于国东上祭之，置木隧于神坐。"《翰苑》注引《魏略》则云："隧穴神，于国东水上祭之。"笔者曾在一篇文章中说，《三国志》"国东上祭之"，应为"国东水上祭之"，失"水"原因，当为传抄之误。① 国，这里指的是高句丽都城地区。

麻线河的地理位置，不在高句丽国东，因此祭祀对象不为隧神。

通过考古发掘，在多座高句丽王陵附近，曾发现祭祀遗迹，如麻线626号墓东侧祭台、临江墓东侧祭台、禹山2110号墓疑似与祭祀有关的石台遗迹、千秋墓西南300米江边台地上的祭祀建筑址、太王陵东侧祭台、将军坟祭台②，等等，在这些遗迹中，曾出有遗物，可能是祭祀时的用品。证明高句丽日常祭祀逝去的国王，当在陵园内举行。

在麻线河四时举行的祭祀，应是对逝去国王的另外一种形式的祭祀，或属于野外望祭范畴。"国之大事，在祀与戎。"祭祀主持者，应该是国王、国王代表或王国官员，最有可能是碑文中出现的"烟户头"，而烟户，只是参与者而已。

四

第二部分第二小节，林沄先生的释文，缺字较多，但从"烟户""富""转卖""守墓人"等词汇分析，碑文记载的主要是守墓烟户出现被转卖的问题。"以铭□□"，铭后缺字，因此不知道这个铭是否为碑铭。

连王陵的看护人都遭到了被转卖的厄运，可见这一时期高句丽人口买卖问题的严重。

针对王陵出现的问题，当然要采取措施予以制止。而解决这个问题的人，居然是王国最高统治者好太王。

林沄先生释文中的"国罡□太王"，空字处，张福有先生判读为"上"字③，国罡上，是好太王谥号中的葬地名称。高句丽另有国王亦称国罡上王，那便是好太王祖父故国原王。《三国史记》："故国原王，一名

---

① 梁志龙：《高句丽隧神考》，《北方文物》2001年第4期。

② 上述祭祀遗迹资料，均见吉林省文物考古研究所、集安市博物馆《集安高句丽王陵》，文物出版社2004年版。

③ 张福有：《集安麻线高句丽碑碑文考释与识读解析》，《东北史地》2013年第3期。

国冈上王。"冈，亦作罡。①

但麻线碑中的"国罡上王"，应该是好太王。

很多专家认识到，麻线碑与好太王碑关系密切，碑中许多词汇和文句与好太王碑相同。② 其中个别文句，或许就是直接抄自好太王碑。碑文作者不仅应该读过好太王碑，而且非常熟悉碑文内容，碑文记载好太王谥号中具有"国罡上"字样，受此影响，麻线碑文作者所称国罡上太王，应该与好太王碑取向一致，指的是好太王。

高句丽王死后的谥号，大都来自王陵所在地，故国原王又称国罡上王，"故国原""国罡上"，两者当为同一地方的两个名称。好太王的葬地，也在国罡上，说明祖孙两王的陵墓同处一个区域。太王陵为好太王的陵墓，石塚高大，石碑高矗，在国罡上尚无其他墓葬可与之媲雄。或许后人因此将"国罡上"专给了好太王，曾经的那个国罡上王，只好改称故国原王了。麻线碑竖立时，"国罡上太王"当已成为好太王的专有名词了。

此外，"□乎□"三字，张福有先生释文为"号平安"，准此，碑文中的"国罡上太王"，则为好太王无疑矣。

好太王围绕王陵做了些什么？

第一，好太王"车舆东西巡故国"，"追述先圣""弥高然烈"的"功勋"。追述先圣功勋，实际上就是一种追思和缅怀活动。"车舆"，孙仁杰释读为"乘舆"③，更为贴切。这场活动，应是对王陵的巡查，目的是掌握王陵的现存情况。好太王乘车在故国东西奔波，巡查王陵，只有如此，才与追述先圣的功勋有着关联。

故国，应该是地名，指的是高句丽京畿地区，即今集安国内城及其附近。

第二，好太王"继古人之慷慨，癸卯岁刊石"。古人如何慷慨，今天我们无从知晓，可能与陵墓建设有关，也许说的是古人的一种精神。"癸卯岁刊石"，乃是"继古人之慷慨"的结果。

如此，"癸卯岁"，并不是麻线碑竖立的年代，而是好太王为其祖先

① 金富轼：《三国史记·高句丽本纪·故国原王》（校勘本），吉林文史出版社 2003 年版。
② 集安市博物馆编著：《集安高句丽碑》，吉林大学出版社 2013 年版。
③ 孙仁杰：《集安高句丽碑文识读》，《东北史地》2013 年第 3 期。

王墓上立碑的年代。

好太王碑说："自上祖、先王以来，墓上不安石碑，致使守墓人烟户差错。唯国冈上广开土境好太王，尽为祖、先王墓上立碑，铭其烟户，不令差错。"

"癸卯岁刊石"，指的就是好太王"尽为祖、先王墓上立碑"的这次行动。

所立石碑文字并不复杂，"铭其烟户"而已。好太王碑第 3 面第 8 行至第 4 面第 5 行，即为"守墓人烟户"名册，共计 330 家。"铭其烟户"的碑文，大抵就是这个样子。

在好太王碑研究中，有个普遍观点，认为好太王"在历代先王的墓上都立上石碑"[①]，其实这是误解。好太王是高句丽第 19 代王，如果他为此前 18 位国王的每座陵墓都立下石碑，那么应该有 18 座墓碑，如此数量，为什么今天没有发现？难道都淹没在时间的长河中了？其实好太王"尽为祖、先王墓上立碑"，最多也就立了三座石碑。

一座是为其祖王而立。好太王祖王为故国原王，死在与百济的战争中。另外两座为其先王而立。小兽林王是好太王伯父，故国壤王是好太王父亲，如果从辈分计算，小兽林王和故国壤王，均应属于好太王的先王。

好太王碑记载："国冈上广开土境好太王存时教言：祖王、先王但取远近旧民守墓洒扫。吾虑旧民转当嬴劣，若吾万年之后，安守墓者，但取吾躬巡所略来韩秽，令备洒扫。"由此可见，好太王对祖王、先王陵墓确实关注，在借鉴祖王、先王守墓人的同时，安排了自己死后的守墓人。

据麻线碑文可知，好太王为其祖王故国原王和先王小兽林王、故国壤王陵墓立碑间，当为癸卯年，即好太王十二年（403）。

五

"自戊申定□教□，发令其修，复各于□□□□立碑，铭其烟户头廿人名，□示后世。"这是好太王在戊申年，为保护王陵采取的三项措施。

第一项措施："定□教□"。

---

① 王健群：《好太王碑研究》，吉林人民出版社 1984 年版。

集安文物专家释文将此定为"定律教遣"①，张福有先生释文定此四字为"定律教言"②，后者可能更接近碑文本意。定律，就是确立法律文书，如果以现今文书命名，应该是《高句丽王陵守墓烟户管理办法》。教言，好太王碑亦使用了这个词汇："国冈上广开土境好太王存时教言"，相当于"教导我们说"。这个法律文书的主要内容是什么？就是好太王碑中的"制"："又制：守墓人自今以后不得更相转卖。虽有富足之者，亦不得擅买。其有违令，卖者刑之，买人制令守墓之。"麻线碑也抄录了这件法律文书的前半部分："自今以后，守墓之民，不得擅自更相转卖，虽富足之者，亦不得其买卖。"

买卖守墓人存在两种情况。一种是守墓人（守墓之民）的"更相转卖"，更相，互相之意。这种转卖，应该是烟户头之间的交易，王陵甲的烟户，被变卖到王陵乙烟户头的手中。张福有先生该节释文中有"烟户亦转卖烟户"句③，其意更为明显。另一种是"富足之者"通过交易手段，将守墓人买到自家作为劳役。好太王碑载："虽有富足之者，亦不得擅买"；麻线碑也载："虽富足之者，亦不得其买卖"。细读此句碑文，似乎在高句丽境内，富足者可以买卖其他人口，但却断然不许买卖守墓人。

保持王陵守护者常态人员数量的稳定，是保护好王陵的前提。

买方是富足者，那么卖方是谁？当然就是这些烟户头。

第二项措施："发令其修"。

发令，就是发布律令，其修，理解起来有些困难，其字，在这里起着连介作用，不具实际意义。修什么？修王陵。尽管碑文"修"字下面是"复"字，两者可以组成"修复"一词，但复字还是归于下一句之首为妥。

好太王本次仅仅是维修了其父王故国壤王的墓葬。

多年考古结果表明，4世纪后的高句丽石筑王陵上，一般均出有瓦及瓦当。因此，瓦及瓦当的有无，是确定高句丽王陵的一个重要条件。高句丽早期瓦当多饰卷云纹，好太王时期，则出现了莲花纹。④ 莲花纹有六

---

① 集安市博物馆编著：《集安高句丽碑》，吉林大学出版社2013年版。

② 张福有：《集安麻线高句丽碑碑文考释与识读解析》，《东北史地》2013年第3期。

③ 同上。

④ 王飞峰：《关于千秋墓、太王陵和将军坟的几个问题》，《边疆考古研究》第10辑，科学出版社2011年版。

瓣、八瓣之分，在时间上存在早晚关系。

目前，集安地区出土莲花纹瓦当的墓葬如下：

1. 千秋墓：出土有卷云纹、六瓣莲花纹瓦当两种。①

2. 太王陵：出有六瓣、八瓣莲花纹瓦当两种。②

3. 禹山 2112 号墓：出有六瓣、八瓣莲花纹瓦当两种。③

4. 将军坟：出有八瓣莲花纹瓦当一种。④

不同瓦当见于同一座墓葬，并不表明修建陵寝时采用了多种瓦当，而是表明墓葬后期维修过程中，使用了新型瓦当。据此，我们将出有莲花纹瓦当的高句丽墓葬做一简单梳理，从中试求好太王维修了哪座王陵。

将军坟一般被推定为长寿王陵，墓上仅见八瓣莲花纹瓦当，说明这一时期，六瓣莲花纹瓦当已不再流行。

太王陵是好太王墓葬，六瓣莲花纹瓦当应为建墓时使用的瓦当，而稍晚的八瓣莲花纹瓦当，则该是长寿王时期维修这座陵墓使用的瓦当。

千秋墓一般被推定为好太王父亲故国壤王陵墓，卷云纹瓦当应为建墓时使用的瓦当，而六瓣莲花纹瓦当则应是好太王对该墓维修时使用的瓦当。千秋墓上，还发现了文字瓦，其中有好太王年号"永乐"字样，更加说明好太王对该墓进行过维修。但该墓不见八瓣莲花纹瓦当，说明长寿王时期未予维修。

禹山 2112 号墓为方坛阶梯积石圹室墓，墓道两侧具有耳室。发掘者认为年代可能早于太王陵，也有文章认为，年代与太王陵相当⑤。我们推测，2112 号墓上所见六瓣莲花纹瓦当，应为好太王时维修所用，而八瓣莲花纹瓦当，则为长寿王时维修所用。

综上论述，好太王时期，对千秋墓、禹山 2112 号墓进行了维修。同时，我们也分析出长寿王时期，对太王陵和禹山 2112 号墓进行了维修。

2112 号墓，形制较小，不具备王陵规制，应是好太王时期身份特殊

---

① 吉林省文物考古研究所、集安市博物馆：《集安高句丽王陵》，文物出版社 2004 年版。

② 同上。

③ 集安市博物馆：《集安洞沟古墓群禹山墓区 2112 号墓》，《北方文物》2004 年第 2 期；吉林省文物考古研究所、集安市博物馆：《集安禹山 M2112 墓室清理报告》，《吉林集安高句丽墓葬报告集》，科学出版社 2009 年版。

④ 吉林省文物考古研究所、集安市博物馆：《集安高句丽王陵》，文物出版社 2004 年版。

⑤ 赵俊杰、马健：《集安禹山两座高句丽时期积石墓的时代及相关问题》，《考古》2012 年第 5 期。

人物的墓葬，并与长寿王有着密切关系。

准此，好太王"发令其修"的王陵仅有一座，即千秋墓（父王故国壤王墓葬）；长寿王维修的王陵也只有一座，即太王陵（父王好太王墓葬）。

第三项措施：再次立碑。

"复各于□□□□立碑，铭其烟户头廿人名，□示后世。"这是好太王第二次立碑，依然是和守陵烟户有关。癸卯年好太王已为祖王、先王墓上立碑，"铭其烟户"，本次立碑，则"铭其烟户头廿人名"，内容发生了变化。癸卯至戊申相差五年，两次立碑时间相去不远。既然碑文主要镌刻20位烟户头的名字，则无必要立在墓上。立碑地点，极有可能在守墓烟户管理机构附近，"复各于□□□□立碑"。"各于"两字，似乎表明立碑地点并非一处，也许还包括烟户们的生活聚居区。

烟户头，顾名思义，应是管理烟户（包括国烟和看烟）的头领。

20位烟户头的构成可能是这样：好太王之前共有18座王陵，每座王陵当有一位烟户头，总理单个王陵事物。另外2位烟户头，则是18位烟户头的总管和副总管，总理全部王陵事物。这些烟户头，构成了高句丽王陵管理体系中的上层集团。他们具有较大的权利，守墓人的"更相转卖"及富足者"擅买"守墓人，与其密切相关。

将烟户头的名字刻在碑上，可以起到监督和警示作用，并且对其后世，亦有法律问责的依据，这就是"□示后世"的立碑目的。"□若违令者，后世□嗣□□，看其碑文，与其罪过。"前二句，张福有先生释文作"向若违令者，后世继嗣之者"，据此，对于烟户头贩卖烟户，不仅要追究违令者的罪责，而且祸及后世，株连子孙。

该碑第三部分一、二小节记录的事情，均为好太王所为，就是说，碑文关于"癸卯""戊申"记录，均为好太王实录。

戊申年，为好太王十八年（408）。

六

前已谈及，好太王谥号全称出现在好太王碑上，为"国冈上广开土境平安好太王"，碑文后面又三次出现这个谥号，但却省略了"平安"两字，称为"国冈上广开土境好太王"，冉牟墓志称"国罡上广开土地好太圣王"，亦省"平安"两字，却增"圣"字，"土境"改为"土地"，新罗壶杅塚铜壶杅铭文则为"国罡上广开土地好太王"，仅比冉牟墓志少一"圣"字，《三国史记》则云"号为广开土王"①，太王陵出土铜铃铭文则称"好大王"②，更为简洁。

"国罡上太王"，显然也是好太王谥号的简称，在麻线碑文中出现，证明麻线碑年代不属好太王时期。

好太王也是谥号的简称。

太王陵出土的那件铜铃，其上錾刻铭文为："辛卯年好大王□造铃九十六"，缺空处，张福有先生等辨识为"峻"字，通陵③。另有研究者说，铜铃铭文中的"好大王"，应该是好太王，所以如此，乃因工匠漏刻"太"字一点所致④。许多研究人员认为，铭文中的"辛卯年"，为好太王即位之年，即故国壤王八年（391）⑤。好太王即位时，年方十八，当年就开建自己的王陵，同时制作铜铃等王陵的专属用品，未免有些着急了吧？

好太王即位之年，无论如何也不会在自家王号中加个"好"字，那样做实在有点自夸的嫌疑，而臣民们对于五月方才即位的新国王，缺乏了解，也不会轻易的以"好王"相许。唯一靠谱的解释是："好"字具有强烈的褒义，应为谥号用字，好太王，是谥号的简称。

好太王谥号全称中的每个词，似乎都可以作为简称使用，这是一个有趣的现象，我们期待着"平安太王"的发现。

好太王生前，应称"永乐太王"或"太王"，不会出现"好太王"之称，"好大王"刻铭铜铃制作时间，首选年份，应该为好太王去世后第一个辛卯年，即高句丽长寿王三十九年（451）。

---

　①　金富轼：《三国史记·高句丽本纪·广开土王》（校勘本），吉林文史出版社 2003 年版。

　②　吉林省文物考古研究所、集安市博物馆：《集安高句丽王陵》，文物出版社 2004 年版。

　③　张福有、孙仁杰、迟勇：《朱蒙所葬之龙山及太王陵铜铃峻字考》，《东北史地》2006 年第 1 期。

　④　王飞峰：《关于千秋墓、太王陵和将军坟的几个问题》，《边疆考古研究》第 10 辑，科学出版社 2011 年版。

　⑤　吉林省文物考古研究所、集安市博物馆：《集安高句丽王陵》，文物出版社 2004 年；张福有、孙仁杰、迟勇：《朱蒙所葬之龙山及太王陵铜铃峻字考》，《东北史地》2006 年第 1 期；王飞峰：《关于千秋墓、太王陵和将军坟的几个问题》，《边疆考古研究》第 10 辑，科学出版社 2011 年版。

相关遗物，韩国早年亦有出土，铭文与铜铃相似，比较如下：

乙卯年国罡上广开土地好太王壶杅十（韩国庆州新罗壶杅塚铜壶杅）

辛卯年好大王□造铃九十六（太王陵铜铃）

两者句式几乎相同。据考证，铜壶杅系长寿王三年（乙卯年，415）为好太王陵制作的用品[1]，而铜铃，则应是长寿王三十九年（辛卯年，451）为好太王陵制作的用品。

高句丽王生前如果有年号，或以年号为国王称谓，如好太王"号为永乐太王"（好太王碑），但更多的时候还是被称作"太王"或"王"，如太王陵砖铭文："愿太王陵安如山固如岳"，再如中原郡碑："五月中，高丽太王、祖王，令还新罗寐锦。"《三国史记》也记载了好多臣妾呼大王（太王）的实例，如故国川王十三年，晏留向国王推荐乙巴素，说"大王若欲理国，非此人则不可"[2]。又如山上王元年，王后于氏对延优说："大王薨，无子。"[3] 高句丽王生前，多半没有专门称谓，几乎千篇一律的被称作太王。死后，有了谥号，于是史上更多的太王，方才在称谓上有了区别。

好太王也是如此。

七

集安麻线高句丽碑的时代，极有可能在长寿王即位初期。推测长寿王为了继承国罡先王遗志，加强守墓烟户的管理，在烟户聚居区内，立下了这通石碑。碑中追溯了好太王对于王陵采取的管理措施，并重申好太王时期确立的禁止买卖烟户的法律条文。

"看其碑文，与其罪过"，这里的"碑文"，似指好太王碑文，因好太王碑记录了对买卖烟户的惩治办法："卖者刑之，买人制令守墓之。"但

---

[1] 东潮、田中俊明：《韩国の古代遗迹》（新罗篇），日本中央公论社 1988 年版。

[2] 金富轼：《三国史记·高句丽本纪·故国川王》（校勘本），吉林文史出版社 2003 年版。

[3] 金富轼：《三国史记·高句丽本纪·山上王》（校勘本），吉林文史出版社 2003 年版。

也有疑点，好太王碑没有关于如何惩处买卖守墓人"继嗣者"的法律条文。分析"碑文"所指，应该是戊申年所立"铭其烟户头廿人名"之碑，进而分析，这座碑，不仅刻写了"廿人名"，可能还刻写了对买卖烟户者及其后人的惩治办法。

麻线碑极似好太王碑开篇和结尾的简要读本，故推测时间上不会晚于好太王碑。

（原载《东北史地》2013 年第 6 期）

集安麻线高句丽碑之我见

李新全[*]

集安麻线高句丽碑的发现，已在国内外学术界引起很大轰动。笔者陆续收到了一些资料，并对学术界所关心的几个热点问题很感兴趣，兹不揣浅陋，提出一些自己的看法，求教于方家学者。

一 碑文释读

据介绍，碑上文字为阴刻，汉字，隶书。林沄、魏存成、张福有、徐建新、耿铁华、孙仁杰等几位先生均有释读，文章面世。[①] 笔者综合各家释文，拟定了证据较为充分的（188字）释文（各家释文及笔者释文见图一）。

二 立碑年代

关于此碑刻立的具体年代，大致有两种意见：一是认为此碑应为好太王为先王所立石碑（林沄、耿铁华）；二是认为是长寿王在迁都前为先王所立石碑（徐建新、魏存成、张福有）。

笔者认为此碑并非好太王时所立，因为碑文中有"国罡上太王"字样，这是好太王死后的谥号。好太王在世时称"永乐大王"，不可能有死后的谥号。因此，我同意此碑为长寿王时所立。

* 李新全：辽宁省文物考古研究所研究员。
① 各家释文均见于《东北史地》2013年第3期。

虽然我认为该碑是长寿王时所立，但并不认为是长寿王迁都平壤前立的碑，而是迁都后所立。理由如下：

1. 碑文中有"巡故国"字样，长寿王迁都平壤前在高句丽的考古文献中尚未见过"故国"的称谓，"故国"应是后起的称谓。

2. 从逻辑上讲，长寿王迁都平壤前不可能称集安国内地区为"故国"。

3. "故国"的概念一定是在长寿王迁都平壤后相当长的一段时间内才可能产生，是相对于新国都平壤而言，称旧国都集安国内地区为"故国"。

4. 有学者认为"故国"是高句丽以集安为都城时的地名，并举出第十六代王故国原王又称"国罡上王"，进而得出"国罡上"就是"故国原"或"故国之原"的结论。① 笔者认为这一观点值得探讨。因为，仅就这两个称谓所指的地域而言，两者并没有实质区别，都是指集安国内地区。

但是，"国"字前加"故"与否，它有一个时间早晚的问题。换句话说，高句丽未迁都平壤时"国"字前是没有"故"的，"国"字前加"故"一定是高句丽迁都平壤一段时期以后的事。这是因为：

首先，"故国"并不是高句丽以国内地区为都城时的地名称谓，因为我们在好太王碑、冉牟墓志、好太王壶杅等高句丽当事人撰写当时事的文字材料中见不到"故国"字样。相反，"故国"都是出现在高句丽迁都平壤以后才出现的称谓。比如：好太王生前称"永乐大王"，死后称"国罡上广开土境平安好太王""国罡上广开土境好太王""广开土境好太王"（以上见好太王碑）、"国罡上广开土地好太圣王"（冉牟墓志）、"国罡上广开土地好太王"（好太王壶杅），"国"字前并不加"故"。

其次，我们再来讨论"国"字前加"故"的有关高句丽的文献记载，除了新发现的集安麻线高句丽碑以外，文献的成书年代都是很晚的，《三国史记》的成书年代是1145年，有很多事情带有追记的成分。这也是笔者认为集安麻线高句丽碑是长寿王迁都平壤后所立的主要原因。

---

① 张福有：《集安麻线高句丽碑碑文补释与识读解析》，《东北史地》2013年第3期。

```
1  □□□□世必□天道自承元王始祖邹牟王之创基也
2  □□□子河伯之孙神□□□薥开国辟土继胤相承
3  □□□□□烟户以□河流四时祭祀然□□脩长烟
4  □□□□□烟□□富足□转卖□□守墓者之铭
5  □□□□□太□□王神《与东西
6  □□□□追述先圣功勋弥高悠烈继古人之慷慨
7  □□□□□□自戌□定律教□发令□修复各於
8  □□□□□立碑铭其烟户头廿人名□示后自今以后
9  守墓之民不得□□相转卖虽富足之者不得其买
10 卖□□违令者后世□嗣□看其碑文与其罪过
```
《中国文物报》发表（140字）碑文

```
1  □□□□世必□天道自承元王始祖邹牟王之创基也
2  □□□子河伯之孙神灵祐护假荫开国辟土继胤相承
3  □□□各家烟户以此河流四时祭祀然万世悠长烟
4  □□□□烟户□规禁有富足者转卖转买守墓者以铭
5  □□□□国罡上太王号平安太王神武乘舆东西
6  □□□□国追述先圣功勋弥高悠烈继古人之慷慨
7  □□□丁卯岁刊石自戊子定律教言发令其修复各於
8  先王墓上立碑铭其烟户头廿人名以示后世自今以后
9  守墓之民不得擅自更相转卖虽富足之者亦不得其买
10 卖如有违令者后世继嗣之者看其碑文与其罪过
```
孙仁杰先生（188字）释文

```
1  □□□□世必授天道自承元王始祖鄒牟王之創基也
2  □□□子河伯之孫神靈祐護蔽蔭開國辟土繼胤相承
3  □□□□各家烟户以此河流四時祭祀然萬世悠長烟
4  □□□□烟户□□□□富□轉賣□□守墓者以銘
5  □□唯國罡□太王□乎□太王神武車輿東西
6  廿家　巡故國追述先圣功勳弥高烋烈繼古人之慷慨
7  □癸卯藏刊石自戊申定□教□發令其脩復各於
8  □□□□立碑銘其烟户頭廿人名□示後世自今以後
9  守墓之民不得擅自更相轉賣雖富足之者亦不得其買
10 賣□若違令者後世□嗣□□看其碑文與其罪過
```
林沄先生（172字）释文

```
1  惟雄才不世必授天道自承元王始祖鄒牟王之創基也
2  天帝之子河伯之孫神靈祐護假蔭開國辟土繼胤相承
3  遠近舊民各家烟户以此河流四時祭祀然萬世悠長烟
4  户亦轉賣烟户爲禁舊民富庶擅賣韓穢守墓者以銘
5  守墓人摽然唯國罡上太王號平安太王神武乘舆東西
6  廿家　巡故國追述先聖　勳弥高烋然繼古人之慷慨
7  此河流丁卯歲刊石自戊申定律教言發令並脩復各於
8  先王墓上立碑銘其烟户頭廿人名宣示後世自今以後
9  守墓之民不得擅自更相擅賣雖富足之者亦不得其買
10 賣向若違令者後世繼嗣之者看其碑文與其罪過
```
张福有先生（217字）释文

```
1  □□□□世必授天道自承元王始祖鄒牟王之創基也
2  □□□子河伯之孫神□□□假蔭開國辟土繼胤相承
3  □□□□各家烟户以此河流四時祭祀然□世悠長烟
4  □□□□烟户□□富□轉賣□□守墓者以銘
5  □□□□□國罡上太王□乎□□王神□□輿東西
6  □□□□□國追述先聖功勳弥高□烈繼古人之慷慨
7  □□□□□□石自戊申定律教内發令其脩復各於
8  □□□□立碑銘其烟户頭廿人名以示後世自今以後
9  守墓之民不得擅自更相擅賣雖富足之者亦不得其買
10 賣□若違令者後世□嗣之□看其碑文與其罪過
```
徐建新先生（160字）释文：

```
1  □□□□世必□天道自承元王始祖邹牟王之创基也
2  □□□子河伯之孙神□□□薥开国辟土继胤相承
3  □□□□□烟户以□河流四时祭祀然□□脩长烟
4  □□□□□烟□□富足□转卖□□守墓者之铭
5  □□□□□太□□王神□与东西
6  □□□□□追述先圣功勋弥高悠烈继古人之慷慨
7  □□□□□□自戌□定律教□发令□修复各於
8  □□□□□立碑铭其烟户头廿人名□示后自今以后
9  守墓之民不得□□更相转卖虽富足之者亦不得其买
10 卖□□违令者后世□嗣□□看其碑文与其罪过
```
李新全（188字）释文

图1　诸家及笔者释文

　　再有，我们发现，凡是《三国史记》中王号前带有"故"字的，都是作为该王的主要称谓放在前面，很明显带有后期经过统一整理后再命名的痕迹。而"一云""或云"则是当时的称谓。如第九代王故国川王又称

"国壤王"，与第十八代王故国壤王的名称很接近。第十六代王故国原王又称"国罡上王"，与第十九代王好太王的谥号"国罡上某某王"也很容易混淆。为了避免这样的问题发生，那么，按照笔者的理解，"国壤王"应是第九代王埋葬后的实际称谓，"故国川王"则是经过后世整理后追记的称谓。"国罡上王"应是第十六代王被埋葬后最初的称谓，而"故国原王"则是经过后被世整理后追记的称谓。

还有，高句丽王号中带有"故国"字的各王，都是高句丽迁都平壤前的王，迁都平壤后的诸王名号中则没有带"故"的。这也从另一个侧面反映出"故国"字样的出现一定是在长寿王迁都平壤以后的事；再者，"故国"也不是高句丽以集安为都时的一个地名称谓，而是迁都平壤后追记集安为都城时的事情时，对该地区的称谓。

基于上述考虑，笔者倾向于立碑的年代为"丁卯岁"，也就是长寿王七十五年（487），一是因为有字形的支持，二是符合事物发展的逻辑关系。字形方面的原因，请参见张福有先生的文章。[①]

符合事物发展逻辑的原因有：

1. 如前文所述，长寿王迁都前不可能称集安国内地区为"故国"，"故国"的概念一定是在迁都到新国都平壤若干年后才产生的，这符合事物发展的逻辑关系。

2. 已有学者指出此碑与好太王碑有着密切的关系，碑文中出现的"烟户头"是一个不见于好太王碑中的新称谓，说明此碑晚于好太王碑，碑文中的"看其碑文与其罪过"也明显地表达出集安麻线高句丽碑要晚于好太王碑，这也间接地透露出在好太王碑规定的"守墓人自今以后，不得更相转卖。虽有富足之者，亦不得擅买。其有违令，卖者刑之，买人制令守墓之"的守墓烟户律令在实施了几十年后又进行了一次重申。

3. 从书法的角度来看，该碑与好太王碑（414）、中原郡高句丽碑（475）一样都是汉字隶书，均为长寿王时所立。不同的是，正如有学者指出的那样，"好太王碑的书法以隶书为主，又吸收了篆书和真书的笔法，是一种居于篆与隶、隶与楷之间的过渡书体"[②]，"集安麻线高句丽碑

①　张福有：《集安麻线高句丽碑碑文补释与识读解析》，《东北史地》2013 年第 3 期。
②　周荣顺：《好太王碑书法浅谈》，见耿铁华、孙仁杰编《高句丽研究文集》，延边大学出版社 1993 年版。

略显方正的书体与中国南北朝的北碑隶书更为接近"①。说明从书体上看，集安麻线高句丽碑要晚于好太王碑。

如果碑文中的年号确为"丁卯岁"，那就应该是长寿王七十五年（487），此时距长寿王迁都平壤正好是六十年。而不应该是长寿王迁都之年（427）。

三　碑的性质

碑的性质是由碑文的内容决定的。要想搞清碑的性质，首先就要搞清碑文的内容。依据上面对碑文的释读，笔者认为碑文可分为三段：第一段从开始到"四时祭祀"止，记叙元王始祖邹牟王创建高句丽政权的历史功绩、后世各王继胤相承，各家烟户以此河流四时祭祀先王的情况；第二段自"然万事悠长"始至"继古人之慷慨"止，表述好太王东征西讨的辉煌业绩并为先王守墓烟户立规定矩，禁止富足烟户转买烟户；第三段自"丁卯岁刊石"始至结尾，说的是刊石立碑的主要目的是针对高句丽王陵守墓烟户被买卖的问题，禁止守墓烟户买卖，并铭刻20名烟户头人名以示后人，若有违令者，按律令处置。因此，石碑不是为某个王所立，而应是高句丽为了加强对麻线河流域的几座高句丽王陵守墓烟户的管理所立。因此，笔者认为此碑的性质应为告诫碑。

四　结语

集安麻线高句丽碑是继长寿王时期414年为其父建造的"国罡上广开土地平安好太王碑"和同样是长寿王时期475年建造的"中原郡高句丽碑"之后发现的第三块高句丽石碑，立碑的年代同样是长寿王在位时期的丁卯年（487）。碑的性质应是禁止守墓烟户擅买和擅卖的告诫碑。

（原载《东北史地》2013年第6期）

---

① 徐建新：《中国新出"集安高句丽碑"试析》，《东北史地》2013年第3期。

综合研究

碑志所见唐初士人对唐与高句丽
之间战争起因的认识

刘琴丽[*]

对于唐代初年（太宗、高宗时期）唐与高句丽之间的战争，当今学界已有较为丰硕的成果[①]，学者们对于这一场战争的起因也有着不尽相同的认识。[②]

* 刘琴丽：中国社会科学院历史研究所副研究员。

　① 蔡靖夫：《就〈三国史记〉评"唐丽战争"》，《北方论丛》1983 年第 6 期；解如智：《试论隋唐时期对高丽的战争》，《甘肃社会科学》1989 年第 6 期；刘进宝：《试论唐太宗、唐高宗对高丽的战争》，《中国边疆史地研究》1995 年第 3 期；韩昇：《唐朝对高丽政策的形成与演变》，《东北亚研究》1995 年第 2 期。拜根兴：《七世纪中叶唐与新罗关系研究》，中国社会科学出版社 2003 年版，第 212 页。作者在附篇第二章第二节，探讨了唐与高句丽战争的原因，"建立不久的唐王朝，奉行自汉以来中国中心的天下秩序观念，在结束对西北少数民族的征服及交涉之后，为了自己的利益，关注朝鲜半岛事态，积极游说高句丽、百济，劝解其放弃灭亡新罗的企图，希望三者和平共处。高句丽拒绝唐朝的劝解，于是战争爆发了"。

　② 刘进宝认为唐朝出兵高句丽的原因有：第一，为了拯救汉民；第二，为了声讨弑逆；第三，为了恢复旧疆；第四，为了预防后世之忧；第五，海东三国关系的影响。其中贯穿始终的最主要一条原因，则是双方政治利益的冲突，即唐政府想以中原为根据地，实现全国统一，而高丽为了保持其政治利益，不肯被中原王朝政府所兼并、统一，总是千方百计地阻碍中原王朝统一全国。分别参见刘进宝：《"唐丽战争"初探》，《兰州学刊》1990 年第 5 期；刘进宝：《试论唐太宗、唐高宗对高丽的战争》，《中国边疆史地研究》1995 年第 3 期。祝立业：《简论唐丽战争中的唐罗同盟与丽济同盟问题》，《东北史地》2004 年第 4 期，作者更强调唐朝的旧疆恢复问题，认为这是出兵的主要原因："统一和解除了西北边患后，对东北特别是辽东地区形成了既定的政策，即将整个辽东之地纳入王朝的直接统治体系中。"解如智：《试论隋唐时期对高丽的战争》，《甘肃社会科学》1989 年第 6 期，作者认为太宗所云"欲为中国报子弟之仇，高丽雪君父之耻"这不过是其出兵的借口而已，夺取辽东之地，进而制服高丽，巩固唐王朝东北部的边疆，加强唐王朝封建中央集权君主政权的统治，才是其真正的目的。李德山：《唐朝对高句丽政策的形成、嬗变及其原因》，《中国边疆史地研究》2004 年第 4 期，并不全赞同上述观点，而是认为救助新罗，稳定朝鲜半岛局势，这才是唐太宗义无反顾地征讨高句丽的原因。张暾：《唐朝与高句丽、百济关系的恶化及其原因》，《北方文物》2008 年第 2 期。认为高句丽对唐态度强硬以及高句丽"对唐之藩国新罗又开始大肆扩张，尤其是联合百济、勾结日本妄图消灭新罗，这与唐所维系的东亚秩序是大大相悖的，一旦新罗灭亡，唐在东亚的地位会一落千丈，颜面无存。高句丽与百济、日本的勾结无疑是对以唐为中心的东亚秩序的严重威胁"，这是唐朝出兵高句丽也是后来平北济的重要原因；另外，也与新罗开展的外交活动有关。

唐初士人是如何看待这一场战争起因的？其认识与历史实际有无差异以及造成这一差异的原因何在？这是本文欲探讨的主要内容。而有关这一问题的研究学界少有涉及①，故笔者欲通过对唐初参战将士碑志材料的分析②，来还原当时士人对于这场战争的认识。③ 由于历史记忆是有选择性的，不管当事人还是后世人，他们永远是从某种片段去理解历史。因此，利用碑志材料我们尽量回到当时的语境，去看看哪些出兵原因为唐初士人所看重，而哪些出兵原因被他们所淡化，可以窥知当时士人对于这场战争起因的主流认识，以及他们对于唐与周边民族关系的理想期待。

一

笔者共收集到初唐参战将士的碑志约 99 方，在这些碑志中，未记载墓主出征原因者有 44 方，另外 3 方墓志所载原因含混不清，其余碑志文献，谈到了这场战争的起因。尽管使用文字有限，而且用词都相对笼统模糊，但都略有陈述。从这些碑志文献的记载，我们大致能够看出当时士人对于这场战争起因的一些主流认识以及他们对于这场战争的思考。

1. "背诞"、"逆命"、出兵进攻新罗

这是唐初士人对于唐与高句丽之间战争起因的主流认识，在交代唐与

① 拜根兴、侯振兵：《论唐人对高句丽及高句丽遗民的认识》，文章主要探讨了唐人（包括君主和臣民）对于高句丽政权的认识，即蔑视高句丽，认为高句丽必须臣服中原王朝，唐人对高句丽抱有愤恨情绪；对高句丽遗民的认识，则从最初的满怀华夷观念、复仇、幸灾乐祸心理，到高句丽遗民融入唐人大家庭后，逐渐适应、接受，以至于没有区别地首肯欣赏，最后作者探讨了形成这一现象的原因。见《唐史论丛》第 13 辑，三秦出版社 2011 年版，第 15—24 页。

② 关于这些参战将士的碑志，主要出现在太宗、高宗时期，武周以后逐渐减少，开元以后，则较为少见。笔者通过对《唐代墓志汇编》《唐代墓志汇编续集》《全唐文补遗》（第 1—10 辑）、《碑林博物馆新藏墓志汇编》、大唐西市博物馆藏墓志以及《全唐文》中的碑志材料，将凡是参与唐对高句丽之战的将士碑志单独辑出，列为文后附表。不过由于碑志材料在记述时喜欢用典，故文章对于征讨对象是否高丽，则根据太宗时期一些碑志材料的叙述来进行判断。另外还有 3 方碑志材料征讨地点较为模糊，它们是附表中的张德、王玄和纪会墓志。

③ 在这 99 方碑志中，绝大部分都没有标明撰者，显然为当时的普通士人。标明者仅 13 方，即附表中的《常何碑》（中书侍郎兼修国史弘文馆学士李义府撰）、《张士贵墓志》（太子中舍人弘文馆学士上官仪撰）、《魏哲碑》与《李怀州墓志》及《梁待宾碑》（皆为杨炯所撰）、《李勣碑》（朝散郎守司文郎崇贤馆直学士刘祎之撰）、《阿史那忠墓志》（秘书少监崔行功撰）、《阎庄墓志》（太子率更令李俨撰）、《张仁祎墓志》（洛州司功参军郎余令撰）、《冯师训墓志》（族弟前恭陵丞直麟台观正院供奉冯敦直撰）、《程思义墓志》（女婿曹琰撰）、《王庆墓志》（嗣子瀛洲司户参军王皦撰）。

高句丽战争原因的 52 方碑志中，有 27 方碑志提到了此点（其中有 5 方碑志认为这是激励墓主从军作战的动因）。① 碑志常用"玄夷背诞，黄钺徂征"②"高丽逆命，王师问罪"③"辽阳放命，戎车薄伐"④、"青丘背命，玄菟挺灾"⑤ 之类的简短话语交代双方战争的起因。有的碑志则对唐朝的出兵原因叙述相对详细，如卒于太宗贞观年间的幽州都督张士贵，墓志云："泊朱蒙之绪，玄夷之孽，背诞丸都，枭镜辽海，王师底伐，属想人雄。"⑥ 就当时的朝鲜半岛而言，"枭镜辽海"，当指高句丽进攻新罗一事。卒于永隆元年（680）的上柱国张素，"去龙朔年中，属三韩作梗，凭凌鲲海之隅；九种孤恩，旅拒狼河之外"⑦。狼河也在高句丽境内，其"凭凌鲲海之隅"，也当指半岛诸国之间的战争。卒于天册万岁二年（696）的樊廉，"俄属卞马挺袄，黏蝉逆命。狼顾青丘之塞，鸱张碧海之滨。扰剑横行，弯弓且进"⑧。"卞、马"当代指高句丽和百济，它们"黏蝉逆命。狼顾青丘之塞，鸱张碧海之滨"，显然指违背唐朝命令，联合进攻新罗一事。结合唐朝初年的历史，碑志中所云之"背诞""逆命""放命""背命""作梗"，即指高句丽不听唐朝的休兵调解，出兵进攻新罗一事。史书记载："（贞观十七年）九月，庚辰，新罗遣使言百济攻取其国四十余城，复与高丽连兵，谋绝新罗入朝之路，乞兵救援。"上命司农丞相里玄奖赍玺书赐高丽曰："新罗委质国家，朝贡不乏，尔与百济各宜戢兵；若更攻之，明年发兵击尔国矣！""（贞观十八年正月）相里玄奖至平壤，莫离支已将兵击新罗，破其两城，高丽王使召之，乃还。玄奖谕使勿攻新罗，莫离支曰：'昔隋人入寇，新罗乘衅侵我地五百里，自非归我侵地，恐兵未能已。'玄奖曰：'既往之事，焉可追论！至于辽东诸城，本皆中

---

①　本文的统计数据，是指碑志中出现的频率次数，由于部分碑志在记载唐朝出征原因时会提到两个甚至两个以上的原因，因此笔者在统计时进行了分类计算。

②　《全唐文补遗》第三辑，三秦出版社 1996 年版，第 404—405 页。

③　周绍良、赵超：《唐代墓志汇编》（以下简称《汇编》），上海古籍出版社 1992 年版，第1374 页。

④　《全唐文补遗·千唐志斋新藏专辑》，三秦出版社 2006 年版，第 23—24 页。

⑤　《全唐文补遗》第五辑，三秦出版社 1998 年版，第 213 页。

⑥　《全唐文补遗》第一辑，三秦出版社 1994 年版，第 42 页。

⑦　《全唐文补遗》第六辑，三秦出版社 1999 年版，第 344 页。《汇编》，第 918 页。

⑧　《全唐文补遗》第五辑，三秦出版社 1998 年版，第 225 页。

国郡县，中国尚且不言，高丽岂得必求故地。'莫离支竟不从。"①

正是由于高句丽拒绝了唐朝的休兵调解，因此部分唐初士人认为这是导致唐朝出兵的重要原因，附表中有 12 方碑志持这样的观点。还有 10 方碑志直接认为，朝鲜半岛三国之间的战争是唐朝出兵的重要原因。如《马宝义墓志》云："洎以三韩肆虐，恃玄菟以蜂飞；九种挺妖，阻黄龙而螭聚。圣上愍兹萌庶，方申吊伐。"② 认为高句丽在半岛的军事行动以及唐朝皇帝对当地百姓的同情是唐朝出兵的重要原因。《姬温墓志》和《成俭墓志》撰者都持同样的观点，前者云："于时，三韩蚁聚，惊涛阻于白狼；九种鸱张，凝氛晦于玄菟。兴师薄伐，命将龚行。"③ 后者云："时河孙④作孽，啸群凶而举斧；天子凝威，命将军而授钺⑤。卒于光宅元年（684）的刘公绰，其墓志亦认为："属以九夷不靖，五部忽惊。蚁结青丘之隅，鲸奔沧海之浦。而皇赫斯怒，爰征侠窟之雄。"⑥ 指出高句丽的不顺服和在半岛的军事行动是唐朝出兵的重要原因。

上述碑志表明，部分初唐士人认为，由于高句丽不听唐朝的休兵调解（背诞、逆命），联合百济进攻新罗，即所谓的"东夷群寇，不息干戈"⑦，是唐朝出兵高句丽的重要原因。

2. 不宾、未附或缺贡、缺朝仪

这也是唐初士人对唐与高句丽之间战争起因的重要认识，附表中有 21 方碑志持这样的观点。撰者在碑志中常用"辽东未宾"⑧ "九种不宾"⑨ "海夷未宾"⑩ "狼顾不宾"⑪、缺贡、缺朝仪等词语来概述双方战争的起因。如《忤钦墓志》认为高句丽的"不宾"是太宗的出兵原因："太宗文

① （宋）司马光撰，（元）胡三省音注：《资治通鉴》卷一九七，贞观十七年（643）九月庚辰条、贞观十八年（644）相里玄奖至平壤条，中华书局 1956 年版，第 6204、6206—6207 页。

② 《全唐文补遗》第五辑，三秦出版社 1998 年版，第 157 页。

③ 《全唐文补遗》第三辑，三秦出版社 1996 年版，第 434 页。

④ 赵振华、闵庚三：《唐高质、高慈父子墓志研究》："于是后来唐人在行文时将'日子'、'河孙'作为高句丽的专用代词了"，《东北史地》2009 年第 2 期。

⑤ 《汇编》文明 004，第 716 页。

⑥ 《全唐文补遗》第五辑，三秦出版社 1998 年版，第 258 页。

⑦ 《全唐文补遗·千唐志斋新藏专辑》，第 58 页。

⑧ 《全唐文补遗》第四辑，三秦出版社 1997 年版，第 407 页。

⑨ 《全唐文补遗》第五辑，三秦出版社 1998 年版，第 166 页。

⑩ 《全唐文补遗》第八辑，三秦出版社 2005 年版，第 373—374 页。

⑪ 《全唐文补遗》第二辑，三秦出版社 1995 年版，第 231—232 页。

皇帝纫地垂则，维天阐化。睋昆丘之不宾，吊东夷之多僻。长毂亘野，雷动玄兔之郊；高锋篝云，电照狼河之曲。"① 卒于高宗朝的冯师训，其墓志云："顷以扶余之国，地僻辰韩。据鲸海而不宾，恃鳌山而缺贡。"② 认为高句丽的"不宾""缺贡"是唐朝的出兵原因。卒于贞观廿二年（646）的梁基，其墓志云："近以东夷小丑，暂缺朝仪。圣上方命将徂征，问罪辽碣。"③ 认为太宗出征高句丽的原因是其"暂缺朝仪"，即不来朝贡。终于载初元年（689）的左卫亲府中郎将屈突诠，其墓志云："桃都杂种，桂娄遗噍，凭马韩之险隔，傲鲲壑之深阻。周王楛矢之贡，缺而不供；汉帝楼船之师，征而不袭。"④ 认为缺朝贡是唐朝出兵高句丽的重要原因。另外，《冯师训墓志》⑤《陆仁俭墓志》⑥《南郭生墓志》都持同样的观点。⑦

　　"不宾"，即不臣服于唐朝；在东亚，唐朝"实以东方共主之姿态出现，四夷君长群尊中国皇帝为天可汗"⑧。故高句丽的"不宾""背诞""逆命"或"作梗"无疑对唐朝在东亚的盟主地位构成了严重威胁，也对唐朝所建立的东亚国际新秩序构成了挑战。"缺贡""缺朝仪"即不来朝贡，更是损害了唐朝的大国形象和权威。因为在部分唐代文士看来，"远人未附，疆场唯忧"⑨，体现了他们对于唐朝周边民族安全的认识，故部分初唐士人认为，高句丽的不臣服、不朝贡是唐朝出兵的重要原因。

　　3. 高句丽内乱

　　正如我们今天的部分研究认为，高句丽内乱不过是唐朝出兵的借口或导火索而已，⑩ 唐初士人绝大部分也不太认同高句丽内乱是唐朝出兵的重

---

① 《全唐文补遗》第六辑，三秦出版社 1999 年版，第 311—312 页。

② 《全唐文补遗》第三辑，三秦出版社 1996 年版，第 6 页。

③ 《全唐文补遗》第二辑，三秦出版社 1995 年版，第 96 页。

④ 《全唐文补遗》第八辑，三秦出版社 2005 年版，第 300—301 页。

⑤ 《全唐文补遗》第三辑，三秦出版社 1996 年版，第 6 页。

⑥ 《全唐文补遗》第五辑，三秦出版社 1998 年版，第 217 页。

⑦ 《汇编》，第 870 页。

⑧ 严耕望：《唐代文化约论》，《严耕望史学论文集》（下），上海古籍出版社 2009 年版，第 814 页。

⑨ 大唐西市博物馆藏《唐李思谅墓志》，编号 39—41—ly2—51。

⑩ 李德山、解如智等先生就持这样的观点，李德山：《唐朝对高句丽政策的形成、嬗变及其原因》，《中国边疆史地研究》2004 年第 4 期；解如智：《试论隋唐时期对高丽的战争》，《社会科学》（甘肃）1989 年第 6 期。

要原因，因为仅有 4 方碑志在志文中认同这一出兵理由。如高宗时期杨炯所撰《唐右卫将军魏哲神道碑》云："胜残去杀，上凭宗庙之威；禁暴戡奸，下藉熊罴之用。"① 其所撰《李怀州墓志铭》也持同样的观点："属阿孙南走，凭斗骨而为城居；卫满东亡，界朝鲜而为役属。乘舆乃诛后至，讨不庭，申命六事之人，以问三韩之罪。"② 强调高句丽内乱，是唐朝的出兵之由。高宗朝卒于战阵的从善府旅帅董师，其墓志云："往以龙朔年中，三韩雾起。孙泉窃号，据鲲壑而挺妖；卫满称尊，怙鲸波而起祲。所以天王命将，饮马辽川；大帝兴威，扬兵海岛。"③ 结合龙朔年间高句丽的历史，其内部所谓的"孙泉（权）窃号""卫满称尊"，当指高句丽莫离支泉男生兄弟争位一事，"男建自为莫离支，发兵讨之。男生走保别城，使其子献诚诣阙求救"④。这次内乱成为高宗出兵高句丽的绝佳时机。《唐刘仁愿纪功碑》也提到出征原因是："高丽贼臣盖苏文，独生携贰，鸠聚亡命，招纳奸回，囚其君长，举兵称乱。"⑤ 将内乱作为唐朝出征高句丽原因的碑志，与前两项原因相比，接受这一出兵理由的士人相对较少，表明这不是当时的主流认识。

4. 同情当地百姓、开疆拓土、高句丽在边境修建军事工程

还有 2 方碑志提到，因唐朝皇帝同情当地百姓而出兵，如《魏哲神道碑》云："玄兔白狼之野，来奉衣簪；蟠桃析木之乡，尚迷声教。太宗文皇帝操斗极，把钩陈，因百姓之心，问三韩之罪"⑥。此"百姓"所指不明，高句丽抑或新罗，不得而知。《马宝义墓志》提道："洎以三韩肆虐，恃玄菟以蜂飞；九种挺妖，阻黄龙而蝟聚。圣上愍兹萌庶，方申吊伐。"⑦ "萌庶"当指受高句丽军事进攻之新罗百姓。

另外有 2 方墓志直接或间接提到唐朝的出兵，与开疆拓土有关。如

① （清）董诰等：《全唐文》卷一九四，杨炯《唐右将军魏哲神道碑》，中华书局 1983 年版，第 1969 页。

② 《全唐文》卷一九六，杨炯《李怀州墓志铭》，第 1981 页。

③ 《全唐文补遗》第五辑，三秦出版社 1998 年版，第 205 页。

④ 《资治通鉴》卷二〇一，高宗乾封元年（666）"高丽泉盖苏文卒"条，第 6347 页。

⑤ 《全唐文》卷九九〇《唐刘仁愿纪功碑》，第 10249 页。

⑥ （清）董诰等：《全唐文》卷一九四，杨炯《唐右将军魏哲神道碑》，中华书局 1983 年版，第 1969 页。

⑦ 《全唐文补遗》第五辑，三秦出版社 1998 年版，第 157 页。

《娄敬墓志》提到高宗朝的征讨行动时云："我国家张天御辩，括地开英。"① 直接将唐朝的军事征伐行动与"括地"的目的联系起来。《左卫亲府中郎将屈突诠墓志》中，作者在叙述征讨原因之前，先云"马卿好事，拥犀节而开边；潘岳闲居，兼虎贲而直省"②。间接提到了朝廷的这次征讨，应当带有"开边"目的。

还有 1 方墓志认为与高句丽在边境修建军事工程有关，如《宇文干墓志》云："贞观年，（宇文干）陪驾讨辽。蠢尔牛加，跨柳城而作镇；安兹豕荐，拥蓬渚而为池。"③

总之，从碑志对唐朝出兵高句丽原因的记载频率来看，初唐士人的主流认识是由于高句丽的不臣服（缺贡、缺朝仪也是不臣服的表现之一）、不听唐朝的休兵调解、出兵进攻新罗，这是唐朝出兵的重要原因。其他原因，如高句丽内乱、唐朝皇帝同情当地百姓、开疆拓土等，并不是他们所认为的朝廷出兵的主要原因。

二

上述士人的观点与官方发布的出兵缘由是否存在一定距离？士人所述唐朝的出兵原因是否完全符合历史事实？

唐朝官方发布的出兵理由主要在战前动员诏令中。详检太宗和高宗朝出征高句丽而发布的诏敕或文告，我们发现，现存文献主要是太宗时期的官方文告，高宗时期的较为少见。主要有贞观十八年十月的《讨高丽诏》，诏文提到出征原因是：高句丽内乱（臣弑君）、虐害臣民、窃据边隅、毒害他人他国。④ 贞观十八年十二月的《亲征高丽诏》，更详细地说明了出征原因：

其臣莫离支盖苏文，包藏凶忒，招集不逞，潜兴计谋，奄行弑

---

① 《全唐文补遗》第五辑，三秦出版社 1998 年版，第 142 页。

② 《全唐文补遗》第八辑，三秦出版社 2005 年版，第 300—301 页。

③ 大唐西市博物馆藏《唐宇文干墓志》，编号 48—ly2—02。

④ （宋）宋敏求：《唐大诏令集》卷一三〇《讨高丽诏》："高丽莫支离盖苏文，杀逆其主，酷害其臣，窃据边隅，肆其蜂虿。朕以君臣之义，情何可忍，若不诛剪遗孽，何以惩肃中华？"商务印书馆 1959 年版，第 703 页。

逆。冤酷缠于濊貊，痛悼彻于诸华。篡彼藩绪，权其国政，法令无
章，赏罚失所，下陵上替，远怨迩嗟。加以好乱滋甚，穷兵不息，率
其群凶之徒，屡侵新罗之地。新罗丧土，忧危日深，远请救援，行李
相属。朕愍其倒悬之急，爰命轺轩之使，备陈至理，喻以休兵，曾不
知改，莫遵朝命。窥窬亭障。首鼠窟穴，完聚更切，赋敛尤繁。丁壮
尽于锋刃，赢老弊于板筑，久废耕桑，咸罹饥馑。生肉表异，显其亡
徵；雨血为妖，彰其数尽。比室愁苦，阖境哀惶，华发青衿，不胜苛
政，延颈企踵，思沾王泽。①

此则诏文谈到出兵的原因大体而言是：第一，高句丽内乱，臣弑君；
第二，高句丽进攻新罗，并不听唐朝的“休兵”调解；第三，新罗求救；
第四，高句丽在边境完固军事工程；第五，高句丽国内人民遭受着残酷的
统治，过着水深火热的生活。贞观十九年（645）四月《破高丽诏》云：

而岛夷陪隶，虐弑其君，毒被朝鲜，灾流濊貊。幼孤者不胜苛
暴，忠概者仰我来苏。朕言念匪人，深怀夕惕，亲御戎轩，躬执金
鼓。意在以杀止杀，仁育被于群生；用刑清刑，义征裁于不惠。廓
滔天而调雨露，禽猾夏以正封疆。用此佳兵。事非获已，仰申天罚，遂
乃龚行。②

也提到出征的原因是高句丽国内发生了臣弑君事件，以及现任统治者
暴虐其民。贞观十九年（645）六月，太宗在进兵攻打辽东安市城的诏书
中，也指出了同样的出征理由。③ 显然上述内容与唐朝碑志所书双方战争
原因有一定的出入，但也有部分原因得到了士人的认可。

首先，大部分士人认可唐朝出兵高句丽的原因与高句丽不听唐朝的休
兵调解、进攻新罗有关，少数士人则认可与高句丽的内乱、高句丽在边境

---

① 《唐大诏令集》卷一三〇，第703—704页。

② 同上书，第707页。

③ （宋）王钦若等：《册府元龟》卷一五九《帝王部·革弊一》："自莫离支为主，官以贿
成，单贫之家，困于税敛。一马匹布，只苋纤鳞，或进域主，或输耨艺，其有自给，类加箠楚。
编户饥寒，莫知告诉。至斯责罚，即用夷刑，反接鞭笞，下手无数，疮生快意，然后乃已。所以
陈兵伐罪，兼畅皇风……"中华书局1960年版，第1920页。

修建军事工程等有关。至于高句丽国内统治者暴虐其民以及人民的生活状况，碑志很少将此作为唐朝出兵的缘由。新罗向唐朝求救一事，碑志也较少提及。可见，唐初士人对于官方的出兵理由是有选择性地接受的，他们并不完全认同官方的言论，而只是认同其中的一些出兵理由。即便认同内容，也有主次之分，碑志显示，高句丽不听唐朝的休兵调解（"逆命""背诞""放命"）、进攻新罗成为唐初士人普遍认同的主要出兵原因。而其国内内乱则不是唐朝出兵缘由的主流认识，因为接受这一观点者人数较少（附表仅 3 人）。至于开疆拓土，唐朝在出征诏书中并没有直接提到，只是在《破高丽诏》和《降高丽颁示天下诏》中，前者提到轩辕黄帝等先人出征作战，最后达到"斥土开疆，威加四海"[①] 的目的；后者则云："则天弘化，环四海而开宇。义非获已，由是举兵。"[②] 提到祖辈辛勤作战所成就的功业。这些文字背后透露出来的信息无疑应该是太宗对于祖辈开疆拓土业绩的向往，但他并没有将此作为出兵理由，碑志中也仅有个别士人认为这是唐朝出兵的目的（《娄敬墓志》）。可见，就唐初出兵高句丽的原因而言，官方言论与民众认识之间存在着一定距离。

唐初士人对于这场战争起因的认识甚至还有自己的一些独立思考和想象。如少数初唐文士认为，双方战争的起因与高句丽"缺朝仪""缺贡"有关。事实上，这并不完全符合历史。因为唐朝建立之初（武德四年，621），高句丽王建武就遣使入贡[③]；武德七年（624），唐朝一并册封高句丽、百济和新罗为辽东郡王、带方郡王和乐浪郡王。[④] 而且在贞观十六年（642），亳州刺史裴行庄奏请伐高丽时，太宗还云："高丽王武职贡不绝，为贼臣所弑，朕念之甚深，固不忘也。但因丧乘乱而取之，虽得之不贵。且山东凋敝，吾未忍言用兵也。"[⑤] 贞观二十二年（648）房玄龄进谏太宗东征一事也提道："向使高丽违失臣节，诛之可也；侵扰百姓，灭之可也；他日能为中国患，除之可也。今无此三条而坐烦中国，内为前代雪

---

① 《唐大诏令集》卷一三〇，第 707 页。

② 同上书，第 708 页。

③ 《资治通鉴》卷一八九，高祖武德四年（621）"乙丑，高句丽王建武遣使入贡"条，第5923 页。

④ 《资治通鉴》卷一九〇，高祖武德七年（624）"丁未，高丽王建武遣使来请班历"条，第 5976 页。

⑤ 《资治通鉴》卷一九六，贞观十六年（642）"亳州刺史裴行庄奏请伐高丽"条，第6181—6182 页。

耻，外为新罗报仇，岂非所存者小，所损者大乎！"① 表明从唐朝建立之初，高句丽就未曾主动缺贡。高宗朝永徽三年（652）春，正月，"吐谷浑、新罗、高丽、百济并遣使入贡"。② 即便在高句丽灭亡的前一年——麟德二年（665），双方已经处于紧张状态的情况下，高宗封禅泰山，"刘仁轨以新罗、百济、耽罗、倭国使者浮海西还，会祠泰山，高丽亦遣太子福男来侍祠"③。因此，就唐朝出兵征讨高句丽的原因而言，初唐士人所描述的高句丽"缺朝仪""缺贡"是双方战争的起因，不尽符合历史事实。然而，这恰好从侧面体现出，由于浓厚的"中华意识"的思维模式，故在当时士人看来，缺朝贡可以成为唐朝征讨周边四夷的"正当"理由。唐朝士人的这一思想观念表明，唐朝所建构的天下秩序得到了国内普通士人的支持和认可，并得到了他们的极力维护。故他们用"高丽小丑，紊我大猷"④ 这样的词语来表达其对高句丽破坏唐朝天下秩序的不满情绪，反映了他们不能容忍高句丽的桀骜不驯以及蔑视唐朝天下秩序的态度，这反映了当时士人对于唐与周边民族政权之间理想关系的期待和愿望。即如若"朝贡脱略"，则"无藩臣礼"。⑤

最后，经由碑志文献我们还可以发现，尽管唐初士人对于唐朝出兵高句丽的原因认识并不完全统一，但是他们却几乎站在了朝廷的立场，认为朝廷的征伐行为是合理的，这与部分现代教科书指责隋炀帝、唐太宗出征高句丽的态度形成了鲜明对比。从唐初士人频繁使用"问罪"一词以及一些轻蔑高句丽的词语，表明他们大体上认同朝廷的征讨行动，也反映出唐朝征讨高句丽具有一定的群众基础。这在传统文献中也有所反映，贞观后期，唐太宗征伐高句丽，当时民间就出现"不求县官勋赏，唯愿效死辽东"⑥ 的现象；一些墓主在参战时，也抱有"鲁连夷难，无取千金；冯

---

① 《资治通鉴》卷一九九，太宗贞观二十二年（648）"司空梁文昭公房玄龄留守京师"条，第6260页。

② 《资治通鉴》卷一九九，高宗永徽三年春正月己未朔条，第6277页。

③ 《资治通鉴》卷二〇一，高宗麟德二年（665）"上命熊津都尉扶余隆与新罗王金法敏释去旧怨"条，第6344页。

④ 《全唐文补遗》第五辑，三秦出版社1998年版，第6页。

⑤ 《资治通鉴》卷一九五，太宗贞观十三年（639）"高昌王曲文泰多遏绝西域朝贡"条，第6146页。

⑥ 《资治通鉴》卷一九七，贞观十九年（645）"丁巳，诏谥殷太师比干曰忠烈"条，第6218页。

异论功，高居大树"① 的胸怀和气度。而且从碑志书写的语言也可以看出初唐士人对高句丽带有强烈的仇恨情绪。如墓志称高句丽为"东夷小丑"② "高丽小丑"③ "高丽余孽"④ "玄夷之孽"⑤。为何唐初士人在朝廷征讨高句丽一事上会抱有如此浓厚的民族情绪和大国意识？这恐怕与"隋朝灭亡直接与征伐高句丽有关，数以万计的隋朝俘虏仍然身在他乡……同时，唐朝要重新建立中国的'天下秩序'，而高句丽权臣当道、进攻新罗，特别是辽东的归属问题被重新提出，这些问题都触发唐朝人怨恨高句丽的神经"⑥。而且，唐太宗初年所取得的一系列征服行动的胜利，当也在某种程度上，刺激了国内民众的大国主义意识，故在朝廷征讨高句丽一事上，从碑志材料来看，绝大多数士人都站在了朝廷的立场，支持朝廷的军事行动。上述事实表明，唐朝出征高句丽得到了普通士人的广泛支持，这也是其获得战争胜利的群众基础。

概言之，唐初士人的主流认识是由于高句丽的不臣服（"不宾""缺贡"）、不听唐朝的休兵调解（"背诞""逆命"）、出兵进攻新罗是唐朝出兵高句丽的主要原因。而朝廷发布的其他出兵理由如高句丽内乱、国内人民遭受统治者的暴虐统治、高句丽在边疆修建军事工程等出兵理由，则没有得到唐初士人的普遍认可。这一现象表明，对于朝廷出兵高句丽的军事行动，唐初士人并没有完全受官方舆论所左右，而是有选择性地接受官方言论，故才会出现一些出兵理由被士人广泛接受，而一些出兵理由并不被大多数士人所认可，甚至还会出现一些士人"添加"的出兵理由，这正反映了当时民众对于唐与周边民族政权之间的理想关系的期待和愿望，即希望周边民族政权能够臣服于唐朝、听命于唐朝、遵守唐朝所建立的国际新秩序。唐初士人之所以拥有这样的认识，是由当时的历史背景决定的；然而其普通士人身份，也会在一定程度上妨碍他们对这场战争的全面认识，这是由他们的阶层地位决定的。无论民众心中这场战争的起因如何，

---

① 大唐西市博物馆藏《唐宇文干墓志》，编号48—ly2—02。

② 《全唐文补遗》第二辑，三秦出版社1995年版，第96页。

③ 《全唐文补遗》第三辑，三秦出版社1996年版，第6页。

④ 《唐文拾遗》卷二二《唐故朝议郎行登州司马上柱国王府君墓志铭并序》，第10613—10614页。

⑤ 《全唐文补遗》第一辑，三秦出版社1994年版，第42页。

⑥ 拜根兴、侯振兵：《论唐人对高句丽及高句丽遗民的认识》，《唐史论丛》第13辑，第16页。

毫无疑问的是他们几乎都站在了朝廷的立场，支持朝廷的军事行动，对高句丽带有强烈的仇恨情绪。民众的立场和观念，为朝廷在战争中的胜利奠定了坚实的群众基础。

附表　　　　　　　**碑志中 7 世纪征伐高句丽之唐代将士**

人名	出征原因	征讨时间	碑志撰者	卒葬年	文献来源
王君愕	三韩放命，六师薄伐。蚁徒云会，际日域以倾巢；丑类蜂口，阻沧波而借一。武旅争进，銮驾亲临	贞观十九年	不详	贞观十九年（645）《唐代墓志汇编续集》（以下简称《续集》），第32页	
李思摩		太宗贞观年间	不详	贞观二十一年（647）	《续集》第38—39页
张秀		太宗贞观年间	不详	贞观二十二年（648）	《补遗》2，第93—94页
梁基	近以东夷小丑，暂缺朝仪。圣上方命将徂征，问罪辽碣	太宗贞观年间	不详	贞观二十二年（648）	《补遗》2，第96页
武希玄	属肃慎猖獗，九（丸）都阻化，太宗文皇帝躬行吊罚	太宗贞观年间		永徽元年（650）《汇编》第131页	
牛秀		太宗贞观年间	不详	永徽二年（651）	《续集》第58—59页
张团儿		太宗贞观年间	不详	永徽四年（653）	《补遗》7，第253页
韩逻当		太宗贞观年间	不详	永徽四年（653）	《补遗》2，第125—126页
常何		太宗贞观年间		永徽六年（655）《全唐文补编》卷11《常字碑》，第131页	
张羊		太宗贞观年间	不详	显庆元年（656）	《补遗》2，第137页

续表

人名	出征原因	征讨时间	碑志撰者	卒葬年	文献来源
张士贵	洎朱蒙之绪，玄夷之孽，背诞丸都，枭镜辽海。王师底伐，属想人雄	太宗贞观年间太子中舍人弘文馆学士上官仪		显庆二年（657）	《补遗》1，第42页
徐德	岛夷□梗，将起渡辽之军	贞观十九年和高宗		朝显庆三年（658）	大唐西市博物馆藏《徐德墓志》，编号36—西刘二—07
尉迟敬德	属辰韩负险，独阻声教，凭丸都而举斧，恃浿水而含沙。太宗爰命六军，亲纡万乘，观兵玄菟，问罪白狼	太宗贞观年间	不详	显庆四年（659）	《补遗》2，第155—156页
任素		贞观十九年	不详	显庆□年	《补遗》6，第279页
刘仁愿	高丽贼臣盖苏文，独生携贰，鸠聚亡命，招纳奸回，囚其君长，举兵称乱。□□蚁□敢抗王师，皇赫斯怒，龚行吊伐	贞观十九年以及高宗朝		显庆五年（660）后《全唐文》卷990《唐刘仁愿纪功碑》，第10249—10250页	
李谞	属岛夷抗命，天罚将加。扶余不道，拟为声援。于是分诏貔旅，先取播州	高宗朝	不详	龙朔二年（662）	《补遗》2，第178页
王敬	（贞观）十八年，岛夷潜□，龙骖问罪	太宗贞观年间和高宗朝	不详	龙朔三年（663）	《补遗》2，第187—188页
郑广	辰服稽诛，偷安缇墼。帝赫斯怒，亲总龙韬	太宗贞观年间		麟德元年（664）	《汇编》第406—407页
强伟		贞观二十一年		麟德元年（664）	《补遗》4，第360—61页
宇文干	蠢尔牛加，跨柳城而作镇；安兹豕莠，拥蓬渚而为池	太宗贞观年间		麟德二年（665）	大唐西市博物馆藏《唐宇文干墓志》，编号48—ly2—02

续表

人名	出征原因	征讨时间	碑志撰者	卒葬年	文献来源
刘孝节		太宗贞观年间		乾封元年（666）	《补遗》3，第396—397页
杨绒	属辽阳放命，戎车薄伐	当高宗朝		乾封元年（666）	《补遗》（千唐志），第23—24页
曹钦	玄夷背诞，黄钺俎征	太宗贞观年间		乾封二年（667）	《补遗》3，第404—405页
王道智	既而天子按剑，亲事辽阳。三韩方梗，六军不振	太宗贞观年间		乾封二年（667）	《补遗》5，第135页
娄敬	于时险浚余妖，新昌遗愿，虽鼹头已截，而狼心尚梗。于是扬麾碧海，飞缴青丘。载刊不耐之城，重纪九都之峤。至永徽三年，青丘道征……我国家张天御辩，括地开英，检玉疏祥，渥金腾庆	高宗朝		乾封二年（667）	《补遗》5，第141—142页
张德		太宗或高宗朝		总章元年（668）	《补遗》5，第145页
魏哲	玄兔白狼之野，来奉衣簪；蟠桃析木之乡，尚迷声教。太宗文皇帝操斗极，把钩陈，因百姓之心，问三韩之罪。胜残去杀，上凭宗庙之威；禁暴戢奸，下藉熊罴之用	贞观十九年（645）		总章二年（669）	《全唐文》卷一九四，第1170页
杨炯					《唐右将军魏哲神道碑》，第1967—1969页
吴广	俄以蛇丘肆毒，龙驾凝威，军麾所寄，折冲斯在	太宗贞观年间		总章二年（669）	《补遗》1，第467页
李钦仁		太宗贞观年间		总章二年（669）	《西安碑林博物馆新藏墓志汇编·李钦仁墓志》，第123页

续表

人名	出征原因	征讨时间	碑志撰者	卒葬年	文献来源
李勣		太宗和高宗朝		总章三年（670）	《补遗》1，第55—57页
斛斯政则	岛夷恃险，狼顾不宾。即从龙庵，恭闻豹略	太宗贞观年间		咸亨元年（670）	《补遗》2，第231—233页
忤钦	太宗文皇帝绚地垂则，维天阐化。睠昆丘之不宾，吊东夷之多僻。长毂亘野，雷动玄兔之郊；高锋彗云，电照狼河之曲	太宗贞观年间咸亨元年		《补遗》6，第311—312页	
马宝义	洎以三韩肆虐，恃玄菟以蜂飞；九种挺妖，阻黄龙而蝟聚。圣上愍兹萌庶，方申吊伐	高宗总章年间		咸亨三年（672）	《补遗》5，第157页
杨大隐		太宗贞观年间		咸亨三年（672）	《汇编》咸亨063，第554页
王玄		太宗或高宗朝		咸亨三年（672）	《补遗》5，第158页
边真	往以三韩作逆，九种不宾，鼓月骑以长驱，指霜戈而独远	太宗或高宗朝		咸亨四年（673）	《补遗》5，第166页
张玄景		太宗或高宗朝		咸亨五年（674）	《补遗》3，第430页
阿史那忠		高宗朝		上元二年（675）	《补遗》1，第50—51页
阎庄	属三韩阻化，王崄稽诛；六军问罪，皇舆徙跸	太宗贞观年间		上元三年（676）	《补遗》5，第10页
张胫		太宗和高宗朝		上元三年（676）	《补遗》8，第281—282页
姬温	于时，三韩蚁聚，惊涛阻于白狼；九种鸥张，凝氛晦于玄菟。兴师薄伐，命将龚行	太宗或高宗朝		上元三年（676）	《补遗》3，第434页
徐迪	往以三韩不静，鸟乱风丘。君以智从戎，勋庸克著	太宗贞观年间		上元三年大唐西市博物馆藏《唐徐迪及夫人杨氏墓志》，编号15—ly1—013	

续表

人名	出征原因	征讨时间	碑志撰者	卒葬年	文献来源
张举		太宗或高宗朝仪		仪凤元年（676）后	《补遗》4，第391页
靳勖	隐隐兔城，烟烽昼警；滔滔狼水，火舰宵浮。盛简贤才，寄深戎旅	高宗朝		仪凤三年（678）	《补遗》3，第444页
张仁祎	属辰韩作梗，□险未清	高宗朝		仪凤四年（679）	《补遗》1，第59—60页
高感	属玄夷而鼓孽，君乃占募九都，义陪运伍。	太宗贞观年间		调露二年（680）	《补遗》5，第189—190页
张和	便九种强梁，蚁结青丘之域；三韩叛换，鸱张紫塞之□。君月皦白麾，星奔赤兔，不俞晦朔，献凯而旋	太宗或高宗朝		永淳元年（682）	《汇编》，第686页
牛莫问		当高宗朝		父牛宝永淳元年葬《西安碑林博物馆新藏墓志汇编·牛宝墓志》，第188页	
李怀州	属阿孙南走，凭斗骨而为城居，卫满东亡，界朝鲜而为役属。乘舆乃诛后至，讨不庭	太宗贞观年间		永淳二年（683）《全唐文》眷196《李怀州墓志铭》，第1980—1981页	
成俭	时河孙作孽，啸群凶而举斧；天子凝威，命将军而授钺	太宗或高宗朝		文明元年《汇编》文明004，第716页	
李谨行		太宗或高宗朝		垂拱元年（685）	《补遗》2，第291—292页
段雅		太宗贞观年间		垂拱元年（665）	《补遗》7，第308页
张贞	属辽□□□，海隅有事。君乃潜设□策，坐致良谋。	太宗或高宗朝		垂拱元年（685）	《补遗》7，第309页
庞德威	往以三韩未附，鲲鳌惊波；九种犹迷，鼋津骇浪。公荷霜戈而奋武，挥星剑以临戎	太宗或高宗朝		垂拱三年（687）《补遗》3，第474页	

续表

人名	出征原因	征讨时间	碑志撰者	卒葬年	文献来源
张成		太宗或高宗朝		垂拱三年（687）	《补遗》2，第 300 页
元基	东夷群寇，不息干戈。召公押领延陀等军，殄除平壤	太宗或高宗朝		垂拱三年（687）	《补遗》（千唐志斋新藏专辑），第 58 页
贾绍		高宗龙朔年间		垂拱丁亥之年（三年）《西安碑林博物馆新藏墓志汇编·贾绍墓志》，第 207 页	
元师奖		太宗贞观年间		垂拱三年（687）	《补遗》3，第 468 页
安兴孙		高宗龙朔年间		天授元年（690）	《补遗》7，第 320 页
董师	往以龙朔年中，三韩雾起。孙泉窃号，据鲲壑而挺妖；卫满称尊，怙鲸波而起祲。所以天王命将，饮马辽川；大帝兴威，扬兵海岛	高宗朝		天授二年（691）	《补遗》5，第 205 页
屈突诠	马卿好事，拥犀节而开边；潘岳闲居，兼虎贲而直省。桃都杂种，桂娄遗噍，凭马韩之险隔，傲鲲壑之深阻。周王楛矢之贡，缺而不供；汉帝楼船之师，征而不袭	太宗或高宗朝		天授二年（691）	《补遗》8，第 300—301 页
杨师善		高宗龙朔元年		天授二年（691）	《补遗》3，第 485—486 页
王玄裕	属狼望之挺灾，逢鸟夷之乐祸。亲当矢石，锡以勋庸	太宗或高宗朝		天授二年（691）	《补遗》3，第 491 页
赵静安		太宗贞观年间		长寿二年（693）	《补遗》8，第 321—322 页

人名	出征原因	征讨时间	碑志撰者	卒葬年	文献来源
梁待宾		高宗麟德二年		长寿二年《全唐文》卷一九五，《大周明威将军梁公神道碑》，第1971—1972页	
贾隐	辰韩逆命，方资运策	太宗或高宗朝		长寿二年	《补遗》5，第208—209页
郭志该	属青丘背命，玄菟挺灾	高宗朝		长寿三年（694）	《补遗》5，第213页
冯师训	顷以扶余之国，地僻辰韩。据鲸海而不宾，恃鳌山而缺贡。又，高丽小丑，素我大猷。蜂飞玄兔之乡，猬聚白狼之侧	高宗朝		长寿三年（694）	《补遗》3，第5—7页
陆仁俭	属九夷齐礼，楛矢不朝	高宗朝		延载元年（694）	《补遗》5，第217页
南郭生	以龙朔二年乐浪道征。功参百战，辽海息其袄氛；威慑九梯，肃慎贡其楛矢	高宗龙朔二年		证圣元年（695）《汇编》，第870页	
张大象		太宗或高宗朝		子葬于天册万岁元年（695）	《补遗》5，第222页
连隆	属三韩旧壤，九种遗黎。恃高菟以稽诛，控沧波而□梗。君以六□良家，首膺占募	当太宗或高宗朝		天册万岁二年（696）	《补遗》6，第341—342页
王思讷	往者三韩作梗，九种挺妖。君即仗剑狼川，横戈鳀壑，朝鲜之静，君有力焉	高宗朝		天册万岁二年（696）	《汇编》天册万岁006，第881页
樊廉	俄属卞马挺袄，黏蝉逆命。狼顾青丘之塞，鸱张碧海之滨	太宗或高宗朝		万岁登封元年（696）	《补遗》5，第225页
李起宗	鲸海扬波，天子由其按剑；鼍峰恃险，猛士于是挥戈	太宗或高宗朝		万岁登封元年（696）《汇编》，第888页	

续表

人名	出征原因	征讨时间	碑志撰者	卒葬年	文献来源
姚思玄	曩以三韩有事，九伐申威	高宗朝		万岁通天二年（697）	《补遗》2，第345页
纪会	属海夷未宾，王师备警	太宗或高宗朝		万岁通天二年（697）	《补遗》8，第373—374页
张素	去龙朔年中，属三韩作梗，凭凌鲸海之隅；九种孤恩，旅拒狼河之外	高宗朝		神功元年（697）	《汇编》，第918页
苗质		高宗龙朔年间		圣历二年（699）大唐西市博物馆藏《大周故轻车苗君志铭并序》，编号43—ly2—11	
于遂古		高宗乾封元年		圣历二年	《续集》，第374页
刘公绰	属以九夷不靖，五部忽惊。蚁结青丘之隅，鲸奔沧海之浦。而皇赫斯怒，爰征侠窟之雄；君奋不顾身，即赴疆场之急	太宗或高宗朝		久视元年（700）	《补遗》5，第258页
孙仁贵		高宗朝总章年间		久视元年	《补遗》（千唐志斋新藏专辑），第82—83页
樊文		太宗或高宗朝		长安二年《续集》，第388—389页	
程思义	于时鲸□久波，鼹头未截。天子按剑，闻巨鹿而辍寝；将军杖钺，想渔阳而罢盖	高宗朝		长安三年（703）	《补遗》3，第35页
张仁楚		高宗龙朔三年		长安三年（703）	《补遗》2，第382页
阳玄基		高宗龙朔元年		长安三年（703）	《补遗》8，第330—331页
王嘉		当高宗朝		长安三年（703）	《汇编》，第1005页

续表

人名	出征原因	征讨时间	碑志撰者	卒葬年	文献来源
李思贞	属雁塞蜂飞，鸡林蚁聚。王赫斯怒，爰整其师	当高宗朝		神龙元年（705）	《补遗》5，第 279 页
朱静方		高宗朝		神龙二年（706）	《补遗》（千唐志斋新藏专辑），第 98 页
宋祯		当高宗朝		神龙二年（706）	《补遗》4，第 401—402 页
张仁		当高宗朝		开元四年（716）	《补遗》4，第 405—406 页
张修义	以辽东未宾，受符于泛水	高宗朝		开元五年（717）	《补遗》4，第 407 页
刘胡仁		太宗或高宗朝		子刘辽开元六年葬（718）	《补遗》5，第 323—324 页
马文超	贞观中，以有事辽浿，策名勋府	太宗贞观年间		子卒于开元六年（718）	《汇编》，第 1205—1206 页
王庆	时高丽余孽，作梗辽川，诏征舟师，济曰黄腄	高宗龙朔年间		开元九年（721）	《唐文拾遗》卷 22，第 10613—10614 页
执失莫诃友		太宗贞观年间		开元十一年（723）	《补遗》2，第 452 页
萧执珪		高宗朝		开元十四年（726）	《补遗》（千唐志斋新藏专辑），第 141—142 页
契苾何力	高丽逆命，王师问罪	太宗和高宗朝		孙契苾嵩开元十八年（730）葬	《汇编》，第 1374 页
马郎	顷属驹丽跋扈，明诏征渡辽之将	当高宗朝		子卒于大历四年（769）	《补遗》9，第 454 页

（原载《东北史地》2012 年第 1 期）

入唐高丽移民墓志及其史料价值

拜根兴[*]

中国古代移民有战争、经济、实边、灾荒、屯田等多种情况[①]，入唐高丽移民似应划归战争移民的范畴。自 1937 年罗振玉编撰《唐代海东藩阀志存》一书以来，随着洛阳、西安两地新的朝鲜半岛移民墓志的不断发现，以及韩国、日本研究者的加入，有关入唐高丽移民的研究呈现相对繁荣局面。据笔者不完全统计，海内外已出版专著和资料集多部[②]，发表论文近百篇。然而，针对现存入唐高丽人墓志涉及问题的宏观整体探讨，似还未看到。本文力图在已有研究的基础上，对出土于洛阳、西安的入唐高丽人墓志做整体探讨，并评价其史料价值，以就教于诸师友方家！

一 入唐高丽人墓葬及墓志的总体状况

（一）墓葬分布于唐两京地区

长安与洛阳，是唐朝京师和东都所在地。洛阳北邙自汉魏以来，成为当时达官贵族以及一般百姓死后理想的埋葬地，唐代也不例外。而作为都城的长安，除过在其北部渭北高原上长达 150 余公里所在的唐十八陵及其陪葬墓群外，长安的东、西、南三个方向周边地带，也有大量的唐人墓葬

---

* 拜根兴：陕西师范大学历史文化学院教授。

① 丁鼎、王明华：《中国古代移民述论》，《安徽师范大学学报》（社会科学版）1997 年第 4 期。

② 专著有姜清波《入唐三韩人研究》，暨南大学出版社 2010 年版；苗威《高句丽移民研究》，吉林大学出版社 2011 年版；拜根兴《唐代高丽百济移民研究》，中国社会科学出版社 2012 年版。又有韩国高句丽研究财团编《中国所在高句丽关联金石文资料集》，2004 年。

存在。有学者探讨现有考古发掘及其他文献史料，总结出长安周边唐代墓葬分布的三个原则：靠近交通干道、多处于高敞地带、靠近居民区等。而外国或周边民族移民的墓葬分布，则是"东来的葬在东边，西来的葬在西边"①。相信洛阳北邙唐代墓葬可能也是如此。而已发现的入唐高丽人墓，均处于唐长安城周边，以及洛阳北邙及其周边地区，还没有形成集团性的高丽人墓地。为什么如此？笔者依据现存墓志资料以及其他文献记载，认为可能有以下几个原因。其一，入唐高丽人病逝于长安或洛阳，其入唐后的住宅也在长安或洛阳，因而就近找寻墓地埋葬。其二，有的人虽然在长安和洛阳均有住宅，但入唐不久恰逢武周统治时期，国家的统治中心东移，而且大部分时间在洛阳居住，因此死后也就埋葬于洛阳。其三，属于入唐第二代或第三代，时间也到了唐玄宗开元、天宝时期，此时要么祖坟就在洛阳，要么死后迁葬于洛阳。如泉毖虽然籍贯记为京兆万年人，但因祖墓在洛阳，故死后迁葬洛阳。无论如何，唐朝两京之外还没有发现入唐高丽人墓葬。这种情况固然和葬于两京及其周边地区的多为高丽高官贵族，他们入唐后担当唐朝重要官职，为唐朝边境的安宁建功立业，故死后也享受哀荣待遇，建造与其官位品级相对应的墓室。而远在河西、陇右等地安置的中下级高丽军将，以及一般百姓，一方面限于当地的自然环境，以及经济、政治氛围、生活习俗；另一方面唐朝丧葬有严格的等级规定，这些人死后的葬埋方式和规模，以及享受的礼遇，就不能和在京师长安、东都洛阳所在的高位官僚同日而语了，可能大部分人死后根本不可能有墓志等文字性记录。因而，在长安、洛阳之外至今没有发现高丽人墓葬也是可以想象的事情。当然，也有可能在未来的时间内，在唐两京之外发现入唐高丽人墓，因为在 7 世纪中叶及其之后唐廷的边疆战争中，遣派入唐高丽军将及其后裔的情况很多，或许有人战死疆场后，限于窘迫情势，立简单的标志碑石，就安葬于当地也不是没有可能。②

（二）墓葬多未经正规考古发掘

上述罗振玉《唐代海东藩阀志存》一书中，涉及入唐高丽人泉男生、泉男产、泉毖、高玄、高慈、高震 6 人，其墓志均来自于已遭盗掘墓葬，

---

① 参见程义《关中地区唐代墓葬研究》，文物出版社 2012 年版。

② 钱伯泉：《隋唐时期西域的朝鲜族人》，《新疆大学学报》（社会科学版）2006 年第 4 期。

有的是几经辗转才收集而来。如现藏于河南博物院的泉男生墓志就几易其手，最终得以收藏保全。致力于唐人墓志收藏的著名金石专家李根源记载泉氏墓志云："民国十一年十一月在洛阳出土，为陶北溟所得，转卖日人，已捆绑登车矣。张省长凤台截回，出资千元，交馆收藏。"① 一般来说，因为盗掘的缘故，这些墓葬出土状况并不为人所知，但个别墓葬出土文物情况还可略知一二。如郭玉堂编《千唐志斋藏石目录》第三集中，就记载了高玄墓出土当时的情况，其于民国"二十五年十月，后李村出土。三彩凤壶一，盘子一，束腰人一对，十大件一全份，其余小器二十件，马上人十件"②。当然，按照唐人的埋葬礼仪，作为正三品的冠军大将军行左豹韬卫翊府中郎将的高玄，其陪葬品绝不止这些，其中也许郭氏见到的并非盗掘者发现高玄墓陪葬物的全部，也许当时人对于一些我们现在看来重要的东西并没有记载，但无论如何，在当时特殊状况下能够记载高玄墓出土文物情况还是值得肯定的。另外，近二十年来新发现的入唐高丽人墓，如高足酉墓、高震女儿墓③、高性文墓④、高铙苗墓⑤等，有的是收集民间收藏的墓志，其出土于何处，何时出土并不知道。有的虽然有出土时间和地点，但从现公布的资料看，其并没有具体的发掘记录，只是简单提及何时何地出土，未言及或公布与墓志同时出土的其他文物，这些情况至少可以说明上述墓葬并非经过科学完整的考古发掘，极可能是清理盗掘，或者清理城市扩张建设过程中被破坏的墓葬而已。正因如此，现有研究只是通过出土墓志，探讨墓主的生平、入唐之际的表现，以及入唐之后为唐朝建功立业等。而通过墓葬的葬式规格，陪葬品的多少及其品质，墓室壁画等要素，探讨墓主关联问题，即墓葬是否完全按照唐人陪葬排设明器？在第一代入唐高丽人墓葬中，墓室中是否残留有或者说表现有墓主在故乡高丽生活的素材？这些现在都成为不可能再现的东西。作为学术研究，上述至关重要的考古信息，均因盗掘，或者非正式出土面世而荡然无存，确实令人痛惜。当然，为数众多被盗掘的唐墓出土文物现状也是如此。

---

① 李根源、何日章：《河南图书馆藏石目》1925 年。

② 张钫：《千唐志斋藏志目录》，北京万顺德印刷局 1953 年版。

③ 李献奇、郭引强：《洛阳新获墓志》，文物出版社 1996 年版。

④ 王化昆：《读武周〈高质墓志〉武则天与神都洛阳》，中国文史出版社 2008 年版。

⑤ 金荣官：《高句丽遗民高铙苗墓志检讨》，《韩国古代史研究》2009 年。

（三）墓志出土数量不断增多

入唐高丽移民墓志数目，不同时期、地域、理念的统计，也呈现出不同的统计结果。如韩国首尔大学宋基豪教授在探讨高玄墓志时，就认为当时所见入唐高丽人墓志共有 7 方。[①] 笔者此前发表的论文中提到 9 方入唐高丽人墓志。[②] 赵振华先生论文中也提到在唐高丽人墓志数目。[③] 其次，因为对现存史料理解的差异，其统计数字也各不相同。笔者在《唐代高丽百济移民研究》一书中，收录入唐高丽人墓志 21 方，如果去掉李仁德、似先义逸两方唐之前其先祖进入中原者，实际上有 19 方。不过，2012 年年初有研究者在洛阳找到入唐高丽移民高牟墓志拓片，只是其志石已不知所终。[④] 这样，现在可以看到的入唐高丽移民墓志就有 20 方。事实上，这些墓志可分为入唐高丽移民、入唐高丽化汉人移民墓志两类。虽则如此，韩国学者权惠永教授并不认同将已高丽化的入唐移民划入高丽移民之列观点。[⑤] 也就是说，如果将高丽化的入唐汉人排除于入唐高丽移民之外，那么最终统计入唐高丽人墓志数目就不同。还有一种情况，如笔者 2007 年赴洛阳出席武则天国际学术会议，会上就听闻泉男生的弟弟泉男建墓志流传民间的消息，但该墓志藏于何处却无法查证。可以预测，随着西安、洛阳城市建设的不断拓展，新的入唐高丽人墓志还会不时发现，数量会不断增多。

（四）墓葬呈现家族式埋葬特点

从现存 20 方入唐高丽人墓志看，其中就有泉氏家族 4 人、高性文高慈父子、高震父女、高钦德高远望父子等，他们或者父子，或者祖孙三代，其墓葬均在同一区域相依相伴，形成家族墓地，其数目接近发现入唐高丽人墓总数的一半。而随着洛阳、西安两地基本建设和考古工作的拓展，以及零星盗掘的一再出现，发现新的入唐高丽家族式墓葬并非

---

① 宋基豪：《高句丽遗民高玄墓志铭》，《首尔大学校博物馆年报》1991 年第 1 期。

② 拜根兴：《高句丽遗民高足酉墓志考释》，《碑林集刊》2003 年第 9 期。

③ 赵振华：《洛阳、西安出土北魏与唐高句丽人墓志及泉氏墓地》，《洛阳古代铭刻文献研究》，三秦出版社 2009 年版。

④ 参看楼正豪《新发现高句丽移民高牟墓志考释》，未刊稿。

⑤ 权惠永：《韩国古代史关联的中国金石文调查研究》，《史学研究》2010 年。

不可能。这些家族式墓葬，除过泉氏家族中泉男产墓地，与兄泉男生祖孙三代墓不在一个地方之外，其余 3 个家族墓志均出土于同一地点。为何如此？是否与唐人死后同一家族共有相同墓地的习俗有关。① 不仅如此，入唐高丽人墓葬及其出土墓志，也与唐人葬埋乃至书写方式相同，此亦可证实入唐高丽移民逐渐融合于唐人共同体的历史史实。当然，由于并非正规的、有计划的考古发掘，上述家族父子墓志的出土时间各异，而出土地点则是出奇地相同。如高慈墓志出土于 1917 年，而其父亲高性文墓志则出土于 21 世纪初；因父子两人同时为维护大唐边疆的安宁捐躯生命，武周政权将其葬埋在一处，形成高性文父子家族墓地；至于高氏家族是否还有其他人土葬埋于此，因没有确切的史料，难以作论。高震墓志出土于 1926 年，现存史料只是说出土于洛阳，并未载明具体地点，高震女儿墓志则出土于洛阳市伊川县白元乡土门村，时间为 1990 年。高钦德墓志出土于洛阳，未说明具体时间和地点，其子高远望墓志 1997 年出土于洛阳市孟津县，但从两志文本身看，其埋葬地点应该在一处，当然其出土地点也应当是同一地点。总之，从家族人士集中埋葬同一区域的事实，可以看出入唐高丽移民入乡随俗，在葬埋形式上已和唐人没有什么两样了。

二　入唐高丽移民墓志涉及的问题

入唐高丽移民在唐生活，并逐渐融入唐人共同体之中，成为中华民族的一分子，他们死后的墓葬形式、志文的构成，均趋同于唐人，进而成为唐人墓志的重要组成部分。虽则如此，现在看到的入唐高丽人墓志，也可找出一些足以成为特点的要素，彰显高丽移民入唐后的心路历程。

其一，从墓志记述墓主籍贯看，入唐高丽移民多来自辽东或朝鲜半岛，但其具体表述则有差异。众所周知，高丽民族发源于我国东北地区，后来执行所谓的南进政策，其势力到达朝鲜半岛中北部。公元 668 年高丽灭亡前后，大量的高丽高官和富户以各种方式迁至长安和洛阳，从此开始了移居唐朝的生活历程。对此，可从现存墓志及其他史料得其端倪。

---

① 江波：《唐代墓志撰书人及相关文化问题研究》，吉林大学，博士学位论文，2010 年。

表 1　　　　　　　　　　　入唐高丽移民籍贯统计

墓志名称	墓主	籍贯	死亡时间	代次	出土地点
泉男生墓志	泉男生	辽东平壤城人	仪凤四年	第一代	洛阳孟津县东山岭头村
泉献诚墓志	泉献诚	其先高丽人	天授二年	第一代	洛阳孟津县东山岭头村
泉男产墓志	泉男产	辽东朝鲜人	大足元年	第一代	洛阳孟津县刘坡村
高玄墓志	高玄	辽东三韩人	天授元年	第一代	河南孟津县后李村
高性文墓志	高性文	辽东朝鲜人	万岁通天二年	第一代	洛阳北邙山
高慈墓志	高慈	朝鲜人	万岁通天二年	第一代	洛阳北邙山
高足酉墓志	高足酉	辽东平壤人	天册万岁元年	第一代	伊川县平等乡楼子沟村
高铙苗墓志	高铙苗	辽东人	咸亨四年	第一代	西安城南
李他仁墓志	李他仁	辽东栅州人	上元二年	第一代	西安城东白鹿原
高牟墓志	高牟	安东人	延载元年	第一代	洛阳北邙山
泉毖墓志	泉毖	京兆万年人	开元十七年	第二代	洛阳洛阳孟津县东山岭头村
高木卢墓志	高木卢	渤海人	开元十八年	第一代	陕西西安东郊郭家滩
高震墓志	高震	渤海人	大历八年	第三代	洛阳
高震女儿墓志	高氏	渤海人	大历七年	第四代	洛阳市伊川县白元乡土门村
高钦德墓志	高钦德	渤海人	开元二十一年	第三代	洛阳
高远望墓志	高远望	渤海人	开元二十八年	第四代	洛阳
高德墓志	高德	渤海人	天宝元年	第三代	洛阳

从表 1 可以看出，入唐高丽移民除过高木卢籍贯写为"渤海人"之外，其余第一代移民的籍贯均与辽东及朝鲜半岛密切相关。第二代以后的高丽移民，包括上述死于开元中的高木卢，以及作为高丽王室的直系继承人高震，他们的籍贯统一被记为"渤海人"。为什么会出现这种情况？有学者认为："说明高句丽旧日权贵已经在主动放弃其原有的即客观的种族出自，转而攀附中原正统了"，"反映了高震自我身份认同的矛盾心理。……在高震女儿的墓志中，对曾祖高藏和高祖高连的身份，特别是朝鲜郡王的介绍闪烁其词"①。同时，"高句丽人附会渤海高氏，是因为这些高句丽人以出身东夷在中原备受轻视，所以冒充渤海高氏以抬高身价。高

① 马一虹：《从唐墓志看高句丽遗民归属意识的变化》，《北方文物》2006 年第 1 期。

震自号渤海人一事，恐怕也是出于同样的原因"。①在唐初门阀、华夷观念仍然存在的现实状况下，包括王室贵族以及上层官僚在内的入唐高丽移民，他们对出自籍贯的重视和选择，充满了矛盾和无奈。至于泉毖将籍贯写为"京兆万年人"，当是与其生于长安，以及父辈在长安居住有关。总之，无论是第一代高丽移民墓志直接记载其辽东及朝鲜半岛籍贯，还是第二代之后或者对籍贯的闪烁其词，或者攀附中原大姓，这些都不能改变他们出自辽东或朝鲜半岛的事实。当然，入唐第二代，特别是中唐之后，这些人已经融入唐人共同体之中，现有碑刻史料中，再也看不到有关高丽移民标榜出自辽东和朝鲜半岛的记载了。

其二，泉男产墓志中明确有思念故乡的内容，反映了第一代入唐高丽人有别于常人的矛盾心情。泉男产墓志云："年六十三，大足元年叁月廿七日遘疾薨于私第，以某年四月廿三日葬于洛阳县平阴乡某所。邙山有阡，长没钟仪之恨；辽水无极，讵闻庄舄之吟。故国途遥，精车何日。鹤飞自远，令威之城郭永乖；马鬣空存，滕公之居室长掩。"墓志的撰写者为泉男产的儿子泉光富，虽然从年龄上看，其很可能是泉男产入唐后和唐人女子所生，但父子连心，泉男产临终前对故乡刻骨铭心的留恋思念，泉光富应最有发言权。应该说明的是，泉男产与其兄泉男生、侄泉献诚的境况还有所不同：泉男生泉献诚父子率先投诚，而且在灭亡高丽战争中建有功勋，入唐后又频繁带兵出征，故受到最高统治者的频繁褒奖，而泉男产则是不得已投唐，加之他与兄长泉男生固有的心结，或许在投诚唐朝之初的日子并不好过。而随着泉男生、泉献诚父子的先后离世，作为泉氏家族健在的掌门人，他与入唐其他家族，包括高丽王族高氏保持怎样的关系，7世纪末叶唐对高丽故地采取的措施他持什么样的看法，因史料所限，不得而知。同时，泉男产"圣历二年，授上护军。万岁天授三年，封辽阳郡开国公，又迁营缮监大匠，员外置同正员"②。从志文看，险恶的酷吏政治背景下，泉男产奇迹般未受冲击。总之，弥留之际的泉男产，可能思念故乡的山川平原，也可能怀念年轻时代的荣华富贵，无论如何这也是人之常情，体现入唐第一代移民的共同心声。其他人或许也有这种情怀，只

---

①　马一虹：《靺鞨、渤海与周边国家部族关系史研究》，中国社会科学出版社2011年版，第195页。

②　周绍良、赵超：《唐代墓志汇编》，上海古籍出版社1992年版，第995页。

是现存墓志文中没有表达而已。作为学术研究，对此不必过分诠释，也不能视而不见，应该予以客观并恰如其分的评价。

其三，现存 20 方高丽移民墓志中，只有泉男生、泉献诚父子，泉毖，高性文父子①，高钦德高远望父子，高震，李怀等人的墓志题有志文作者，其他墓志未见标出。对于未能标示志文作者的墓志，一般来说，要么是唐朝廷有关部门例行公事，即官方差人撰写，要么是受到官方认可，让熟悉死者生前事迹，和死者生前有过交往，并为死者家属认可的人士撰写。这两种情况中，前者撰写素材一方面来自于官方提供，同时参照死者家属提供的家庭谱系材料，当然，是否采用墓志撰写书仪②类东西，至少从这 20 余方墓志文中很难认定。具体到入唐高丽人士如高足酉、高铙苗、高牟三人，志文中详细列出其入唐后事迹，但却很少触及入唐前在高丽行迹，其中是否是刻意隐晦？对此，笔者曾对高足酉墓志做过详细的探讨，分析志文中人为隐去入唐前事迹的几种可能性。③ 而高铙苗、高牟两人志文简略隐晦，可能与两人在灭亡高丽战争中所担当的角色有关。作为小将的高铙苗受主持平壤城防的僧信诚差遣，与已投诚唐朝的泉男生秘密接触，最终打开平壤城门④，为唐朝组织的围攻平壤战役画上了圆满的句号。有研究者认为高铙苗志文之所以隐晦不提在高丽事迹，是害怕招致入唐高丽不同派别移民人士的追杀⑤，这种可能性当然是存在的。另据高牟墓志，高牟延载元年（694）去世，享年 55 岁，其出生当在 640 年。而投诚献款的时间为 668 年高丽灭亡前后，此时高牟还不到 30 岁，唐朝授予其正四品云麾将军，是与高牟投诚唐军后所建重大功勋密切相关。第二种情况在李他仁墓志中可以得到验证。李他仁墓志的作者可能是曾为李他仁部下，并且是获得唐朝廷许可的高丽化汉人。⑥

至于泉男生、泉献诚高性文父子、高震诸人墓志撰写者均为当时著名人士或者和死者有一定交往的朝廷官员，书丹者亦是享誉后世的著名书法家。除过倒戈帮助唐朝灭亡高丽之外，泉男生入唐后屡次受命出征，并在

---

① 王化昆：《读武周〈高质墓志〉武则天与神都洛阳》，中国文史出版社 2008 年版。

② 赵和平：《敦煌写本书仪研究》，台北：新文丰出版公司 1993 年版。

③ 拜根兴：《高句丽遗民高足酉墓志考释》，《碑林集刊》2003 年第 9 期。

④ 金富轼：《三国史记》，首尔：乙酉文化社 1997 年版，第 515 页。

⑤ 金荣官：《高句丽遗民高铙苗墓志检讨》，《韩国古代史研究》2009 年。

⑥ 拜根兴：《唐李他仁墓志研究中的几个问题》，《陕西师范大学学报》（哲学社会科学版）2010 年第 1 期。

安抚辽东高丽移民等问题上建有奇功，故泉男生死后唐廷颇为重视，其志文出自中书侍郎兼检校相王府司马王德真之手，书丹者则是朝议大夫行司勋郎中上骑都尉渤海县开国男欧阳通，即初唐书法四杰之一的欧阳询之子。不仅如此，泉男生墓前碑文是奉敕兼职国史事刘应道所撰，书丹者为膳部员外郎值宏文馆王知敬。依据墓志，唐朝廷对待泉男生的丧事，几乎和同时代为唐朝建功立业的将帅没有差别，是所谓"宠赠之厚，存殁增华，哀送之盛，古今斯绝"。泉献诚蒙冤死于酷吏的淫威之下，后昭雪平反，在葬仪等方面也是极尽优厚之能事。泉献诚志文作者为朝议大夫行文昌膳部员外郎护军梁惟忠，书丹者不明。其碑立于开元十五年，此前两个儿子泉隐、泉逸分别参与撰写碑文、书丹，而铭词的撰写、书丹则是邀请苏晋、彭杲两位著名人士。① 也就是说，泉献诚的碑铭撰写、书丹为 4 人协作而成，其中也有死者子嗣参与，这种情况在现存唐人碑铭撰书成例中并不多见。单从高丽移民墓志的撰写书丹情况看，虽然处于不同的年代，其墓志撰作等事项，丝毫看不出和现存唐人墓志的明显差异。

其四，从现存 20 方志文看，入唐高丽上层移民似可归为三类：第一，以高丽宝藏王高藏为首的原高丽王族成员。第二，泉男生家族以及迫于形势投降唐朝廷者。第三，高足酉，高性文、高慈父子，高铙苗，高牟等志愿投诚者。对此，笔者此前曾有论述② ，在此不赘。

三　入唐高丽移民墓志史料价值及其评价

上述 20 方高丽移民墓志的出土，对于研究唐代东北民族史、唐与周边民族融合发展史均具有重要意义，其史料价值弥足珍贵。对此，碑刻金石大家罗振玉 80 余年前就有过论述。针对泉男生墓志，罗氏总结出可以"补正前史者八事"。另外，根据泉男产其人在高丽期间的官位升迁历程，可对高丽十三等官爵排列有明确的认识。罗振玉还通过泉男生、泉献诚、泉男产、泉毖 4 方墓志，探讨泉氏家族入唐后的生息繁衍状况。③ 除此之外，针对高慈、高震墓志涉及的问题，罗氏也条分缕析，得出令人信服的

---

① 赵明诚：《金石录》，金光明校证，广西师范大学出版社 2005 年版，第 97 页。
② 拜根兴：《唐代高丽百济移民研究》，中国社会科学出版社 2012 年版，第 226 页。
③ 罗振玉：《唐代海东藩阀志存》，《石刻史料新编》第 1 辑，台北：新文丰出版公司 1984 年版。

结论。除过上述罗振玉所论之外，笔者检讨相关史料，认为还应该注意以下几点：

第一，中古史涉及的各类史料中，石刻墓志史料的价值近年来得到学界的更多认同，并为研究者广泛引用和追捧，增进了以唐史为主的各个区段、方向研究的飞速发展。① 高丽移民墓志作为石刻墓志的具体存在，彰显现存唐史史料的多样性，对探讨唐朝多民族统一国家民族融合发展，提供了鲜活真实的史料，加深了学界对七八世纪唐朝民族融合繁盛局面的理解。

第二，墓志中出现一些学界此前并不知晓的高丽朝野人物，为探讨唐代东北民族史、唐与高丽关系史提供了第一手材料。且不说高性文、高慈父子为捍卫武周边疆喋血磨米城，他们在高丽时的官任，高丽灭亡之际迫于时势归服唐朝，以及入唐后频繁出征边方，并成为入唐高丽移民融入唐人共同体的代表人物，而高足酉、高玄两人入唐后，不仅出征远方，而且受到唐与武周朝廷的信任，逐渐熟悉朝野情势，显示出超乎寻常的适应力。高丽王族后裔高震及其女儿墓志的出土，上溯下延，对了解高丽王室入唐后繁衍生息状况提供了翔实的史料。李他仁祖孙三代担当高丽地方行政首脑，高丽灭亡前夕迫于时势投诚唐军，随后参与镇压辽东高丽移民反叛的军事行动，上元二年（675）病逝于长安。这些在文献史料中不曾出现的人物，展现出高丽政权兄弟阋墙，导致国家灭亡的惨况，为进一步探讨高丽灭亡前夕，芸芸众生的所思所想提供了依据。在唐朝开放包容的大背景下，这些人逐渐融入唐朝体制之内，成为捍卫唐朝边疆安宁的忠诚卫士。无论是唐朝还是武周王朝，在这些人死后，政府均追溯他们为国家所建功勋，给予如同其他民族将领一样的褒奖和追赠，显示出多民族统一国家应有的气魄，以及唐太宗之后执行"爱之如一"政策的持续。

第三，文献中已有的人物，出土墓志则增添了此前学界并不知晓的内容，丰富拓宽了研究视野。如泉男生泉献诚父子墓志中，透露了泉男生逃往国内城后寻求与唐朝取得联系的具体情况。笔者曾查阅《全唐文》卷一九六《左武卫将军成安子崔献行状》文，了解到唐朝接纳泉男生遣派

---

① 大量的唐代墓志图版、录文集出版，《唐研究》《唐史论丛》等集刊发唐代墓志研究论文，出版唐代墓志研究专号；日本学者气贺泽保规编辑《唐代墓志所在综合目录》，以及众多研究者著作、论文中频繁利用唐代志文等。应该说，在掌握现有唐代文献资料的同时，唐代墓志已成为继敦煌吐鲁番文书之后唐史研究不可或缺的史料来源。

使者后的反应，两者结合，对于洞察这一重大事件的全貌，提供了强力的史料支撑。① 又如唐罗联军攻陷平壤城，俘获泉男建与高丽王高藏；昭陵献捷之后，泉男建将被斩首，但泉男生"内切天伦，请重阍而蔡蔡叔，上感皇眷，就轻典而流共工。友悌之极，朝野斯尚"。即向唐高宗求情，才使得泉男建得以减轻处罚，被流放至贵州，这些都是文献史料中没有提及的事情。再如高丽末代王高藏接受唐朝廷封赐，前往辽东安抚高丽移民，"还辽东以安余民，先编侨内州者皆原遣"②，可见唐朝对高藏还是委以重任并有所期待的。但高藏到达辽东后，迫不及待地利用自己的影响，企图联合靺鞨发动针对唐朝的叛乱，只是未及行动就泄露行踪。唐朝召还高藏，将其流放至剑南道辖下的邛州。关于高藏联合靺鞨阴谋败露问题，一种观点认为是泉男生向唐朝报告了高藏反叛动向，而牛致功师用仪凤二年（677）泉男生"奉敕存抚辽东，改置州县，求瘝恤隐，襁负如归；划野疏疆，莫川知正"史料，证明事件发生于泉男生入辽东之前。③ 可见，泉男生墓志确实为解决这一问题提供了新的依据。近年公布的高铙苗、高牟墓志也可说明问题。《三国史记》卷二二《高句丽本纪·宝藏王》提到高铙苗其人，墓志虽采用隐晦的手法，但可以了解高铙苗入唐后的官职，以及咸亨四年（673）死亡等情况。高牟其人《全唐文》中载有相关判词④，谈到高牟时为中郎将，而墓志涉及高牟入唐后历任官职，同时也记录了高牟死亡时间及埋葬地点等。

　　第四，20 方高丽移民墓志为高丽移民家族史、入唐移民个案研究提供了翔实的史料。高丽移民泉男生、泉男产、泉献诚、泉毖墓志出土以后，对高丽泉氏家族的研究引起学界广泛关注。众所周知，文献中涉及的泉氏家族史料相当有限，出土的 4 方墓志则对泉氏的先祖，泉盖苏文生平，泉氏兄弟决裂，唐朝征伐高丽战争的胜利，泉氏家族入唐后的东征西讨，泉男生家族祖孙 4 代在唐繁衍生息⑤都有较为详细的记载，成为学术界探讨相关问题不可或缺的史料。与此相联系的还有高性文、高慈家族

　　① 拜根兴：《激荡五十年：高句丽与唐朝关系研究》，《高句丽研究》2002 年。

　　② 《新唐书》，中华书局 1975 年版，第 6198 页。

　　③ 牛致功：《有关泉男生降唐问题》，《碑林集刊》2005 年，第 149—156 页。

　　④ （清）董诰等：《全唐文》，中华书局 1983 年版，第 10119 页。

　　⑤ 纪宗安、姜清波：《论武则天与原高丽王室和权臣泉氏家族》，《陕西师范大学学报》（哲学社会科学版）2004 年第 6 期。

史；高丽王室高藏入唐后 100 余年家族繁衍发展史。这些记载丰富了唐代东北民族史的内容，成为中、韩、日学界研究这一段历史最基本的材料。与此同时，高丽移民墓志的发现，有利于从个案论述到宏观普遍探讨。如文献史料中记载唐太宗征伐高丽之前，指出征伐战取胜的五大理由，并且直接关注辽东所在人口和辽东的归属问题。新发现的李怀、豆善富、王景曜 3 方墓志，阐述了其先祖因各种原因迁移辽东，唐朝灭亡高丽战争期间上述三人父祖携家人移居中原，并为唐朝建功立业的历史。当然，实际移居中原，有类似经历的人也一定不少，上述三个家族只是其中的代表而已。因为这些人从两晋或者南北朝时代移居辽东，臣服于辽东兴起的高丽政权，到唐朝征伐高丽之时，数百年飞逝而过，故将他们定性为高丽化汉人符合历史事实。① 而对这些家族的个案研究，既能明了两晋南北朝时期少数民族入主中原，国内民族因此迁徙边地，形成融合发展的时代特征，又可阐明在大唐统一王朝向心力感召下，不仅边方少数民族，而且流落边地已被同化的汉人重新回归中原的史实。出土的入唐高丽移民墓志，弥补了现有文献史料的不足，并可通过某些家族史、个案研究，对于深化整体研究起到重要的作用。

另外，从更宽阔的国际化视野，以及学术研究的客观性，或者说从史源学诸方面，检讨上述入唐高丽移民墓志史料，还应注意以下几点。

首先，探讨唐代高丽移民问题，不管是文献史料还是墓志石刻史料，很大部分出自于唐人或宋人撰述，虽然朝鲜半岛方面有 12、13 世纪出现的《三国史记》《三国遗事》两部史书，但其要么大多来自中国方面的记录，要么对需要探讨的问题缺少撰述。这样，至少从史料来源和分布上是不均衡的。这是一种历史现实，在对一些问题的具体论述中，我们应该阐明这一点，进而增强相关研究的可信度和说服力。

其次，毋庸讳言，中国史书记载周边地区民族国家史实时，不仅"详内略外"，而且在某些方面不可避免地站在中原王朝的立场，这些均无可厚非，但从学术研究层面看，注重史料整体全面及其针对性，如此才能体现客观全面。对此，民族史专家李鸿宾教授已有论述②，在此不赘。

再次，学界最近流行所谓的"从周边看中国"研究思潮，这种探讨

① 拜根兴：《唐代高丽百济移民研究》，中国社会科学出版社 2012 年版，第 181、240 页。
② 同上书，第 327—338 页。

方式值得推崇。也就是说，在注重出土的入唐高丽移民墓志史料的同时，还应从中发掘移民入唐后内心的感受和可能的期待。虽然囿于史料缺乏，故在具体探讨过程中，任何零碎有用的信息都不应放过。还有，进一步加强国际间的学术交流，发掘搜集朝鲜半岛、日本两地出现的各种史料，遴选和入唐高丽移民关联的史料，与现有出自唐人之手的史料相比较，进而得出既具备客观性，又可自圆其说的结论。

[原载《陕西师范大学学报》（哲学社会科学版）2013 年第 2 期]

冉牟墓志新探

范恩实[*]

高句丽人冉牟之墓，日本学者称"牟头娄冢"，于1935年为日人伊藤伊八、池内宏、三上次男、梅原末治等发掘，其中前室正面梁枋上，有墨书墓志，即"冉牟墓志"，日本学者称作"牟头娄冢墓志"。池内宏等对墓志进行了释读，释文并图版发表于《通沟》[①]一书。以后陆续有研究文章发表，如劳干先生《跋高句丽大兄冉牟墓志兼论高句丽都城之位置》[②]，日本学者佐伯有清先生《高句丽牟头娄冢墓志的再探讨》[③]，武田幸男先生《牟头娄一族与高句丽王权》[④]。但是这些作者都无缘见到墓志实物，依据图版所释读出的墓志内容的可靠性难免存在疑问，因此其结论也多有值得商榷之处。

1994年6月，通化的耿铁华先生因工作之便，有幸进入冉牟墓，对墓志进行了新的释读，释文发表于《好太王碑一千五百八十年祭》[⑤]。由于再次进入冉牟墓，特别是获取更好的释文的机会极小，因此利用新的释文对冉牟墓志研究做一阶段性的总结是十分必要的。这方面耿铁华先生已经进行了一些工作，但仍有未尽之处，现论之如下。

---

[*] 范恩实：中国社会科学院中国边疆史地研究所副研究员。

[①] ［日］池内宏、梅原末治：《通沟》，国书刊行会1973年版。

[②] 劳干：《跋高句丽大兄冉牟墓志兼论高句丽都城之位置》，《历史语言研究所集刊》第11本。

[③] ［日］佐伯有清：《高句丽牟头娄冢墓志的再探讨》，《史朋》7，1977年10月。

[④] ［日］武田幸男：《牟头娄一族类与高句丽王权》，《朝鲜学报》，第99—100辑。

[⑤] 耿铁华：《好太王碑一千五百八十年祭》，中国社会科学出版社2003年版，第363—366页。

一 冉牟墓志还是牟头娄墓志

有意思的是，自池内宏先生开始，日本学者一边倒地认为是牟头娄墓志，而中国学者，则祖遵劳干先生，普遍支持冉牟墓志说。

池内宏先生首倡牟头娄墓志说，主要是看到墓志首行有牟头娄三字。在中国传统文化中，墓志的书写确有一定格式，开篇一般都是包含死者名字的标题。但是，考虑到这方墓志出自正在接受汉文化阶段的高句丽人之手，这种简单判断就不够稳妥了。

劳干先生提出冉牟墓志说的证据主要有两条：其一，因牟头娄官虽为大使者，但志中屡称为奴客，绝不是应当对于碑主的称谓；其二，志文颂扬的人为大兄冉牟，且明说大兄冉牟寿尽，对牟头娄只说在远，可见死者为大兄冉牟，撰文的当为牟头娄。至于从墓的规模上认为应属于高等级贵族"大兄"而非低等贵族大使者之墓，并不是有力证据，且对大兄、大使者爵等的判断有些误差，下文将有所论及。

武田幸男先生反驳劳干先生的观点：其一，所谓墓志中称牟头娄为奴客，并不是针对其与冉牟的关系，而是相对于好太圣王的，并认为正是这种"圣王"与"奴客"相对的关系，形成了4—5世纪高句丽王权的基础，是君臣关系中典型的人格隶属关系的具体体现。至于冉牟，则是牟头娄的先祖。其二，墓志尽管记载了冉牟之死，但是墓志铭中的死亡记事未必都意味着墓主自身的死亡，例如墓志中还记载了好太王薨去的事。至于特殊记载冉牟之死，是因为他是牟头娄家族中值得特殊记载的祖先。其三，无论"墓主"冉牟是否出现，其"家臣"牟头娄或者牟头娄一族的踪迹却不断出现，甚至比重越来越大。特别不能解释的是冉牟死后的叙述，超过了对冉牟的叙述。

在反驳冉牟墓志说的同时，武田先生再次重申了牟头娄墓志说，并认为"这个墓志不仅仅满足于叙述墓主牟头娄的事迹，同时也涉及以冉牟为首、和牟头娄族系相关的主要人物的事迹"①，从而"解决"了墓志内容既涉及冉牟生平，又有大量篇幅记述牟头娄的问题。

获得了第一手释文资料的耿铁华先生，并不同意武田先生的结论，仍

---

① ［日］武田幸男：《牟头娄一族类与高句丽王权》，《朝鲜学报》第99—100辑。

然认为劳干先生的结论是正确的。其主要论据是：其一，墓志标题虽然难以全识，但就仅存文字看，应该是大使者牟头娄的撰文。其二，根据自己的释读，耿先生认为墓志内容都是围绕冉牟展开的，第一部分（第1—8行）①，冉牟祖先的事迹；第二部分（第8—23行），大兄冉牟的功业；第三部分（第24—34行），大兄冉牟的人格；第四部分（第35—45行），奴客本人所受大兄冉牟之恩；第五部分（第46—58行），大兄冉牟之死；第六部分（第59—68行），对大兄怀念与祭悼。② 其三，高句丽官爵为十二级，大兄为第三级，大使者为第八级，两者相差悬殊，因此牟头娄不可能是冉牟的子孙，也没有资格越过冉牟自称是好太王的奴客，只能是冉牟的奴客。

笔者也认同冉牟墓志说，但觉得耿铁华反驳武田幸男之文尚不充分，甚至有不妥之处。例如第三条证据，劳干先生也曾引《周书·高句丽传》之文，"大官有大对卢，次有太大兄、大兄、小兄、意侯奢、乌拙、太大使者、大使者、小使者、褥奢、翳属、仙人并褥萨凡十三等"，提出类似观点。但劳干先生已注意到，"大使者据《三国史记》及《东国通鉴》职位虽亦高，但以志文而言，自以属之大兄冉牟为是"。实际上，劳干先生大概没有见到《翰苑》注引《高丽记》的内容。据考证，这个《高丽记》就是贞观十五年（641）出使高句丽的陈大德撰著的《奉使高丽记》。③ 据载"大德入其国，厚饷官守，悉得其纤曲"④，因此其史料价值应当是颇高的。而据《翰苑》卷一《蕃夷部·高丽》注引《高丽记》之文：大使者比正四品，大兄（加）比正五品，大使者爵等还要略高于大兄。另据《中原高句丽碑》，碑文记载前部大使者多兮桓奴，协助太子处理与新罗的交涉事务，地位十分重要；此外，碑文还记有"古牟娄城守事下部大兄"⑤，对比牟头娄以大使者担任北夫余守事，也说明大兄与大使者地位差相仿佛。

---

①　耿铁华先生对墓志行数的标注与前人不同，他没有标注题头两行，而是从正文（原第3行）开始。本文引用耿铁华释文较多，因此以他的编号顺序为准。引用其他学者释文时，将括注"某释第某行"。

②　耿铁华：《好太王碑一千五百八十年祭》，中国社会科学出版社2003年版，第369—374页。

③　高福顺等：《〈高丽记〉研究》，吉林文史出版社2003年版。

④　《新唐书》卷二二〇《高丽传》。

⑤　释文见耿铁华《好太王碑一千五百八十年祭》，中国社会科学出版社2003年版，第421—423页。

　　实际上，两说争论的核心在于一些关键内容的解读。首先，墓志题头问题。池内宏最早发表在《通沟》一书中的释文，对题头的释读是：

　　　　1. 大使者牟頭婁奴？客？
　　　　2. 文？

劳干先生的释文是：

　　　　1. 大使者牟頭婁□□奴客
　　　　2. 文□□□□□□□□

　　武田先生不释奴客二字，"文"字只释"×"。笔者参照《通沟》一书所附图版，"奴客"二字确难辨认，但"文"字还算清晰。另据耿铁华先生介绍，在墓内实物上，"奴客"二字可辨其形。据此看来，墓志题头部分当可作两种解释，或为墓志标题，或为墓志撰著者的题名，而非如武田先生所释，变成"牟头娄墓志"标题一种解释。

　　其次，"奴客"的问题。武田先生认为墓志中称牟头娄为奴客，并不是针对其与冉牟的关系，而是相对于好太圣王的。关于"奴客"的含义，下文将详细讨论，这里首先提出商榷的是，假如墓志的主人是牟头娄，而"奴客"也是指牟头娄，那么墓志是谁写的呢？是牟头娄的子孙还是他的"奴客"？即便相对于好太王的奴客身份代表了一种亲近国王的荣耀，但第52、55行的"老奴客"又作何解释呢？牟头娄的子孙或部属真的会称死去的尊长"老奴客"吗？答案无疑是否定的，因此"奴客"仍应为牟头娄的自称。

　　第三，冉牟与牟头娄的关系。劳干与耿铁华两先生看到了牟头娄自称奴客，从字面理解，认为牟头娄是冉牟的家臣，因此也就不得不努力地从墓志中找到属于牟头娄家族的内容："第一部分（第1—8行）邹牟王创业之时，大兄冉牟的先祖随王从北夫余来到高句丽都城建立基业。奴客（牟头娄）的祖先作为冉牟先祖的家臣追随旧主而来，世遭官恩，受到冉牟家族的关照……第四部分（第35—45行）奴客本人所受大兄冉牟之恩。大兄寿尽之时，奴客不忘自己家族世代受到大兄冉牟先祖之恩……好太王之世，凭着大兄冉牟的推荐，好太王也听了他对我祖上的称道，而让奴客我担任北夫余守事。奴客大使者的官职是您大兄冉牟给的。"①

　　然而墓志的这两段文字真的能得出这样的结论吗？先来看第一部分，耿先生的释文为：

1. 河伯之孙日月之子邹牟
2. 圣王元出北夫余天下四
3. 方知此国郡最圣德□□
4. 治此郡之嗣治乃好太圣
5. 王奴客祖先於□□北夫
6. 余随圣王来奴客因基业
7. 之故造圣王□□奴客
8. 世遭官恩恩育满国罡上

　　从文字内容看，是说高句丽建国始祖邹牟圣王来自北夫余，传袭至今，为好太圣王；奴客（牟头娄）的祖先是从北夫余随邹牟圣王一起来创立国家的，因为这个原因得到圣王的重视，世世代代都有恩赏。显然，我们只能读出奴客（牟头娄）的祖先随邹牟王自北夫余来的内容，而耿铁华先生在邹牟王与牟头娄祖先之间加上一个冉牟祖先的媒介，并无任何根据。实际上，如果与紧接的下文有关冉牟的内容衔接来看，只能说牟头娄的祖先就是冉牟的祖先。

　　再来看第四部分，耿铁华先生的释文是：

35. 北夫余冉牟□□□□□
36. □河泊日月之孙□□□
37. □□在祖大兄冉牟寿尽
38. □□于彼丧亡终日祖父
39. □□大兄慈惠大兄□明
40. □世遭官恩恩赐祖之□
41. 道城民谷民并馈前王恩

---

　　①　耿铁华：《好太王碑一千五百八十年祭》，中国社会科学出版社 2003 年版，第 371—372 页。

42. 育如此遝至国罡上太王

43. 圣地好太圣王缘祖父屡

44. 忝恩教奴客牟头娄凭冉

45. 牟教遣令北夫余守事河

这段文字由于祖（父）与冉牟交替出现，确实存在一定异议，但如果从中间一句"遝至国罡上太王圣地"看，一定指的是冉牟死后归葬到国都，因此当是承上省略主语；则其前一句"恩赐祖之□道城民谷民，并馈前王恩育如此"，其中之"祖"就应当是归葬国都的冉牟。再往前数句，脱落之字较多，第37行第4字"祖"，从文意看，很难与前一字"在"衔接，因此更可能是"祖大兄"三个字组成一个词，这就与后文"祖"指大兄冉牟相一致。至于"终曰祖父"，既然上下文祖（父）均是指冉牟，则这一句便应看作是对冉牟的称谥，而不是冉牟对好太王讲牟头娄的祖父如何如何，否则文意便过于屈曲了。

连起来看，这段文字说的是冉牟死于任职之地，死后好太王给了他很高的评价，并以冉牟辅佐过的历代国王的名义，赐之"□道城民谷民"，其中缺字，武田先生释作"北"。从《三国史记》的记载看，确有赐臣下食邑之事，如《三国史记》卷十七载：烽上王二年（293），"秋八月，慕容廆来侵……时新城宰北部小兄高奴子领五百骑迎王，逢贼奋击之，廆军败退。王喜，加高奴子爵为大兄，兼赐鹄林为食邑"。但未见大量赐予，特别是赐予城，如"北道城民谷民"者，若然，则高句丽应该成为一个分封制国家，而这与诸史所记显然不合。因此笔者推断，所谓"北道城民、谷民"，并不能理解为城、谷并赐，而是选取若干北道城民、谷民为守墓烟户，如同"好太王碑"碑文所记好太王墓守墓烟户。

上引墓志最后一句"好太圣王缘祖父屡忝恩教，奴客牟头娄凭冉牟，教遣令北夫余守事"，下文将论及，这里的"北夫余"，当指旧夫余国的统治地域，从管理难度，战略地位等方面看，加之大使者比大兄爵级略高，能够"教遣"牟头娄为"北夫余守事"的不会是大兄冉牟，只能是好太圣王，因此所谓"凭冉牟"，与上半句"缘祖父"应当是同一意思的不同表达。实际上，笔者认为"恩教""教遣"，都是有特定含义的，据《唐六典》卷一《尚书都省》载："凡上之所以逮下，其制有六，曰：制、敕、册、令、教、符"，其中"亲王、公主曰教"。当然，在两晋时期，方面大员所下命令也称作"教"。从这个意义上理解，好太王的命令称

"教"，当是高句丽受中原王朝册封为属国的结果。类似的例子还见于"好太王碑"，内有"教遣偏师观帛慎土谷"之语。① 综上所论，可以确认冉牟便是牟头娄的祖父。

　　第四，墓志内容是否涉及冉牟以外的人。尽管笔者不同意武田先生认为第 39 行（武田释第 41 行）两个大兄是牟头娄的祖和父的观点，但也承认墓志自第 45 行开始有些"离题"，从回顾冉牟，转而记述牟头娄与好太王的关系（奴客凭冉牟，教遣令北夫余守事），好太王之死（昊天不吊，奄便薨殂），好太王（或其子长寿王？）对牟头娄的恩赏（使人教老奴客□□□□官恩缘牟头娄□□□□孰致洒赘涕零□□□□），以及对好太王、冉牟、牟头娄三人共同活动的回忆（□三人相□□□□□□尝聚好太王圣地□□□然所依如若朝拜□勤知之献□之法□□□□）。

　　显然，这是一个很奇怪的墓志：书写在冉牟墓中，为了纪念冉牟，但却涉及后冉牟逝去的好太王，且用大量篇幅记述墓志撰著者牟头娄与好太王的关系。如何解释这一现象呢？寻找答案的一个关键点被以往学界所忽视，那就是墓志开篇提及"治此郡之嗣治乃好太圣王"，但同时又述及好太王之死，且对好太王的称呼使用了谥号"国罡上太王"。以往学者对于墓志撰著年代的考察，劳干先生认为是在长寿王初年，武田幸男先生也认同此墓建于长寿王时代，这说明述及好太王之死并无问题。那么我们不免要问，为什么墓志中称"治此郡之嗣治乃好太圣王"，而不是长寿王呢？

　　据墓志之文："祖大兄冉牟寿尽□□于彼丧亡……还至国罡上太王圣地。"笔者有一个推测，那就是墓志就书写在好太王死去（412 年）到下葬期间，据"好太王碑"记载："以甲寅年九月廿九日乙酉迁就山陵。"② "甲寅年"即 414 年。冉牟原本死于任职之地，好太王死后，作为生前亲近旧臣，冉牟获得恩赏，得以还葬国都。在新墓落成的时候，其孙牟头娄书写了这篇墓志。这就是墓志即怀念祖父冉牟，又用大量篇幅悼念好太王，甚至出现好太王对撰著者牟头娄的恩德这样的题外话的原因。墓志后文有："□三人相□□□□□□尝聚好太王圣地"云云，尽管此处，碑文漫漶，无法卒读，但整个墓志集中讲述的只有好太王、冉牟和撰著者牟头娄，因此所谓"三人"，极可能就是上述三人。

---

① 耿铁华：《好太王碑一千五百八十年祭》，中国社会科学出版社 2003 年版，第 412 页。
② 同上书，第 411 页。

当然，由于墓志书写于冉牟墓中，为冉牟安葬而作，且主要记述了冉牟的生平事迹，以及历代国王，特别是好太王对冉牟家族的恩赏，因此仍应称之为"冉牟墓志"。

二　大使者与奴客

除了墓志结构所造成的困扰以外，墓志撰著者牟头娄的身份也是以往探讨墓志主人难有定论的重要原因。在墓志之中，出现了三个有关牟头娄身份的名号，即"大使者""（北夫余）守事""奴客"。按"大使者""守事"也见于有关高句丽的其他史料中，例如《三国史记》《中原高句丽碑》等，其性质为标明贵族身份、职位的官号；至于"奴客"，学界一般认为代表了一种身份隶属关系，可以看作奴仆、家臣。这样一来，在牟头娄一个人身上，就同时出现了官贵与奴仆的双重身份，显然，如何理解这种二重性，对理解墓志的主人是谁，他与撰著者是什么关系等问题将产生方向性的影响。

劳干先生认为奴客是牟头娄相对于冉牟的自称，因此是后者的家臣。笔者在上一节已经讨论，牟头娄并不是冉牟的家臣，而是他的孙子，墓志中并没有另外提及与冉牟家族不同的所谓"牟头娄家族"。至于墓志题头"大使者牟头娄……奴客……文……"据耿铁华的释读，在"奴客"二字的前后均可见笔画，应该另有文字，因此不能简单理解为撰著者牟头娄是墓志主人的"奴客"。

武田幸男先生则另辟蹊径，认为"奴客"是牟头娄相对于好太王的自称，并认为正是这种"圣王"与"奴客"相对的关系，形成了四—五世纪高句丽王权的基础，是君臣关系中典型的人格隶属关系的具体体现。然而从有关高句丽的史料，特别是从《三国史记》的记载看，说高句丽君臣关系中存在着典型的"人格隶属关系"并无坚实理据。

依笔者看来，既然官贵与奴仆这样显然存在矛盾的双重身份同时出现在牟头娄身上，那么就应该有一方包含有与自身表象相反的因子。武田先生把目光投射在"奴客"身上，认为相对于"圣王"的奴客恰恰代表了官贵地位，由于这一分析的前提，即高句丽君臣之间存在着较为普遍的人格隶属关系并不存在，因此也就失去了可信性。那么，假如我们从官贵地位一方入手，是否能收到"柳暗花明又一村"的效果呢？

　　在牟头娄具有的两个代表官贵地位的政治名号中，"守事"是地方行政单位管理者的职位名号，与"奴客"之间找不到什么联系，那么"大使者"呢？看到这个名号，熟悉高句丽历史的人一定会把它的源头追溯到《三国志》卷30《东夷传·高句丽》记载的"使者"，其文曰："其官有相加、对卢、沛者、古雏加、主簿、优台丞、使者、皂（当作皂——笔者）衣先人，尊卑各有等级。"那么这里的"使者"又是什么样的官号呢？同书同传又载："诸大加亦自置使者、皂衣先人，名皆达于王，如卿大夫之家臣，会同坐起，不得与王家使者、皂（皂）衣先人同列。"其中认为使者、皂衣先人"如卿大夫之家臣"的判断极具启发性。这说明使者、皂衣先人本是国王家臣的名号，随着国王化家为国而成为国家政治名号。那么这些国王的"家臣"又具有什么特征呢？统治者有一类私属性质的近臣是古代社会十分普遍的现象，特别是在国家制度较为原始的阶段。例如中国的先秦时代就有所谓"中官"，或称侍从、郎卫、家臣，阎步克先生将之归纳为"宦于王"制度。

　　阎先生进一步指出："他们（'宦于王'系统的职官）又包括两类人，一类有日常职事，掌管君王的起居饮食，犹如后代的宦官、太监之所任。还有一类人无职事，但承担着侍从、侍卫之责，这类人往往以被编制的卿大夫子弟担任。"[1] 实际上，后一类人还可以进一步分作两个小类，即侍从与侍卫。侍从大致可比拟为文职，其职责是随侍帝王或尊者左右，高等级者可以为主人出谋划策，类似幕僚；次者代表主人处理内外杂务；低等级者则如奴仆，正所谓"洒扫趋走，烹茶吸烟而已"[2]。侍卫则大致可比拟为武职，其职责主要是侍从护卫。这种两分在历史上是十分常见的，周代前者是散职大夫，后者是"士庶子"；秦汉时代，前者演化为大夫制度，后者则演化为郎卫制度；宋代正是因为常在君主左右备顾问，才把大学士至待制称为侍从官；而到清代，侍卫正式成为皇帝武装护卫的名号。

　　笔者已另著文论证高句丽的使者正是侍从之官。大使者则是从使者演化形成的，关于其形成过程，拙文已详细讨论，要言之，则是在高句丽族名部向方位名部转化，也即地方基层组织由血缘部落向地域组织转化过程

---

① 阎步克：《从爵本位到官本位——秦汉官僚品位结构研究》，生活·读书·新知三联书店2009年版，第94页。

② （清）昭梿撰，何英芳点校：《啸亭杂录》卷四《岳青天》，中华书局1980年版，第85页。

中出现的。在新的方位名部确立的过程中，使者（大使者）衔命出使的权责发挥出来，成为代表国王监管四部的职位①。伴随着政治体系的演生，使者名号进一步分化，一是名称复杂化，据《翰苑·蕃夷部·高句丽》记载，由使者衍生出来的政治名号包括大夫使者、大使者、拔位使者、上位使者等；另一方面，使者名号又发生了由职而阶的转化，具有了品位性名号的性质，例如上引《翰苑》之文又载："又有拔古鄹，掌宾客，比鸿胪卿，以大夫使为之。又有国子博士、大学士、舍人、通事、典客、皆以小兄以上为之。"牟头娄以大使者的身份担任北夫余守事，正是使者名号品位化的例证。

回到本节的话题，"大使者"名号来自"使者"，而使者又源自国王的家臣、仆从，是"宦于王"的侍从之官。那么是否存在一种可能，即由后者衍生出的前者，尽管位高权重，但仍保留了"宦于王"的特征，因而对国王自称"奴客"呢？笔者倾向于肯定。

根据《魏书》《周书》以及《翰苑》等书的相关记载，学界一般认同高句丽中后期出现了以兄系和使者系两系名号为核心的品位体系。然而据"泉男生墓志"②、"泉男产墓志"③：泉男生由先人起家，经中里小兄、中里大兄、中里位头大兄，最后晋至莫离支、太莫离支；泉男产由小兄起家，历大兄、中里大活、位头大兄，至太大莫离支。二人由皂衣先人或小兄起家，沿着兄系名号升迁，绝不涉及使者系名号，这是一个非常值得注意的现象。笔者认为，这是贵族子弟进入了不同的身份系统的结果。据罗新先生考证，高句丽政治名号中的"兄"即"加"，两者一为意译，一为音译。④ 而据《三国志·东夷传·高句丽》载："王之宗族，其大加皆称古雏加。涓奴部本国主，今虽不为王，适统大人，得称古雏加，亦得立宗庙，祠灵星、社稷。绝奴部世与王婚，加古雏之号。诸大加亦自置使者、皂衣先人……大加主簿头著帻，如帻而无余，其小加著折风，形如弁。"显然，"加（兄）"是高句丽早期大、小部落酋长的名号。这样看来，沿着兄系名号升迁者是传统贵族势力的继承者，是王权的分化力量。与之相

---

① 本段观点的详细论述另见拙著《高句丽使者、皂衣先人考》，《东北史地》2011 年第 5 期。

② 周绍良主编：《唐代墓志汇编》，上海古籍出版社 1992 年版，第 667—669 页。

③ 《全唐文补遗》第五辑，三秦出版社 1998 年版，第 261 页。

④ 罗新：《中古北族名号研究》，北京大学出版社 2009 年版，第 175—193 页。

对，尽管我们还没有看到实例，但可以想象应该有一部分人是沿着使者系名号升迁的，他们秉承了"宦于王"的传统特征，依赖王权，是官僚的雏形，王权强化的基础。正因如此，他们与国王之间形成了一种"人身隶属关系"，因此对国王自称"奴客"。

按"冉牟墓志"之文有"好太圣王缘祖父屡恋恩教"之语，联系上文对大使者与奴客的讨论，则其意极可能是指牟头娄起家之际，因祖父的功绩，被选入使者系统，担任国王的侍从，成为"宦于王"者，因而获得了更多接受国王耳提面命的机会。

三　再论高句丽吞并北夫余问题

"北夫余"是上引武田幸男先生论文中重点讨论的内容，他根据墓志之文，认为高句丽和慕容氏围绕北夫余掀起的国际性抗争事件，为冉牟的活跃安设了舞台。进而从慕容氏入侵北夫余，冉牟保卫北夫余入手，判断上述事件的时间是公元前 4 世纪前半期慕容皝入侵高句丽、夫余时期。由此形成两个认识：其一，可以为 4 世纪初以后，高句丽已经吞并北夫余的观点提供证据；其二，从冉牟起，这一家族就在北夫余地区形成了世袭的统治。

然而正如耿铁华先生指出的："他依靠自己归纳出来的释文仅 249 字，只占原有文字的 31% 左右……实在要冒太多断章取义之风险。"[1] 参照耿铁华先生的释文，则武田先生的结论是建立在一系列误读基础上的，其中包括：

其一，所谓高句丽和慕容氏围绕北夫余掀起的国际性抗争事件并不存在，其所据释文为墓志第 20—23 行，武田释文（武田释第 22—25 行）为：

22. 牟令□□□□□□
23. 慕容鲜卑□□知
24. 河泊之孙日月之子所生
25. 之地来□北夫馀大兄冉

他进一步推测，来字下面添上"侵""进""攻"等具有攻击性内容的一

---

① 耿铁华：《好太王碑一千五百八十年祭》，中国社会科学出版社 2003 年版，第 371 页。

个汉字来解释更为恰当，即慕容鲜卑入侵了作为高句丽始祖发祥地的北夫余。然而，根据耿铁华先生的释文，这一推测并不成立，耿先生释文为：

20. 牟令灵经转□□□下
21. 慕容鲜卑韩使人喻知
22. 河泊之孙日月之子所生
23. 之地来自北夫余大兄冉

由于耿先生已释出"来自"，则武田先生推测"来侵"便不能成立了；进一步看"……下慕容鲜卑韩使人喻知"，也说明此时高句丽与慕容鲜卑、韩的关系是和平的，甚至是占据优势地位的。揆诸史籍，出现这样的政治局面的时代正是广开土王统治之时，这与墓志第8—9行之文"国罡上圣太王之世"，也是并行不悖的。由此看来，冉牟当是好太王时代的人，而并非早到4世纪初。

其二，所谓冉牟家族在北夫余地区形成了世袭的统治也值得商榷，争论的焦点是墓志第35—45行。武田先生认为此段墓志记述了牟头娄祖、父的事迹，然而根据本文第一节的讨论，这段墓志中的"祖父"两字应为一个词，指的就是冉牟，因此武田先生的推测并不成立。至于冉牟是否曾镇守北夫余，由于墓志漫漶，已难有定论了。

由此看来，武田幸男先生根据冉牟墓志对高句丽与北夫余关系的推测并不能成立。因此有关北夫余被高句丽吞并的时间问题仍需进一步的讨论。笔者曾信服李健才、林沄两先生的观点，认为高句丽史料中的北夫余与东夫余所指相同，因此"好太王碑"中记载的被好太王征服的东夫余就是北夫余[①]。但现在反复斟酌"好太王碑"与"冉牟墓志"，感觉这一推断不无问题。从两碑文来看，"北夫余"与"东夫余"应该具有不同的指向。"好太王碑"碑文记载："廿年庚戌，东夫余旧是邹牟王属民，中叛不贡，王躬率往讨，军到余城，而余举国骇服……"[②] 而在"好太王碑"最后记载守墓人烟户时，又有"卖句余民国烟二，看烟三"之语[③]。

---

① 李健才：《三论北夫余、东夫余即夫余的问题》，收入氏著《东北史地考略》第三集，吉林文史出版社2001年版；林沄：《夫余史地再探讨》，《北方文物》1999年第4期。

② 同上书，第413页。

③ 耿铁华：《好太王碑一千五百八十年祭》，第413页。

显然，"卖句余民"之"余民"当即好太王征服之东夫余人。

那么东夫余人为什么又称作"卖句余民"呢？据《三国志·东夷传·东沃沮》载"北沃沮一名置沟娄（一说当作买沟娄①）……"尽管《三国志·东夷传·高句丽》载："沟娄者，句丽名城也"，但是《三国史记》卷一四《高句丽本纪第二》载有"买沟谷人尚须……"说明"置（买）沟娄"也可以简作"置（买）沟"。由此看来，"好太王碑"碑文中的"卖句"极可能就是置沟（买沟），也就是指北沃沮。至于东夫余与北沃沮的联系，池内宏根据《晋书》卷九七《夫余传》之文："至太康六年（285），为慕容廆所袭破，其王依虑自杀，子弟走保沃沮"，判断东夫余就是走保沃沮（北沃沮）的夫余人建立的。将上述史料联系起来看，则"卖句余民"当即走保沃沮的夫余人，也即东夫余人。

再据《晋书·夫余传》的下文："明年，夫余后王依罗遣诣廆，求率见人还复旧国。仍请援。廆上列，遣督邮贾沈以兵送之。廆又要之于路，沈与战，大败之，廆众退，罗得复国。"说明夫余人走保沃沮之后，很快得以恢复旧都，很可能正是在这个时候，形成了"东夫余"与"北夫余"并存的局面。至于"好太王碑"有关"东夫余旧是邹牟王属民，中叛不贡"的记载，很可能与高句丽对北沃沮的统治有关。正是由于夫余人的进入，才中断了北沃沮对高句丽的臣服。

既然"东夫余"与"北夫余"所指不同，那么高句丽又是什么时候吞并北夫余的呢？目前唯一的线索是《资治通鉴》卷九七，"东晋穆帝永和二年（346）正月条"载："初，夫余居于鹿山，为百济所侵，部落衰散，西徙近燕，而不设备。燕王皝遣世子俊帅慕容军、慕容恪、慕舆根三将军、万七千骑袭夫余。……遂拔夫余，虏其王玄及部落五万余口而还。"池内宏据之推测居住在"鹿山"的就是位于高句丽北境的旧夫余（北夫余），它是在"西徙近燕"前，也即美川王到故国原王（300—346年）时期被高句丽（池内宏认为上引文中之"百济"为"高句丽"之误）占据的。需要说明的是，池内先生认为"鹿山"在阿勒楚喀（今阿什河流域），而目前国内学界通行的观点，判断为今吉林市附近（一说即

---

① ［日］池内宏著，王建译，刘凤翥校：《夫余考》，《民族史译文集》第13集。本文以下所引池内宏观点均出此文，不再一一标注。

吉林市郊东团山)①，笔者赞同后说。

　　进一步看，冉牟墓志中提到的北夫余，当即指为高句丽吞并的在今吉林市附近的"旧夫余"。但据《魏书》卷五《高宗纪》记载：北魏太安三年（457）十二月，"是月，于阗、扶余等五十余国各遣使朝献"，那又如何理解在北夫余、东夫余（好太王征服）、西迁夫余（慕容鲜卑征服）都被征服、摧毁的情况下，仍有夫余人入贡中原呢？池内先生认为到北魏朝献的"扶余"，即是被高句丽吞并，居住在阿勒楚喀（当为今吉林市附近）的夫余，"虽然也隶属于高句丽，但原封不动地维持其国名直到南北朝时代"，到北魏正始（504—508）中，才为新兴的勿吉所逐，最终灭国。

　　所谓勿吉逐夫余，即《魏书》卷一〇〇《高句丽传》载："正始中，世宗于东堂引见其使芮悉弗，悉弗进曰：'高句丽系诚天极，累叶纯诚，地产土毛，无愆王贡。但黄金出自夫余，珂则涉罗所产。今夫余为勿吉所逐，涉罗为百济所并，国王臣云惟继绝之义，悉迁于境内。二品所以不登王府，实两贼是为。'"又据《三国史记》卷十九《高句丽本纪七》，"文咨明王三年（494）二月"条载："扶余王及妻孥以国来降。"尽管时间有些差异，但笔者认为上述史料记载的是同一件事，只是其中之一的时间记载有误而已。

　　由此看来，故国原王之前已经隶属于高句丽的北夫余还保有自己的国王。这就使我们联想到"冉牟墓志"之文："奴客牟头娄凭冉牟教遣令北夫余守事，……老奴客在远襄助……"耿铁华指出："'襄助'，有协助，帮助之意。这里指牟头娄任北夫余守事之职，在那里协助行政长官掌管守卫事宜。"② 既然牟头娄的"北夫余守事"，仅是协助更高的长官共同统治夫余，其所协助者，完全有可能就是旧夫余国王，而牟头娄在夫余的真正使命，应该类似于宗主国派出的监临官，负责监视夫余国王，并征收贡赋。然则所谓冉牟家族在北夫余地区形成了世袭的统治的观点，便很值得怀疑了。

　　　　　　　　　　　　　　　　　　（载《东北史地》2011 年第 2 期）

---

①　参见王绵厚《东北古代夫余部的兴衰及王城变迁》，《辽海文物学刊》1990 年第 2 期。

②　耿铁华：《好太王碑一千五百八十年祭》，第 391 页。

从碑志看高句丽人的始祖记忆与族群认同

祝立业[*]

引 言

从区分撰写者的角度，我们今天研究高句丽的文本可以说主要来源于三部分：一是非高句丽人记高句丽事，包括《汉书》至《新唐书》以来的历代纪传体正史，以及以这些正史为主要史料来源重新加以编撰、增删、修订的各类史书，上述种种总体上可视作"他者"的记述，这也是构成今天高句丽研究的主要史料来源；二是高句丽人记高句丽事，主要表现为碑刻和墓志，如好太王碑、中原郡高句丽碑、冉牟墓志、麻线高句丽碑基本上属于高句丽人的自我记事（好太王碑、中原郡高句丽碑、麻线高句丽显然属于标准的官方文献，冉牟墓志也是高句丽政权存续期间的文本，冉牟家族的特殊位置也决定了其内容也必然合乎当时之"主流价值"）应该是比较纯粹的"我者"记述；三是由"他者"与"我者"共同写就的文本，主要表现为高句丽灭亡后迁入中原的高句丽后裔的碑志，如泉氏墓志、高震墓志等，这些墓志的主人都是流寓中原的原高句丽贵族，旧邦新灭、客宦异朝，顾盼之间、福祸难测，这也决定了其墓志铭内容既要合乎其自身对祖先历史的追忆，又要为所流寓王朝所容纳，此类文本可以说是双向审定、认同的结果，因而应该单独归为一类。

对于文本而言，"他者"视角也好，"我者"视角也罢，以一定的逻辑和体例进行编撰的同时，也意味着在一定意图下进行剪裁取舍。叙事文

* 祝立业：吉林省社会科学院副研究员。

本和历史情境之间表现为的互生、互映关系。近年来"符号主义""结构主义"等理论范式的探讨，已使我们意识到，构成文本的语言符号及叙事结构本身也体现为一种特定情境下的社会权力规范，文本的"事实"和"结构"之下，隐藏着书写者的情感和意图。由语言文构成的文本自身的内容当然重要，而不同文本间的因不同取舍而造成的差异，更值得研究者注意。一方面，我们需要了解这些记忆的内在含义以及其形成变迁的社会情境；另一方面我们也要去探讨什么样的环境、什么样的意图、什么样的情感去促使古人去创作（剪裁、取舍、编织）这些文本。

本文相对于第一类文本，第二类、第三类文本因为更直接反映了某一时段高句丽人的自我取舍，因而在人类学、民族学、文化心理学的研究中，具有更加重要的意义。本文既试图利用这两类文本对高句丽人的"祖先记忆""族群认同"问题做一点探索。

"始祖记忆"实际上就是一个族群的祖源观念，解决的是一个族群的源流谱系问题，一个神话、一个传说，一个英雄故事、一个虚实杂糅的想象，总之是一个起着划分"我群"与"他群"作用的标尺，是一个令当代或后代子孙神往、聚集的精神家园。共同的祖源记忆是族群认同的重要因素或者说首要因素，近年来正被越来越多的民族学和人类学家所认可。研究者同时也意识到，相对于各种"怪力乱神"内容本身，寻找其背后所隐藏的血缘、地缘历史情境才是我们今天努力探寻的方向。

一　好太王碑碑文中的高句丽始祖记忆的建构与分析

高句丽人自身流传的"始祖记忆"载体，首推好太王碑，该碑是高句丽长寿王谈德为其父好太王树立的纪功碑，立于公元 414 年（东晋安帝义熙四年、高句丽长寿王二年），该碑第一部分内容既是有关祖源记忆的"惟昔始祖邹牟王之创基也，出自北夫余，天帝之子，母河伯女郎。剖卵降世，生而有圣德。□□□□□。命驾巡幸南下，路由夫馀奄利大水。王临津言曰：'我是皇天之子，母河伯女郎，邹牟王。为我连葭浮龟。'应声即为连葭浮龟。然后造渡，于沸流谷，忽本西，城山上而建都焉。不乐世位，因遣黄龙来下迎王。王于忽本东冈，履龙页升天。顾命世子儒留王，以道兴治，大朱留王绍承基业。沓至十七世孙，国冈上广开土境平安好太王二九登祚，号为永乐太王。恩泽洽于皇天，威武振被四海。

扫除不□，庶宁其业。国富民殷，五谷丰熟。昊天不吊，卅有九，晏驾弃国。以甲寅年九月廿九日乙酉迁就山陵。于是立碑，铭记勋绩，以示后世焉。"①

在始祖传说中，邹牟被虚指为天帝与河伯女郎之子，当然是自抬身价的虚妄之说，不管是天帝、河伯，还是剖卵降世，都非高句丽首创，而在夫余甚至再溯及中原自有其流传渊源及各种变体，高句丽始祖传说存在着明显的移植，这早已被研究者所证明，此不赘述。除了神性的攀附外，大概可以认为其父母来自两个不同的部落或者氏族，一如后世之青牛白马传说，一般也认为是两个氏族的结合。在始祖传说中"出自北夫余""路由夫馀奄利大水""沸流谷""忽本西"等，似为"实指"，对此即便不结合其他史料，我们也可以根据民族学、人类学的一般常识认为，邹牟不管是否真的出身自北夫余，但他活动的舞台一定和夫余有着重合或关联。对于始祖传说里强调"夫余"，既要分析邹牟实际生活年代的真实因素，也要考虑立碑年代前后高句丽内政，外交的因素。考虑到碑（其他文字材料也一样）是留给当代人或者后代人看的因素，笔者更愿意分析一下后者。好太王在位二十几年，东征西讨、武功赫赫，高句丽的版图和子民在其手中迅速扩大，因而又被称为广开土王。对照碑文结合其他正史材料，我们不难发现，其主要"武功"集中在两方面：一是由高句丽腹地向南向朝鲜半岛扩张，进入原汉乐浪郡地区，并进而南拓侵夺原百济、新罗属地、进而与北进之倭发生战争，并战胜之；二是向北、向东蚕食鲸吞原夫余王国属民属地。

关于夫余王国，我们知道它是东北地区第一个少数民族政权，自公元2世纪建国直至公元5世纪末灭亡，一度是东北地区文明程度最高的王国。此一期间，东北地区包括朝鲜半岛建立的各种政权，几乎都受到夫余的影响，有一些或者直接脱胎于夫余，或者建立在夫余渐僵渐死的躯壳上。夫余王国深受汉文化影响，在夫余强大期间，周邻部族政权受汉文化影响都间接来自夫余，典章制度也都像宪夫余。换言之，夫余曾充当当时最先进文化—汉文化传播的中转站。夫余系始祖传说来自中原，高句丽始祖传说移植自夫余本身就很好地说明了夫余在古代东北地区的影响。夫余的强大文明，很自然地使其传统成为在其周边或躯壳上诞生的政权的合法

---

① 耿铁华释文，见《好太王碑新考》，吉林人民出版社1994年版。

性来源之一。高句丽、百济王族编织自身体系时竞相与夫余王室相接，是一种基于现实合法性的攀附，因为其部众、土地的相当一部分都原属夫余。急剧扩张中的高句丽显然更需要这种"顺理成章"的统治合法性，刻碑传世更显示出了"教化整合"的必要性。考察史料记载，高句丽在好太王前后恰是侵占夫余属地最多的时段，"北夫余"很可能就是这个时候被纳入高句丽版图的，即便"北夫余"此时尚存，把王系追溯到"北夫余"，对于以后继续占领"北夫余"属地也是有好处的。当然，邹牟可能也确实出自北夫余，但着意强调"北夫余"，也表明了这种"强调"在历史真实以外还有更深的现实意味。其实这样的例子在史书中比比皆是，五胡十六国时期，少数民族政权进入中原后，其统治者构建王系族源时往往宣称自己是黄帝、炎帝后裔，其目的不外乎宣示自古以来的正统，也即强调其合法性。

二 始祖传说在高句丽政权存续期间的流传与认同

以始祖传说为主要内容的"祖先记忆"其流传的本身，也是族群认同强化的的体现。所谓的"族群认同"（Ethnicidentity）就是族群的身份确认，是指成员对自己所属族群的认知和情感依附。对个体成员而言，就是清晰地表述自己的祖源谱系。一般而言，首先是有人群的聚合，聚合后的人群在某个时刻创造出共同的"祖先记忆"，并在传播中日益固化，群体中的成员愿意相信并传之后代，人群因鲜明的区分了"我群"和"他"而日益成为族群。在族群形成过程中，文化心理的主观认同可能比血缘、地缘等因素更重要。人类学家"虚构性谱系""结构性失忆"等概念的提出，揭示出"新的集体记忆将他们与一些共有这些记忆的人群联系起来，族群的结合和分裂即在不断凝结的新集体记忆与结构性失忆中产生"。总而言之，你选择此种记忆，就意味着你必须有选择地遗忘另一种记忆。

能够表明高句丽始祖传说的有效在内部被流传的例子是冉牟墓志。冉牟墓是集安洞沟古墓群中的重要墓葬，位于集安市区东 12 公里的下解放村东龙山南麓坡地及鸭绿江右岸的一级台地上，冉牟墓在 1935 年日本人发掘前已然被盗，且破坏严重。日本人因墓室墨书题记中有"牟头娄"而称之为"牟头娄冢"，事实上，该题记是牟头娄为其主人冉牟撰写的墓志。在目前已释读出的文字中①，与高句丽祖先记忆相关的语句为：

第一行河伯之孙日月之子邹牟；第二行圣王元出北夫余天下四；第二十六行河伯之孙日月之子所生；第二十七行之地来自北夫余大兄冉。

根据冉牟墓志中使用了好太王谥号"国罡上好太王"一语，一般推断冉牟墓志成文于好太王死后，联系到冉牟墓志中"何伯之孙日月之子""北夫余"的用语，可以认为，就祖源谱系而言，冉牟墓志严格按照好太王碑确立的范式书写，从侧面也说明冉牟墓志的完成应在公元414年以后。始祖朱蒙父为天帝、母为河伯女郎的祖源记忆得到臣民的广泛认同，并成为集体记忆，这也是族群认同强化的表现。

事实上，从晚于好太王碑、冉牟墓志而撰写的《魏书》以下的典籍中，有关高句丽的始祖传说被不断地丰富和完善，既体现为层累与异化，也反映着强化与建构，造成这种变化的原因既可能来自于中原史家的想象，也可能来自于高句丽自身的演绎，因为本文着眼于使用碑志材料，故此处不加展开。

三 始祖传说在高句丽遗民中的"记忆"与"失忆"

如果把冉牟墓志视为高句丽政权存在期间高句丽族群意识强化的例证，则流寓中原的以高氏（高性文、高慈、高足酉等）泉氏（泉男生、泉男产、泉献诚、泉毖）墓志为代表的高句丽后裔墓志，则显示了高句丽灭亡后，其后世子孙心中的"始祖记忆"。试分析之：在上述提到的高（质）性文、高慈、高足酉、泉男生、泉男产、泉献诚、泉毖等人中，高（质）性文、高足酉、泉男生、泉男产属于第一代入唐的高句丽贵族，高慈、泉献诚则属于入唐高句丽贵族的二代，泉毖属于第四代。在他们墓志中对于高句丽的始祖记忆基本属于递减状态，这也符合一般常识，同时也说明了他们的归属意识。

从墓志情况看，高性文家族属于高句丽军功贵族，祖上因公被赐姓"高"，根据其墓志描述："十九代祖密，后汉末以破燕军存本国有功，封

---

① 据耿铁华释文，见于《高句丽历史与文化研究》，吉林文史出版社1997年版，第309—311页。

为王，三让不受，因赐姓高氏，食邑三千户。"① 高性文于唐总章元年
（668）以三品位投大兄之职投奔唐朝，其墓志中有关祖先追忆的内容为：
"公讳质，字性文，辽东朝鲜人。青丘日域，耸曾构而凌霄；沧海谷王，
廓长源而绕地。白狼余址，箕子之苗裔寔繁；玄鳖殊祥，河孙之派弥
远。……"② 铭文中复有："箕子八条，奄有清辽。河孙五族，遂荒蟠
木"③ 之言。在这里"青丘日域""玄鳖、河孙"显然都是与高句丽始祖
记忆有关的内容；而用"箕子之苗裔"与"河孙之派"对称则显示了其
在追寻祖先时有意向中原王朝靠拢的意识，这也符合唐王朝当时对高句丽
的定位。

高性文之子高慈，其《墓志》："公讳慈，字智捷，朝鲜人也。先祖
随朱蒙王平海东诸夷，建高丽国。已后代代为公侯宰相。……况地蕴三
韩，人承八教。"铭文中复有："蓬丘趾峻，辽海源长。种落五族，襟带
一方"，"地蕴三韩，人承八教"之言，也表明了其追述祖先时以箕子为
正源，这一点与其父墓志一脉相承。除写实性的"种落五族"之外，再
无有关高句丽始祖传说内容，也表明其高句丽自身意识进一步削弱。

高句丽亡后，权臣盖苏文次子泉男建与宝藏王等被擒至唐京师长安，
献于太宗李世民之昭陵和太庙。宝藏王死后，被葬于长安灞东突厥可汗颉
利墓东。盖苏文长子泉男生因助唐平高句丽有功，被封右卫大将军、卞国
公，特进如故。泉男生、泉男产、泉献诚、泉毖，死后均葬于洛阳邙山之
原，均有墓志出传世，统称为泉氏墓志。④

《泉男生墓志》由唐中书侍郎兼检校相王府司马王德真撰文，朝议大
夫行司勋郎中上骑都尉渤海县开国男欧阳通书。墓志中关于祖先追忆的内
容有："公姓泉，讳男生，字元德，辽东郡平壤城人也。原夫远系，本出
于泉，既托神以隤祉，遂因生以命族……曾祖子游，祖太柞，并任莫离
支；父盖金，任太大对卢。乃祖乃父，良冶良弓，并执兵钤，咸专
国柄。"

泉献诚墓志由唐朝议大夫行文昌膳部员外郎护军梁惟忠撰。其有关祖

---

① 赵振华、闵庚三：《唐高质、高慈父子墓志研究》，《东北史地》2009 年第 2 期。
② 同上。
③ 同上。
④ 本文所引泉氏墓志志文均引自张福有赵振华《洛阳、西安出土北魏与唐高句丽人墓志及
泉氏墓地》，《东北史地》2005 年第 4 期。

先记忆的内容有："君讳献诚，字献诚，其先高勾骊国人也。夫其长澜广派，则河之孙；烛后光前，乃日之子。柯叶森郁，世为蕃相。曾祖大祚，本国任莫离支捉兵马；气压三韩，声雄五部。祖盖金，本国任太大对庐捉兵马；父承子袭，秉权耀宠。父男生，本国任太大莫离支，率众归唐；唐任特进兼使持节、辽东大都督、右卫大将军、检校右羽林军，仍仗内供奉、上柱国、卞国公，赠并益二州大都督，谥曰襄。"在志文赞词中提到："滨海之东兮昔有朱蒙，济河建国兮世业崇崇；崇崇世业，扶木枝叶。枝叶伊何，谅曰泉氏；上传下嗣，孕灵诞祉。皇考有属，危邦不履；粤自蕃臣，来朝天子。削彼左衽，游此中国；赫赫朝章，明明睿德。"

《泉男产墓志》中"君讳男产，辽东朝鲜人也。昔者东明感气，逾川而启国；朱蒙孕日，临淠水而开都"。志文赞词中有："于廓灵海，百川注焉；东明之裔，实为朝鲜。"

《泉毖墓志》由其父写成，更显特别，其祖先追忆及墓主人内容有："曾祖特进、卞国襄公男生；祖左卫大将军、卞国庄公献诚；父光禄大夫、卫尉卿、卞国公隐。并继代承家，荣章叠祉。惟子克茂贻厥，早著声芬。年甫二岁，受封淄川县开国男，寻进封淄川子，食邑四百户；又授骁骑尉，以荫补太庙斋郎。属有事于后土，授宣德郎，寻蒙放选。即开府、仪同三司、朝鲜王高藏之外孙，太子詹事、太原公王晊之子婿。"

泉男生墓志基本属于写实，其中未涉及高句丽始祖传说内容，只是提到泉男生是"辽东郡平壤城人也"。事实上也还是有些信息可以解读的，泉男生死时。高句丽去国未久，其故地虽平尤乱，因此其墓志中淡化能引起高句丽遗民意识的内容，不允许出现在墓志中是可以理解的。强调其为"辽东郡平壤城人也"。事实上也强调了高句丽自古就在中原王朝版图之内，是一郡之邦而已，唐王朝一统高句丽不过是变羁縻为直辖，统治上顺理成章，这也符合唐朝当时的话语体系。因为泉男生、泉男产都是高句丽末期实权贵族，在高句丽移民中具有重大影响力，因而可以想见唐王朝对其墓志内容必然是十分审慎的，字句之间一定会根据当时背景体现唐王朝的话语体系，以教化高句丽其他遗民。

泉男产墓志开篇即提到"君讳男产，辽东朝鲜人也"。显然，此处之朝鲜，是指箕子朝鲜、卫满朝鲜，卫氏朝鲜为汉代属国，也就意味高句丽不过是卫氏朝鲜故地的一个政权，其合法性来自卫氏朝鲜，其与中原王朝关系，也是藩属关系。赞词中再次强调"东明之裔，实为朝鲜"也是这个意思。此外，泉男产墓志赞词中出现了"昔者东明感气，逾川而启国；朱蒙孕日，临淈水而开都"的有关高句丽始祖传说的内容，恐怕也跟泉男产死于天授三年（692）。时高句丽遗民已安居大唐十余载，故国意识已弱，不构成威胁有关。

　　泉献诚死于天授二年（691），高句丽已灭亡13年，迁往内地的高句丽遗民已安于在唐王朝生活，也未有叛乱出现，唐王朝对于高句丽人的移民意识已不如先前警惕，因而泉献诚墓志中出现了"其先高勾骊国人也。夫其长澜广派，则河之孙；烛后光前，乃日之子"。赞词中复有"滨海之东兮昔有朱蒙，济河建国兮世业崇崇；崇崇世业，扶木枝叶。枝叶伊何，谅曰泉氏；上传下嗣，孕灵诞祉"。笔者想这可能主要是按照泉献诚后裔要求而写，唐王朝此时已不担心高句丽死灰复燃，故对于其"祖先记忆"也不是很在意。

　　到了泉毖时期，泉氏家族在唐王朝生活多年，有其父亲自撰写的墓志，在祖先追忆中也只是从入唐受职的泉男生写起，没有更远向上溯及，侧面也说明，此时其本民族意识已衰弱，更远的祖先记忆已不愿提起。或者说已经选择"谱系性失忆"。

　　我们知道，高句丽权臣盖苏文实际统治高句丽时期，曾宣称自己"生水中"。显然，向朱蒙宣称自己"母为河伯女郎"一样，盖苏文意在宣扬自己具有某种神性，也许彼时其心中已有代高氏而立的想法了吧。不过值得注意是，为什么不论是高句丽王室，还是权臣，都愿意宣称自己具有某种驭水的神性，也许与高句丽所在地河流众多有关。当然，盖苏文宣扬自己具有这样神性可能仅仅是对王室的依样画瓢。在四方泉氏墓志中，这种暗示具有驭水神性的内容不见了，改为写实性的描述，如《泉男生墓志》中的"原夫远系，本出于泉，既托神以隤祉，遂因生以命族"。我们知道，唐代人因为避李渊之讳，将渊盖苏文称之为泉盖苏文，其子孙渊男生、男建、男产也都更改为泉姓。"渊"姓之由来，可能就是临渊而生，故以渊为姓，因而《泉男生墓志》的记载可谓去除神性回归自然。

　　上述泉氏墓志的内容也表明。在国灭族亡、客宦他乡的背景下，其墓志撰写中，难免要做一些"选择性失忆"以期相容于客宦王朝的话语体系。

小结

好太王碑的树立，标志着高句丽始祖传说自我建构的形成，冉牟墓志体现了始祖传说的流传和认同，《魏书·高句丽传》则体现了始祖传说的完善和再创造，及至高句丽灭亡，其移民墓志则体现了始祖传说认同的衰减，这也是"选择性失忆"和"谱系性失忆"的结果，这一结果也体现了入唐移民逐渐融入唐王朝的历程。

后　记

　　所谓碑志是碑刻和墓志的合称。近十年来，高句丽碑志研究主要集中在（遗民）移民墓志释解和集安麻线高句丽碑考释两个方面，其中移民（遗民）研究主要是由西北和中原的学者进行的，而集安麻线高句丽碑考释则主要由东北和北京的学者进行的。这些研究成果散见于各种期刊，搜求颇为不易，这也构成了编辑此书的初衷。

　　从我个人角度，平常也做一些高句丽研究，同时担任《东北史地》杂志的编辑，许多高句丽研究文章是经我手发出的，因而与学界的许多先生，尤其是东北和北京的先生较为熟悉，编辑此书的动议获得了林沄、魏存成、耿铁华、徐建新、张福有、赵振华、梁志龙、李新泉、孙仁杰、刘琴丽、范恩实等先生们的高度支持，这种支持和关爱是长期的，一以贯之的，在此表示衷心感谢！

　　西北的诸位先生，因为平时接触较少，在征询他们意见时，开始我是有些忐忑的。虽然自认为是在做一件惠及学界的事情，但我怎么能证明可以做好这件事情呢？也算机缘巧合，在长春的一次会议上遇到了神交已久的拜根兴老师，会后谈及此一想法，拜老师明确表示支持，这给了我初步的信心。此后在友人的帮助下，我联系上了周晓薇、王其祎两位先生，并蒙获支持。更让我感动的是，周先生还不辞辛苦，代我登门拜访了牛致功老先生并蒙获先生勉励。在跟赵力光先生通电话时，赵先生对我的想法给予了肯定并帮我联系上了张彦先生。凡此种种，可以说，编书的过程是一个充满感动的过程，是一个收获友谊的过程！没有诸位先生的肯定、支持，就没有此书的成功，在这里向诸位先生表示衷心感谢！

　　本书也得到了吉林省社会科学院、吉林省高句丽研究中心相关领导、同事的大力支持，在这里要向他们表示衷心感谢！感谢一直以来对我的厚爱和支持。

本书的责任编辑安芳女士为此书的顺利出版付出了大量心血，她的严谨、敬业为本书增色不少，在此表示特别感谢。

最后需要说明的是，在原本的设想中，这本书的容量要更大一些，收录内容要更广泛些，限于种种原因和各种考量，最后呈现给读者的是目前这种体量，编书本身是一个期冀完美而又难逃遗憾的过程，只能希望来者继续努力。

祝立业　谨识